참수네 아이들의
소문난
교육로드맵

잠수네 아이들의
소문난 교육로드맵

1판 1쇄 발행 2012년 11월 16일
1판 29쇄 발행 2023년 6월 21일

지은이 이신애

발행인 양원석
편집장 김건희
영업마케팅 조아라, 이지원

펴낸 곳 ㈜알에이치코리아
주소 서울시 금천구 가산디지털2로 53, 20층 (가산동, 한라시그마밸리)
편집문의 02-6443-8902 도서문의 02-6443-8800
홈페이지 http://rhk.co.kr
등록 2004년 1월 15일 제2-3726호

ⓒ 이신애, 2012, Printed in Seoul, Korea

ISBN 978-89-255-4877-7 (04370)

※ 이 책은 ㈜알에이치코리아가 저작권자와의 계약에 따라 발행한 것이므로
  본사의 서면 허락 없이는 어떠한 형태나 수단으로도 이 책의 내용을 이용하지 못합니다.
※ 잘못된 책은 구입하신 서점에서 바꾸어 드립니다.
※ 책값은 뒤표지에 있습니다.

* 이 책에 있는 잠수네 회원글은 저작권 허락을 얻고 실었습니다.
* 자녀의 학년은 글을 쓸 당시를 기준으로 했습니다.

잠수네 아이들의
소문난 교육로드맵

이신애 〈잠수네 커가는 아이들〉 대표 지음

머리말

아이 잘 키우기, 참 쉽지 않습니다.

널뛰기하는 교육정책, 난수표처럼 복잡하게 꼬인 입시도 많은 부모를 힘들게 하는 요인입니다. 좋은 학교를 나오면 비교적 안정된 삶을 살아갈 수 있을 것이라는 믿음도 흔들린 지 오래입니다. 과거 우리 부모가 '나보다는 잘 살겠지'라는 희망으로 아이를 키웠다면, 이제는 '내 아이가 나만큼이라도 살 수 있을까' 걱정스럽기도 합니다. 과연 어떻게 아이를 키워야 사회에서 자기 몫을 하는 성인으로 자랄 수 있을까요?

가장 바람직한 것은 아이가 꿈을 찾아가도록 도와주는 것이겠지요. 그러나 자기 꿈이 무엇인지도 잘 모르는 아이들, 어제와 오늘의 꿈이 다른 아이들을 키우는 부모 입장에서는 이상과 현실 사이에서 길을 찾을 수밖에 없습니다. 한편으론 미래를 대비하면서, 다른 한편으론 학교 공부 역시 충실하도록 하는 것으로요. 인터넷 교육 전문 사이트 〈잠수네 커가는 아이들(www.jamsune.com)〉에서 낸 책도 이상과 현실 둘 다를 아우르고 있습니다. 《잠수네 아이들의 소문난 영어공부법(입문로드맵, 실천로드맵)》이 대학 이후의 미래까지도 생각하며 쓴 책이라면, 《잠수네 아이들의 소문난 수학공부법》과 이 책은 좀 더 현실적인 측면에서 공부 방법을 알려드리려는 의도로 낸 책입니다.

〈잠수네 커가는 아이들〉(이하 '잠수네')을 운영한 지 14년째입니다. 회원들이 이야기하는 잠수네는 어떤 곳일까요?

"영어 때문에 들어왔던 잠수네지만, 그동안 어떤 엄마 모임에서도 들을 수 없었던 소중한 정보의 홍수 속에서 헤엄치게 되었어요."

잠수네에 가입한 분들은 세 번 놀랍니다. 먼저 잠수네 영어로 뛰어난 영어 실력을 갖춘 아이들이 이렇게 많다는 것에 놀라지요. 영어 때문에 가입했는데 수학, 한글책, 공부 방법 등 다른 정보도 많다는 것과 전국의 뛰어난 엄친아, 엄친딸들이 다 모여 있는 것으로 보이는 데에도 기함을 합니다. '엄마의 정보력'이 아이의 미래를 결정한다고 회자되는 시대입니다. 아이들을 학교 보내놓고 삼삼오오 커피숍에 앉아 어느 학원, 어느 과외가 좋은지 쉬쉬해가며 나누는 정보가 대단해 보이지만, 잠수네 안에서 수많은 부모들이 십수 년 동안 세월로 검증한 담론에 비하면 근시안적이고 단편적인 내용에 불과합니다.

"제가 9년간 지낸 잠수네는 1%를 위한 곳이 아니라, 열심히 하다 보니 어느 날 1%가 되어 있는 곳입니다."

잠수네의 뛰어난 아이들을 보고 주눅 들어 했던 어느 분에게 잠수네 회원 한 분이 한 말입니다. 상위 1%만 모여 있다고 놀라는 분께 내 아이의 성향과 속도에 맞춰 남과 비교하지 않고 꾸준히 하다 보면 어떤 아이도 이만큼 될 수 있다는 것을 역설적으로 이야기해주려는 마음이지요.

"잠수네는 꼭 모유 수유 같습니다."

모유 수유를 시작하면 처음에는 젖이 땡땡 부어오르고 젖몸살까지 겪을 정도로 힘듭니다. 잠수네 역시 처음에는 엄마가 조금 힘들 수 있습니다. 그러나 고진감래라고 하지 않던가요. "'작심삼일, 의지박약'이라 자처하던 내가 이렇게 변하다니 놀랍다"는 고백을 하는 엄마들도 많습니다. 아이를 위해 꾸준히 방법을 찾다 보니 어느새 엄마도 끈기가 생긴다고요.

"잠수네는 인성교육 공동체입니다."

부모는 멀리 보라 하고 학부모는 앞만 보라고 한다지요? 잠수네에는 영어 잘하는 방법, 수학 잘하는 방법만 있는 것은 아닙니다. 그 이면에는 경쟁에서 이기기 위한 이기심으로 똘똘 뭉친 '학부모'만 있는 것이 아니라 남과 함께 어울려 살아갈 수 있는 방법을 고민하고 실천하는 '부모'들이 있습니다. 학습에 도움을 받기 위해 가입했던 곳이지만 시간이 흐르다 보면 영어공부, 수학공부가 아니라 아이와 더 좋은 시간을 보내기 위해 노력하는 부모들의 모습이 보입니다.

이 책에 담긴 내용은 한글책 정보와 함께 잠수네에서 나눠지던 국어·영어·수학·사회·과학공부 방법의 핵심을 추린 것입니다. 이대로 꾸준히 따라 한다면 누구나 좋은 성과가 있으리라 자신합니다. 하나하나가 이론이 아닌, 회원들이 직접 체험하고 검증한 살아 있는 정보이기 때문입니다. 《잠수네 아이들의 소문난 영어공부법》《잠수네 아이들의 소문난 수학공부법》이 영어교육과 수학교육의 큰 그림과 진실을 담으려 했던 것처럼 이 책도 같은 마음으로 구성했습니다.

함께하면 길이 보입니다.

2012년 11월, 이신애

차 례

머리말 。 4

 선택과 집중, 아이 교육 전체 로드맵

공부보다 우선되어야 할 것

공부 이전에 아이의 장점, 꿈을 찾으세요 。 15
나를 믿어주는 한 사람만 있으면 힘들어도 좌절하지 않습니다 。 16
많이 놀기, 자연에서 많은 것 경험하기 。 17

아이 교육, 큰 그림 그리기

에너지 총량의 법칙이 있습니다 。 24
아이의 발달과정에 맞춰 시기적절하게 넣고 뺍니다 。 26
잘하는 것을 더 잘하게 해주세요 。 27
부모의 철학이 필요한 시대입니다 。 28

공부의 기본은 이것

최고의 선행학습은 '책'입니다 。 36
'영어'는 세계에서 살아가기 위한 최소한의 도구입니다 。 37
'수학'을 잡아야 갈 수 있는 대학의 문이 넓어집니다 。 38
공교육에 최선을 다합니다 。 39

한글책 : 영어 : 수학의 비중은 어떻게?

유아기 : 한글책 〉〉〉 영어 〉〉 수학 。 51
초등 저학년 : 한글책 = 영어 〉〉 수학 。 51
초등 고학년 : 영어 〉 한글책 〉 수학 。 52
중학생 : 수학 〉 영어 〉 한글책 。 53

2부 21세기 인재 키우기, 책이 답이다

왜 책인가? ◦ 60
아이들이 커갈수록 왜 책과 멀어지는 것일까? ◦ 70
책 읽기를 즐기는 아이로 키우기 위한 5단계 실천 전략 ◦ 81
책을 읽어주세요 ◦ 94
어떤 책을 읽을까? 책 읽기의 심화와 확장
책 고르는 게 어려워요 ◦ 106 | 어떤 책이 좋을까? ◦ 108 | 그림책 vs 글밥 많은 책 ◦ 109 | 창작책 vs 지식책 ◦ 110 | 전래동화, 명작 또는 고전 ◦ 113 | 판타지·로맨스·무협소설 등 장르소설 ◦ 116 | 만화책 ◦ 117 | 단행본 vs 전집 ◦ 119

 ## 3부 공부의 저력 키우기

책과 읽기 능력
학교 성적이 안 나온다? 답은 읽기 능력! ◦ 130
읽기 능력을 키우려면? ◦ 132 | 정독에 대한 오해와 진실 ◦ 143

듣기와 말하기 능력
학습 능력과 듣기 ◦ 147 | 듣기 능력을 키우려면? ◦ 148
학습 능력과 말하기 ◦ 149 | 말하기 능력을 키우려면? ◦ 151

글쓰기 능력
글쓰기, 왜 필요할까? ◦ 159 | 글쓰기에 대한 오해 풀기 ◦ 161
글을 잘 쓰려면? ◦ 162 | 글쓰기, 이렇게 도와주세요 ◦ 168

일기 ◦ 177
논술 ◦ 190
신문 ◦ 206
한자 ◦ 218

국영수사과, 잠수네 소문난 공부법

잠수네 국어공부법

국어, 왜 중요한가? ◦ 228
장기적으로 국어 실력(읽기 능력)을 높이는 방법은? ◦ 229
국어를 잘하려면? ◦ 236
국어교과서로 공부하는 방법 ◦ 238
국어시험, 이렇게 준비하세요 ◦ 241

잠수네 영어공부법

모국어 실력이 외국어 실력이다 ◦ 250
영어, 이렇게 하면 된다! ◦ 256
영어시험, 이렇게 준비하세요 ◦ 266

잠수네 수학공부법

수학을 잘하려면? ◦ 280
수학, 이렇게 하면 된다! ◦ 283
수학시험, 이렇게 준비하세요 ◦ 291

잠수네 사회공부법

사회, 배경지식이 핵심이다 ◦ 302
사회를 잘하려면? ◦ 303
사회교과서로 공부하는 방법 ◦ 308
사회시험, 이렇게 준비하세요 ◦ 312

잠수네 과학공부법

과학, 호기심이 핵심이다 ◦ 319
과학을 잘하려면? ◦ 320
과학교과서로 공부하는 방법 ◦ 325
과학시험, 이렇게 준비하세요 ◦ 330

잠수네 사이트 학습 지원 프로그램 10종 ◦ 334

특별부록

잠수네 추천! 한글책 목록

- 잠수네 추천도서가 나오기까지 。**342**
- 잠수네 한글책·영어책 단계 안내 。**344**

교과 연계 잠수네 추천 도서
1. 초등 국어교과서 수록 도서 (초1~초6) 。**346**
2. 초등 수학교과 연계 도서 (초1~초6) 。**358**
3. 초등 사회교과 연계 도서 (초3~초6) 。**382**
4. 초등 과학교과 연계 도서 (초3~초6) 。**396**

영역별 잠수네 추천 도서 (유아~중등)
5. 국내 창작 。**412**
6. 외국 창작 。**436**
7. 국내 옛이야기·명작 。**460**
8. 외국 옛이야기·명작 。**464**
9. 한국 역사 。**470**
10. 세계 역사 。**490**
11. 법·정치 。**499**
12. 경제 。**500**
13. 지리 。**502**
14. 환경 。**504**
15. 물리 。**506**
16. 화학 。**510**
17. 생물 。**512**
18. 지학 。**516**
19. 인체 。**520**
20. 만화 。**523**
21. 사전 (국어·한자·사회·과학·수학) 。**524**
22. 잡지 (독서·논술, 과학·수학) 。**527**
23. 도감 。**528**

1부

선택과 집중,
아이 교육 전체 로드맵

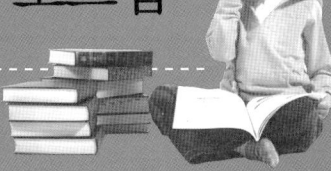

공부보다 우선되어야 할 것

아이들을 키울 때는 인성, 습관, 학습 등 생각해야 할 점이 많습니다. 과거 사회가 비교적 안정적이었을 때는 지금 무엇을 해야 미래를 대비할 수 있는지 잘 알 수 있었습니다. 하지만 지금은 한 치 앞이 안 보이는 시대입니다.

학습적인 측면만 생각해봐도 수시로 바뀌는 교육정책과 입시규정에 대부분의 부모들이 어찌할 바를 모르고 우왕좌왕합니다. 대입 정책이 조금만 바뀌어도 고등학교, 중학교, 초등학교, 유아로 내려가면서 체감하는 변화의 폭은 더 커집니다. 앞날이 불안하니 미리미리 당겨서 하는 것이 좋을 것이라는 생각이 팽배해지면서 '남보다 빨리' 해야 한다는 강박감이 부모들을 조급하게 만듭니다.

인생을 살면서 '지금 아는 것을 그때 알았더라면…' 하고 후회하는 때가 많습니다. 아이들의 교육도 시간이 지나고 보면 잘못 생각했던 것, 더 많이 했으면 좋았을 것, 굳이 할 필요가 없었던 것 등 아쉬운 것이 참 많습니다. 반면 누가 뭐라고 하든 간에 잘했다고 느끼는 것들도 있습니다.

잠수네에서 제시하는 학습 방법은 많은 선배 부모들의 반성과 회한, 자긍심을 바탕으로 만들어진 것입니다. '사회가 어떻게 변하더라도 흔들리지 않고 살아갈 수 있는 내면의 힘'을 갖게 해주기 위해 고민한 결과입니다.

공부 이전에 아이의 장점, 꿈을 찾으세요

아이가 진정으로 원하는 꿈이 있고, 그 꿈이 막연한 동경이 아니라 아이가 진정으로 잘해낼 수 있다는 믿음과 실력이 있다면 대학을 가느냐 마느냐는 사실 중요하지 않습니다. 문제는 그만큼 확고한 꿈을 가진 아이들이 별로 없다는 점입니다.

아이가 지금 당장 "내 꿈은 이것이다"라고 확고하게 말하더라도, 그 꿈은 시간이 지나면서 언제든지 변할 수 있습니다. 많은 교육 전문가, 책, 언론에서 "꿈을 가져야 한다"라고 말하지만 대학생이 되어서도 자신이 진정으로 원하는 것이 무엇인지 잘 모르는 아이들이 태반입니다.

하물며 초등학생, 중고생은 더 말할 나위가 없습니다. 부모가 늘 생각해야 할 것은 아이가 자기 꿈을 찾을 수 있도록 해주는 일입니다. 자기가 진정으로 원하는 것이 무엇인지 찾도록 다양한 경험을 해보게 하고, 아이와 많은 이야기를 나누고, 각 방면의 책을 읽어보도록 권하는 것이지요.

나를 믿어주는 한 사람만 있으면 힘들어도 좌절하지 않습니다

아이에게 공부하라고 잔소리하기 전에 아이와 나의 관계를 먼저 살펴보세요.

모든 것을 부모에게 의존해야 하는 어릴 때는 하라는 대로 말을 잘 듣습니다. 그러나 사춘기로 접어들면서는 그동안 부모가 어떻게 대했는지에 따라 작용, 반작용의 법칙이 고스란히 나옵니다. 부모가 아이의 의사를 고려하지 않고 무조건 밀어붙였다면 아이가 사춘기에 들어서면 그 양만큼 부모에게 반발합니다. 반면, 아이의 의견을 존중하고 함께 의논했던 가정이었다면 그만큼 사춘기도 가볍게 지나갑니다. 아이들이 사춘기가 되면 말을 잘 안 들으니까 한 살이라도 어릴 때 더 시켜야 한다는 생각은 아주 근시안적인 사고입니다.

자기 꿈이 있고, 부모에 대한 믿음이 있으면 아이는 부모가 내

인생을 좌지우지하는 '적'이 아니라 함께 길을 찾는 '동반자'라는 생각을 하게 됩니다. 세상 누구에게도 기댈 곳이 없다는 절박감이 들 때, 나를 믿어주고 지지해주는 딱 한 사람만 있어도 삶에 희망이 생깁니다. 세상에서 누가 뭐라 해도 내 부모만은 나를 믿어줄 것이란 '믿음'이 있으면 아이들은 엇나가지 않습니다.

많이 놀기, 자연에서 많은 것 경험하기

아이를 다 키우고 나면 제일 후회되는 것이 '더 많이 놀아주고, 더 많이 경험하고, 더 많이 여행하지 못한 것'입니다. 문화센터의 각종 강좌를 쫓아다니고, 학습지를 시키고, 팀 수업을 하고, 비싼 교구나 전집을 사들여 수업을 받는 것이 당시에는 제일 중요하게 느껴질지 몰라도 지나고 보면 생각보다 남는 것이 별로 없습니다. 아이들과 체험학습을 다닐 때, 부모는 공부에 도움이 되는 곳이 어디일까 열심히 찾아 떠나지만 아이들 기억에는 먹고 놀던 기억이 더 강하게 남아 있습니다.

아이에게 무언가 가르치려고 하기 전에 나는 아이와 얼마나 놀아주었는지를 먼저 살펴보세요. 부모에게 사랑을 많이 받았던 아이들이 자존감이 강합니다. 부모와 애착이 단단하게 형성되어 있으면 세상을 따뜻하게 바라봅니다. 집, 학교, 학원의 삼각구도 안에서만 뺑뺑이 돌리지 말고, 자연 속에서 뛰놀며 뒹굴고 몸으로 부딪히는 시간을 되도록 많이 갖게 해주세요. 자연과 많이 접한 아이들이 친구 관계가 좋습니다. 책 밖의 더 넓은 세상을 알게 됩니다. 학교 공부도 세상에 대한 관심의 연장입니다. 많이 체험하고 여행한 것이 피가 되고 살이 됩니다.

모든 것을 엄마가 해주려고 하지 마세요. 부모가 시키는 것만 해버릇 하면 커서도 누군가의 지시 없이는 옴짝달싹 못하는 수동적인 사람으로 자랍니다. 자기 혼자 하고 싶은 일을 해보면서 이것저것 시도해보고 실패도 해본 그 기억이 혼자 무언가를 해보려는 의지를 갖게 해줍니다.

딸아이 서울대 경영학과 입학 대박 수기
작성자 : 갈라드리엘 (고3, 초6)

우리 딸은 초등, 중등 때는 별로 눈에 띄지 않아서 제 생각에는 사실 2% 부족하다 싶은 아이였습니다. 초등 때는 반에서 중상위권, 중등 때는 반에서 4~5등, 전교 30~40등, 고등 입학 당시에는 반에서 5등 정도 하는 성적이었지요. 한 번도 전교 10등 안에 든 적도 없고 반에서 1등도 한 적 없는 아이, 그렇지만 조용하고 착실한 아이였어요. 자신의 능력에 대한 열등의식이 있었고, 잘해보고 싶은 욕구도 가슴속에 늘 품고 있었지요.

그런 아이가 무엇 때문에 뒤늦게 분발해 자신의 꿈을 세우고 열심히 노력해 결국 원하는 결과를 얻게 되었는지, 딸아이와 함께 곰곰이 생각한 결과 다음과 같은 결론을 내렸습니다.

첫째, 아이 스스로는 자신이 초등, 중등 때 다른 아이들보다 학업 스트레스 없이 많이 놀았기 때문에 고등학교 때 힘을 낼 만한 에너지가 남아 있었다는 사실을 꼽습니다.

초등 때는 영어와 악기만 줄곧 했지 다른 것들에서는 비교적 부담이 없었습니다. 초등 6년 동안 학습지 한 번 시키지 않았고 따로 다른 과목의 학원을 보내지도 않았습니다. 수학은 학교 수업을 따라가고 기본 개념만 확실히 잡으면 된다고 생각해서 고학년 때부터는 수학문제집을 학교 진도에 맞춰 풀게 했습니다. 저 자신이 책을 좋아해서 아이에게 책 읽는 분위기를 만들어주고자 노력은 했지만 그렇다고 독서를 강제하거나 독후감을 쓰도록 강요한 적은 없습니다.

둘째, 아이는 악기를 다루었기 때문에 악기를 통해 스트레스를 해소할 수 있어 자기 관리가 쉬웠다고 합니다. 시험 기간이나 힘들 때 가끔씩 자기가 좋아하는 악기를 연주하고 음악을 들으면서 마인드컨트롤을 할 수 있었다고 합니다.

셋째, 우리 아이는 고등학교 과정을 누구보다 열심히 보냈습니다. 본인이 경영학 전공을 목표로 삼은 뒤 부족한 부분을 채우고 대학에 가기 유리한 조건을 만들고자 스스로 부단히 노력했습니다.

지난 1년 동안 아이 책상 위에는 항상 학습계획표가 있었습니다. 주간계획표, 일간계획표, 공부가 잘 안 될 때는 스스로 계획한 하루 공부할 양의 목표를 포스트잇에 적어 저에게 주고, 밤에 얼마나 했는지 확인해달라고 주문했습니다.

우리 부부의 교육철학은 '큰 테두리만 만들어주고 나머지는 스스로 하게 하자'입니다. 숙제도, 진도도 아이에게 맡겨버리고 대충 분위기로만 무슨

문제가 있는지 파악하는 스타일이지요. 공부해라, 숙제해라, 일기 써라 등
등 일일이 간섭하기에는 제 생활이 너무 피곤해서 그렇게 할 수도 없었어
요. 아이가 무엇을 시작할 때는 다른 아이들 다 하고 있는데 맨 나중에 시
작하는 편입니다. 아이 입에서 "나도 다른 애들처럼 공부하고 싶어" 하는
소리가 나올 때까지 느긋하게 기다렸다가 시작하는 경우가 많지요. 늦게
시작하면 처음에 따라잡는 데 조금 힘들지만, 일단 따라잡기 시작하면 스
스로 성취감도 느끼고 군소리 없이 할 일을 잘 하더라구요.

또 시작을 하면 너무 빨리 아웃풋을 확인코자 서두르지 않았습니다. 아이
를 믿고, 아이에게 맡기면서 시행착오를 거듭하도록 내버려두었지요. 누구
든 시행착오를 통해 배운다는 것이 제 생각입니다. 무엇보다 저는 아이들
을 과잉보호하지 않으려 노력했습니다. 엄마가 워킹맘이라 늘 피곤하고
바쁜 것을 보고 자랐기 때문에 아이들도 쉽게 엄마를 이해해준 편이에요.
학원을 가거나 학교에 갈 때도 우리 아이들은 당연히 걸어가거나 대중교
통을 이용합니다. 아주 늦은 시간을 제외하고는 차로 실어나르지 않았고,
시험기간 중에도 예외는 없었습니다. 이러한 분위기가 스스로 자립할 수
있는 아이로 만든 것 같습니다. 그래서 큰아이도 그렇지만 둘째(예비 초6)
도 크게 손이 안 가는 편이랍니다.

다 쓰고 보니 아이 자랑만 늘어놓은 것 같아 부끄럽기도 합니다. 하지만
2% 부족했던 아이는 꾸준한 노력과 투지로 원하는 학과에 들어갔습니다.
혹시 자식이 저의 경우처럼 2% 부족하다고 느끼는 부모라면 너무 빨리
포기해 후회하는 일 만들지 마시고 긍정적인 생각으로 아이를 믿고 기다
려주세요. 아이가 스스로의 꿈을 향해 한발 한발 내디딜 수 있도록 지켜
봐주고 격려해주시기 바랍니다.

자존감 낮은 아이가 되는 이유
작성자 : 꿈틀이네 (초6, 초4)

큰아이 어렸을 때 가장 후회되는 건, 아무것도 모르고 의욕만 앞섰던 새댁의 과잉 학구열로 한글 학습지를 시킨 것입니다. 지금 생각해보면 우리 아이는 거북이과인데 말 빨리 한다(17개월에 문장 구사)는 말에 혹해서 억지로 사교육을 시켰던 거죠. 아기 때도 낱말카드, 숫자카드, 점으로 된 카드 부지런히 들이밀고… 그때 옆에서 지켜보던 남편 후배가 했던 말이 생각나네요. 애 성질 버리겠다고, 볼 만하면 치운다고….

맞아요. 아이는 그때부터 제가 들이대는 모든 학습과 공부에 거부감을 보이고 도망갔던 것 같아요. 심지어 레고를 잘한다고 5세에 고가의 세트를 구입하고 곧바로 선생님을 불렀지요. 그리고 3개월 만에 선생님이 도망갔어요.ㅠㅠ

(1) 너무 어릴 때 하는 수업들은 아이를 좌절시킵니다

'난 못해, 난 모르겠어, 이런 내가 뭘 하겠어.'

6학년이 된 지금도 아이의 마음에 이런 잔상이 남아 있는 것 같아요. 수학을 풀다가 '상' 혹은 '심화'만 쓰여 있어도 보지도 않고 패스입니다.

"내가 이런 걸 어떻게 풀어."

지금 제가 가장 신경 쓰는 부분은 아이의 자존감 키우기입니다. 지난날 엄마의 실수로 인해 약해진 자존감을 회복시키는 게 제일 큰 일인 것 같아요. 이래선 안 되겠다 싶어 6~7세 즈음부터 모든 걸 끊고 수업도 원하는 것만 하게 하고 지켜봐주기만 했는데도 아직까지 회복이 더딘 걸 보면 어릴 때의 올바른 양육이 얼마나 중요한지 새삼 절감합니다.

(2) 좀 천천히 가도 지켜봐주는 것이 중요해요

엄마의 욕심에는 못 미치더라도 아이의 수준에서 할 수 있는 것을 시키세요. 도전해서 성공의 기쁨을 맛본 아이가 그다음에 또 도전한다죠. 그 기쁨이 또 다른 도전을 만들고 실패해도 좌절하지 않게 만들지요. 그 큰 기쁨을 엄마가 빼앗는 실수를 범하지 않도록 늘 조심해야 해요.

(3) 애착 형성, 정말 잘 해야 한답니다

세상에 대해 긍정정인 생각을 갖게 되는 중요한 근원이 바로 부모와의 애착이라고 해요. 다른 말로 '믿음'이라고 할 수 있겠지요. 길 가다 누구와 부딪혀도 그러려니 하고 넘길 수 있는 사람이 있는 반면, "야, 네가 날 쳤어?" 하고 대번에 분노하는 사람이 있습니다. 후자는 어릴 때부터 부모와의 애착 형성이 이루어지지 않아 세상이 자신에게 호락호락하지 않다고 생각하며 자랐기 때문이라고 하지요. 요즘 빈번하게 일어나는 '묻지 마 폭력' 같은 범죄를 저지르는 사람들이 바로 이런 애착 형성에 문제가 있는 경우라고 볼 수 있을 거예요.

애착 형성은 그리 어렵지 않습니다. 지켜봐주고, 믿어주고, 얘기 들어주고, 눈 맞춰주면 됩니다. 보통 부모와의 애착은 5세 이전에 80% 이상 완성이 됩니다. 무서운 건 애착이 대물림이라는 거죠.

사랑을 받아본 사람이 사랑을 줄 수 있습니다. 나조차도 인격적으로 미완성인데 내 아이들은 어떻게 하나 걱정했는데, 저도 날마다 아이와 함께 공부하고, 아이와 함께 부딪히며, 아이와 더불어 함께 자랍니다.^^ 결국 아이에게 가장 중요한 건 부모의 사랑을 아낌없이 느끼게 해주는 것 이상은 없는 것 같아요.

우리 엄마들, 쓸데없는 곳에 집착하다 아이들 좌절시키지 말고, 가능한 한 더 많이 사랑해주시고 더 많이 기도해주세요. 쓰다 보니 결론이 이렇게 되었네요. 동서고금을 통틀어도 결국엔 이 결론밖에 안 나올걸요. '최선을 다해 사랑하세요!'

아이 교육, 큰 그림 그리기

에너지 총량의 법칙이 있습니다

옛말에 '소년급제'라는 말이 있습니다. 어려서 너무 많은 것을 이루면 되레 화가 된다고 말이지요. '대기만성'이라는 말도 있습니다. 큰 그릇이 되려면 시간과 노력이 필요하다는 의미이기도 하지만, 어릴 때 늦된 것처럼 보이는 사람 중에 크게 되는 이가 많다는 의미로도 사용됩니다. 빨리 서두른다고 성공하는 것도 아니고 늦되다고 실패하는 것도 아니라는 것은 아이들 교육에서도 마찬가지입니다.

아이가 어릴 때는 부모가 '신'입니다. 하라는 대로 곧이곧대로 합니다. 아이가 똑똑할수록 더 문제입니다. 시키는 만큼 결과가 눈에 확 보이니 더 많이 시키게 되거든요. 그러다 어느 순간 삐그덕거리며 신호음이 들립니다. 엄마는 엄마대로 하루가 어떻게 돌아가는지 모를 정도로 바쁘고, 아이는 아이대로 "다음에 뭐 해?" 소리를 달고 삽니다. 무언가 문제가 있다는 것을 느끼면서도 다 중요한 것 같아 보이니 어떤 것을 빼야 할지 판단을 내리지 못한 채 밀어붙여 보지만 그것도 한 때입니다. 한 만큼 결과가 안 나오면 맥이 빠지고 지칩니다.

사춘기가 되어 '멍'하니 아무 의욕 없는 아이를 보며 가슴팍을 두드리고, 극렬하게 반항하는 아이 때문에 까맣게 속이 타들어갑니다. 이끄는 대로 따라오지 않는 아이와 싸우다 지치면 그만 손을 놓고 싶은 마음이 굴뚝같습니다. 어릴 때 왜 그렇게 아이를 몰아갔을까 후회가 막심합니다.

내 아이를 잘 키워보고 싶은 바람은 어떤 부모나 마찬가지입니다. 그러나 남보다 빨리 달성하려고 하는 만큼 빠르게 지친다는 것은 잘 모릅니다. 기계가 아닌 이상 네댓 살부터 고3까지 십수 년을 한결같이 100미터 경주하듯 달릴 수는 없다는 것을요. 엄마의 노력으로 초등까지는 잘하는 아이처럼 보이게 할 수 있지만 중고등 이후로는 아이 스스로 하겠다는 의지가 없으면 부모의 노력은 물거품이 되고 맙니다.

우리나라 입시에서 초등, 중등, 고등 12년 중 가장 에너지가 많이 필요한 시기는 고등 때입니다. 유아기, 초등 때 너무 힘을 빼지 마세요. 아이의 에너지, 부모의 에너지는 한계가 있다는 것을 미리 염두에 두고, 아이와 내가 해낼 수 있는 만큼만 잘 선택해서 집중하는 것이 마지막까지 아이와 행복하게 지낼 수 있는 비결입니다.

아이의 발달과정에 맞춰 시기적절하게 넣고 뺍니다

부모들이 아이를 키울 때 과욕을 부리는 근원을 생각해보면 두 가지 마음이 도사리고 있습니다. 무조건 남보다 더 빨리, 더 많이 하려는 '욕심'과 다른 아이와 비교해서 뒤처질 수 없다는 '시기심'이 그것입니다. 부모의 마음속에 욕심과 시기심이 자리 잡고 있으면 내 아이의 발달과정에 맞춰 노력하기보다 남들의 눈을 먼저 의식하고 다른 아이와 먼저 비교하게 됩니다. 남보다 못하면 아이를 닦달하고 채근하게 됩니다.

학습적인 면에서 아무리 똑똑한 아이라도 신체발달, 정서발달은 자기 나이만큼만 이루어지게 마련입니다. 글자를 빨리 깨치고 수를 빨리 이해해도 책 내용을 제대로 이해하고 수학문제를 완전히 이해하는 것은 별개인 것처럼요. 모든 것이 느려 보이는 아이라도 때가 되면 하나씩 하나씩 변하는 모습을 보이기도 합니다. 똑같은 것을 해도 아이마다 다르게 나타나는 것이 정상입니다.

내 아이를 제대로 보고 아이의 역량에 맞게 잘 키운다는 것이 말처럼 쉽지만은 않습니다. 남의 아이는 객관적으로 볼 수 있어도 내 아이를 볼 때는 눈에 콩깍지가 씌워진 듯 객관적으로 보기 어렵기 때문입니다. 아이를 제대로 보려면 나이에 따라 받아들일 수 있는 용량이 다르다는 것, 내 아이는 다른 아이와 다를 수 있다는 것을 인정해야 합니다.

잘하는 것을 더 잘하게 해주세요

많은 부모들의 고민이 '아이의 부족한 부분을 어떻게 보완해줄 수 있을까?'입니다. 그러나 부족한 점만 채우려고 애쓰다 보면 아이의 개성은 점점 사라집니다. 아이가 잘하는 것, 좋아하는 것이 무엇인지 면밀하게 관찰해보세요. 잘하는 것이 있다면 더 잘하게 도와주세요. 좋아하는 것은 잘할 수 있도록 해주시고요. 잘하는 것이 하나라도 있으면 학교에서도 선생님과 친구들이 알아줍니다. 그러면 저절로 자신감이 생깁니다.

'성공'한 사람들은 '남다르다'는 말을 많이 듣습니다. 회사에서는 오늘도 '남다른 제품, 남다른 서비스'를 고민합니다. 학계에서도 '남다른 연구'를 하기 위해 노력합니다. 세상 모두가 '남다른 것, 창의력, 차별화'를 외치는데 아이들을 키울 때는 왜 남과 다르면 불안해할까요?

6·25전쟁 이후 개발도상국에서 선진국을 따라잡으려던 시대에

는 '남들처럼' 가는 것이 비교적 합리적인 선택이었을 수 있습니다. 모난 것이 정 맞는다는 속담처럼 납작 엎드려 다른 사람 눈치를 보면서 남 따라 해야 살아남는다는 잠재의식이 우리 부모들의 의식 밑바닥에 깔려 있는 것이 아닌가 싶기도 합니다.

우리 아이들이 살아갈 시대는 남 하는 대로 따라 해서는 성공할 수 없는 시대입니다. '내 아이는 왜 다른 아이처럼 안 할까?'를 고민할 시간에 '어떻게 해야 남다른 아이로 키울 수 있을까?' 생각하고 실천하세요. 잘하는 것을 더 잘할 수 있도록 노력하다 보면 내 아이만의 강점이 생깁니다.

부모의 철학이 필요한 시대입니다

미래가 불확실하고, 입시정책이 수시로 흔들리다 보니 어떻게 아이를 키워야 할지 갈피를 못 잡는 부모들이 많습니다. 무엇이 더 중요한지 스스로 판단해서 아이를 키우기보다 학원 설명회나 상담, 주위 엄마들의 의견에 솔깃해합니다. 스스로 결정을 못 내리고 다른 사람이 대신 결정을 내려주기를 기대합니다.

그러나 현실은 기대와 많이 다릅니다. 사교육 기관의 설명회나 상담에서는 어떤 경우든 '자신의 이익'과 배치되는 말은 하지 않습니다. 몇 군데를 다녀보면 서로 다른 이야기를 하거나, 다른 학원을 헐뜯는 경우도 부지기수입니다. 믿고 맡겨달라고 하지만 정작 결과가 나오면 누구도 책임져주지 않습니다. 잘하면 '내 덕분'이고, 못하면 '아이 탓, 부모 탓'입니다.

주변 엄마들끼리의 입소문도 믿을 만한 정보는 그리 많지 않습니다. 쉬쉬 하며 고급정보인 양 나누는 이야기의 상당수는 알고 나면 헛웃음이 나올 정도로 별것 아닌 것들이 많습니다. 제대로 된 정보라기보다는 근거 없는 소문에 불과한 경우도 많고요.

집에서 혼자 공부 못하니 좋은 학원을 찾아나서고, 뛰어난 아이가 다니는 학원을 수소문해서 보낸다고 아이가 잘한다는 보장도 없습니다. 소리 소문 없이 그룹을 짜고 과외시켜야만 좋은 대학에 들어가는 것도 아닙니다. 학원이나 사교육은 무조건 안 된다가 아니라, 내 아이에게 꼭 필요한 것은 취하고 아닌 것은 버릴 수 있는 안목을 키우는 것이 먼저입니다.

소신을 갖고 아이를 키우려고 해도 물귀신마냥 끌어내리는 이웃 엄마들도 많습니다. 처음에는 "그렇게 해서 되겠어?" 하고 깎아내리기도 하고, "그렇게 하다가 애 망치지" 하고 짐짓 걱정해주기도 합니다. 아이가 잘하면 '애 잡는 엄마'라고 소문내는 것도 같은 이웃 엄마들입니다. 남 잘되면 끌어내리고 싶은 마음, 사촌이 땅 사면 배 아픈 심리가 깔려 있는 것이지요. 따라서 나와 다르게 가는 사람을 경계의 눈빛으로 보는 이웃 엄마들과의 관계도 어느 정도 정리가 필요합니다.

재미있는 것은 아이가 어릴 때는 올해부터 교육과정이 어려워졌다고 근심을 하던 엄마라도 아이가 고등학생이 되고 나면 "예나 지금이나 다 똑같아!"라는 말을 한다는 점입니다. 시대가 바뀌어도, 교육정책이 바뀌어도, 아이들 교육에서 바뀌지 않는 것이 있다는 것을 그때서야 알게 되는 것이지요.

아이들 교육의 핵심은 멀찍이 전체를 바라보면서, 동시에 '매의 눈'을 갖출 때 비로소 생깁니다. 교육과정과 사회 변화 전체를 조망할 수 있으면 그다음은 실천입니다. 누가 뭐라든 흔들리지 않고 내 길을 갈 수 있는 뚝심이 필요하고요.

대한민국에서의 엄마 자격, 그 자리 정말 어렵습니다
작성자 : 파스칼 (대학생, 고1)

땅덩어리는 좁지, 그래서 인재 경쟁은 너나 할 것 없이 모두 교육 끝자락으로 치닫지… 앞으로 내 아이의 인생은 어떻게 그려질지 불안해지고 초조해지고, 구체적으로 생각하면 할수록 가슴이 먹먹하고 답답해짐을 느끼실 겁니다.

시간이 흐를수록 아이는 내 편이 아니라 적이 되어가는 느낌도 들고, '이러다 내 아이 교육을 다 망치는 것은 아닐까? 잘하는 아이들 또래에서 완전히 떨어져나가는 것은 아닐까?' 하는 걱정만 앞섭니다. 또 잘하는 아이들은 왜 이리 많은지요. 우리 아이만 빼고 다 잘하는 것 같습니다. 이러니 기분은 점점 다운되고 인생 자체가 피곤해지면서 하루하루 살아가는 것이 힘듭니다. 더욱이 해마다 교육정책이 바뀌다 보니 갈피를 잡고 싶어도, 소신을 갖고 싶어도, 나름대로 아이들 교육철학을 세우고 싶어도, 점점 더 요지경 세상 속으로 빠져드는 느낌입니다.

이럴 때일수록 아이가 잘하면 잘하는 대로, 또 못하면 못하는 대로 엄마의 역할이 매우 중요한 것 같아요. 그리고 아이들이 좀 크다 보니 미리 알아두고 아이들을 키우면 좋겠다 싶은 것들이 생기네요(나름의 노하우라고나 할까요). 아직 어린아이를 둔 엄마들한테 친언니처럼 조곤조곤 얘기해주고 싶어 이렇게 글을 올립니다.

(1) 눈앞에 보이는 성적 vs 저력

당장 눈앞의 목표치에만 안달복달하기보다는 멀리 내다보면서 한 발씩 내디디며 실력을 쌓아간다면 시간이 지나면서 분명 저력이 나타납니다. 당장 학교에서 잘나가는 게 중요한 것이 아닙니다. 마지막에도 씨익~ 웃을 수 있는 저력을 만들어주세요.

'책 읽기 + 초등 때 영어 실력 팍팍 올려놓기 + 수학은 중학교 때부터 성실히 심화/선행 해놓기 + 학교 시험 최대한 잘 보기 + 늘 겸손하기…' 이렇게만 진행된다면 경쟁력은 어디에서든 자신할 수 있습니다.

(2) 대박, 한방 vs 꾸준히, 성실하게

뭔가 한 번에 성과를 욕심내지 마세요. 우리 아이들은 앞으로 계속 경쟁하면서 살아가야 하는 세대입니다. 내 아이의 그릇을 뻥튀기하려 하지 마세요. 과욕은 금물입니다. 내 아이의 그릇을 인정하고 지금부터라도 생활습관과 공부습관을 하나씩 바로잡아주세요. 그 습관들이 몸에 밸 때까지

'매일매일 꾸준히' 하셔야 합니다. 멀리 바라보고 가세요.

(3) 비결, 비법, 지름길, 꼼수 vs 정공법

'족집게 과외' '×× 4주 완성' 등 내가 모르는 단기간의 특별한 공부법은 없습니다. 남들보다 더 잘하기 위해, 더 우위에 서기 위해 어떤 비책을 세우지 마세요. 어쩌다 성공할 수는 있겠지만, 언젠간 그것으로 인해 나락으로 빠질 게 분명하니까요. 공부라는 것은 매우 뻔합니다. 차곡차곡 쌓였을 때 그 진가가 발휘되는 거잖아요. 시험공부도 교과서와 문제집을 보며 '이건 나온다, 안 나온다' 구분하면서 공부하는 아이와, 어떤 문제라도 나올 수 있으니 꼼꼼하게 공부하는 아이 중 누구의 시험 점수가 더 잘 나올까요? 물론 여러 변수가 있겠지만, 시험 점수의 편차가 적고 반복학습을 한 아이, 그야말로 정공법으로 공부한 아이가 정답이 아닐까요?

(4) 아이가 좋아해서 끊을 수가 없어요 vs 설득력 있는 가지치기

주요 과목인 영어와 수학, 거기에 글쓰기, 논술, 토론, 과학 실험, 역사탐구, 사고력 수학 등 아이들이 해야 될 것들은 너무도 많습니다. 일단 시작하게 되면 그동안 한 것들이 아깝기도 하고, 그만두게 되면 이도 저도 안 될 것 같은 불안감에 결국 아이들 핑계를 대지요. 아이들이 좋아해서 끊을 수가 없다구요. 이렇게 질질 끌려가다가는 고3 때까지 사교육의 굴레에서 벗어날 수 없답니다. 우선순위 3가지 정도만 정해놓고 나머지는 과감하게 가지치기를 해야 합니다. 공부를 한두 달 하고 말 것도 아닌데 많은 것에 초집중해서 욕심을 부리다가는 이도 저도 아닌 게 되고 맙니다.

(5) 무조건 빨리 vs 최적의 시기

시간은 한정되어 있는데 해야 할 것들이 너무 많은 아이들은 지쳐 있습니다. 초등학교 입학 전에 미리 선행을 해두면 좋을 것 같아서 다들 앞당겨 가르치지만, 이런 것들이 꼭 나중에 도움이 되는 건 아니라는 데 문제가 있습니다. 모든 것은 때가 있는 법입니다. 큰 그림 속에서 어떤 때가 그 적기인지 주시하다가 아이에게 꼭 맞는 시기에 시작해보세요. 아이와 엄마의 사이도 틀어지지 않으면서 최고의 효과를 거두게 될 겁니다.

(6) 누가 뭐래도 책이 1순위입니다!

책 읽기는 내 아이의 미래에 투자하는 것입니다. 아이가 몇 살이 되었건 책 읽기는 '바로 지금부터' 최고의 우선순위로 등극시켜놓으세요. 눈앞의 것만 보고 달리다 보면 책은 저 멀리… 안 해도 그만인 그야말로 최하순위로 밀리게 됩니다. 저는 무조건 책이 제1순위였습니다. 아이의 인생에서 가장 중요한 건 책이라고 생각했거든요. 지금도 대학 2년생, 고등 1년생인 두 아이가 스스로 책을 찾아서 읽는 모습이 가장 예쁘답니다.

아이들 교육에는 어디에도 정답은 없습니다. 그때그때 주어진 상황에서 최선을 다할 뿐입니다.

> **시간이 지나야 아프게 깨닫는 것들**
> 작성자 : 쿨맘 (중1, 초6)   ▼

아이들이 커보니 이제야 알겠습니다. 어릴 때 이것저것 너무 욕심껏 시켰다는 것을…. 제 주변의 아는 엄마들한테도 "어릴 때 시킨 것 중에 남는 건 운동밖에 없다"는 말을 자주 합니다. 저처럼 이토록 중요한 사실을 아이들이 다 크고 나서야 아프게 깨닫는 엄마들이 많습니다. 지금 시작하는 엄마들을 위해 조금이나마 도움이 되고자 몇 자 적어봅니다.

(1) 미취학 아동이라면

잠수네로 엄마랑 놀면서 영어 하고, 열심히 책 읽어주고, 그리고 정말 열심히 밖에서 뛰어놀게 하겠습니다. 우리 애들은 다른 아이들 학원 다닐 때 그나마 놀이터에서 놀던 아이들이었는데도 많이 아쉽네요.

대부분 육아 책마다 나오죠, 잘 놀아야 몸도 마음도 그리고 머리도 튼튼해진다구요. 어릴 땐 햇빛 쬐며 무조건 열심히 놀아야 됩니다. 놀이터에 나가보면 엄마가 쫓아다니며 아이를 보호(?)하는 모습을 많이 보는데, 아이가 미끄럼틀에서 거꾸로 떨어지기 전에는 그냥 옆에 앉아만 있는 것이 좋습니다. 아이들이 우리보다 낫습니다. 아이들이 스스로 굴러도 보고, 나이 많은 아이한테 눌려도 보고, 그네 새치기한 친구한테 울분도 느껴보고, 모래도 먹어봐야 맛이 없다는 걸 알 수 있습니다.ㅎㅎ

(2) 초등학생이라면

역시 잠수네로 열심히 영어 하고, 수학문제집 같이 골라서 매일 2쪽씩(고학년은 능력껏 4~5쪽) 풀고, 책 찾아서 읽고, 여행도 많이 다니면서 뭐든지 체험하게 해주세요. 어디 먼 곳으로 떠나야만 여행이 아니지요. 동네 뒷산도 좋고, 집 근처만 해도 찾아보면 갈 데가 얼마나 많은데요. 이번 주말에도 가족과 함께 성곽길 갔다 왔는데 참 좋더라구요. 아이가 엄마 아빠랑 걸으며 종알대는 얘기들 많이 들어주시고, 아이에게 재미있고 유익한 얘기들

또한 많이 해주시기 바랍니다.

중학생 자녀를 둔 엄마들이 마음고생하는 것을 주변에서 많이 봅니다. 어릴 때부터 부모와 관계가 좋아야 결국 공부든 뭐든 할 수가 있습니다. 관계가 깨지면 이도 저도 안 되지요. 그러려면 엄마가 진심으로 내 아이를 사랑해야 합니다. 아이들의 성적만 사랑하지 마시고, 아이를 있는 그대로 받아들이고 아낌없이 사랑을 쏟아주는 훌륭한 부모가 되시길 바랍니다.

(3) 엄마부터 마음의 여유를 가지세요

제 주변에 고2 아들을 둔 엄마가 있는데, 그 아들이 공부를 매우 잘합니다. 아이 엄마가 애들 어릴 때부터 나름 소신이 있어서 학원을 안 보냈어요. 이번에 오랜만에 만나서 아직도 아이 혼자 공부하냐고 물었더니, 아들이 수학학원에 다니면 좋겠다고 해서 얼마 전부터 동네 수학학원에 다니고 있다고 하네요. 얘기를 듣고 보니 아이들이 크면서 엄마가 할 수 있는 부분이 더욱 작아진다는 생각이 들었습니다.

주변에서 엄마가 자식의 학습 태도를 망치는 것을 심심치 않게 봅니다. 가만히 놔두어도 알아서 하는 아이가 있고, 엄마가 끌고 가다가다 결국 엄마가 나가떨어지는 경우도 있습니다. 부모는 그저 옆에서 함께 걸어가주는 사람입니다. 어떤 길이건 그 길은 결국 아이 혼자 걸어가야 하니까요. 전에 읽은 책에 이런 말이 있었어요. "엄마가 끌고 가려 하면 아이와 엄마가 다 지치지만, 아이 혼자 잘 걸어가게 하면 옆에서 박수만 쳐주면 된다." 힘든 세상을 함께 헤쳐나가는 친구이자 동지로서 아이가 혼자 꿋꿋이 걸어갈 수 있도록 엄마는 때로 뒤에서 지켜보기만 해야 합니다. 결과가 어찌 되든 끝까지 믿고 함께 가는 쿨한 부모들 되시길.

공부의 기본은 이것

최고의 선행학습은 '책'입니다

공교육, 즉 학교에서 배우는 교육의 시발점은 산업사회에 필요한 교육받은 노동자를 배출하기 위해서였습니다. 딱히 책을 많이 보지 않았어도 학교에서 배운 것만으로 먹고살 만했습니다. 그러나 지식사회로 접어든 지금은 다릅니다. 갈수록 인문학, 고전에 대한 관심이 증폭하는 것은, 인류 역사상 유래를 볼 수 없을 정도로 급격한 발전을 이루었던 산업사회가 저물면서 앞날을 예측할 수 없기 때문입니다. 문제는 사회는 급속도로 변하는 데 반해 교육체제는 변화의 속도를 따라가지 못하고 있다는 점입니다. 이는 우리나라뿐 아니라 전 세계적인 현상입니다.

　빠른 변화를 수용하지 못하는 교육과정의 한계를 극복하는 방법 중 하나가 '책'입니다. 학교에서 배우는 '교과서'는 다수의 아이를 가르치기 위해 평균 수준의 지식을 담은 책입니다. 아이들 각자가 가진 개성이 모두 달라도 다 똑같은 교과과정을 배웁니다. 현 교육체제의 한계이지요.

　그러나 책은 다릅니다. 책은 교과서 밖의 폭넓은 지식을 흡수할 수 있는 통로입니다. 자기가 관심 있는 분야는 더 깊이 파고들 수 있습니다. 나만의 개성, 창의력을 얻는 도구가 됩니다. 학교 공부를 잘할 수 있게도 해주지만 학교 교육과정에 관계없이 더 빨리 많은 것을 알게 해주기도 합니다. 자기 인생을 어떻게 살아가야 할지 앞날을 꿈꿀 수 있도록 도와주기도 하고요.

　어릴 때부터 책을 좋아하는 아이, 책을 가까이 하는 아이로 키워주세요. 학교 공부뿐 아니라 인생을 미리 경험할 수 있습니다.

'영어'는 세계에서 살아가기 위한 최소한의 도구입니다

잠수네에서 지향하는 영어는 학교 영어 수준을 훌쩍 뛰어넘습니다. 영미권 문화와 지식을 받아들이고 나의 생각을 말과 글로 자유롭게 표현하는 것을 목표로 진행합니다. 수능 영어가 미국 초등학교 5~6학년 교과서 수준의 어휘와 문장으로 나오니, 초등 때에도 수능 영어 수준까지 영어 실력을 갖출 수 있습니다. 중고등학교 내신 영어는 비교적 적은 시간을 투자해도 좋은 결과를 보입니다. 영어를 일찍 잡으면 다른 과목을 더 공부할 시간적 여유가 생기는 이점도 있습니다.

현대는 교통, 인터넷의 발달로 지역의 구분이 크게 의미가 없어지고 있습니다. 언제 내가 외국에서 살지, 우리나라에서 살더라도 언제 외국인과 함께 일할지 모르는 세상입니다. 다른 언어를 사용하는 사람들 간의 공용어는 아직까지 영어입니다. 영어를 자유롭게 구사할 수 있다는 것은 좀 더 다양한 기회를 만날 수 있다는 의미이기도 합니다.

입시에서 경쟁은 피할 수 없습니다. 누군가는 SKY대학에 가겠지만 누군가는 IN서울 대학도 못 가는 제로섬게임입니다. 공부를 잘하는 아이들만 살아남는 구조지요. 그러나 공부에 재능이 없더라도 영어가 능숙하다면 또 다른 기회를 찾아볼 수 있습니다. 아이들 영어학습의 목표를 시험 영어로만 한정짓지 마세요. 대학에서, 사회에 나가서 제대로 사용할 수 있는 영어를 익히는 것이 우리 아이들의 미래를 위해 해줄 수 있는 최소한의 배려입니다.

'수학'을 잡아야 갈 수 있는 대학의 문이 넓어집니다

부모나 아이가 바라는 수준의 대학을 가려고 한다면 수학의 문턱을 넘지 않고서는 매우 어려운 것이 현실입니다. 수학은 아이의 '의지'와 '노력'에 따라 해낼 수 있는 수준이 달라집니다. 어려운 문제는 끝까지 풀어보려는 끈기와 집중력이 필요한 과목입니다. 중학교 때부터는 매일 최소 2시간 이상은 집중해서 공부해야 하고, 고3 때 수능 준비를 하려면 중등 때 어느 정도의 선행이 필요하기도 합니다.

그러나 입시에서 수학이 아무리 중요하고, 수능 수학을 준비하기 위해 선행이 필요하다고 해도 어릴 때부터 내달릴 필요는 없습니다. 수학은 미리 당겨서 공부해봐야 중학교, 고등학교로 가면 또다시 공부해야 합니다. 어릴 때 미리 공부해도 다 잊어버리기 때문에 투자 대비 효율이 떨어집니다. 초등 때는 한글책 읽기와 영어에 무게중심을 두세요. 그래야 중고등학교에서 수학을 공부할 여유가 생깁니다.

공교육에 최선을 다합니다

우리나라의 공교육에 만족하는 부모는 별로 없습니다. 교육과정이 바뀔 때마다 내 아이가 실험 대상이 되는 것 같아 마음이 편치 않습니다. 올해는 또 어떤 선생님이 우리 아이를 가르칠지 걱정스럽고, 되도록이면 좋은 분이 우리 아이를 맡아주기를 바라는 마음뿐입니다. 학교에서 문제가 생겼을 때 적절하게 대처해주지 않는 선생님을 만나면 화가 날 때도 있습니다.

　공교육 대신 선택할 수 있는 방법인 홈스쿨이나 대안학교 역시 장점과 단점이 공존합니다. 여건이 되어 다른 길을 선택한다면 모를까 공교육으로 가고자 한다면 이런 모든 불만은 부모 마음에만 담아두세요.

　학교에서 배우는 모든 과정은 '교양'이란 한 단어로 압축됩니다. '국·영·수·사·과'를 포함한 도덕, 가정, 기술, 미술, 음악 등 전 교과목이 우리가 살아가면서 알아두면 도움이 되는 상식과 교양입니다. 학교 성적은 '성실함'을 보는 척도입니다. 학교 수업, 시험, 수행평가, 행사 등 학교의 모든 일정에 최선을 다하도록 해주세요. 부모가 가야 하는 학교 행사는 될 수 있으면 참석하고요.

　아이들은 학교에서 보내는 시간이 가장 많습니다. 이 시간을 어떻게 보내느냐에 따라 아이의 학교생활이 달라집니다. 부모가 학교를 무시하고, 선생님을 눈 아래로 보면 아이도 학교에 가는 것이 즐겁지 않습니다. 친구와 선생님을 좋아해야 학교생활이 즐겁습니다. 학원에서 다 배웠다고 수업에 집중하지 않으면 절대 좋은 성적을 받을 수 없습니다.

　아무리 선생님이 마음에 들지 않더라도 장점 한 가지는 있습니다. 아이 앞에서 선생님 험담을 하는 것도 금물입니다. 우선은 학교 선생님을 믿고 따라가되, 학교 수업만으로 부족한 것이 있으면 집에서 보충하는 방법을 찾아보세요. 학교에서 인정을 받아야 무엇이든 술술 풀려나갑니다.

> **'껄껄껄' 리스트**
> 작성자 : joyaji (초3, 7세)

큰아이와 초등학교 3년 보내고 보니 ~하지 말껄, ~할껄, 이름하여 '껄껄껄 리스트'가 나오더군요.

(1) 아이와 눈 맞추며 자연과 벗하며 놀아줄껄~

7세까지 DVD 흘려듣기 한 것 외엔 제가 아이에게 가르쳐준 것이 거의 없습니다. 어린이집에서 한글, 수 개념, 덧셈·뺄셈 다 했습니다. 선생님들 대단하죠? 어떻게 무에서 유를 창조하시는지….

엄마가 바빠서 밤 11시에 퇴근하는 날도 많고, 토요일엔 정신없이 늦잠 자다 오후에 마트에 가는 생활이 반복되다 보니, 주말에 뭐 했냐고 물으면 아이의 대답이 한결같이 "이마트 갔어요~"였다고 하더라구요. 당시엔 우리 부부가 아직 미성숙한 단계여서 아이와 놀아준다는 것, 온몸을 부비며 체온을 느낀다는 걸 잘 몰랐어요. 지친 일과에 육아는 온몸에 가마니 하나 더 얹어놓은 듯 피곤함 그 자체였죠. 말 그대로 여유가 없었습니다. 사실 큰돈 들이지 않고도, 거창하게 캠핑을 가지 않아도, 동네 뒷산이나 가까운 공원에서 계절이 바뀌는 걸 함께 느낄 공간은 많습니다. 오히려 소박하게 자연을 찾아서 부모 손 잡고 부비부비하며 '우리는 너를 끝없이 지지한단다'를 온몸으로 느끼게 할껄 그랬습니다. 이렇게 늦게 시작하다 보니 일정량을 채우려면 사춘기 오기 전에 더 많이 더 열심히 해야겠지요.

(2) 센터교육에 휘둘리지 않길 잘했다
예나 지금이나 두 돌도 안 된 아이를 둘러업고 센터교육을 받으러 가는 사람이 어찌 그리도 많은지요. 물론 난 시간이 없어 하지도 못했지만, 지금도 가만히 보면 요즘 새댁들은 아무 거리낌 없이 비싼 센터교육으로 달려가더군요. 교육비 비싼 센터교육을 해줘야 아이가 명품이 되는 것도 아닌데, 가서 보면 엄마는 연신 핸드폰으로 사진만 찍고, 아이는 졸려서 짜증 내고, 아휴~.

(3) 책 많이 읽어줄껄~ 읽어주며 부비부비 더 할껄~
7세까지는 원없이 놀았습니다. 낮에 실컷 놀게 하고 밤에는 아이가 한글을 읽을 줄 안다고 일찍 읽기 독립을 시켜버렸어요. 많이 읽지 않아도 하루에 몇 권 정해놓고 꾸준히 읽어줄 것을…. 지금 생각하면 아이와 함께 책을 읽고 이야기를 나누며 더 많이 물고 빨고 해줄껄 하는 아쉬움이 남습니다. 그때는 그게 애착 형성인 것을 몰랐네요. 그때로 다시 돌아갈 수만 있다면 얼마나 좋을까요.
그러나 놓쳐버린 시간을 채우겠다고 너무 많은 양으로 몰아붙이진 않겠습니다. 내 아이가 받을 수 있는 그 그릇만큼만 주겠습니다. 단 한 권이라도 아이와 엄마의 진한 감정 교류를 날마다 이끌어보겠습니다.

(4) 도서관을 더 이른 나이에 섭렵할껄~
작년 겨울부터 도서관을 열심히 다니고 있습니다. 영어책 공급이 막히던 때라 하루에 도서관 두 군데를 매일 도장 찍었네요. 지역사회의 작은 도서관이라 뭐가 있겠냐며 무시했는데, 도서관에 희망 도서도 신청하고, 원하는 책이 없을 때 서점에서 야금야금 책을 사주니 아이가 더 잘 읽습니다. 돈이 많아야 잠수네 영어를 할 수 있는 것이 아닙니다. 게을러서 그렇지 찾아보면 길은 많아요. 그동안 각 도서관들의 특성을 파악해서 주말엔 지역구가 다른 곳도 찾아갑니다. 지금은 아이가 작가 이름도 줄줄 꿰고 있는데 뿌듯하고 기분 좋더군요. 책을 많이 읽으니 자존감도 높아지고, 학교에서 책 많이 읽는 아이로 인정을 해주니 학교생활도 전보다 활기차졌답니다.

(5) 1, 2학년엔 수학 심화 안 할걸~ 그 시간에 책 읽고 더 놀걸~

저희는 여자애만 둘을 키우는데 수학을 가르치는 것이 만만치 않더라고요. 더군다나 7세까지 책도 거의 안 읽고 인형놀이만 신 나게 했으니 수학 감각이 있을 수 있나요. 그런 아이가 입학을 했는데 세상에나! 초1부터 내리 수학경시를 나가고 툭하면 상을 받아오는 겁니다.
엄마의 경쟁심이 활활 타올라서 수학문제집만 3권을 준비해서 하루에 5장씩 풀게 했습니다. 무지막지하지요? 그때 풀었던 수학문제집을 보면 글씨가 완전 괴발개발입니다. 아이와의 관계 역시 매우 안 좋아졌지요. 어떤 날은 등교하는데 아이의 뒤통수가 보기 싫더라구요. 이건 아니잖아.ㅠㅠ 게다가 아이가 '나는 수학 못하는 아이'라고 스스로를 낙인찍더라구요. 학교 시험은 항상 100점이었는데도 말이죠. 차라리 그 시간에 영어에 공을 더 들였다면 좀 더 나았을 텐데….
그리고 올해, "책을 읽으니까 수학문제가 무슨 말을 하는지 알겠어요. 작년엔 뭐가 뭔지 몰라서 가만히 앉아 있었거든요." 아이가 이렇게 말하는데, 그동안 무식한 엄마가 아이에게 무슨 짓을 한 건지 너무 미안했어요. 책을 많이 읽은 아이는 수학을 어느 정도 해도 좋겠지요. 하지만 이제부터는 매일 정해진 시간에 엄마 욕심으로 세운 학습량을 억지로 풀게 하지 않겠습니다. 아이가 할 수 있을 만큼, '아, 재밌다'라고 느낄 만큼만 시키겠습니다. 그리고 칭찬은 많이많이 해주어야겠지요.

수학에 올인할 그 시간에 뭐든 몰입하도록 이끌어주겠습니다. 어린아이를 어른 눈높이에서 무조건 몰아세우진 않겠습니다. 초등 1~3학년까지 수학이 뭐라고, 그리고 그때의 떡잎이 끝까지 가는 것도 아니니 적기에 선택을 해서 집중해야지요. 초3, 지금은 명맥만 유지하는 수학인데 좀 더 있다가 힘주려고 합니다.

(6) 분 단위로 시간을 쪼개 아이를 휘두르지 말껄~

아이와 상의를 한다고는 하지만 엄마의 입김이 강해서 사실 아이는 어쩔 수 없이 따라오게 되지요. 하루를 촘촘하게 계획해서 "자, 그다음~" 하며 하루 종일 빡빡하게 돌리지 말껄 그랬어요. 어른도 하기 힘든 걸 아이에게 요구했으니….

한 학기에 하나 정도만 주력 종목을 택해 집중하고 자유시간을 많이 줄껄 그랬습니다. 요즘 아이에게 자유시간을 주면 동생도 살뜰히 챙기고 함께 잘 놉니다. 공상도 많이 하고 이야기도 많이 하네요. 진작 좀 풀어줄껄 그랬어요. 생각해보니 초등학생을 마치 중고등학생처럼 달리게 했더라고요. 둘째는 그렇게 하지 않으려고요. 물론 큰아이도 내년쯤 사춘기가 오기 전에 스트레스 풀 시간을 맘껏 주려고 합니다.

(7) 아빠를 더 세워줄걸~

아이들이 어렸을 땐 부부도 성장하는 과정이라 많이도 싸웠지요. 뭐든 처음인 부모도 함께 아이를 키우면서 성장을 하는 건데, 남편의 행동이 마음에 들지 않을 때마다 내가 나서서 하겠다고 "나와봐~" 하니 남편이 아이의 육아·교육에는 제외가 되더군요. 어떨 땐 No Touch!

잠수네에선 아빠도 많이 참여하시지만 보통은 엄마가 주도를 하잖아요. 저희 집 역시 남편이 시큰둥하게 반응을 하더라구요. "그건 내 영역이 아니니 알아서 해"라는 식으로 말이지요. 어느 날부턴가 아이들과 겪었던 하루 일과를 남편에게 브리핑하듯 종알종알 얘기를 해주니 의외로 좋아하고 뿌듯해하더라구요. 그때부터 아이에 대한 고민도 같이 나누게 되었어요. 그러다 보니 남편이 일찍 들어와 아이를 챙겨주는 날도 있더라구요. 아빠는 엄마처럼 땍땍거리며 잔소리를 안 하니 아이들이 엄청 좋아했죠.

"당신, 오늘 멋있네. 잘생겼쓰~" 하며 립서비스를 날려주니 처음엔 어색해하다가 아이들 앞에서 "아빠 멋있쥐?" 하며 장난도 치더라고요. 나의 주장을 잠시 내려놓고 남편의 주장을 받아들이니 대접받는다는 생각이 드나 봐요. 최고의 남자로 대접을 해주니 남편이 훨씬 부드러워지고, 아이들을 향한 관심과 애정도 눈에 띄게 많이 쏟더라구요. 사랑은 순환되는 것이 맞는 것 같아요.ㅎㅎ

남편이 가정의 든든한 버팀목이 되고, 가이드라인을 잡아주는 부드러운 남자로 변하니 아이들이 정서적으로 안정감을 느끼며 전보다 훨씬 밝게 커가고 있습니다.

거북이과 아이와 토끼과 엄마의 좌충우돌 시행착오
작성자 : champ맘 (초4)

우리 아이는 현재 4학년인데, 저학년 때를 생각하니 지금도 웃음이 나네요. 제 경우를 간단히 소개하자면… 토끼과 엄마가 공부 어려운 줄, 또 세상 험한 줄 모르고 살다가 직장도 버리고 아이 키우기에 뛰어들었습니다. 하지만 아이 키우는 게 어떤 건지 알지도 못했고, 알 필요가 있다는 점도 몰랐던 탓에 엄마의 바람과는 정반대로 거북이형 아이를 고생시키고, 저 또한 숱하게 마음고생을 하는 과정을 겪었답니다.

(1) 수학
아이가 6세 때 수학 선행에 들어갔습니다. 알록달록한 미국 초등학교 2학년 교과서를 펼치고 덧셈·뺄셈을 가르쳤습니다. 아이가 생각보다 잘 따라 하더라구요. 받아올림도 잘 이해하는 것 같고. 필을 제대로 받은 저는 수학 전집을 사들였지요. 7세 때 그 책들을 읽히고 문제를 풀게 했어요. 나름 수학에는 자신이 있는 상태로 아이를 초등학교에 입학시켰는데, 이럴 수가! 아이가 수학을 못하는 거예요. 1학년 때는 수학 단원평가가 유일한 시험이었는데 아이 점수가 내내 90점을 못 넘었어요.
어릴 때 강제로 가르친 수학은 아이가 이해할 수준을 넘어선 내용이었기 때문에 시간이 지나면서 다 잊어버렸던 거예요. 학교 시험은 아주 쉬운 수준이었는데, 한심하게도 아이한테 가장 어려운 문제집을 풀게 해야 실력이 높아진다고 믿었던 것이지요. 꼬이고 꼬인 문제를 풀다 아이는 울고, 저는 답답한 마음에 아이를 다그치기를 반복했지요. 지금 아이가 갖고 있는 수학 울렁증, 다 제가 만든 겁니다.^^;;

이러한 과정을 통해 저는 수학 선행의 폐해를 미리 겪었고, 아이의 수학 수준을 객관적으로 바라볼 수 있게 되면서 마음만 앞섰던 제 잘못된 교육 방법을 반성하게 됐어요. 아이가 받아들일 준비가 안 된 상태에서 시키는 공부는 득보다 실이 많다는 점도 깨달았지요.

그래서 지금은 〈잠수네 수학교실 코칭페이퍼〉대로 하루에 한 시간씩 제 학기 공부, 그리고 방학 때 예습에 집중하고 있어요. 아이가 수학을 잘하는 편은 못 되지만, 이제 예전처럼 안달하며 불안해하지 않고 꾸준히 지켜봐주려고 합니다.

(2) 영어

영어는 조기교육이 중요하다고 생각한 저는 6, 7세 때 원어민 테솔 선생님을 붙이며 영어 그림책 읽기, 찬트(성가) 부르기, 철자법, 파닉스 등을 가르쳤어요. 쉽게 말해 돈을 왕창 들이부은 거죠.

아이가 초등 1학년 때 영어학원 정규반에 보냈는데, 공부 내용이 교과서 베껴쓰기였어요. 아이가 너무 하기 싫어해서 한 페이지 쓰는 데 두 시간이나 걸렸지요. 학원 시험 성적과 레벨을 올리고, 더 좋은 학원을 알아보고, 시험을 치르고⋯ 이렇게 돈과 시간을 쓴 게 지금 생각하면 너무 아까워요. 당시 잠수네 사이트를 알고는 있었지만, 강남 엄마들의 사교육 정보에 깊이 빠져 있던 제게 잠수네는 단지 액세서리 같은 존재였어요. 영어를 편안하고 여유 있게 배우게 하질 않고, 학원이 전부인 양 학원 레벨과 등수에 연연해하며 가르쳤던 게 미련한 방법임을 깨우치기까지 참 오랜 시간이 걸렸던 것 같아요.

이제는 아침에 DVD로 즐겁게 영어를 듣고, 좋아하는 책을 직접 고르게 해서 읽게 하고 있어요. 아이가 좋아서 하니까 영어공부도 즐겁게 받아들이고, 시험으로가 아니라 스스로 찾아서 듣고 읽으며 제대로 된 공부를 하고 있는 것이지요. 과정에 충실한 영어공부는 고등학교, 대학교, 어른이 되어서까지 두고두고 큰 밑천이 될 거라고 믿어요.

(3) 예체능

유치원 때부터 1학년 1학기까지 아이에게 수영을 가르쳤어요. 눈으로 보니 정말 힘들게 훈련하더군요. 운동을 하면 근성과 승부욕이 생기고 체력이 좋아진다는 말에 혹해서 시켰는데, 결과적으로 저희 아이와는 안 맞았어요. 그보다도 아이가 싫어한다는 가장 중요한 사실을 그땐 왜 무시했는지 엄청 후회가 됩니다.

음악에서도 피아노와 바이올린을 함께 시켰는데, 아이가 피아노는 좋아하고 바이올린은 싫어했어요. 엄마 생각에 무대에 세우기 좋은 바이올린이 너무 탐나기도 했고, 또 투자한 돈과 시간이 아까워 억지로 시켰지요. 그런데 4학년이 되도록 여전히 바이올린을 싫어해서 결국엔 그만두었답니다. 억지로는 안 되는 것인데, 좀 더 일찍 결정할걸 그랬어요.

운동은 현재 아이가 좋아하는 축구를 하고 있는데, 학기별로 스케이트, 배드민턴, 테니스 등을 하나씩 시켜봐서 아이가 좋아하는 운동을 찾아보려구요. 운동을 시키는 이유가 상을 받기 위해서가 아니라 아이가 평생 즐길 수 있는 운동을 찾아주기 위해서니까요. 악기도 마찬가지로 결국 아이가 좋아하는 것 하나를 정해서 꾸준히 하는 편이 좋은 것 같아요. 특출한 아이는 두 개 이상도 하겠지만 대부분은 하나 하기도 힘들잖아요.

(4) 결론

우리 아이가 다시 초등 1학년으로 돌아간다면

첫째, 많이 안아주고, 늘 사랑한다고 말해주고, 맛있는 음식을 더 많이 해주고 싶어요.

둘째, 영어학원이 아니라 그림책 읽기, 영어 듣기에 주력하겠어요.

셋째, 수학 문제풀이에 매달릴 것이 아니라 손으로 만지고 체험하는 활동을 넉넉히 시키겠어요.

넷째, 예체능은 아이의 선택을 존중하되 운동과 악기 하나는 꾸준히 시키겠어요.

거북이과 아이들을 강남 사교육 틀에 맞추려면 토끼과 엄마들의 속이 무너지겠지만, 잠수네를 하면서 천천히 꾸준히 해나가면 결국엔 아이도 진가를 발휘하고 엄마도 행복해질 거라고 믿어요. 우리, 길게 보자구요.

한글책 : 영어 : 수학의 비중은 어떻게?

공부는 정직합니다. 본인의 의지만 있다면 어떤 공부든 시간과 노력을 투자하면 잘할 수 있습니다. 문제는 배우고 익혀야 할 주체가 부모가 아니라 '자라나는 아이'라는 점입니다. 많은 부모들이 '자라나는 아이'란 점을 생각하지 않고 맘대로 아이들 학습계획을 짜고 밀어붙입니다. 아이의 나이, 개성, 의지를 생각하지 않고 무조건 빨리, 많이 하면 남보다 앞서갈 것이란 생각을 합니다. 그러면서 초등학교 1학년 아이를 두고 '자기주도학습'이 언제나 될까 하며 전전긍긍합니다. 여기서 생각과 현실의 격차가 생기게 됩니다. 일종의 미스매치라고나 할까요?

아이들 공부를 생각할 때 기본 원칙은 다음 세 가지입니다.

❶ 모국어인 한글책 읽기 능력이 되어야 어떤 공부든 가능합니다.
❷ 한글책 읽기가 탄탄하다고 판단될 때 잠수네 영어학습을 시작합니다.
❸ 수학은 아이의 나이, 받아들일 수 있는 그릇을 감안해서 진행합니다.

유아기 : 한글책 〉〉〉 영어 〉〉 수학

공부보다 노는 시간이 더 중요한 때입니다. 영어보다 한글책에 더 신경 써야 할 시기이고요. 조기 영어교육을 하든, 영어유치원을 보내든 한글책 읽기 습관이 안 되면 초등 3~4학년부터 영어 실력이 더 이상 성장하지 못합니다. 영어로 말하는 것이 유창하고 영어책을 잘 읽는다고 자랑하기보다 한글책을 좋아하는 아이로 키우고 있는지 살펴보세요. 이때는 한글책을 영어책보다 2배 더 읽어준다는 마음 자세가 필요합니다. 수학은 수학교구, 퍼즐을 갖고 놀며 체험하는 정도로도 충분합니다.

초등 저학년 : 한글책 = 영어 〉〉 수학

영어학습 환경을 만들어주는 데 조금씩 관심을 두어야 할 때입니다. 그러나 한글책 읽기의 끈을 놓치면 안 돼요. 영어책을 1시간 읽었다면 한글책도 1시간 이상 읽도록 해주세요. 영어유치원 출신, 조기 영어교육 등으로 한글책 읽기를 소홀히 했다면 지금이라도 영어는 최소한으로 진행하면서 한글책 읽기에 더 힘을 써야 합니다.

이 시기에 수학에 시간을 많이 들이는 것은 아주 비효율적입니다. 아이가 받아들일 수 있는 머리는 작은 종지만 한데 커다란 들통을 부어대는 것이나 마찬가지이기 때문입니다. 수학은 어릴 때부터 미리미리 공부하는 것보다 적기에 집중해서 공부하는 것이 더 효율적인 과목입니다. 수학은 연산을 챙기면서 학교 수학을 잘 따라가는 정도로만 진행하세요.

초등 고학년 : 영어 〉 한글책 〉 수학

영어학습에 제일 투자를 많이 할 때입니다. 하지만 한글책 읽기도 손을 놓으면 안 됩니다. 어릴 때 한글책을 많이 읽던 아이라도 초등 고학년에 영어나 수학을 한다고 책을 읽지 않으면 더 이상 읽기 능력이 늘기가 어렵기 때문입니다. 초등 4~6학년 때 한글책 읽기에 충분히 투자해야 영어도 힘을 받고, 수학도 잘할 수 있습니다. 중고등학교 국어를 잘할 수 있는 기본 토대가 만들어지는 것이고요.

영어는 잠수네 영어 기준 심화2 이상, J6~J7단계(미국 초등학교 4~5학년) 영어책을 편안하게 읽는 것을 목표로 하세요. 또한 이 시기는 유아기, 초등 저학년 때 정서상 이해하기 어려웠던 국내 작가, 외국 유명 작품의 번역본을 읽을 수 있는 나이입니다. 한글책 읽기를 좋아하지 않는 아이라면 지금이라도 쉬운 책, 재미있는 책으로 책 읽기 습관을 잡아주세요. 수학은 자기 학년 심화문제를 풀 수 있을 만큼 공부하면 됩니다. 다른 아이들이 학원 다니면서 수학 선행을 한다고 불안해하지 마세요. 상위 0.1% 이내로 수학 재능이 뛰어난 아이들 외에는 초등학생이 중학교 수학을 배워봐야 다 잊어버립니다. 중학교 가면 다시 공부해야 하는 것이 현실입니다.

중학생 : 수학 〉 영어 〉 한글책

한글책 읽기 습관이 잡혀 있고, 영어 실력이 탄탄하다면 수학으로 무게중심을 옮겨가야 하는 때입니다. 이과 성향의 아이라면 좀 더 수학공부에 비중을 두어야겠지요. 문과 성향이 강하다면 한글책 읽기 시간도 꾸준히 유지해야 합니다. 아직 영어가 부족하다면 영어와 수학의 비중을 같게 진행해주세요. 한글책 읽기도 안 되고 있다면 영어, 수학, 한글책 읽기를 동시에 진행해야겠지요.

중학교 1~2학년 때는 공부보다 더 중요한 것이 부모와의 관계입니다. 영어나 책 읽기에 비해 수학은 '본인의 의지'에 훨씬 더 많이 좌우됩니다. 부모가 애를 써도 공부하려는 생각이 없는 아이는 이끌어가기 어렵습니다. 사춘기 시기를 잘 넘어가려면 아이의 이야기를 잘 들어주고 공감하는 것이 우선이라는 것을 유념해주시기 바랍니다.

후배 엄마에게, 시기별로 이것만은 꼭 하라고 짚어주고 싶은 것
작성자 : 세으니야 (초4)

제가 다니는 회사에 6세 여자아이를 키우는 후배가 있습니다. 잠수네 가입은 했지만 아이가 어려 아직 콘텐츠도 제대로 읽어보지 않은 것 같아요. 가끔 저한테 "이거 할까?" "저거 할까?" 하고 물어보는데, 그럴 때마다 대부분 하지 말라고 말해주니 언니가 최고라 합니다(물어보는 거야 뻔하죠 뭐. 그 또래 엄마들이 다 하는 그거. "한글학습지 할까?" "영어학습지 할까?" "가베 할까?" ㅋㅋ).

그래서 지금은 우리말 책이나 열심히 읽어주고, 다니고 있는 캠핑이나 원 없이 다니라 했습니다. 수학은 종이에 숫자로 쓰기보다는 구체물과 교구를 가지고 놀게 하고, 수학문제집 사지 말고 〈잠수네 연산〉 뽑아다가 하루에 한 장씩 시키라고 프린트해서 주었습니다. 다만, 할머니께 부탁해서 DVD는 매일 1~2시간 꼭 보게 해 거부감 없게 만들어주고, 영어책은 싫다고 하지 않으면 하루에 한 권씩 읽어주라고 했습니다.

후배 딸의 교육로드맵을 제가 구체적으로 짜보았습니다. 초등학교 입학 전까지 우리말 그림책을 충분히 읽혀서 책의 재미를 느끼게 해주고, DVD를 꾸준히(지나치게 말고) 보게 하여 귀가 뚫리게 한 뒤 입학과 동시에 재미있는 그림책으로 집중듣기를 시작하는 겁니다.

처음에는 하루에 한 권씩 집중듣기를 하다가 한 달 후에는 10분씩, 그다음에는 20분씩, 이렇게 30분까지 차근차근 집중듣기 시간을 늘립니다. 그런 뒤 낮은 단계의 〈그림책〉을 다 들었다 싶으면 〈그림책 같은 리더스〉를 틀어주는 겁니다. 어느 정도 수준이 올라가면 높은 단계의 그림책들과 그림책 같은 리더스를 함께 하는 거지요.^^

이런 식으로 야금야금 시간을 늘리다가 읽기에 들어가면 3시간 욕심을 부려봅니다. 빠르면 2학년 여름방학 이후, 가장 바람직한 건 3학년부터 3시간씩, 이렇게 3, 4, 5학년을 3시간씩! 계획대로만 한다면 예쁜 꼬맹이의 영어가 엄청 늘겠지요? 벌써부터 기대됩니다.^^

수학은 한 학기만 예습하기, 1~2학년까지는 학교 진도에 맞추어 기본 문제집만 풀고 〈잠수네 연산〉 하기, 3학년부터는 가장 쉬운 심화 문제집 한 권 풀기, 4학년부터는 매일 1시간씩 수학하기. 더도 덜도 말고 딱 요만큼만 했으면 좋겠습니다.ㅎㅎ

제 아이의 경우 예체능은 시간을 때우기 위해 저학년 때 필요 없는 것들(예컨대 학교 체육)까지 하면서 뺑뺑이(?)를 돌렸지만, 후배의 경우에는 아이 할머니께서 봐주시니 아이가 하고 싶다는 것 외에는 억지로 많이 시키지 말고 차라리 그 시간에 놀이터에서 놀게 하는 게 좋겠네요. 후배가 언니 딸은 이것저것 다 시켜놓고 왜 내 딸은 놀이터에서 놀라고만 하냐고 뭐라 하려나요?ㅋㅋ

각 과목의 무게중심을 잘 잡아주세요
작성자 : 고운맘 (중3, 초5)

국·영·수와 기타(내신이나 아이마다 갖고 있는 플러스알파)의 무게중심을 잘 잡아주는 것이 가장 중요하다고 생각합니다. 국·영·수는 무조건 똑같이 잡을 것이 아니라 나중에 무엇이 이득이 되는지 잘 판단해야 해요. 무조건 많이도 답은 아니구요.

영어? 미리 잡아놓을수록 편합니다. 초등 고학년~중1, 2까지 제대로 시켜놓으면 시간 절약이 왕창 됩니다.

수학? 고등 올라가기 전에 기본·심화 탄탄하게 잡아놓고 선행까지 가능하다면 시간과 에너지가 절약됩니다. 영어처럼 왕창까지는 아니어도요. 중요한 고등 시기에 영·수 외에 다른 것도 챙길 여력이 생긴다는 의미지요.
국어? 독해력, 사고력(분석·추론·비판)이 좋으면 국어뿐 아니라 학습하는 모든 면에서 매우 유리합니다. 중등 시기에 힘써야 할 부분이 바로 이런 부분입니다. 하지만 무조건 책을 많이 읽는다고 좋은 결과가 나오는 건 아니지요. 국어, 수능언어 선행? 이건 시간과 에너지 낭비예요. 시험에 대비해서 하는 국어공부는 적기에 해야 효율적입니다.
오히려 수학은 능력 되는 아이들은 당길 수도 있어요. 수학머리가 늦게 트이는 아이들도 중2, 3 정도면 거의 드러나기 때문에 제대로 선행하는 것이 가능해지지만, 국어(특히 문학)는 중등과 고등 머리가 또 다르거든요. 그래서 최상위권을 바라보는 아이라면 수학은 중등 시기에 아이 역량 내에서 최대한 당기도록 애쓰는 게 좋습니다.
수학은 한번 이해하고 감을 잡으면 남는 게 분명 있지만, 국어는 위에서 이야기한 독해력, 사고력과 중등 교과과정에 나오는 기본 개념들 외에는 선행의 효율성이 떨어집니다. 제가 생각하는 초등 고학년에서 중등까지의 학습 방향은 다음과 같습니다.

- 1순위 : 영어 끌어올리기(진정한 잠수네 고수 넘볼 수준으로^^)
- 2순위 : 중학 수학 기본 탄탄하게 잡고(무조건 선행이 아니라), 수학적 사고력, 능동적인 학습 태도, 공부 방법 터득하기
- 3순위 : 중학 국어 성실하게 공부하기

편의상 순위를 매겨놓았지만 3가지 모두 놓치면 안 되는 중요한 것이며, 독해력과 사고력은 순위에 관계없이 항상 기본이랍니다. 우리말 책 읽기(《중등 독서평설》 강추!)와 학교 교과 공부를 하면서, 또 시험을 준비하는 과정을 통해서도 향상되는 부분이죠. 이것이 제대로 준비되지 않은 상태에서 영어, 수학에만 올인하는 것은 무기 없이 식량만 잔뜩 챙겨들고 전쟁터에 나가는 것과 마찬가지라 할 수 있습니다.

그렇다고 이 부분(우리말 책 읽기, 학교 시험 준비)에 너무 과하게 시간 투자를 하면 영어, 수학을 차고 나갈 여력이 그만큼 없어진다는 점도 주의하시고, 나중에 차고 나갈 영어, 수학의 발판을 만들어두는 것에도 소홀함이 없도록 해야 함을 명심하세요. 고등학교에 가서 상승하는 아이, 오히려 하강하는 아이의 가장 큰 차이점은 결국 영어, 수학이랍니다.

물론 이상적으로는 우리말 책 읽기 많이 하고, 학교 시험 오래 준비해서 당장 잘 보면 좋겠지만, 이 부분은 아이 성장에 따라 스스로 발전해가는 측면이 있으니 너무 눈앞의 결과에 연연하지 말고, 멀리 보고 적당한 선에서 균형을 잡으세요. 아이의 시간은 한정되어 있고, 고등학교에선 현실적으로 결과물을 내야 하니까요. 이상과 현실 사이에서 중심을 잡고 차근차근 준비를 해보세요. 이 중심점이 아이에 따라(성향이나 진로 등) 달라지거든요. 매 시기마다 어느 쪽에 더 힘을 주어야 할지 판단을 잘 하셔야 해요.

2부
21세기 인재 키우기,
책이 답이다

왜 책인가?

책과 친해지면 어떤 점이 좋은가?

책을 읽어야 하는 이유는 크게 세 가지로 나눠볼 수 있습니다.

❶ 인생을 풍요롭게 하는 책 읽기

책을 읽는 사람은 삶의 여유가 있습니다. 관심사나 좋아하는 분야를 계속 읽다 보면 재미를 넘어 아는 것이 많아집니다. 지적인 즐거움을 느끼기도 하지요. 다양한 분야를 읽다 보면 폭 넓은 교양도 쌓을 수 있고, 인격적으로도 성숙해집니다. 때로는 나와 다르게 사는 사람들을 이해하는 통로가 되기도 합니다.

❷ 변화하는 세상을 읽고 대처하는 책 읽기

책을 읽으면 짧은 시간 동안 많은 경험을 할 수 있어 시간을 절약해줍니다. 성공한 사람의 공통점 중 하나가 독서광이라는 말을 많이 합니다. 성공의 기준이 각자 다르겠지만 관심 분야, 고전 등에서 얻는 다른 이의 경험과 생각, 지식이 세상을 살아가는 데 필수적인 창의력, 문제해결력, 사고력, 비판 능력을 키우는 터전이 됩니다.

인터넷이 발달할수록 책을 안 읽는 사람이 많아지고 있습니다. 다들 책을 안 읽는 시대에 책을 많이 읽어본 사람의 경쟁력은 갈수록 커질 수밖에 없습니다.

❸ 공부와 연결되는 책 읽기

아이들이 글밥 많고 두꺼운 책, 어려운 책을 싫어하는 것은 어휘력과 독해력, 배경지식이 부족해서입니다. 초등 3, 4학년부터 교과서를 어려워하는 이유도 이 세 가지가 제대로 갖춰지지 않았기 때문입니다. 학교에서 배우는 '교과서'도 책입니다. 어휘력, 독해력이 부족하면 국어성적이 잘 나오지 않습니다. 같은 언어영역인 영어도 국어 실력이 뒷받침되어야 시험에서 좋은 성적이 나옵니다. 어휘력과 배경지식이 없으면 수학, 사회, 과학 등 지식을 배우는 과목을 이해하는 데 어려움을 겪습니다. 어휘력, 독해력을 키우고 배경지식을 습득하는 최고의 방법은 책 읽기입니다.

책 읽기에 대한 다른 시각?

다른 한편으로 '책을 안 읽는다고 사는 데 그리 문제가 되나?' 하는 시각도 있습니다. 언론이나 책에서 거론되는 담론과는 조금 다른 측면이지요.

❶ 책을 꼭 읽어야 인생에서 성공하는가?

주변을 둘러보면 1년에 책 한 권 안 읽고도 잘사는 사람들이 많습니다. 책을 많이 읽어야 성공한다는 시중의 자기계발서, 성공학 책들에 낚인 게 아닌가 싶은 생각이 들 정도입니다.

우리나라 근현대사는 격동의 역사입니다. 서구 사회가 200년 걸려 거쳐온 사회 변화를 50~60년 동안 압축해서 겪었습니다. 그러다 보니 책보다는 경험이, 창의력보다는 다른 사람 따라 하기가, 고급 인력보다는 싼 노동력이 우선시되던 때가 있었습니다. 하지만 지금은 상황이 많이 달라졌습니다. 값싼 노동력의 이점, 남을 따라 하는 것이 한계에 부딪혔습니다. 무언가 다른 제품, 다른 서비스, 다른 생각이 아니면 살아남기 힘든 시대입니다.

최근 들어 인문학에 대한 관심이 고조되는 것은 이런 사회의 흐름 때문입니다. 인류의 지혜가 집적된 책에서 길을 찾자는 것이지요. 책이 의미 있는 것은 긴 호흡으로 한 분야를 조망할 수 있기 때문입니다. 인터넷에도 지식이 넘쳐나지만 단편적인데다 검증되지 않았다는 한계가 있거든요. '고전 읽기' '독서경영' '여름휴가 때 CEO가 읽을 책'이 뜨는 것이 이런 이유입니다.

❷ 책을 안 읽어도 공부 잘만 하던데?
학교 때 '엄친아'였던 엄마, 아빠 중 책을 거의 안 봤어도 공부를 잘 했다고 하는 분이 꽤 있습니다. 특히 아빠가 이런 분이 많습니다. 책 한 권 안 읽어도 논리정연하고, 사회생활을 유연하게 잘 해가는 분도 꽤 됩니다. 하지만 옛날처럼 책을 안 읽어도 공부하는 데, 살아가는 데 지장이 없을까요?

물론 지금도 책을 안 읽었어도 학교 공부를 잘하는 아이가 있긴 합니다. 하지만 학력고사 시대와 달리 대학입학 수학능력시험(수능)을 보려면 교과서만 달달 외워서는 한계가 있습니다. 지문이 교과서 밖에서 나오기도 하고, 통합적인 사고력을 요구하기 때문입니다. 책을 통해 익힌 어휘력, 독해력, 사고력이 없으면 수능문제를 풀 때 한계에 부딪힙니다. 게다가 대입의 또 하나의 관문인 '논술시험'을 대비하려면 책 읽기는 필수입니다. 중고교 입시에서 '자기소개서'나 '학업계획서'를 쓰라는 곳도 많습니다. 책을 많이 읽는다고 글을 다 잘 쓰는 것은 아니지만, 책을 안 읽고서 글을 잘 쓰기란 기대하기 어렵습니다.

꼭 책이 아니라도 각종 신문, 잡지, 보고서, 자료를 보고 쓰는 과정에서 논리력이 생길 수도 있습니다. 몸으로 직접 부딪치면서 체화된 경험이 책을 통해 얻은 간접 경험보다 실질적인 도움이 되기도 합니다. 그러나 체험에서 얻는 경험과 함께 책에서 얻는 간접 경험이 더해진다면 시행착오도 줄이고 시야도 넓히는 기회가 될 수 있습니다.

'책 읽기 습관'은 생애 최고의 선물이다

살다 보면 언제가 되든 어려운 일을 만나기 마련입니다. 이럴 때 내 아이가 어떻게 대처하길 바라나요?

책은 나 자신을 마주하게 합니다. '나는 누구이고, 내가 정말 하고 싶은 일은 무엇인가, 나는 어떻게 살고 싶은가?' 끊임없이 질문하게 합니다. 어려운 일을 만났을 때 회피하지 않고 정면으로 부딪치며 헤쳐나갈 수 있는 힘을 줍니다. 저자의 경험을 간접적으로 체험하는 과정에서 상대방의 이야기를 쉽게 이해하고 나만의 생각을 정리할 수 있는 능력을 키울 수 있습니다.

내 아이에게 어떤 유산을 물려줄 것인가 생각해보신 적이 있나요? 유산에 꼭 물질적인 것만 있는 것은 아닙니다. 눈에 보이지 않는 정신적 유산도 있습니다. 종교, 삶의 원칙이나 철학도 부모가 물려줄 수 있는 무형의 유산이지만 '책 읽는 습관'도 부모가 줄 수 있는 인생의 큰 선물입니다.

> **책을 읽는 이유는?**
> 작성자 : 책넘조아 (초4, 6세)

어제 문득 4학년 아들이 차 안에서 한 말입니다.

"엄마, 고종 임금은 아마 러시아말을 잘했을 거야."

"왜?"

"옛날에 고종이 일본 사람들 피해서 러시아 사람들 있는 곳에 갔었잖아. 왕자 데리고 거기서 1년 살면서 나라일 봤으니까, 러시아 사람들하고 나라일 보려면 당연히 러시아 말 배웠을 거 아냐."

'이놈아, 왕이 러시아 사람하고 일한다고 러시아 말을 배우냐? 러시아 사람들이 조선 말 배워서 왕하고 같이 일했겠지(요건 차마 말하지 못한 엄마의 속마음).'

어쨌거나 아이가 이렇게 말하기에 고종이 왜 러시아공사관으로 갔냐면, 고종의 부인인 명성황후가 일본인에게 죽임을 당하자 생명에 위협을 느낀 고종이 러시아공사관으로 피해 간 거란다, 이런 역사적 사건을 '아관파천'이라 한단다, 여기서 '아관'은 '러시아공사관'이란 뜻이다 등등, 구한말 역사를 한참이나 읊어댔네요. 아이가 어디서 주워들었는지 나름 많이 알고 있더군요.^^

이제 아이는 '아관파천'이란 역사적 사건을 단지 '암기'만 하지는 않을 것 같네요. 교과서에서 배워서 달달 외우지 않고 이렇게 '이야기'로 알고 있으니까요. 보통 '책을 읽으면 배경지식이 많이 생긴다'라고들 하지요. 그러나 이 배경지식이란 것이 참 애매모호합니다. 공부하자고 들면 단 서너 줄로 요약될 것을 책으로 읽으면 수백 장의 두꺼운 분량이 되니까요. 그거 단 몇 줄의 지식을 알자고 이리 많은 시간을 투자해서 읽어야 하는가, 이것이 과연 시간 대비 효율적이냐, 이런 우문을 해봅니다.

'역사'는 우리가 '외워야 할 공부'가 아니라 '그 시대 사람들이 살아온 이야기'일 뿐인데 왜 그리 국사시간에는 외울 것이 많아 힘들었을까요(하긴 연도나 무슨무슨 조약, 무슨무슨 회담, 그 시대의 법 등등은 안 외울 재간이 없긴 해요.ㅎㅎ). 그냥 '큰 흐름'을 잡아서 '옛날이야기'처럼 역사를 배웠더라면 얼마나 좋았을까 하는 아쉬움이 남네요. 지금 읽은 책을 그때 읽었더라면 훨씬 좋았을 텐데 하는….

학년이 올라가고 시험공부를 하다 보면 국사를 공부하고 외워야 할 때가 오겠지요. 그런데 그때 이런 이야기들이 '배경지식'으로 들어 있다면 훨씬 쉬울 것 같아요. 앞에서 이야기한 배경지식 이야기로 돌아가, 제가 한 우문에 대해 제가 찾은 나름의 현답(?)은 이렇답니다.

"단지 지식을 얻기 위해서라면 시간 대비 비효율적인 것임에는 분명하다. 그럼에도 불구하고 지식 이외의 더 많은 경험, 더 많은 이야기를 들을 수 있는 것이 책 읽기이다. 아직 시간이 많을 때 부지런히 읽어둬라. 다 피가 되고 살이 된단다."

> **우리 아이에게 책이란 놀이이자 친구이자 아이디어**
> 작성자 : 현규맘 (초3, 초2)

아이에게 물었습니다.

"책을 왜 읽니?"

"즐겁고 행복하니까요."

"어떻게 읽니?"

"주인공 목소리를 상상해서 읽어요. 그러다 보면 정말 주인공이 되는 것 같아요."

얼마 전 우리 아이와 나눈 대화입니다. 저는 아이들을 바라보는 관점이 소박해서인지 이 말을 듣고 무척 행복했습니다.

우리 두 아들은 책 읽기를 좋아합니다. 책 읽기뿐만 아니라 만들기도 좋아하고, 레고, 그리기, 피아노, 과학 실험도 좋아하고, 줄넘기도 좋아합니다. 물론 그중에서도 놀기를 가장 좋아한답니다.^^

책을 읽을 때는 책 속에 푸욱 빠져서 현실로 건져내기 힘들 정도이고, 운동장을 휘젓고 뛰어놀 때는 야생마 그 자체입니다. 어떤 모습이 진짜일까요? 저는 오히려 우리 아이들의 이런 이중성이 고맙고 감사할 따름입니다. 세상이 온통 재미있고 즐거운 것으로만 가득하다는 우리 아들들에게 책은 과연 무엇일까요?

(1) 책은 놀이다

따분하고 마땅한 놀이가 없을 때 아이들이 책을 읽는답니다. 이럴 때는 지식책보다는 같은 나이 또래의 주인공이 등장하는 동화를 주로 읽더라구요. 화장실에 앉아 있기 심심할 때는 더 단순한 만화책을 들고 가더군요. '심심하다'라는 말은 '놀고 싶은데 아이디어가 없어요'라는 말의 또 다른 표현이라고 생각합니다. 매일 같은 놀이만 하면 지겨우니까요. 동화를 읽으면서 새로운 놀거리도 만들고, 새로운 세계도 경험하고, 상상하고, 키득키득 웃기도 하고, '왜 저렇게 행동할까'라는 궁금증도 갖는 거겠지요. 이 정도 되면 책을 읽는 순간만은 머릿속이 온통 꽉 차 있겠지요. 심심하다는 생각을 없애주는 책! 이렇듯 책은 놀이예요.

(2) 책은 친구다

제가 직장에 다니고, 아이들 학년이 다르니 아무리 스케줄을 맞춘다 해도 낮에는 아이들이 각각 혼자 있을 때가 많습니다. 아이들은 이렇게 혼자 있는 시간에도 책을 많이 읽어요. 집에 혼자 있는 시간이 아직은 부담스러울 텐데도 그 두려움과 외로움을 책이 달래주는 듯해요. 낮 동안에 읽은 책들은 주로 그림책과 지식책이 많더라구요. 혼자 있음을 잊게 해주는 책! 책은 친구입니다.

(3) 책은 아이디어다

어린 시절부터 꾸준히 독후활동을 시켰던 까닭도 있겠지만(물론 비정기적으로, 하지만 대화는 지속적으로 했어요), 우리 아이들은 책을 읽고 나면 일단 말이 많아집니다. 단순하게 줄거리만 말해주기도 하고, 재미있는 장면만 골라서 얘기해주기도 하고, 심지어 엄마한테 읽어보라고 조언까지도 해준답니다(이렇게 재미있고 유익한 책은 엄마도 읽어야 한다고^^). 마음에 드는 장면은 그림으로도 그리고, 책 내용의 한 장면을 오밀조밀 만들어보기도 합니다. 캐릭터를 만들어야겠다며 온갖 신을 그리기도 하더군요. 아마도 역사책과 신화를 많이 읽어서 그런가봅니다.

그러더니 지난 겨울방학부터는 발명노트에 온 힘을 쏟더군요. 아이들이 과학책을 많이 읽어서 그런지 머릿속에 반짝 떠오른 아이디어를 놓치기 전에 그림으로라도 담아야겠다며 부연설명도 아주 길게 써놓습니다.

발명노트 얘기가 나왔으니 말인데, 과학책을 주로 읽다 보니 세상에 대한 고민까지도 절로 늘었답니다. 환경오염, 전쟁, 범죄 같은 심각한 문제들을 해결하고픈 욕구가 마구마구 생기나봅니다. 그것들이 고스란히 이 발명노트 안에 담겨 있어요. 장난스럽지만 아이다운 재치가 넘치는 아이디어들. 하지만 무턱대고 무시하지는 못할 정도의 과학적 이론이 바탕이 되어 있는 경우도 많습니다. 거기엔 청소나 설거지와 관련된, 엄마를 위한 기계 장치 로봇도 포함되어 있답니다.

이런 아이들에게 제가 할 수 있는 건 무조건 들어주고 칭찬해주는 것입니다. 아이들이 종종 제 아이디어를 물어보기도 하는데, 그럴 땐 머리를 쥐어짜서라도 제 의견을 말해주지요. 돈이 드는 건 아니니까요.^^

아이들이 커갈수록 왜 책과 멀어지는 것일까?

책 읽기가 중요하다는 것을 모르는 사람이 있을까요? 하지만 생각과 현실은 완전히 다른 상황입니다. 아이들이 커갈수록 책을 싫어하고 안 읽는 아이들이 늘어납니다. 왜 그럴까요?

꾸준히 정성을 들이지 않는다
어릴 때부터 그림책을 꾸준히 읽어주는 부모가 생각보다 많지 않습니다. 사는 게 바빠서, 집안 문제가 복잡해서, 책 읽어주는 것까지 관심 둘 여유가 없었다는 이야기를 많이 합니다. 둘째 아이가 어려서 큰아이에게 신경을 못 쓰고, 큰아이에게 집중하느라 둘째가 소외되었다는 변명도 많습니다. 열심히 책을 읽어주던 부모라도 혼자 책을 읽게 되는 순간 서서히 책 읽어주기에서 손을 떼게 됩니다. 알아서 읽겠지 하는 기대감과 함께요. 육아에 지쳐 있다면 이 시기가 더 빨라지겠지요.

세상에 저절로 되는 일은 어디에도 없습니다. 초등 고학년, 중학생이 되어서도 책을 좋아하고 꾸준히 읽는 아이의 뒤에는 꾸준히 물심양면으로 신경을 써준 부모가 반드시 있습니다.

책 읽기가 우선순위에서 밀린다

초등학생이 되면 학교 성적, 다른 아이와의 경쟁 등 여러 가지 갈등 상황에 놓이게 됩니다. 영어는 필수, 수학도 중요하고, 피아노 같은 악기도 하나는 해야 합니다. 그림도 좀 그려야 기죽지 않으니까 미술학원도 기웃거려야 하고, 주말체육이나 축구, 수영 등 운동도 하나는 해야 할 것 같습니다. 하루는 24시간인데 해야 될 일이 너무 많아집니다.

책 읽기가 중요하다는 것은 다 알지만, '기본'으로 챙겨야 할 것이 많아지니 아이도, 부모도 모두 지칩니다. 당장 결과가 보이지 않는 책 읽기는 자연스럽게 뒷전으로 밀려나게 됩니다. 다른 것에 밀려 책 읽기를 소홀히 한 것을 뼈저리게 후회하는 마음은 아이가 자라면서 점점 더 커집니다. 중학생 때는 초등학생 때가, 고등학생이 되면 중학생 때 책 읽기에 시간을 더 투자했어야 했다는 안타까움이 시시각각으로 듭니다.

책 읽기도 습관입니다. 아무리 바빠도 매일 꾸준히 30분~1시간은 책을 읽는다는 원칙이 필요합니다.

책보다 재미있는 것이 너무 많다

요즘 같은 세상에 부모가 책 읽기에 정성을 들이지 않았는데 아이 스스로 책을 좋아하는 경우는 매우 드뭅니다. 놀거리가 별로 없던 예전과 달리 요즘 아이들에겐 주변의 유혹이 너무나 많습니다. 학교와 학원에서 공부에 치여 뛰어놀 시간도 없는 아이들 입장에서는 조금이라도 짬이 나면 스트레스를 풀고 머리를 쉬게 해줄 오락거리를 찾을 수밖에 없습니다.

TV, 게임, 스마트폰, 컴퓨터를 수시로 할 수 있는 환경에서는 책 읽기를 기대하는 것 자체가 무리입니다. 책보다 더 재미있는 세상이라 어른도 중독을 피하기 어려운데 아이들은 두말할 나위도 없습니다. 이 부분은 단호한 입장을 취해야 합니다. 특히 스마트폰은 들고 다니는 채팅창, 게임기, 컴퓨터입니다. 엄마는 친구랑 문자로 채팅하면서 아이한테 하지 말라고 막기는 어렵습니다. 집에서는 부모 먼저 스마트폰을 손에서 치우고, 아이들 스마트폰도 집에 오면 따로 보관하도록 약속을 하는 것이 좋습니다.

책 읽기가 성적과 비례하지 않으면 점점 더 책 읽기 시간을 아까워한다

책은 많이 읽었는데 학교 성적이 좋지 않으면 책 읽기의 효과에 대해 의심의 눈길을 보냅니다. 책 읽는 모습이 그리 예뻐 보이지 않습니다. 책을 잡고 있으면 그 시간에 공부하라는 잔소리가 절로 나옵니다.

보통 책을 많이 읽으면 다른 과목은 몰라도 국어만은 잘할 것이라고 생각합니다. 책을 많이 읽고 수업시간에 집중해서 듣기만 해도 점수가 잘 나오던 초등학교 때에 비해 중학교부터는 교과서와 학교 프린트물을 샅샅이 공부해야 시험을 잘 볼 수 있습니다. 이 때문에 책을 많이 읽었어도 공부를 따로 안 하면 국어 점수가 낮게 나올 수 있고, 책을 별로 안 읽었어도 수업 잘 듣고 시험공부를 착실하게 하면 좋은 점수가 나오기도 합니다. 책 많이 읽어야 다 소용 없다는 말이 나오는 것은 이 때문입니다.

문제는 고등학교 이후입니다. 다른 과목은 다 잘하는데 유독 국어만 성적이 안 나오는 아이들이 많습니다. 중학교 때와 달리 아무리 열심히 공부해도 성적이 안 오르니 국어는 해도 그만, 안 해도 그만이라는 자조적인 푸념이 나옵니다.

원인은 고등학교 국어교과서에 실린 글이 초등, 중등에 비해 상당히 어렵기 때문입니다. 책을 많이 읽어 고등 국어교과서의 글이 쉽게 이해되는 아이들은 수업 내용이 머리에 쏙쏙 들어옵니다. 복습하고 시험공부 하는 데 시간이 별로 들지 않으니 국어시험은 따로 공부하지 않아도 잘 본다는 말을 합니다. 교과서에 실리지 않은 긴 지문이 나오는 모의고사, 수능시험에도 강하고요.

책 읽기는 공부의 기초체력 키우기입니다. 기초체력이 없으면 경기 후반이 될수록 체력이 떨어져 허덕거립니다. 코앞의 학교 성적에 급급해서 책 읽기를 우습게 여기면 고등학교 가서 힘들어집니다. 그래서 고등학생 자녀를 둔 분들이 뒤늦게 무릎을 치며 한탄하면서 주변의 어린아이들이 있는 집에 이구동성으로 초등, 중등 때는 책을 읽게 하라고 강조하는 겁니다.

책 읽기를 강요한다

엄마는 책 읽기에 신경을 썼다고 생각하지만 아이 입장에서는 강요로 받아들이는 경우도 있습니다. 엄마가 읽어주는 것은 피곤하고 귀찮다고 피하면서, 아이 스스로 많은 책을 읽기 원합니다. 같은 책만 반복해서 읽고 있으면 다른 책을 보라고 뺏고, 쉬운 책보다는 좀 더 어려운 책, 얇은 책보다는 두꺼운 책, 이야기책보다는 지식책을 읽기 원합니다. 학교 공부에 도움이 되는 교과 관련 도서나 추천 도서 위주로 읽으라고 합니다.

재미가 빠진 책 읽기는 또 하나의 학습이 될 뿐입니다. 부모가 무서워서, 칭찬을 받기 위해, 돈이나 갖고 싶은 물건을 사준다는 당근에 끌려 책을 읽었다면, 좀 더 자라 이런 조건이 의미 없어지는 나이가 되면 책을 읽지 않게 됩니다. 아이가 자발적으로 책을 읽지 않는다면 책을 읽도록 동기부여를 해주어야 하기도 하겠지요. 하지만 장기적으로는 어떻게 하면 계속 책 읽는 시간이 즐거운 아이로 키울 것인지 고민하고, 방법을 찾아 실천해야 할 것입니다.

> **책 읽는 재미에 대하여**
> 작성자 : 파스칼 (초5, 초1)

큰아이가 초3 때 아이의 친구들 몇 명이 저희 집에 와서 함께 책을 읽으며 지낸 적이 있었습니다. 저희 집에 책이 많은 것을 알고 있는 엄마들이 그렇게 해주기를 원했던 터라 아무 생각 없이 오케이를 했죠. 하다 보니 생각만큼 쉬운 일이 아니더군요. 아이들 취향이나 수준이 제각각이라 책을 엮어주기가 쉽지 않았고, 각각에 맞는 책들을 골라주는 것만도 많은 시간이 들더라구요.

그중 한 아이는 똑똑하고 책도 싫어하지 않았는데, 맞벌이에다 책에 별 관심이 없는 부모님이 여태 책을 거의 사주질 않았더라구요. 책에서 재미있고 아름답고 가슴 쩡한 감동도 제대로 느껴보지 못하고 지내온 그 아이가 무척이나 안쓰러웠답니다. 책을 거의 읽어보질 않아 읽는 즐거움과 기쁨을 잘 모르더라구요. 처음엔 재미와 감동을 느낄 줄도 모르고 아무 생각 없이 책 속의 글자만 읽더라구요.

이 아이에겐 아주 재미있는 그림책부터 시작했습니다. 제가 읽어주기도 하고 돌아가면서 읽히기도 했지요. 확실히 엄마가 어렸을 때부터 책을 많이 읽어준 아이는 읽는 것부터가 다릅니다. 감정 표현이 자연스럽고 편안하면서도 숨을 골라가며 잘 읽습니다. 하지만 이 아이의 경우엔 감동적인 내용의 그림책을 읽는데도 톤의 높낮이가 없고, 중간에 쉬지도 않고, 아무런 느낌도 없이 글자만 죽 읽어 내려갑니다. 게다가 그림은 보지도 않고 글자만 읽고는 금세 다 읽었다고 하더군요. 그림책인데 그림에 눈이 가지 않는다는 사실이 그저 놀라울 뿐이었습니다.

생각다 못해 한동안 제가 재미있는 그림책들을 골라 직접 읽어주었습니다. 그러는 동안 그림을 보고 맘껏 느끼라구요. 그렇게 한동안 그림 보는 시간을 주었더니 어느 순간부턴가 아이가 그림들을 읽고 있더군요. 그림책의 묘미를 알아차린 거죠. 그 후로 새 그림책을 안겨주면 너무나 즐겁게 그림책을 보고 또 보고 합니다. 그 아이를 보며 저도 행복했답니다.

저희 집에서 책 읽기 진행이 끝난 후에 보니 그 아이의 엄마는 여전히 책에 관심이 없더라구요. 무한한 미래가 엿보이는 아이다, 아이의 그릇이 이렇게 큰데 왜 신경을 안 쓰느냐, 아이가 너무 아깝다, 책을 많이 읽혀라, 책을 빌려서라도 아이에게 책을 대줘라… 제가 아무리 얘기를 해도 받아들이질 않았어요. 거의 소 귀에 경 읽기더군요.

그렇게 엄마가 이어주질 않으면 또 그렇게 그치고 마는 겁니다. 아이가 직접 책을 찾는 경우는 극히 드무니까요. 아이는 아이일 뿐 부모의 뒷받침이 필요한 부분이죠. 엄마들이 다른 데 쓸 돈을 조금이라도 책 구입에 투자를 한다면, 그리고 귀찮더라도 조금만 관심을 갖는다면 아이의 생각이나 행동이 많이 달라질 텐데… 감동을 받게 되고, 기쁨을 알게 되고, 남을 배려할 줄도 알게 되고, 여러 가지로 좋아질 텐데 정말 안타까웠습니다.

책 읽기 싫어하는 아이를 위한 처방
작성자 : 축복의천사들 (초3, 초1)

이 문제는 아이가 책 읽기를 왜 싫어하는가 하는 이유를 알아야 답이 나오겠지요? 아이마다 상황이 다르겠지만 제 실패담이 도움이 되실 수도 있을 것 같아 말씀드립니다. 함께 풀어보아요.

(1) 엄마의 끊임없는 관심과 노력이 필요해요

우리 아이는 어릴 때부터 책을 정말 좋아했어요. 울다가도 책을 읽어주면 뚝 그칠 정도로요. 이 기세를 잘 몰아갔어야 했는데 엄마가 잠시 방심을 했답니다.

여섯 살쯤인가, 아이가 한글을 완벽히 깨치고 나서였던 것 같아요. 일주일에 4권 대여해오는 책과 집에 들여놓은 전집으로 아이가 이제는 스스로 알아서 책을 읽기를 기대했어요. 하지만 아이는 어느 순간 책에 흥미를 잃고는 책보다 더 흥미로운 것들에 빠져들더라구요. 어쩌다 엄마가 책을 읽으라고 하면 그걸 잔소리로 여기고 더더욱 책 읽기를 거부하더군요. 약간의 공백기를 가진 것뿐이라고 생각했는데 그 파장은 심각했던 거예요. 그래서 꾸준히 관심을 가져줘야 하나봅니다.

(2) 자극적인 유혹에서 아이들을 건져주세요

아이와 영어로만 씨름을 하면서 한글책은 가끔씩만 챙겼는데, 아이의 한글책 수준이 현저히 떨어진다는 것을 깨닫게 된 것이 3학년 학기 초예요. 선생님이 학교에 북트리를 만들고 짧은 독서록 하나를 쓸 때마다 스티커를 붙여주셨는데, 아이가 써가는 독서록은 너무 쉽고 짧은 책들이라며

다 퇴짜를 맞았어요. 충격을 받은 우리 부부는 그때부터 다시 〈잠수네 책나무〉 공부와 〈우리말 책〉 게시판 공부에 들어갔습니다.

그러나 아무리 재미있는 책을 들이밀어도 아이는 요지부동! 아예 책 읽기 자체에 흥미를 느끼지 못하더군요. 이유가 뭘까 고민하다가 '아, 책의 재미를 알기엔 아이에게 자극적인 재미를 채워줄 것들이 너무 많구나'라는 걸 깨달았어요. 그래서 곧바로 다음과 같이 했습니다.

- 바보상자 잠가두기 : TV를 아예 끊은 건 아니고요.ㅎㅎ
- 인터넷 시간 제한 : 수단, 방법 가리지 않고 인터넷 접속을 못 하게 해야 합니다.
- 우리 집만의 당근 정책 : 책 하나에 1코인씩을 줍니다. 아주 긴 책을 읽으면 30코인씩 팍팍 쏠 때도 있지요. 이렇게 모은 코인으로 게임도 하고 TV도 보게 합니다. 물론 선물도 받을 수 있고 용돈도 탈 수 있지요. 이 방법이 좋지 않다는 의견도 있지만, 아이가 책에 흥미를 전혀 못 느끼는 상황이라면 이렇게 동기부여를 해주어 억지로라도 읽게 해야 한다는 게 제 생각입니다.^^

(3) 첫째도 재미, 둘째도 재미! - 〈잠수네 베스트〉 활용하기

이 '재미'가 잠수네 영어의 핵심이죠.^^ 그런데 책 읽기도 똑같더라구요. 특히나 책 읽기 싫어하는 아이에겐 무엇보다 책이 재미있다는 걸 알려주는 것이 최우선이지요.

일단 공부와의 연관성, 글밥, 내용, 이런 거 다 생각하지 마시고, 그냥 아이가 재미있다고 생각할 만한 책을 열심히 구해다 주세요. 처음엔 재미없다는 구박(?)을 들을 각오를 좀 하시구요. 아이의 성향을 파악할 때까지 실

패도 경험할 각오로 계속 들이미는 거예요. '잠수네 베스트'부터 시작해서 아이가 좋아할 만한 것들로, 하루 이틀 하다 마는 것이 아니라 계속 시도하세요. "와~ 엄마, 이 책 정말 재미있다!" 하는 말이 나올 때까지요.

(4) 두꺼운 책으로 넘어가려면

아이가 책에 흥미를 느끼는 데까지 성공했다면, 다음 관문은 글밥 있는 책으로 넘어가기입니다. 일단 글밥이 있으면 읽어보기도 전에 무서워하는 게 아이들 심리더라구요. 그 두려움을 잘 뛰어넘게 해주어야 하는데, 여기서 호기심 유발 기술을 써보시길 추천합니다.

흥미진진한 책을 골라 밤마다 조금씩 읽어주다가 가장 흥미진진한 순간에 딱 멈춥니다. 절대 읽으라고 강요하지 않습니다. 안 그래도 무서운데 자꾸 해보라 그러면 더 무서워지잖아요. 다른 책은 아무리 궁금해도 다음 날 엄마가 다음 부분을 읽어줄 때까지 기다리더니, 《랑랑별 때때롱》은 딱 이틀 만에 아이가 궁금증을 못 이기고 혼자서 끝까지 읽어내더군요. 역시나 안 되면 될 때까지 해야 하나봅니다.ㅋㅋ

그럼 다음 단계로 넘어가야겠죠? 엄청난 오버와 칭찬을 마구마구 날려주어 자신감을 한껏 올려줍니다. "어머머, 우리 아들이 이렇게 긴 책을 읽었단 말이야? 이제 더 긴 책도 잘 읽을 수 있겠네~" 하고 호들갑을 떨면 아이는 뭔가 으쓱하기도 하고 자기도 잘할 수 있다는, 실력이 엄청 향상되었다는 착각 아닌 착각을 하게 됩니다. 칭찬받은 아이가 "어디, 긴 책도 한 번 읽어볼까" 하며 흥미를 갖더라구요. 결국 답은 하나! 엄마의 끊임없는 관심과 노력이 책 좋아하는 아이로 키울 수 있는 것입니다.

아이의 책 읽기는 엄마의 정성이 반
작성자 : 한미르 (초2)

우리 아들은 초등 2학년입니다. 아이가 영어책으로는 읽기 수준도 높고 양도 엄청났는데, 한글책은 공들인 시간이나 노력이 훨씬 덜해서인지 초등 2학년에 올라와서도 그리 재미를 못 붙였어요. 책 읽으라고 하면 마지못해 재미있는 영어책부터 읽고 덤으로 한글책을 읽는 정도였지요.

아이의 책 읽기는 '엄마의 정성이 반'이라는데, 사실 제가 제대로 이끌어주지 못한 책임이 컸습니다. 늘 영어 쪽으로 무게중심이 많이 옮겨져 있었지요. 그러다 생각의 변화가 크게 왔던 몇몇 사건들이 있었고, 아이의 책 읽기를 이대로 방치해서는 안 된다는 반성을 하게 되었습니다. 그러고는 어떻게 하면 아이에게 재미없는 책 읽기를 시간 가는 줄 모르는 즐거운 책 읽기로 만들 수 있을까 고민을 거듭했습니다.

두꺼운 책에 심한 거부감을 보이는 아이를 위해 처음에는 20~30페이지짜리 그림책부터 시작해 아주 천천히 두께를 늘려갔습니다. 그렇게 6개월쯤 시간이 흐른 것 같네요. 이젠 한숨 돌려도 될 만큼 아이의 책 읽기가 궤도에 올랐다는 생각이 듭니다. '적어도 영어책에 밀리지는 않겠다'라는 그런 생각이요. 여러 가지 시도를 해봤습니다만, 역시 별거 없더군요.

(1) 재미있는 새로운 책 끊임없이 알아봐서 대주기
(2) 일정 시간 몰입해 읽을 수 있도록 시간을 여유 있게 만들어주기
(3) 일단 책을 주면 재미있다고 바람은 잡아도 강요하지는 않기
(4) 욕심 부리지 않고 아이의 현실 들여다보기

책 읽기를 즐기는 아이로 키우기 위한 5단계 실천 전략

책 읽기에 대한 노하우는 잠수네뿐 아니라 책, 신문, 인터넷 칼럼 등에 다 오픈되어 있습니다. 뻔한 이야기이고, 방법도 다 알지만 꾸준히 실천하는 집이 많지 않다는 것이 문제입니다. 부모부터 생각과 행동을 바꿔야 하니까요.

책을 좋아하는 아이로 키우려면 어떻게 해야 할지 쉽게 따라 할 수 있도록 5단계로 나눠보았습니다. 바로 지금 시작해보세요.

1단계 : 부모의 마음가짐이 중요하다

책 읽기는 부모의 강요나 당근으로는 오래 갈 수 없습니다. 공부나

입시를 목적으로 책을 읽게 하면 아이들이 먼저 눈치를 챕니다. 책 읽기의 즐거움을 느끼기는커녕 책을 읽으면서 딴 생각을 하기도 하고, 멍 때리며 시간만 때우려고 합니다. 책 읽기는 멀리 내다보는 안목이 필요합니다. 공부가 최우선이 아니라 인격적으로 성숙하게 자라는 것, 사회에서 제 몫을 하는 사람이 되는 것에 초점을 맞춰야 합니다. 책이 얼마나 재미있는 것인지, 책을 통해 우리의 삶이 얼마나 풍요로워지는지, 책에서 얻은 지혜가 삶의 여러 문제를 현명하게 대처하는 데 얼마나 도움이 되는지 생활 속에서 늘 이야기해 주세요. 부모의 욕심을 버리고 아이가 지금 즐거운가, 행복한가에 눈높이를 맞춰 매일 조금씩 한 발 한 발 내딛다 보면 아이의 마음도 활짝 열리게 됩니다.

2단계 : 가정의 도서관화를 실천한다

집에 책이 늘 깔려 있고, 보는 게 책 읽는 모습이라면 아이들은 자연스레 따라 하게 됩니다. 부모가 시간 날 때마다 책 읽는 모습을 보인다면 아이는 응당 그래야 하는 줄 압니다. 엄마가 외출할 때 읽을 책을 챙긴다면 아이도 어딘가를 갈 때에는 책부터 챙기게 됩니다. 제일 좋은 것은 집에 들어오면 언제든 책에 손이 쉽게 닿을 수 있도록 환경을 만들어주는 거예요. 도서관처럼 어디에서든 책을 편히 볼 수 있도록 화장실, 식탁, 소파 등 아이들이 늘 가는 곳에 책꽂이나 책바구니를 비치해두면 어느새 손에 책을 들게 됩니다.

그러나 TV, 컴퓨터, 스마트폰 등이 주변에 있으면 아이들의 소중한 시간을 빼앗기게 됩니다. TV는 눈에 안 띄는 구석진 방에다 놓거나 아예 치우세요. 컴퓨터는 가족이 다 볼 수 있는 거실에 놓고, 과제를 한다거나 꼭 필요할 때만 사용하도록 합니다. 스마트폰은 집에 오면 엄마한테 반납하게 해주세요.

3단계 : 엄마, 아빠가 책을 읽어준다

2단계까지는 책 읽기를 위한 환경 조성이고 준비 과정일 뿐입니다. 즐거운 책 읽기의 세상으로 본격적으로 아이를 이끌어주려면 엄마, 아빠가 책을 읽어주는 시간을 꾸준히 가져야 해요. 어렸을 때부터 책을 읽어주는 것을 듣고 자란 아이들은 정서적으로 안정이 될뿐더러 책의 재미에 자연스럽게 푸욱 빠지게 됩니다. 읽어주는 책 속의 그림이 어떤 이야기를 담고 있는지 생각해보고, 읽어주는 책의 내용을 머리에서 그려보는 동안 유추 능력, 상상력, 독해력도 자랍니다.

엄마, 아빠가 책 읽어주는 소리를 들으며 까무락 잠이 들 때 느끼는 행복감은 어떤 것과도 비교할 수 없습니다. 책 읽어주는 시간은 부모와 아이 모두에게 소중한 추억이 됩니다. 유아 때만 책을 읽어주고 이내 그만둔다면 보다 좋은 교육의 기회, 추억의 시간을 송두리째 날리는 것이나 다름없습니다. 초등학교에 들어가서도 아이가 원한다면 기쁜 마음으로 책을 읽어주세요.

4단계 : 아이들 눈높이에 맞는 좋은 책을 꾸준히 찾는다

책을 꾸준히 읽어주다 보면 어느 순간 책 읽기 습관이 자리 잡히게 됩니다. 그러나 아이가 책을 잘 읽어도 고민입니다. 아이가 재미있게 읽을 만한 책을 어떻게 대줄까 걱정이 되면서, 집에 책이 아주 많아서 바로바로 뽑아서 읽으면 참 좋겠다는 생각이 들거든요.

바로 이때 전집의 유혹에 쉽게 빠져듭니다. 한꺼번에 많은 책을 들이면 엄마도 뿌듯하고, 아이도 책을 재미있게 잘 읽을 수 있을 것 같아서요. 전집이 좋다, 나쁘다를 떠나 중요한 것은 어떤 좋은 책을 우리 집 책장에 꽂아두느냐입니다. 권수가 중요한 것이 아니라요. 전집과 비교가 안 될 만큼 좋은 아이들 책이 끊임없이 나오고 있습니다. 책 고르는 눈이 밝은 부모들 덕에 스테디셀러들도 많습니다. 매주 혹은 매월 도서관이나 서점 나들이를 해보세요. 어떤 책이 좋은지 잘 모르겠다면 부록의 책 목록을 참조해서 찾아보면 됩니다.

정기적으로 도서관 가는 날을 정해서 아이가 보고 싶은 책도 고르고, 엄마도 책을 골라 대여하는 모습을 보여주세요. 도서관에서 빌렸던 책들 중에서 아이가 마음에 들어 하거나 내용이 너무 좋아서 집에 꼭 소장하고 싶은 책들은 정기적으로 구입하고요. 원하는 책을 갖게 되면 책 읽기의 기쁨이 배가 됩니다. 스스로 고른 책은 읽고 또 읽고 반복도 잘 합니다. 기쁜 마음으로 하나씩, 둘씩 책을 모으다 보면 돈 주고도 살 수 없는 우리 집만의 보물창고가 만들어집니다. 이 보물창고가 조금씩 커질수록 아이가 책을 사랑하는 마음도 커지게 됩니다.

5단계 : 책 읽을 여유를 준다

책 읽을 마음가짐이나 환경, 아이가 읽을 좋은 책이 다 준비되어 있어도 책을 읽을 시간이 없다면 그동안의 정성은 모두 물거품이 됩니다. 요즘 아이들, 모두 다 바쁩니다. 학교 끝난 후 학원 한두 군데 다녀오면 바로 저녁 시간입니다. 저녁 밥 먹고 나서 학교 숙제, 학원 숙제를 좀 하고 나면 벌써 자야 할 시간이지요.

이러다 보면 책 읽기 시간은 내고 싶어도 마음뿐입니다. 무조건 1순위를 책 읽는 시간으로 해놓지 않으면 영영 책을 읽을 수 없습니다. 매일 적어도 30분~1시간 이상은 책을 읽을 수 있는 시간적인 여유를 갖게 해주세요. 그래야 학년이 올라가도 쭉 책의 매력에 빠질 수 있습니다. 참 간단한 일인데, 이 정도도 제대로 실천하는 집이 많지 않다는 것이 아이러니입니다. 다이어트, 잠수네 영어에 이어, 책 읽기 역시 '꾸준히'가 관건인 셈입니다. 인생이 다 마찬가지 아닐까 싶네요. 자꾸 비법을 찾아봐야 결국은 '기본'에 충실하는 것이 남는 장사라는….

아이와 함께하는 책 읽기 노하우

① 가족이 함께 책 읽는 시간 갖기

일정 시간을 정해 온 가족 모두 책을 읽는 시간을 가져보세요. 주말에 도서관에 가도 좋고, 카페에서 책을 읽어도 좋습니다. 서점에서 각자 사고 싶은 책을 30분 동안 고른 후, 차를 마시거나 식사를 하며 각자 구입한 책에 대해 이야기를 해봐도 좋습니다.

아이들은 공부 냄새가 나면 잽싸게 도망가버립니다. 독후활동을 집에서 하기 어려운 이유죠. 하지만 이렇게 가족이 함께 시간을 보내고 같이 먹으면서 이야기를 나누는 것이 독후활동이란 것을 아이들은 결코 눈치 채지 못한답니다.

② 아이가 보는 책 같이 읽기

한 권이라도 아이의 책을 같이 읽고 이야기를 나누는 것이 혼자 10권의 책을 읽는 것보다 더 효과적일 수 있습니다. 정독의 첫걸음이기도 하고,

아이의 관점에서 생각해보는 기회가 되기도 합니다.

다른 집 나이 많은 아이들의 사춘기 괴담을 어깨 너머로 들으면서 앞질러 걱정을 하는 분이 많은데요, 아이가 보는 책을 같이 읽고 아이들의 마음을 이해해보려 노력하면서 대화의 물꼬를 트는 것이 훨씬 나은 방법입니다.

③ 잘 안 읽으려 하는 책, 아이가 읽었으면 하는 책 먼저 읽기

책 읽기에 재미가 붙으면 부모가 읽는 책을 자기도 읽고 싶어 합니다. 이런 아이의 심리를 잘 활용해보세요. 편독하는 아이라면 잘 안 읽는 분야의 책을 엄마가 먼저 읽는 것을 보여주세요. 엄마가 살짝 수준 있는 책을 보고 있으면 어깨 너머로 자기도 보려고 기웃거릴 거예요.

> **만화책에 빠진 아이, 우리말 책 읽게 하기 위한 4단계 방법**
> 작성자 : 해님이달님이 (초2)

우리 아이는 불과 몇 주 전까지만 해도 만화책에 빠져 살던 아이였어요. 다음은 우리말 책 읽혀보려고 제가 써본 방법들입니다.

1단계 : 하루에 특정한 시간은 독서시간으로 정한다(30분~1시간)

우리는 저녁 먹고 7시경부터 시작했답니다. 처음엔 빈둥빈둥 책 넘기는 시늉만 하다가 10분밖에 안 지났는데도 "아직 시간 멀었어?" 하며 끝날 시간만 재고 있었어요. 하지만 지금은 저녁 먹고 씻고 나면 말 안 해도 책 한 권 딱 빼들고 자세 잡습니다.

2단계 : 〈잠수네 책벌레〉 입력하면서 자극하기

1만 쪽 도전하면서 당근을 걸었죠. 8000쪽쯤 되니까 선물 받을 욕심에 아이가 눈에 불을 켜더라구요. 하지만 이 당근 효과도 그리 오래가진 않는 듯해요. 초반에 읽기 양을 늘릴 때나 약간의 효과가 있다고 할까.

그리고 1만 쪽 읽을 때마다 〈잠수네 상장〉을 출력해 코팅해서 아이에게 상장과 선물을 주는 시상식을 합니다. 저는 속으로 아주 오글오글하고 있지만, 아이는 아직까진 그렇게 받는 상이라도 꽤 의미 있게 생각하고 자랑스러워하는 것 같아요. 큰 소리로 상장을 읽어주는데, 한 세 번쯤은 반복해서 읽어줍니다(학교에서 아직까지 상을 한 번도 못 받아봐서리^^;;).

3단계 : 재미있다는 책은 계속해서 구입하거나 빌려다 주기

전집 위주로 있던 책을 많이 처분하고 재미있다는 그림책 위주로 조금씩

사들였어요. 그림과 내용이 재미있으니까 몇 번 반복해서 보기도 하고 좋더라구요. 요즘은 '저학년 문고 시리즈'를 도서관에서 빌려다 주면서 한편으론 중고서적에서 문고 책들을 계속 구입하고 있어요.

4단계 : 아이의 책을 엄마가 같이 읽고 이야기 나누기

제가 요새 하고 있는 방법입니다. 이야기 나눈다는 게 절대 거창한 게 아니에요. 그냥 제가 눈높이를 팍 낮추고 아이 입장에서 "××야, 이거 넘 재밌다, 슬프다, 이 아이 착하다, 나쁘다, 이 장면 웃기다, 이상하다, 이 선생님 좋다, 싫다" 등등 책 속에서 읽은 내용을 주거니 받거니 하면서 아는 체해주는 거예요.

이렇게 해보니 아이가 책을 제대로 이해하고 있는지 확인할 수도 있고, 책 내용에 대한 아이의 생각도 끌어내게 되더라구요. 아이가 읽은 책을 엄마가 거의 다 알고 있으니 아이는 책에 대한 것이라면 아무 때나 자신의 생각을 엄마 앞에서 이야기하더군요. 심지어 자기는 책을 쓰는 작가가 되고 싶다는 얘기까지 해서 정말 놀랐어요. 아이 입에서 그런 말이 나올 줄은 상상도 못했거든요.^^

이젠 책 읽으라는 소리 안 해도 책꽂이 한번 쓰윽 보고는 읽을 책을 고릅니다. 평일엔 1시간, 주말엔 2~3시간 정도 읽어요. 아직까지 책을 너무 좋아한다 싶은 정도는 아니지만, 그래도 책 읽으란 소리 안 해도 스스로 집어들고, 한번 책을 잡으면 한 시간은 꼼짝 안 하고 읽고, 이제는 어떤 책이 읽고 싶다고까지 하네요. 어쨌든 저는 아이가 3학년 될 때까진 그래도 우리말 책 읽기 비중을 최대로 두고 가려고 합니다.

책 읽기 싫어하던 아이가 변했어요
작성자 : 정이랑규 (초4, 초2)

현재 초2인 우리 아들은 7세 초반까진 책을 정말 좋아하는 아이였습니다. 책 좋아하는 누나가 집에 있는 시간에는 엄마인 제가 거의 책을 읽어주었고, 그걸 보고 듣고 자란 아들도 어릴 때부터 책을 즐겨 보았답니다.

7세 후반부터는 저의 피곤함과 아들의 해독력을 핑계로 아들에게 스스로 읽도록 했더니 서서히 책을 멀리하는 아이가 되더라구요. 심지어 세상에서 제일 싫은 게 독서라고 자기 입으로 말하고 다닐 정도였지요.

안타까움에 방학 두 달 전부터는 저녁 9시부터 30분간 모든 가족의 독서 시간으로 정해 실행했고, 하교 후엔 장난감 가지고 노는 아들 옆에서 저학년용 동화책을 읽어주었습니다. 처음엔 시끄럽다고 읽지 말라며 떼를 썼지만 내가 읽고 싶은 거라며 엄마 공부하는 거라고 말했지요. 그런데 얼마가 지난 후 제가 일부러 몇 문장을 건너뛰고 읽으면 "다른 내용이 더 있을 것 같은데 이상하다" 하고 궁금해하더라구요. 또 재밌다며 다음 편도 읽어달라 주문하기도 하구요.

저학년 동화책 한 권도 차분히 읽지 않았던 아들이 방학이 시작되면서는 아침에 눈뜨자마자 〈해리포터〉 시리즈 중 한 권을 들고 거실로 나가 집중 독서를 하고 있습니다. 〈해리포터〉 시리즈에 너무 빠져서 좀 걱정했는데, 요즘은 다른 동화책도 재밌다면서 책 읽고 좀 늦게 자면 안 되냐고 보채기도 합니다. 어쨌든 다양한 책을 조금씩이라도 읽어보려 하는 아들의 모습이 대견하고도 뿌듯합니다.

아들아, 개학하더라도 부디 이 모습 변치 말아줘!

아이와 도서관 가기 10개월 후기
작성자 : 꿈꾸는 엄마 (초2)

저희 아들은 초등 2학년입니다. 전 직장을 다니다가 휴직을 하고 있었는데, 그 시간 동안은 늘 아이와 함께 있어주고 아이를 위해 무언가를 해야겠다고 생각했지요. 그중에서 책을 많이 읽게 하고 싶어 매주 수요일을 도서관 가는 날로 정했습니다. 도서관이란 공간을 좋은 곳, 재미있는 곳이란 인식을 심어주려 노력했고 나름 성공했습니다.

제가 찾은 곳은 문화회관에 있는 작은 도서관이었는데, 책들도 기증한 것들이 거의 전부인 곳이었어요. 아이가 집중력이 부족했던 터라 일단 책과 친해지게 해야겠다는 생각으로 시작한 도서관 나들이가 벌써 10개월이 되어갑니다.

책 읽기는 2시간 정도로 잡고 시작했습니다. 아래층에 있는 매점에서 간식도 먹어가면서요. 조금 거리가 먼 도서관도 괜찮습니다. 아이와 함께 나들이 가는 기분도 나더군요. 또 자기한테 익숙한 공간이 아니니 엄마를 의지하며 말을 잘 듣더라구요.^^

제가 워낙 책을 좋아해 처음에는 아이 옆에서, 나중에는 따로 책을 읽었습니다. 그러다 보니 아이에 대한 간섭도 줄고 저만의 시간도 즐길 수 있어 그동안 쌓인 스트레스가 확 풀리더라구요. 부모님들도 책 읽는 습관 들이는 게 쉽지 않죠? 그럼 도서관에 가보세요. 도서관에서는 책 보는 분위기에 동화되어 자연스럽게 책을 읽게 되니까요. 아이들 역시 책 읽는 부모의 모습을 자연스레 받아들일 테니 무엇보다 확실한 책 읽기 습관 훈련이 되겠지요.

도서관에 가기 전엔 "무슨 책을 읽을까?" 하고 놀러 가는 분위기를 만들었습니다. 아이가 무슨 책을 읽고 싶다고 하면 "그래, 맞아. 그 책이 재미있어 보이더라. 엄마도 보고 싶네" 하며 책에 대한 호기심을 자극했어요. 아이들은 자기가 잘하고 있는지 늘 확인하고 싶어 하는 불안한 존재라고 하지요. 그러니 부모가 먼저 "그래, 맞아. 어, 이 부분이 재밌네"라고 해보세요. 그럼 아이는 우쭐해서 자신감도 충만해지고 더욱 열심히 책을 찾는답니다.

어떻게 10개월 동안 도서관을 다녔을까 궁금하시죠?

수요일은 학원 수업이 없는 날입니다. 도서관에 다니기 시작하고 얼마 안 있어 아이가 친구들에게 "나, 도서관 가는 날이야"라고 말할 정도로 수요일은 당연히 도서관 가는 날이 되었습니다. 좀 지나니 수요일엔 친구들이 알아서 연락도 안 하고 놀러 오지도 않더라구요. 또 한 가지 엄마들이 분명히 지켜야 할 것은, 아이와 약속이 있는 날은 어떤 계획도 잡아서는 안 된다는 것입니다. 할 게 많고 약속이 많으면 어떻게 편안히 책을 볼 수 있겠습니까.

그럼 수요일엔 책만 읽었을까요? 정적인 활동을 했으면 동적인 활동도 해줘야지요. 게다가 남자아이인 걸요. 도서관에 갔다 오면 나가서 축구를 하게 했습니다. 신 나게 책 보고 신 나게 뛰어노는 수요일은 아이가 무지하게 행복한 날입니다. 그리고 저도 행복합니다. 〈잠수네 엄마책벌레〉에 기록을 하고 나면 다른 엄마들보다 쬐끔 더 진도를 나갔다는 사실에 자부심과 자신감이 생기거든요. 아이들 것도 기록하면서 엄마의 것도 기록해 보세요. 그리고 아이에게 보여주세요. 우리 아이 "우아!" 합니다. 엄마도 하는데 뭐, 저도 하겠다는 거죠.^^

아이와 함께 도서관에서 시간을 보내다 보니 어느 날 갑자기 우리 아이의 글 실력, 말 실력이 쑥 커져 있는 것을 알 수 있었습니다. 우리 아이, 마음에 안 들면 늘 손부터 나갔지요. 지금요? 논리를 들어 상대방을 설득시키기까지 하는데, 그 모습을 보니 참 뿌듯하더군요.

뭔가를 기대하면 빨리 지칩니다. 그냥 데리고 다녀보세요. 생각보다 좋은 것들이 많습니다. '가늘고 길게 꾸준히', 그게 부모가 해줘야 할 몫인 걸 새삼 깨달았답니다. 이제 다른 공부에도 한번 시도해봐야겠어요.

책을 읽어주세요

책 읽어주기, 왜 중요한가?

❶ 책 읽기의 즐거움을 느끼게 된다

책 읽기를 싫어하는 아이, 노느라 책 읽을 시간이 없는 아이, 만화만 보려는 아이, TV·컴퓨터·게임만 하려는 아이라면 책을 안 읽는다고 고민만 하지 말고 책을 읽어주세요. 하루하루 정성 들여 책을 읽어주다 보면 "책이 정말정말 좋아요!" 이런 짜릿한 순간이 누구에게나 옵니다.

❷ 관심 없어 하는 영역의 책도 읽게 된다

책을 좋아하는 아이라도 특정 영역만 읽으려고 하는 경우가 있습니다. 창작책은 좋아하지만 지식책은 싫어하는 아이도 있고, 과학이나 수학 같은 지식책 읽는 것은 좋아하지만 창작동화는 싫어하는 아이도 있습니다. 이런 경우 잘 안 읽으려는 분야의 책 중에서 아이의 책 읽기 수준보다 살짝 쉬우면서 재미있는 내용을 골라 읽어줘 보세요. 처음에는 시큰둥하던 아이라도 꾸준히 읽어주면 관심 없던 영역에도 관심과 흥미를 보이게 됩니다.

❸ 글밥이 많은 책도 행복하게 보게 된다

아이들은 읽는 것보다 들을 때 이해가 더 잘 됩니다. 혼자 읽을 때는 힘들어서 거들떠도 안 보는 책이라도 엄마가 읽어주는 책은 부담 없이 들을 수 있습니다. 듣기에 재미가 들리면 다음에 어떤 이야기가 나올지 궁금해집니다. 도입 부분 지나서 발전 단계에 이르면 "오늘은 이만 읽고 내일 읽자" 하고 아이의 눈에 잘 뜨이는 책꽂이에 꽂아두세요. 어떤 이야기가 이어질지 궁금해지면 조금 글밥이 많아도, 아이 수준에 비해 조금 어려운 책이라도 스스로 꺼내서 읽게 됩니다.

❹ 잘 듣는 습관이 잡히면 집중력·상상력·사고력이 자란다

학교 공부는 선생님의 말씀을 잘 듣는 것에서 출발합니다. 선생님 말씀을 잘 알아들을 수 있어야 수업에 집중할 수 있고, 수업 내용의 핵심을 파악할 수 있어야 공부도 잘 할 수 있습니다. 사회생활을 할 때도 잘 듣는 능력은 매우 중요합니다. 다른 사람의 말을 끝까지 듣는 태도, 말하는 사람의 의도를 파악하는 능력은 인간관계에서도 꼭 필요합니다.

아이들에게 책을 읽어주면 읽어주는 소리에 집중하게 됩니다. 들으면서 이야기 내용을 머릿속에서 그려보고, 어떤 의미인지 생각하게 됩니다. 듣는 시간이 많아질수록 집중력·상상력·사고력도 함께 자라게 됩니다. 한글을 깨쳤다고 혼자 읽으라고 하기보다는 꾸준히 읽어주어야 하는 이유가 이 때문입니다.

❺ 조리 있게 말하는 능력이 생긴다

아이들은 부모가 책을 읽어줄 때 가만히 듣고 있지 않습니다. 궁금한 점은 물어보고, 자기 느낌을 이야기하기도 합니다. 책 내용에 대해 이야기하다 자기 생각과 부모의 생각이 다르면 각자의 입장에서 의견을 나누게 됩니다.

책을 읽어주면서 가끔 주인공이나 등장인물의 생각, 행동에 대해 아이의 의견을 물어보세요. 조리 있게 말하는 능력과 논리력을

자연스럽게 기를 수 있습니다. 많이 듣다 보면 말할 때 발음이나 억양, 끊어 읽기가 자연스러워지는 효과도 따라옵니다.

❻ 아이와 소통하는 시간이 된다

책을 읽어주다 보면 서로 오가는 대화 속에서 아이가 어떤 생각을 하고 있는지 알 수 있습니다. 대화의 끈은 학년이 올라가도 계속 이어져갑니다. 책 읽어주기가 계속되는 한, 사춘기도 두렵지 않습니다.

좋은 책을 엄마와 함께 꾸준히 읽는다면 정서적으로 안정이 됩니다. 마음이 따뜻한 아이, 남을 배려하는 아이로 커가게 되지요. 아이들은 이렇게 엄마(혹은 아빠)와 함께했던 즐거운 경험을 커서도 잊지 못합니다. 그 시간이 얼마나 소중하고 애틋했는지 기억합니다. 함께했던 책들 하나하나가 아이에게 보물이 됩니다.

언제까지 읽어줄까?

"책 읽어주기가 중요하다"는 말은 많이 듣지만 매일 꾸준히 실천하지 못하는 분이 많습니다. 아이 키우는 게 너무 힘들어서, 귀찮아서, 피곤해서, 집안 일이 바빠서, 둘째에 치여서, 직장에 다녀서, 남편이 도와주지 않아서 등 핑계가 많아서요. 책을 읽어주는 것은 아이에게도 도움이 되지만 부모에게도 소중한 시간입니다. 제일 좋은 것은 뱃속에 있었을 때부터 시작하는 것이겠지만 지금도 늦지 않았습니다. 시작은 빠르면 빠를수록 좋습니다. 나이가 들수록 엄마의 정성이 더 들어가야 한다는 점만 잊지 마세요. 처음 읽어주는 책은 엄마가 읽어도 재미있는 책으로 첫발을 디뎌보세요. 뿌듯해할 날이 분명히 옵니다.

아이가 어렸을 때에는 책을 잘 읽어주다가도 한글을 떼기 시작하면 마치 그때를 기다렸다는 듯이 책 읽어주기를 중단하는 분들이 많습니다. 아이 스스로 책을 읽더라도 엄마, 아빠가 읽어주는 책은 또 다른 느낌으로 다가옵니다. 여력이 닿는 한 아이와 지속적인 소통과 정서 유대감을 갖기 위해서라도 책 읽어주기는 가능하면 오랫동안 지속하는 것이 좋습니다.

어떻게 읽어줄까?

❶ 딴.마음을 먹지 않는다

책을 읽어주다 보면 자꾸 학습적인 것들을 알려주고, 주입시키고 싶은 마음이 스멀스멀 올라옵니다. 특히 한글을 가르치려는 욕심으로 글을 짚어가며 읽어주거나 소리를 따라 읽게 하면 책 읽기가 공부로 먼저 다가옵니다. 재미있는 이야기 도중에 아는지 확인하려는 의도로 하는 질문도 자제해주세요. 책을 읽어줄 때는 책 속에 있는 새로운 세상 이야기에 초점을 맞추고, 아이와 함께하는 즐거운 시간이 될 수 있도록 하는 것이 우선입니다.

❷ 최대한 편안하게, 실감 나게 읽어준다

서두르거나 급한 마음이 전해지면 아이에게 이미 지루한 시간이 됩니다. 이야기를 들으면서 상상의 나래를 펼칠 수 있도록 등장인물에 따라 실감 나게, 목소리도 바꿔가면서 읽어주세요.

❸ 새로 읽어주는 책 한두 권에 대해서 아이와 대화를 나눠본다

표지에 그려진 그림을 보면서 "누가 주인공일까? 무슨 이야기일까?" 주거니 받거니 이야기해보세요. 뒤표지를 보면서 과연 이 책은 어떻게 이야기가 흘러갈 것인지 상상하는 시간을 가져보는 것도 좋습니다. 다 읽고 나면 서로 느꼈던 생각을 나눠보세요. 읽기 전의 생각과 비교해서 어땠는지, 어느 부분이 감동적이었는지, 어느 부분이 슬펐는지, 주인공이 이래서 내 마음에 쏙 들었다든지 하는 이야기를 자연스럽게 해보는 거예요.

매번 책을 읽을 때마다 이렇게 하기는 어렵겠지만 새로 읽어주는 책 한두 권에 대해서만이라도 꾸준히 대화를 하다 보면 아이도 꼼꼼하게 책을 보는 습관을 갖게 됩니다.

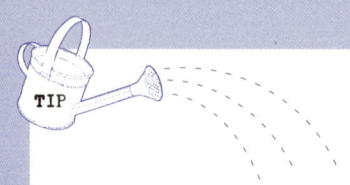

책 읽어주기

① 매일 일정한 시간에 책을 읽어주어 습관이 되게 한다

책 읽어주기가 습관이 되려면 매일 하루라도 빠짐없이 읽어주겠다는 각오가 필요합니다. 끈기를 갖고 일관성 있게 쭈욱 밀고 나가야 해요. 하루쯤 안 읽어주면 어떠랴 싶지만 한 번 빼먹기 시작하면 게으름이 고개를 듭니다. 학교 갔다 와서, 저녁 먹고 숙제하기 전, 숙제를 하고 나서, 잠들기 전 등 매일 일정한 시간을 정해놓고 읽어주세요.

② 읽어주는 자세는 서로 밀착감이 있으면 더 좋다

어린아이라면 무릎에 앉혀서 품에 안고 엄마 목소리를 들려주세요. 정서적으로도 안정이 되고 책에 더 친숙해집니다. 나란히 앉아서 읽으면 오래 읽을 수 있어 좋습니다. 잠자리에서 읽어주면 훨씬 편안한 마음으로 듣다가 잠이 들게 됩니다.

③ 조금 듣다 딴짓을 해도 얽매이지 말고 꿋꿋하게 끝까지 읽어준다
책을 싫어하는 아이나 활동적인 아이들은 집중력이 더 짧습니다. 잠시 듣는 척하다 딴짓을 해도 끝까지 읽어주세요. 노는 것 같아도 귀로는 다 듣고 있답니다. 아이가 무언가 긁적거릴 수 있도록 연습장과 크레파스, 사인펜, 연필 등을 준비해놓으면 앉아서 듣는 시간이 좀 더 길어지게 됩니다.

④ 반복해서 읽는 것은 권장할 만한 일이다
매일 같은 책을 읽어달라고 해도 계속 읽어주세요. 같은 책을 여러 번 읽다 보면 얻는 것이 많습니다. 자꾸 반복해서 읽다 보면 전체의 줄거리는 물론이고 아주 작은 부분까지 섬세하게 이해하게 됩니다. 심지어 아이가 좋아하는 장면은 통째로 외우기까지 합니다. 신 나서 외운 부분을 쫑알쫑알대기도 하고, 알아서 책장을 넘겨주기도 합니다. 나도 책 읽기에 참여하고 있다는 자신감이 생기면서, 책 읽기가 즐거운 시간이 되는 데 탁월한 효과를 발휘합니다.

⑤ 읽어줄 책을 미리 읽어봐야 정말 재미있게 읽어줄 수 있다
책을 미리 읽어보고 이왕이면 입에서 실실 웃음이 나올 정도로 보고 또 봐도 재미있는 책을 골라보세요. 미리 골라 내용을 아는 책으로 읽어주면 아이는 엄마가 읽어주는 책의 재미에 쏘옥 빠져서 행복해하기만 하면 됩니다. 그러면 책 읽기의 절반 이상은 성공한 셈이지요.

⑥ 읽어주는 이가 다양하면 다양할수록 좋다

엄마와 아빠는 물론이고 할아버지, 할머니, 고모, 이모 등 친척들이 가끔씩 읽어주는 것도 아이들에겐 새로운 경험이 됩니다.

⑦ 엄마가 힘들 때, 아이가 읽어주면 더 좋다

엄마가 아프다거나 힘들 때에는 엄마를 위해서 아이가 읽어줄 때도 있습니다. 글을 모를 때는 여태껏 들어왔던 이야기로 마음껏 상상하면서 책을 읽어줄 테고, 읽을 줄 안다면 평소에 엄마가 그랬던 것처럼 재미있게 읽으려고 노력할 것입니다. 다 읽고 나면 칭찬은 당연하겠지요. 아이는 어깨가 들썩들썩할 겁니다.

우리 아이들이 책을 좋아하는 이유
작성자 : 이니스프리 (초4, 초3)

저는 아이들에게 책을 의무적으로 몇 권씩 읽게 한다거나, 스티커를 붙인다거나, 책을 읽을 때마다 당근을 준다거나 한 적은 한 번도 없었습니다. 그런데도 아이들이 책을 엄청나게 좋아하는 이유는 '재미'를 알기 때문인 것 같아요. 책을 읽으면서 감동을 받아 엉엉 울기도 하고, 깔깔 웃기도 하고, 스스로 궁금한 것을 찾으려고 뒤적거리기도 하면서요.

그렇게 되기까지는 당연히 엄마가 책을 많이 읽어주어야 했지요. 물론 제가 그것만을 목표로 읽어준 것은 아니에요. 제가 유난히 책을 좋아했기 때문에 좋은 책만 보면 그냥 굶주린 사람이 밥 먹듯 그렇게 읽었지요.

어떻게 하면 아이들이 책에 재미를 붙이게 할 수 있을까요? 우선 아이가 흥미를 느끼는 것과 관련된 책을 읽어주는 것이 좋다고 생각해요. 예를 들어 아이가 동물을 좋아하기 시작했다면 동물과 관련된 책을 접하게 하고, 공주를 좋아한다면 공주에 관한 다양한 이야기들을 읽어주고, 자동차를 좋아한다면 자동차에 관련된 이야기, 자동차가 주인공인 이야기, 자동차를 과학적으로 소개하는 이야기 등으로 가지를 쳐가면서 소개를 해주는 것이지요.

그다음엔 '책'이라는 것 자체에 너무 집착하진 않았으면 합니다. 책이라는 것이 아이들의 바람직한 발달, 행복한 생활을 위한 수단일 뿐이지, 책을 좋아하는 아이로 키우는 것만을 목적으로 두고 이를 억지로 이루려 한다면 부작용이 나타날 수도 있으니까요. 그러기 위해서는 책과 연관된 일상적인 생활들을 통합적으로 이끌어주는 것이 좋겠다는 생각입니다. 아이가 자동차를 좋아한다고 자동차에 관련된 책만 읽어주기보다는 모터쇼에 데

려간다거나, 자동차를 관찰해보고 만들어본다거나, 자동차가 나오는 영화를 본다거나 하는 식으로 범위를 넓혀주는 것입니다.

그럼 언제까지 책을 읽어주어야 할까요? 저 같은 경우는 아이들에게 책을 읽어줄 필요가 없어진 지금이 오히려 더욱 아쉽고 옛날이 그립답니다. 그렇다고 옛날에도 밤마다 꼬박꼬박 책을 읽어준 것은 아니었어요. 어떤 때는 읽고 싶은 책을 가져오라고 해서 읽어주었고, 어떤 때는 자기 전까지 함께 노래만 부른 적도 있지요. 그야말로 그때그때 달랐답니다.^^

《세계 역사 이야기》 읽어주기 도전!
작성자 : 용담패밀리 (초6, 초2, 초1)

요즘 우리 아이들에게 《세계 역사 이야기》(꼬마이실) 1권을 읽어주고 있어요. 자녀에게 세계사에 대해 알려주고픈 마음이 많으실 텐데, 제가 하는 방법을 시도해보는 것도 괜찮을 듯합니다.

세 아이 중에서 초등 6학년 딸에게 책을 읽어주는데 동생들도 덩달아 재미있어해요. 딱딱한 역사서가 아니고 문체 자체가 '~했단다, ~했어' 이렇게 끝나서 초등 1학년 남자아이도 무척 쉽게 받아들이고 책 읽어주는 시간을 기다립니다. 책 제목도 '교양 있는 우리 아이를 위한 세계 역사 이야기'랍니다. 이 책은 수잔 와이즈 바우어가 지었구요, 고대편, 중세편, 근대편, 현대편 2권, 모두 5권이에요. 책 페이지는 450쪽 정도, 두께가 만만치 않아 처음 보면 놀랄지도 몰라요. 1권당 42챕터 내외로 구성되어 있어요.

책 읽어주는 방법은 저녁 식사 후 7시 30분에서 8시경까지 30분간 읽어줘요. 욕심 부리지 않고 하루에 1챕터씩(토요일엔 더 많이) 읽고, 때론 세계사 관련 지도를 펴놓고 필요하면 설명도 하면서 읽어줍니다. 그러면 내용이 아이들에게 더 잘 전달되더라구요. 읽는 속도를 조금 높여 읽어주면 긴장감이 있어 그런지 아이들이 더 잘 집중하는 것 같아요. 큰아이들이라면 2챕터도 30분 동안 가능할 거예요.

팁 한 가지 더! 하루는 큰아이가 그룹 수업이 있는 날이라 같이 못 들었어요. 제가 작은아이들에게 읽어주는 내용을 녹음해서 나중에 큰아이에게 들려주니 좋아하더군요. 그 후로는 계속 공테이프에 녹음하면서 읽어줍니다. 녹음된 내용을 당장 다시 들려달라며 아이들이 더 재미있어해요. 엄마는 한 번만 읽어주고, 그때 녹음된 테이프는 계속 들을 수 있으니까 경제적이고, 막내가 6학년이 되면 테이프를 주고 자기 전에 들으라고 하면 될 것 같아요(도대체 일석 몇 조야!ㅋㅋ).

또 하루는 큰아이 시켜서 "오늘은 네가 읽어줄래?" 했더니 좋답니다. 잘됐다 싶어 읽게 하고 저는 듣고, 그다음 날은 둘째 시키고… 이 방법 괜찮지 않나요?^^

어떤 책을 읽을까?
책 읽기의 심화와 확장

책 고르는 게 어려워요

아이가 읽을 책을 고르는 기준은 '재미있는 책'과 '꼭 읽었으면 하는 책'의 조합일 겁니다. 두 가지 기준에 부합하는 책이 있다면 더할 나위 없이 좋겠지만 그렇지 않은 경우가 대부분이지요. 서점이나 도서관에서 아이에게 직접 책을 고르라고 하면 대부분은 눈을 확 잡아끄는 만화책, 유치찬란한 그림이나 만화 캐릭터가 나오는 그림책, 읽는 시간이 아까울 만큼 내용이나 삽화가 조악한 동화책에 손이 먼저 갑니다. 마치 몸에 좋은 음식보다는 달달한 사탕이나 입맛 당기는 불량식품에 입맛을 다시는 것처럼요.

아이가 책에 재미를 붙이려면 '재미있는 책'을 찾아야 할 텐데요, 이왕이면 재미있는데다 '꼭 읽었으면 하는 좋은 책'이면 하는 바람도 있다는 거죠. 이 두 가지를 만족하는 책을 고르려면 '책을 보는 안목'이 있어야 해요. 도서관이나 서점에 가서 아이들 책이 어떤 것이 있나 직접 들춰보고, 인터넷 서점의 신간 코너나 서평을 뒤지기도 하고, 신문 서평에 나온 책 중 아이가 볼 만한 책은 없나 끊임없이 노력을 해야 하지요. 〈잠수네 한글책나무〉도 열심히 공부하고요.

대부분의 부모들은 이렇게까지 시간을 들이고 발품을 파는 노력을 하지 않습니다. 보통은 아이 친구나 주변 엄마들이 좋다는 책, 기관의 추천 도서, 교과서 관련 도서, 전집 출판사 영업사원이 추천하는 책 정도면 족하다고 생각합니다. 아이의 책 읽는 수준이나 성향보다는 '남이 좋다는 책' '읽어야 한다는 책' 위주로 구입합니다. 매주, 매월 일정한 시간을 두고 꾸준히 책을 구입하거나 대여하기보다는 한 번에 왕창 들여놓고 책장 한 켠을 차지한 책을 보며 흐뭇해합니다. 이렇게 구입한 책을 아이가 다 읽기를 기대하면서요.

하지만 이런 책일수록 중학생, 고등학생이 될 때까지 거의 보지 않아 겉은 먼지가 수북이 쌓이고 속은 거의 새 책인 채로 책장을 장식만 하는 집이 수두룩한 것이 현실입니다.

어떤 책이 좋을까?

책을 고르기가 막막한 것은 원칙이 없기 때문입니다. 책을 고를 때는 아이의 흥미도가 첫째입니다. 무조건 재미있는 책을 찾아야 해요. 재미있는 책을 읽다 보면 좋아하는 주제, 작가가 생기기도 하고, 관심 분야의 책이라면 자기 학년 수준을 뛰어넘어 어른이 놀랄 정도로 두껍고 어려운 책도 흥미롭게 읽습니다. 반대로 책을 많이 안 읽은 아이나 흥미가 없는 분야는 또래 아이들보다 낮은 수준의 책부터 시작해야 편하고 만만하게 읽을 수 있습니다.

그래서 읽기 수준은 내 아이를 중심으로 생각해야 해요. 학년 권장 도서는 임의로 만든 기준일 뿐입니다. 서점의 권장 연령도 서점 직원이 주관적으로 정한 거예요. 다른 아이들이 읽는 수준 역시 기준이 될 수 없습니다. 다른 아이들도 이 정도는 읽는다고 하면 근거를 말해보라고 해보세요. 대부분은 아이들이 진짜 읽는 수준이 아니라 책이 팔리는 양이나 주변의 입소문일 뿐입니다.

또 하나 중요한 원칙은 교과서의 흐름입니다. 교과서는 아이들의 발달과정을 최대한 고려해서 구성한 책입니다. 교과서를 기준으로 책을 고르면 주변의 뜬소문에 괜한 불안감을 가지지 않아도 됩니다. 편독하는 경향이 있을 때 교과서 주제와 관련된 책을 쉬운 수준부터 차근차근 읽도록 로드맵을 짤 수 있습니다.

한쪽 분야의 책만 읽는다고 무작정 골고루 읽으라는 것보다 교과서에 수록된 책, 학교에서 배울 내용, 배운 것과 연관된 책을 주면 아이들도 관심을 가집니다. 잘 안 읽던 분야라도 쉬운 수준부터 읽다 보면 서서히 배경지식이 쌓이고 읽기 영역이 확장됩니다.

그림책 vs 글밥 많은 책

아이들에게 처음 보여주는 책이 그림책입니다. 그래서인지 그림책은 유아들만 보는 책이라고 생각하는 경향이 있습니다. 초등 고학년은 되어야 이해할 수준의 책이 유아용 그림책으로 나오기도 합니다. 그림책만 보려는 아이, 그림만 한참 보는 아이를 보며 답답해하는 분, 글밥 많은 책은 안 보려고 하는 아이 때문에 고민 상담하는 분도 많습니다.

좋은 그림책은 감동을 줍니다. 생각할 거리도 많습니다. 그림책을 좋아하게 되면 따스한 가슴을 가진 아이, 감성이 풍부한 아이로 자라게 됩니다. 가족이나 친구와 갈등이 있을 때 그림책을 보며 마음의 위안을 얻기도 합니다. 그림에 어떤 이야기가 담겨 있는지 골똘하게 들여다보는 동안 유추 능력, 추론 능력도 자라납니다. 그림책을 보는 것은 미술관에서 예술 작품을 감상하는 것이나 다름없습니다. 그림책을 많이 보면 따로 미술공부를 하지 않아도 색감이 발달하고, 상상력이 풍부한 그림을 그립니다. 독특한 시각으로 구성한 그림책, 예상 밖의 반전을 담은 그림책을 많이 본 아이들은 독창적이고 기발한 생각을 많이 합니다.

그림책은 어린아이부터 어른까지 볼 수 있는 책입니다. 나이 차가 많이 나는 아이들이라도 함께 읽어줄 수 있는 책입니다. 초등학생, 중학생이라도 그림책을 보고 싶어 하면 원없이 보여주세요.

21세기는 감성, 창의력이 화두가 되는 시대입니다. 감성 능력, 창의성을 키우고 싶다면 그림책을 보여주세요. 두꺼운 책, 글밥 많은 책을 건성으로 읽는 것보다 한 권이라도 가슴을 울리는 책을 읽는 것이 공부에도, 아이의 삶에도 도움이 됩니다. 아이가 특별히 좋아했던 그림책은 소중히 간직해주세요. 커서도 힘들거나 외로울 때, 그리고 심심할 때 그림책을 보며 어릴 때의 행복감을 느끼고 싶어 하니까요.

창작책 vs 지식책

책은 크게 창작책과 지식책으로 나눌 수 있습니다. 다른 말로는 문학(Fiction)과 비문학(Nonfiction)이라고 하지요. 창작책(문학)은 그림책, 동화, 소설 등 이야기를 담은 책이고, 지식책(비문학)은 역사, 사회, 과학 등 정보를 전달하기 위한 책입니다.

책을 읽는 것은 '어휘'와 '독해력' '배경지식'을 습득하는 과정입니다. 창작책을 많이 읽으면 어휘와 독해력이 커지고, 과학이나 역사 등 지식책을 읽으면 아는 것(배경지식)이 많아집니다. 창작책을 많이 읽은 아이들은 국어를 잘하는 경향이 있습니다. 아는 어휘가 많은데다 책을 읽으면서 저자의 생각, 주인공의 심경을 느끼는 동안 독해력이 늘어나기 때문입니다. 지식책은 교과서의 개념을 친절하게 설명해주는 책이라고 보면 됩니다. 많이 읽을수록 과학이나 사회를 공부할 때 쉽게 공부할 수 있지요.

부모의 마음에는 아이가 창작책과 지식책을 두루두루 읽었으면 좋겠지만 영역별로 골고루, 따박따박 잘 읽는 아이는 세상 어디에도 없습니다. 창작책을 좋아하는 아이는 지식책을 잘 안 읽으려고 하고, 과학·수학책만 좋아하는 아이는 창작책을 싫어하는 경우가 대부분이라서요. 우리 아이는 편독이 심하다고 생각하는 분이 많지만, 사실 대부분의 아이들이 정도의 차이가 있을 뿐 거의 편독을 하고 있는 셈입니다.

❶ 좋아하는 분야는 더 깊게

아이가 좋아하는 분야는 읽을 수 있는 수준까지 최대한 끌어올려 보세요. 자꾸 안 읽는 분야의 책을 더 읽으라고 하기 전에요. 과학을 좋아하는 아이는 실험을 하면서 관련 책을 읽어보고, 사회나 역사를 좋아한다면 답사여행을 하면서 관련 책을 읽어보는 것도 좋습니다. 창작책을 좋아하는 아이라면 일시적으로 작가별, 주제별로 푹 빠져보는 것도 괜찮습니다. 한 분야를 깊게 읽으면 자기가 읽은 분야와 작품에 대해 아는 것이 많아지고 자신감이 생깁니다. 다른 분야의 쉬운 책을 어느 정도 읽을 수 있는 내공이 쌓이기도 하고요.

❷ 창작책만 읽고 지식책은 안 읽으려는 아이

이 문제를 해결하는 방법은 '연결고리'를 찾는 거예요. 첫걸음은 이야기로 지식을 전달하는 말랑말랑한 책이 좋습니다. 역사, 과학사 속의 인물 이야기를 먼저 권해보는 거지요. 일상생활, 체험과 연계해서 책을 찾아보는 것도 좋아요. 전시회를 보고 아이가 관심을 가진 분야의 책을 찾거나, 여행을 가서 유적지를 찾아보고 연계되는 도서를 찾아보는 식으로요. 학교에서 배우는 교과와 관련된 책이라면 아이들이 관심을 보이기도 합니다. 신문이나 잡지에 실린 내용에 관심을 보이면 관련 책을 찾아보기도 하고요. 지식책은 배경지식이 없으면 내용을 이해하는 것이 쉽지 않습니다. 아이 학년보다 한두 단계 쉬운 책부터 읽도록 해주세요.

마지막으로, 이런저런 방법이 다 소용없다 하는 집은 최후의 수단인 '읽어주기'를 해보세요. 처음에는 들은 척 만 척 해도 책을 잘 선정해서 꾸준히 읽어주면 듣게 되는 날이 옵니다.

❸ 지식책만 읽고 창작책은 안 읽으려는 아이

지식책만 보려는 아이에게 창작책을 읽게 하고 싶다면 제일 좋은 방법이 '읽어주기'입니다. 지식책일 경우 관심 없는 분야는 무작정 읽어주는 것이 그다지 효과가 없지만, 창작책은 이야기의 흐름이 있기 때문에 뒤의 내용이 궁금해서라도 귀를 쫑긋 세우게 되거든요. 물론 과학이나 역사를 소재로 한 창작책을 권해도 좋습니다. 재미있게 본 영화나 DVD의 원작 번역본을 찾아봐도 좋고요. 이때도 아이의 독서 수준을 생각해봐야 해요. 어려운 어휘가 많이 나오고, 배경 설명이 장황하거나 잔잔한 내용은 정을 붙이기가 쉽지 않습니다. 아이 수준에서 쉽고 만만한 책부터 읽게 해주세요.

전래동화, 명작 또는 고전

전래동화, 명작, 고전은 용어가 서로 뒤섞여 사용되기도 하고 개념이 모호하기도 합니다. 전래명작, 명작동화, 고전명작처럼요. 여기서는 전래동화, 명작 또는 고전, 이렇게 둘로 나눠 살펴보겠습니다.

❶ 전래동화

전래동화는 다른 말로 '옛날이야기'입니다. 옛날이야기는 수백 년, 수천 년 세월을 살아남아 입에서 입으로 전해진 구전동화가 모태입니다. 우리나라 전래동화, 이솝 이야기, 그림형제 이야기, 북유럽의 전래동화 모두 글이 없던 시절, 또는 글을 모르는 사람들이 많았던 옛날에 사회에서 지켜져야 할 규범이 이야기 형태로 전해져 내려온 것이지요. 그래서 권선징악의 구도가 대부분이고, 삶의 지혜와 교훈을 담은 내용도 많습니다. 어른의 잣대로 보면 과연 이런 내용을 아이들에게 읽혀야 하나 싶을 정도로 섬뜩한 내용도 있습니다.

우리가 전래동화, 즉 옛날이야기를 아이들에게 권하는 것은 무엇보다 재미있기 때문입니다. 부모가 읽어줄 때, 아이 혼자 읽을 때 입문서로서 그만이거든요. 두 번째 이유는 상식이자 배경지식이기 때문입니다. 신문기사나 책에 인용되는 경우도 많고, 비틀어서 새로 만든 이야기가 꾸준히 나오고 있습니다. 무서운 이야기, 모험담을 읽다 보면 세상에 나가 용기 있게 부딪쳐보고 싶다는 생각이 들게 하기도 합니다.

❷ 명작 또는 고전

사전적 정의에 따르면 '명작'은 이름난 훌륭한 작품, '고전'은 오랫동안 많은 사람에게 널리 읽히고 모범이 될 만한 작품입니다. 명작동화는 있지만 고전동화는 없는 것을 보면 개념상으로 고전이 조금 더 수준이 높다고 봐도 되겠죠? 동화로 만들기는 어렵다는 의미니까요. 한편, 출간된 지 50년이 지나 저작권이 소멸되었지만 아직도 사람들에게 많이 읽히는 작품을 고전, 명작, 클래식이라고도 합니다. 혹자는 출간된 지 30년이 지났어도 사랑받는 작품을 고전이라 하기도 하더군요.

그러면 명작 또는 고전을 읽는 이유는 무엇일까요? 한마디로 '좋은 책'이기 때문입니다. 옛날에 쓰여졌지만 지금도 감동을 주고 생각할 거리를 던지는 작품입니다. 그러나 근대에 쓰여진 몇몇 책을 제외한 대부분의 고전명작은 아이들만을 독자로 한 책이 아닙니다. 내용이 어렵다 보니 아이들용으로 쉽게 쓰여진 축약본이 많이 나와 있지만 이런 축약본들은 원작처럼 '좋은 책'이라고 보기 어렵습니다. 줄거리 중심으로 요약하다 보니 감동이 떨어지고 조악해지니까요. 아이들이 보기에는 그냥 재미있는 옛날이야기일 뿐이에요. 축약본을 읽는 것은 그냥 고전명작을 읽었다는 공허한 뿌듯함만 안겨줄 뿐입니다.

가장 바람직한 것은 축약되지 않은 완역본을 읽는 것이지요. 하지만 어른도 어려운 책을 아이가 읽으려면 상당한 독서 수준을 갖춰야 합니다. 부모가 읽어주어도 정서면에서 아이가 이해하기 벅찬 책도 많습니다. 아이가 원해서 읽더라도 시대적 상황이나 작가의 의도를 제대로 이해하지 못하고 줄거리만 읽기 쉽습니다.

옛날에는 아이들도 어려운 고전을 반복해서 읽었다지만, 읽을 책이 몇 권 없던 시대와 지금을 단순 비교하는 것은 조금 무리가 있습니다. 아무리 고전 읽기가 좋다고 해도 싫어하는 아이에게 억지로 읽힌다면 책을 싫어하게 되거나 부모와의 관계가 나빠지는 등 부작용도 만만치 않습니다.

초등학생에게 고전명작을 권하고 싶다면 아이들이 읽을 만한 책인지 먼저 살펴주세요. 정서상 이해하기 어려운 책, 시대 상황을 모르면 제대로 읽었다고 하기 어려운 책은 중학생, 고등학생이 되어 읽게 하면 좋겠습니다.

판타지·로맨스·무협소설 등 장르소설

책을 좋아하고 많이 읽던 아이라도 초등학교 고학년이나 중학생이 되면 판타지나 로맨스 소설에 확 빠지는 경우가 많습니다. 이런 책들을 일명 '장르소설'이라고 합니다. 장르소설이란 이름이 붙은 것은 일정한 틀에서 이야기가 전개되기 때문입니다. 로맨스라면 남녀 간의 사랑 이야기이고, 판타지는 마법사, 제자, 괴물들의 싸움과 전쟁이 주된 내용입니다. 무협과 판타지가 섞인 소설도 많고요. 아이들이 장르소설에 쉽게 빠져드는 것은 머리 아프게 생각하지 않아도 되는 내용, 쉬운 단어, 이해가 잘되는 단순한 문장으로 쓰여 있기 때문입니다. 일시적이나마 공부의 압박에서 벗어나 현실에 존재하지 않는 상상의 세계에서 살다 오는 매력도 있고요.

그러나 장르소설은 가볍게 몇 권 읽는 정도면 모를까 깊이 빠지면 게임처럼 손을 놓지 못할 정도로 중독성이 강합니다. 여자아이들이 좋아하는 로맨스 소설은 신데렐라처럼 백마 탄 왕자님을 만나겠다는 허황된 꿈을 갖게 하기 쉽습니다. 개인의 노력보다는 운을 기대하고, 외모로 사람을 평가하는 왜곡된 가치관을 갖게 되기도 하고요. 또한 장르소설의 특성인 단순한 줄거리, 한정된 어휘로 인해 책을 많이 읽어도 어휘력과 독해력이 늘지 않습니다. 당연히 국어 실력에 별로 보탬도 안 됩니다. 장르소설에 빠져 공부를 작파하는 경우, 국어는 물론 전 과목 성적이 하락하는 경우가 대부분입니다. 간혹 판타지만 읽었는데도 국어 실력이 뛰어난 경우는 언어적 재능이 받쳐주는데다 어마어마한 양을 읽었기 때문입니다.

　에디슨은 "독서란 육체를 단련하듯 마음을 단련하는 것이다"라고 했습니다. 어린아이나 책 읽기를 싫어하는 경우라면 '아이가 재미있어하는 책'을 읽는 것이 우선입니다. 그러나 나이가 들고 책 읽는 것이 자리가 잡히면 '좋은 책'으로 서서히 무게중심을 옮기도록 해주세요.

만화책

만화는 찬반양론이 분분한 장르입니다. 생각할 거리가 있고 감동적인 만화, 명작만화, 이해하기 어려운 고전이나 시사 문제를 쉽게 이해할 수 있게 만든 만화는 권하고 싶다는 분이 많습니다. 잘 안 읽는 분야에 흥미를 갖도록 마중물 역할을 해주는 과학, 역사학습만화 정도면 괜찮지 않은가 하는 의견을 내는 분도 있습니다. 그에 반해 만화의 단순한 그림, 단편적인 풍선글, 흥미 위주의 줄거리에 익숙해지면 책을 읽으면서 얻게 되는 상상력, 독해력, 사고력이 자라지 못한다는 점에서 만화를 반대하는 분도 많습니다. 폭력적이고 선정적인 만화의 폐해를 우려하기도 합니다.

책을 많이 읽는 아이들은 그림책, 동화책, 지식책 가리지 않고 읽습니다. 만화책도 책의 한 장르로 생각하고 읽습니다. 만화를 보면서 지식을 얻고 깔깔거리고 웃으며 휴식을 취하기도 합니다. 문제는 책을 안 읽는 아이들이에요. 학습만화라도 읽으면 어디냐고 생각할 수도 있겠지만, 부모의 생각과는 달리 '학습 내용'은 건너뛰고 '만화만' 보는 아이들이 대부분입니다. 더 큰 문제는, 만화에 빠지게 되면 만화만 볼 뿐 글책은 읽지 않는다는 점입니다. 글책을 읽어낼 만한 어휘력, 독해력이 부족하기 때문입니다.

'만화책은 간식이다'라고 생각하면 딱 좋습니다. 같은 간식이라도 영양가 풍부한 간식이 있는 반면, 짜고 자극적인 고열량 덩어리의 정크푸드같이 몸에 안 좋은 간식도 있습니다. 밥을 먹고 간식을 먹는 것은 몰라도, 밥은 안 먹고 간식만 먹는다면 아이가 건강하게 자라기 어렵습니다. 아이가 책을 안 읽는다고 만화책을 사주는 것은 밥 먹일 생각은 안 하고 간식만 주는 것과 같습니다.

다른 아이들이 보는 만화를 보고 싶다고 조르는 것에 못 이겨 보여주고 싶지 않은 만화책을 사주는 것은 대장균이 우글거리는 불량식품을 사주는 것이나 마찬가지입니다. 아이에게 만화를 보여주려고 한다면 건강하고 알찬 지식을 전달하는 만화를 찾아주세요. 만화만 보고 글책을 안 읽는다면 집에서 만화를 다 없애버리는 결단이 필요합니다.

단행본 vs 전집

책에 관심 있는 부모라도 단행본과 전집에 대해서는 의견이 엇갈립니다. '단행본만 산다'는 원칙을 고수하는 분부터 필요한 전집은 몇 질이라도 구입한다는 분까지요. 〈잠수네 한글책 콘텐츠〉와 〈잠수네 한글책나무〉에서는 단행본으로 나온 한글책 정보만 제공하고 있습니다. 단행본 정보만 정확하게 알면 굳이 전집을 사지 않아도 될 만큼 좋은 책이 많이 나오고 있기 때문입니다.

부모들이 전집을 구입하는 것은 전집 한 질 구입하는 것보다 단행본을 한 권씩 사는 것이 더 힘들다고 느끼기 때문입니다. 아이 연령에 맞는 좋은 단행본을 일일이 구입하자니 책 정보도 부족하고, 한 권씩 일일이 찾는 데 시간도 많이 걸리거든요. 그에 비해 전집은 영아부터 고등까지 연령별로 나와 있는데다 창작, 전래동화, 역사, 과학, 수학 등 영역별로도 다양하게 나오기 때문에 한꺼번에 구입하기가 편합니다. 한 번 구입하고 나면 1~2년은 신경 쓰지 않아도 되는 점도 마음에 들지요. 가격 면에서도 같은 권수를 두고 비교해보았을 때 훨씬 저렴하다는 생각이 듭니다. 한꺼번에 목돈이 들어가는 것이 흠이지만 한 번 큰돈을 쓰고 나면 당분간은 책에 대한 부담감을 덜 수 있다는 점도 전집에 관심을 두는 이유입니다.

그러나 현실을 들여다보면요, 수십 권씩 들어 있는 세트를 한 번에 사야 하는 터라 개중에는 아이가 보지 않는 책이 들어 있을 확률도 높고, 서너 살 수준부터 초등학교 고학년은 되어야 이해할 만한 책을 한 번에 사야 하니 몇 년씩 묵혀가며 봐야 하는 것이 한계입니다. 영업사원의 설득에 넘어가 한 번에 여러 질의 전집을 들여놓으면, 구입한 책을 아이가 보든 안 보든 상관없이 할부를 갚느라 짧게는 1년에서 길게는 몇 년까지 단행본을 구입할 생각도 하지 않는다는 것이 더 문제입니다. 일껏 돈 들여 사놨는데 안 본다고 아이를 구박하는 것은 더 큰 일입니다. 흥미 없는 책을 읽으라고 하니 책은 다 재미없는 것이란 안 좋은 선입견이 생길 수도 있거든요.

단행본을 선호하는 이유는 서점에 가득한 책들 속에서 내 아이가 재미있어할 만한 책을 찾는 즐거움, 심혈을 기울여 고른 책을 아이가 반짝반짝 눈을 빛내며 "우리 엄마 최고!"를 외치며 신 나게 읽을 때의 희열을 알기 때문입니다. 내용, 편집 면에서 전집 책들과 비교가 안 되는 좋은 단행본들이 속속 나오고 있거든요.

아이들 책은 단행본을 중심으로 구입하시기를 권하고 싶습니다. 꼭 보여주고 싶은 전집이 있다면 도서관이나 대여점에서 먼저 빌려 보세요. 구입은 그 후 천천히 생각해도 늦지 않습니다.

과학 자신감 0% → 100% 올린 비결은 '책!'
작성자 : 야옹2 (초5, 7세)

아이가 3학년이 되었을 때 처음으로 학교에서 시험이라는 걸 보게 되었습니다. 아이가 제게 도와달라고 하더군요. 저는 그냥 아무 생각 없이 창작 수준의 글밥으로 된 과학책들을 던져주었습니다. 그랬더니 '하나도' 이해가 안 간다고 하더군요. 그도 그럴 것이 늘 창작 위주로 수준을 올리느라 그 흔한 자연과학 전집조차 저희 집엔 없었거든요. 그래서 일단 도서관에 가서 교과서와 연관된 전집 중 시험 범위에 해당되는 책을 빌려다 읽혔습니다. 다행히 시험은 어찌어찌 넘어갔고, 그 후론 아이 스스로 이제는 과학이나 사회에 대한 책을 좀 읽어야겠다고 하더군요.

처음엔 쉬운 걸로 낚았어요. 아이세움 출판사의 《머리에서 발끝까지》 시리즈, 시공주니어의 《네버랜드 과학 그림책》 시리즈, 한림출판사의 《과학은 내 친구》 시리즈… 재미있다며 순식간에 후딱 읽더라구요. 그다음엔 먹는 걸로 낚았습니다. 아이가 평소 요리나 먹을 것에 관심이 많은 터라 바로 낚였지요. 음, 그림이나 사진만 보고 있어도 행복해하더군요.

아이는 과학의 4대 분야에서 화학을 가장 좋아합니다(물론 그게 언제까지 갈지 알 수는 없지만^^;). 웅진씽크빅에서 나온 《세상에서 젤 새콤달콤한 화학책》 덕분에 나머지 〈세상에서~〉 시리즈가 모두 낚였습니다. 그중 《세상에서 젤 말랑말랑한 물리책》을 강추~합니다.

그러다가 어느 순간 '물리'에 대한 흥미를 보이더니만 겁도 없이 중학교 언니 오빠들이 읽는 책을 빌려왔더라구요. 물론 다 이해하지는 못하겠지만, 이미 용어에 익숙해진 터라 읽는 것에 부담을 갖진 않더라구요. 다 아시는 이야기지만, 학습에는 잦은 노출이 가장 중요합니다. 누구나 본인에게 익숙한 것들에 끌리니까요.

옆에서 지켜보니 아이가 물리와 화학만 읽더라구요. 그 꼴을 가만히 보고 있을 제가 아니지요. 이번엔 지구과학에 대한 책을 빌려다주었습니다. 유명한 〈별똥별 아줌마〉 시리즈, 그중에서 《별똥별 아줌마가 들려주는 우리 몸 이야기》를 재미있게 읽더라구요.

아이는 과학의 4대 영역 중 '생물'을 가장 싫어합니다. 언젠가 〈DK 과학〉 시리즈를 영어책으로 보는데, 커다란 사마귀 그림이 나오니까 책을 수건에 싸서 읽더라구요. 어쨌든 식물도 별로 흥미 없고, 동물은 더더욱, 인체는 징그럽다고 난리. 그래서 던져준 책이 《작지만 큰 세상》이었습니다. 잠수네에서도 유명한 책이지요. 이 책을 초등학생이 만들었다는 것부터가 놀라움이었고, '어떤 분야를 좋아한다면 미쳐도 좋다'라는 걸 간접 경험하게 해준 책이랍니다. 이날부터 현미경 사달라고 조르는데, 둘째 아이가 조금 더 크면 사주려구요.

그리고 늘 아이가 끼고 앉아서 보고 또 보고 하는 책 《선생님도 놀란 초등 과학 뒤집기》, 제가 봐도 재미납니다. 〈동아 사이언스〉 잡지 몇 년치를 통째로 집에 쟁여두고 있다는 뿌듯함이랄까. 다음 학기 교과서를 받아오면 이 시리즈를 미리 읽고 예습을 합니다. 그러고 나서 학교 수업을 들으면 공부를 따로 안 해도 이해가 쏙쏙 된다고 하네요. 물론 돌아서면 까먹는 제 딸내미의 알코올성 기억력으로(누굴 닮았겠습니까? 쩝, 저를 닮았겠지요.ㅠㅠ) 읽고 또 읽고 또 읽어야만 하는 비문학 도서들, '재미'가 빠져버린 책은 그런 반복이 불가능하겠지요.

아이 스스로도 과학에서 본인의 무지함을 채우는 방법을 알았기 때문에 다른 분야에서도 같은 방법으로 치고 올라가는 법을 압니다. 그러니까 부모인 우리는 기다려주기만 하면 되는 것이고, 너무 한쪽으로 치우치지 않도록 곁에서 보살피기만 한다면 '우리 모두 누구나 내 자식을 참~한 잠수네 아이들로 키울 수 있지 않을까'라는 제 맘대로의 상상을 해봅니다.

> **아이의 눈높이에 맞는 책 고르기**
> 작성자 : 즐건영어 (초6, 초1, 4세)

책 읽기와 관련해서 아이의 눈높이를 볼 때는 두 가지를 보셔야 하는데요. 지식적인 높이는 10년도 앞서갈 수 있어요. 어린아이라도 전문적인 지식이 소화 가능하다는 거지요. 반면 정서적으로 공감하는 깊이는 딱 자기 나이만큼이에요. 문학작품 속의 정서를 진심으로 공감하며 느끼는 것은 실제 나이만큼만 이루어진다는 거지요. 이 두 가지를 충족시켜주기가 참 쉽지 않아요.

'내 아이는 워낙 책을 잘 보니까'라는 생각으로 나이를 생각하지 않고 읽힌다면 어느 순간 아이에게 재미없는 책이 생기거든요. 내년이나 내후년에 보면 정말 재미있게 읽을 책인데 공감을 못해 재미없게 읽는다면 얼마나 아깝겠어요. 처음에 재미있어했던 책들은 나이 들어도 재미있게 읽지만, 재미없다는 기억만 박히면 나중에도 재미를 느끼기 쉽지 않으니까요. 자기 나이에 맞는 책들을 골고루 챙기기 위해서, 또 아이가 좋아하는 분야가 무엇이고 어디가 약한지를 알기 위해서라도 분야별로 골고루 조금씩은 넣어주세요. 과학(자연, 원리), 사회(전통문화, 세계문화, 인물), 전래, 명작, 수학 등등.

아이가 좋아하는 책들은 단계와 상관없이 주시되, 잘 안 내키는 책이거나 처음 시작할 때는 두 단계쯤 밑부터 훑어 올라오세요. 어렵기 때문에 재미가 없는 거거든요. 쉽고 재미있는 책들은 〈잠수네 책나무〉에서 찾으실 수 있을 거예요.

> **좋아하는 분야에서 수준이 쌓이면 다른 영역으로도 넘어가요**
> 작성자 : 헤르미온느 (초3)

저는 아이에게 해가 되는 책, 정서에 맞지 않는 너무 이른 책이 아니면 괜찮다고 봐요. 이런저런 책들도 봐야 좋은 책을 보는 눈이 키워지지 않을까요? 전 우리 애가 좋아하는 책이 제일 좋은 책이다, 이렇게 생각하는 편이에요(정말 아닌 것만 걸러내고요).

4학년 때까진 책 읽기 습관이 어느 정도만 잡히면 충분해요. 초등 고학년 이후~청소년 시절에 진짜 좋은 책을 읽기 위한 사전 연습과정인 거예요. 다양한 장르를 골고루, 양서로, 많이 읽는다? 이거야말로 비현실적인 판타지예요.

우리 아이도 6세 말부터 지식책(주로 과학·수학책) 편독이 4년 정도 이어졌어요. 하지만 저는 잘한다고 더욱 밀어주었구요(사실 지켜보기 무지 힘들었어요.ㅜㅜ). 대신 병행해서 엄마가 창작류나 기타 그 시기에 꼭 읽고 넘어갔으면 좋겠다 싶은 책 조금만 챙겼어요. 제가 열심히 읽어주고, 좋아하는 분야로 쭉 밀어주고, 이와 병행해서 이야기책을 챙겨 읽히니 책 읽기가 어느새 자연스레 확장되더라구요.

과학, 수학 → 경제 → 법, 제도, 정치, 사회 → 세계사
　　　　　→ 의학, 미생물, 화학, 물리
　　　　　→ 위인 → 한국사
창작 → 전래 → 명작, 소설

자기가 좋아하는 분야로 수준이 쫙 올라가고 나면, 다른 영역들은 좀 쉬운 책을 한참 보다가 단계를 성큼성큼 올라가는 양상을 보이더군요(좋아하는 분야가 하나도 없는 게 문제지, 있다면 어렵지 않아요).

우리 아이가 요즘은 명작에 빠져 있는데요. 겨울방학 때 쉬운 명작책으로 환경을 만들어주니 부담 없이 20권 정도 읽더니 개학 후엔 책에 푹 빠져서는 70권 정도를 몰아서 읽더라고요. 그러고는 이제 완역본으로 자연스레 넘어가고 있구요. 정확히 말하면 우리 아이도 요즘 명작에 '편독' 중인 거죠. 어느 시점에서의 편독은 몰입을 뜻한다고 봐요. 이렇게 한 분야라도 깊이 가본 아이들이 다른 영역도 그 정도 깊이까지 가보게 되더라구요.

> **도서관 활용해 가정 경제 살리기**
> 작성자 : 축복의천사들 (초3, 초1)

사실 저도 도서관을 알차게 이용하기 시작한 게 그리 오래 되지는 않았어요. 그런데 이용하면 이용할수록 매력이 있어요. 가장 큰 매력은 '공짜'라는 사실!

(1) 시 도서관 하나, 구 도서관 하나

대개 집 근처 한 곳만 주로 다니시는 분들이 많은데, 전 갈 수 있는 곳은 다 가봅니다. 일단은 시에서 운영하는 일반도서관과 대개 구에서 운영하는 어린이도서관 등이 있어요. 이건 서로 별개이기 때문에 대출 권수에 영향을 미치지 않더군요. 예를 들어 인천 서구에서 가족카드로 빌릴 수 있는 25권을 다 빌렸다면, 인천 남구 도서관에서 추가대출은 불가하지요. 그러나 서구에서 자체적으로 운영하는 석남어린이도서관에 가서는 또 추가로

25권을 빌릴 수가 있어요. 그러면 한 번에 빌릴 수 있는 책이 40~50권이 되더군요. 집 근처의 도서관을 검색해 한 번씩 가보시길 추천합니다.

(2) 〈잠수네 책나무〉에 있는 '전국 도서관에서 찾기' 활용하기
이거 아세요? 저도 얼마 전에 알았는데, 이것도 활용하면 아주 좋아요. 얼마 전, 빌리고 싶은 전집이 있어 찾아보니 집 근처 도서관엔 없어서 '전국 도서관에서 찾기'로 찾아보았어요. 그랬더니 집에서 조금 더 가면 있는 다른 도서관에는 그 전집이 있더라구요. 그래서 공짜로 그 전집 통째로 빌려 다보았어요. 음~ 그 뿌듯함이란 말로 다 못 해요.^^

(3) 희망 도서 신청을 아시나요?
원하는 책이 도서관에 없을 땐 포기하지 마시고 도서관 홈페이지에 들어가서서 희망 도서 신청을 해보세요. 대개는 한 아이디당 3권까지 신청할 수 있어요. 특별한 사유가 없으면 도서관에서 구입해주는 경우가 많아요. 먼저 대여해주는 특혜까지 부여해주고요.

(4) 도서관에서 시간 낭비 안 하기
제가 도서관에만 가면 함흥차사라고 남편이 싫어했어요. 책을 고르다가 재미있는 책에 푹 빠져서 정신없이 읽느라…. 이제는 가기 전에 빌리거나 봐야 할 도서 목록을 엑셀로 작성해 표를 만들어가지고 가요.

(5) 〈잠수네 책나무〉 북스크랩 활용하기
빌릴 책을 선정하는 것도 중요한 일이잖아요. 일단 저는 검증되지 않은 책

은 되도록이면 빌리지 않아요. 열심히 골라 왔는데 안 보면 속상하잖아요. 저는 다음의 세 가지를 염두에 두고 책을 빌린답니다.

- 가장 기본이 되는 '잠수네 베스트'(부록의 베스트 목록을 참조하세요.)
- 다른 분들 〈잠수네 포트폴리오〉 구경하며 업어오기
- 〈우리말 책〉 게시판에서 소개글 챙겨 보기

'잠수네 베스트'는 바로 도서관에서 검색하고, 나머지 두 개는 맘에 드는 책이 있을 때 즉시 〈잠수네 책나무〉 북스크랩에 담아둡니다. 이후에 전체를 출력해서(설마했는데 출력도 되어 완전 감동~ 스크랩한 날짜순으로 되어 있어 더 감동^^) 다시 도서관 홈페이지를 검색합니다. 여러 가지 방법을 해봤지만 이게 제일 편하고 놓치는 책도 없더라구요.

※ 도서관이 어렵다면?

아무리 도서관이 매력적이어도 부득이한 현실은 어쩔 수 없는 법. 너무 바빠 도서관에 갈 사정이 안 된다거나, 도서관에 없는 책들인데 빨리 빌려보고 싶다면 온라인 대여점을 이용하는 것도 한 방법이에요. 온라인 대여점은 영어책과 한글책을 같이 빌릴 수 있고 가격도 저렴한 편이라 상황이 여의치 않을 때 가끔 이용한답니다.

3부

공부의 저력 키우기

책과 읽기 능력

학교 성적이 안 나온다? 답은 읽기 능력!

책 읽기는 꾸준히 하고 있는데 학교 성적이 생각만큼 나오지 않는다고 고민하는 부모들이 많습니다. 그동안 책 읽기를 잘하고 있다가도 학교 성적이 기대치에 부응하지 않으면 끙끙대며 고민하다 여태껏 책 읽기에 힘을 쏟던 방향을 완전히 바꿉니다. 성적이 안 나오는 과목에 대해 바로 효과를 볼 수 있는 방법을 찾아 학원, 과외, 학습지 등으로 눈을 돌립니다. 자연히 아이는 책과 점점 더 멀어져 갑니다. 어릴 때부터 책 읽기에 신경을 많이 썼던 집이라도 이런 일이 종종 일어납니다.

책을 많이 읽으면 공부도 잘할 것 같은데 예상외로 학교 성적이 지지부진한 것은 '읽기 능력'이 부족한 데 원인이 있습니다. 한글을 깨치고 글을 읽을 줄 아는 것과 읽기 능력은 별개입니다. 읽기 능력이란 단순히 글자를 읽는 수준을 넘어 글에 담긴 '지식'이나 '의미'를 이해하고, 이해한 것을 '분석'이나 '비판'하고 '수용' 및 '적용'까지 할 수 있는 능력을 말합니다.

학교 국어시간에 배우는 것도 이 읽기 능력입니다. 학교에서 배우는 지식은 교과서란 '책'에 담겨 있습니다. 따라서 읽기 능력이 부족하면 국어뿐 아니라 전 과목에서 성적이 잘 나오기 어렵습니다. 심지어 수학, 영어까지도요.

여기서 한 가지 의문이 생깁니다. 요즘 들어 왜 이리 책 읽기나 읽기 능력이 화두가 되나 하고요. 딱 한 가지만 이유를 대라면 '사회가 변화했다'입니다. 한정된 지식을 암기하는 방식으로는 더 이상 살아가기 힘든 세상이 된 거예요. 시시각각으로 나오는 자료를 읽고, 분석한 후, 나의 경험과 지식을 바탕으로 재해석해서 새로운 지식을 만드는 능력을 요구하는 시대가 된 거지요. 대입시험이 한정된 지식을 묻는 '학력고사'에서 폭넓은 읽기 능력을 보는 '수학능력시험'으로 변한 것도 이 때문입니다.

읽기 능력을 키우려면?

❶ 어휘력

읽기 능력을 좌우하는 첫 번째 조건은 '어휘력'입니다. 책 읽기를 싫어하거나, 읽어도 이해를 못하는 것은 모르는 어휘가 많기 때문입니다. 어휘가 부족하면 아는 단어만 읽으면서 책장을 넘깁니다. 만화만 보려는 것도 마찬가지입니다. 만화는 그림만 봐도 줄거리가 이해됩니다. 어휘가 부족해도 아무 문제 없이 편하게 볼 수 있으니 어휘가 늘지 않습니다. 책으로 넘어가기는 점점 더 어려워집니다.

어휘의 수준에 따라 생각의 폭도 달라집니다. 모르는 단어가 많으면 책을 읽어도 골치가 아프므로 깊이 생각하려고 하지 않습니다. 공부한다고 책상에 오래 앉아 있은들 성적이 오를 리 만무합니다. 학교에서 선생님 말씀을 잘 이해하려면 무슨 '말'인지 알아들어야 할 텐데요, 책을 읽지 않아 어휘력이 부족하면 선생님 말씀이 이해가 안 돼 수업에 집중할 수가 없습니다.

이런 문제 때문에 읽기 능력, 즉 학습 능력을 키우기 위한 첫 단추는 많은 어휘를 습득하도록 도와주는 거예요. 어릴 때는 부모의 어휘력이 아이의 어휘력입니다. 부모가 일상생활에서 사용하는 어휘가 다양하면 아이가 구사하는 어휘도 많아집니다. 하지만 일상생활의 대화로는 어휘가 늘어나는 데 한계가 있습니다. 그래서 책을 읽어주는 것이 중요한 거지요.

매일 꾸준히, 다양한 분야의 책을 읽어준 아이는 어휘가 풍부해질 수밖에 없습니다. 혼자 책을 읽게 되면 그림책의 그림을 보면서, 문맥 속에서 유추하면서 새로운 어휘를 습득하게 됩니다. 문학작품에서 섬세한 묘사를 하는 어휘를 익히고, 사회나 역사책, 과학책을 보면서 사회, 과학 영역의 어휘를 알게 됩니다. 많이 읽을수록 더 많은 어휘를 습득하는 선순환이 일어납니다.

문제는 주마간산 식으로 휙휙 책을 읽는 아이들입니다. 대충 책을 읽는 습관이 들면 줄거리만 대략 알 뿐 새로운 어휘는 익히기 어렵습니다. 이 문제를 해결하는 길은 '재미있는 책' '아이가 관심 있는 주제의 책'을 읽게 하는 것입니다. 재미있으면 반복해서 읽게 되고, 관심 있는 책은 찬찬히 읽게 되니까요. 모르는 말이 나와도 건너뛰지 않고 무슨 말일까 곱씹어 생각하고, 앞뒤 문장을 보면서 뜻을 유추해보다 정 모르겠으면 사전을 찾아보기도 할 거예요. 이것이 어휘를 익히는 최고의 방법입니다. 단, 편독하는 아이, 흥미 위주의 책만 읽는 아이는 습득하는 어휘의 양이나 폭이 한계가 있습니다. 생활이나 체험과 연결고리를 만들어 읽는 분야를 확장해보고, 쉽고 재미있는 책으로 재미를 붙인 후에는 읽는 책의 수준을 서서히 올려가야 다양한 어휘, 고급 어휘를 많이 접할 수 있습니다.

새로운 어휘를 학습적으로 접근해서 익히는 방법도 있습니다.

'책을 읽다 모르는 낱말이 나오면 사전을 찾는다, 모르는 낱말은 단어카드를 만들어 외운다, 낯선 단어가 들어간 짧은 글쓰기를 한다…' 참 좋은 방법입니다. 하지만 과연 집에서 꾸준히 할 수 있을까요? 십중팔구 하기 싫다는 아이와 싸움하느라 시간을 허비할 것이고, 만에 하나 고분고분하게 하더라도 재미있는 책 읽기는 물 건너간 상황이 되어버리고 맙니다. 국어·논술학원에서 어려운 단어를 외우게 하고, 짧은 글짓기를 시킨다고 한들 문맥 속에서 파악하지 않은 단어는 낙동강 오리알 신세일 뿐입니다.

억지로 외운 단어는 금방 잊어버립니다. 말하기와 쓰기에 활용하지 못하는 죽은 단어가 되고 맙니다. 다 시간 낭비일 뿐이에요. 이 방법은 나중에 고등학교 가서 어휘가 부족하다는 것을 아이 스스로 느끼고, 외워야겠다고 마음을 먹었을 때 비로소 효과가 있습니다. 초등학생, 중학생이라면 교과서에서 모르는 단어가 있을 때 단기간 활용해보는 정도면 족합니다.

모르는 말을 사전에서 찾는 습관을 갖게 하려면 엄마가 시범을 보이세요. 신문이나 책을 읽다 조금 어려운 단어가 나오면 사전을 찾는 모습을 아이에게 보여주는 겁니다. 처음에는 '소 닭 보듯' 하는 아이라도 이런 일이 반복되면 저도 모르는 새 따라 하게 됩니다. 아이하고 말할 때 사자성어나 속담, 낯선 단어를 의도적으로 넣어 이야기해보는 방법도 좋아요. 무슨 뜻인지 궁금해서 물어보게 되거든요. 물어본 단어나 구절은 말이나 글에 써먹어보기도 합니다. 아이들은 흉내쟁이입니다. 이런 방법으로 하면 억지로 하지 않아도 자연스럽게 고급어휘를 익힐 수 있습니다.

❷ 배경지식

'배경지식'이란 머릿속에 들어 있는 모든 '지식'을 말합니다. 생활에서 직접 부딪쳐본 경험, 책을 읽으면서 알게 된 지식 모두를 합한 것입니다. 글을 읽을 때 배경지식, 즉 조금이라도 아는 부분이 있으면 이해가 훨씬 잘 됩니다. 평소 접하기 어려운 단어라도 잘 아는 이야기 속에서 나오면 무슨 말인지 유추해낼 수 있습니다. 글이 술술 읽히고 기억하기도 수월합니다.

반대로 잘 모르는 분야는 읽어도 무슨 말인지 잘 이해가 안 됩니다. 한 장을 읽는 데 시간이 많이 걸립니다. 읽고 나서도 금방 잊어버립니다. 지식책은 물론이고 창작책도 마찬가지입니다. 같은 책을 읽었어도 아이마다 이해하는 정도가 다른 것은 각자의 배경지식이 다르기 때문입니다.

유아들은 자기에게 친숙한 주인공, 배경이 나오는 그림책을 좋아합니다. 초등학생 아이들도 자기 또래 아이들이 나오는 책을 좋아합니다. 주인공의 행동과 말에 공감이 가기 때문입니다. 같은 주인공이 나오는 시리즈 책, 옛날이야기를 좋아하는 것도 어떤 식으로 이야기가 전개될지 알아 이해가 쉽기 때문입니다.

작가별, 주제별로 책을 읽다 보면 읽기 수준이 올라갑니다. 비슷한 문체, 비슷한 주제와 배경의 이야기라 책이 조금 두꺼워져도, 어휘나 문장이 어려워도 저도 모르게 책이 술술 읽히거든요. 반대로 익숙하지 않은 시대 배경의 책이라면 왜 그런 행동을 했는지, 왜 그런 말을 했는지 납득이 안 갑니다. 무슨 내용인지 이해가 잘 안 되니 재미가 없고 읽고 싶어 하지 않습니다. 억지로 읽힌들 눈은 글자를 보되, 머리로는 입력이 안 되는 따로국밥 형상이 되고 맙니다.

지식책은 배경지식이 없으면 창작책에 비해 책을 이해하기 훨씬 더 어렵습니다. 모르는 어휘가 나왔을 때 전후 문장을 살펴 유추하기 힘들기 때문입니다. 쉬운 책부터 차근차근 읽어야 어려운 개념, 복잡한 지식을 이해할 수 있기도 하고요. 반대로 평소에 위인전이나 역사 이야기를 많이 읽었다면 조금 딱딱한 역사책을 봐도 집중할 수 있습니다. 과학자 이야기, 발명 이야기를 좋아했다면 과학책이 낯설지 않습니다.

넓게 보면 국어교과서를 제외한 모든 교과서가 지식책입니다. 사회, 국사, 과학은 물론 도덕, 음악, 미술 과목까지도요. 따라서 배경지식이 별로 없으면 교과서를 이해하고 내 지식으로 만드는 것이 만만치 않습니다. 대신 아는 것이 많으면 좀 더 재미있고 수월하게 공부할 수 있습니다. 뒤집어서 생각해보면 학교에서 과학, 사회 등

각 과목 공부를 하다 생기는 배경지식도 다양한 분야의 지식책을 읽을 수 있는 힘이 된다는 것이지요.

책을 읽을 때 아이들이 좀 더 쉽게 이해할 수 있도록 의도적으로 배경지식을 활성화시켜주라는 말들을 합니다. '읽을 책의 주제에 대해 알고 있는 것을 말해보기, 이전에 읽은 책과 비슷한 점 찾아보기, 책을 읽으면서 자신의 생각이나 처한 환경, 경험과 관련 있는 부분을 이야기해보기' 등으로요. 다 좋은 방법인데요, 이런 식의 책 읽기가 익숙하지 않은 아이라면 단답형 대답만 하거나 아예 대꾸도 안 하기 쉽습니다. 책을 읽을 때마다 질문하고 대답을 요구하면 책 읽는 것을 아예 그만두고 싶은 마음만 생깁니다. 학원 등에서 잘 모르는 분야의 책에 대해 배경 설명을 해주는 것이 무의미한 것은 자기 힘으로 직접 쌓은 배경지식이 아니면 책이나 글을 이해하는 데 별반 도움이 되지 않기 때문입니다. 언제까지 다른 사람의 설명을 듣고 책을 읽을 수도 없는 노릇이고요.

현실적으로 가정에서 실천할 수 있는 방법은 아이들에게 책을 읽어줄 때 책을 소재로 다양한 대화를 나눠보는 거예요. 어릴 때부터 습관이 된 아이라면 혼자 책을 읽을 때도 아는 지식과 경험을 연관 지어 책을 읽습니다. 뒤늦게라도 부모가 도와주고 싶다면 의도적이지 않게 접근하는 방식을 찾아야 해요. 잘 모르는 분야의 책은 이전에 읽었던 책이나 경험과 관련된 책으로, 평소 읽는 책 수준보다 좀 더 낮춰서 선택해야 합니다. 아이가 읽는 것을 이해하는 데 도움이 될 만한 장소를 찾아가보고, 궁금한 점을 물어보면 바로 답변해주는 것도 배경지식을 늘리는 길입니다.

TV 뉴스를 보면서 이야기해보고, 같은 기사를 신문에서도 읽어보고, 관심을 보이는 분야의 책을 권하는 방법도 있습니다. 영화를 보고 원작을 추천하는 것도 결국은 배경지식을 활성화시키는 방법 중 하나이지요.

❸ 독해력

'독해력'은 '글을 읽어서 뜻을 이해하는 능력'입니다. 글 쓴 사람의 의도인 '주제'를 찾는 능력이지요. 저자는 하고 싶은 말(뼈)을 읽는 사람이 잘 이해하도록 살을 붙입니다. 이야기(서사)로 풀어가기도 하고 사례나 비유, 근거를 들어서요. 그래서 저자의 생각을 읽어내려면 생선에서 뼈를 골라내듯 찬찬히 글을 들여다봐야 해요.

저자의 생각을 읽는 방법은 글의 종류에 따라 조금씩 다릅니다. 창작책에서는 주인공이나 등장인물의 말과 행동에서 저자의 생각을 읽어내야 하고요, 지식책은 글의 중심내용을 찾아야 주제를 파악할 수 있습니다. 문제는 '어떻게 해야 독해력을 향상시킬 수 있는가'입니다.

<u>첫 번째 해법은 '다독'입니다.</u> 독해 능력에 필수적인 것이 배경지식과 어휘력인데요, 책을 읽지 않으면 어휘나 배경지식이 쌓이기 어렵습니다. 학년이 올라갈수록 국어시험의 지문이 점점 길어지고, 수능 국어시험에서 시간 안에 문제를 다 읽지 못해 답을 못 적는 아이들이 많습니다. 이 문제를 해결하는 방책도 다독입니다. 책을 많이 읽다 보면 읽는 속도가 자연스럽게 빨라지니까요.

독해 능력을 키우려면 먼저 책을 읽어야 한다는 것이 얼핏 납득이 안 가는 분도 많을 겁니다. 책 읽기로 독해력을 키우는 것은 너무 돌아가는 것 같아 보입니다. 독해 문제를 많이 풀어야 독해 능력이 빨리 올라갈 것 같습니다. 그러나 독해 문제집은 책에 비해 지문의 분량이 너무 적습니다. 수록된 지문도 전체 글에서 주요 부분만 가져왔기 때문에 재미가 없습니다. 몰입해서 공부해도 아쉬운 판에 재미없는 글이 분량마저 적으니 독해력의 기본인 어휘력과 배경지식을 쌓기 어렵습니다.

만약 책을 읽지 않고 독해 문제만 푼다면 따로 어휘도 외우고 배경지식도 암기해야 하는데, 그건 금방 잊어버립니다. 시간과 에너지만 낭비할 뿐이에요. 고등학생이라도 독해력을 키우려면 책을 읽는 것이 기본입니다. 중학생이나 초등학생은 말할 나위가 없지요.

한편 독해력을 키우는 데는 지식책보다 창작책을 읽는 것이 도움이 많이 됩니다. 지식책은 어휘나 개념이 낯설어서 어려워 보이지만 문장 자체는 그리 어렵지 않습니다. 정보를 전달하기 위한 책이라 일정 수준의 읽기 능력이 되면 수월하게 읽을 수 있습니다. 지식책을 잘 안 읽는 아이라도 사회, 과학 교과를 충실하게 공부했다면 기본적인 배경지식을 습득할 수 있기도 합니다.

그에 비해 창작책은 생경한 어휘들이 많이 나오는데다 풍자, 은유 등 한 번 더 생각해야 하는 표현이 많습니다. 등장인물을 통해 작가의 의도를 전하기 때문에 휘리릭 가볍게 읽어서는 인물의 심리가 이해되지 않습니다. 창작책을 싫어하고 지식책만 읽는 이과 성향의 아이들이 국어를 잘 못하는 이유는, 어휘가 달리는 것도 문제지만 더 근본적으로는 이런 깊은 내면의 정서를 이해하지 못하기 때문입니다. 다른 사람의 입장에서 생각하는 능력이 부족하니 등장인물이나 지은이의 생각을 묻는 국어 과목이 약할 수밖에요.

두 번째는 '요약하기'입니다. 책을 읽는 속도도 빠르고 어휘와 배경지식도 풍부한데, 글 내용을 파악하는 데 서투르고 국어 점수가 잘 나오지 않는다면 정독이 안 되고 있는 거예요. 정독을 연습하는 최고의 방법이 '요약하기'입니다. 이상적이라면 책을 요약하는 것이겠지만, 어른도 책을 요약하기 쉽지 않은데 아이가 자발적으로 할 리 만무하지요. 억지로 시키면 반발만 심하고 제대로 진행하기도 어렵습니다. 한두 줄로 간단한 느낌을 써보거나 가슴에 남는 구절을 공책에 기록해보는 정도가 최선입니다.

그래서 대안으로 생각해볼 수 있는 것이 교과서를 활용하는 거예요. 독해 능력을 묻는 대표적인 시험이 국어시험입니다. 대부분의 문제가 글을 읽고 주제를 제대로 파악했는지 묻습니다. 다독이 독해의 기본 체력을 다지는 과정이라면, 국어공부는 독해 능력을 기르는 구체적인 방법을 연습하는 과목입니다. 학습목표에 따라 국어교과서의 활동하기 등의 질문에 대답하고 요약하는 동안 글의 종류에 따라 읽는 방법을 배울 수 있습니다.

사회나 과학 등의 교과서를 읽고 내용을 요약해보는 것도 아주 좋은 방법입니다. 초등 고학년이나 중학생이라면 신문이나 잡지의 칼럼을 읽고 중심문장에 밑줄을 긋고 글을 요약해보는 방법도 있습니다. 여기서 핵심은 '자기 힘으로 요약하기'입니다. 창작책을 많이 읽어 국어에 강한 아이들이 고등학교에 가서 비문학 지문이 나오는 국어시험 문제를 우수수 틀리는 것은 스스로 요약을 해보지 않아 중심문장, 핵심 주제를 찾아내지 못해서입니다.

자기 힘으로 요약하지 않고 문제집이나 자습서의 요약 정리된 내용만 보거나 학교 선생님이 주신 프린트물만 봐서는 독해력이 자라지 않습니다. 학원에서 요점 정리해주는 것도 마찬가지입니다. 처음에는 조금 힘들어도 꾸준히 요약하는 연습을 하다 보면 글의 핵심을 꿰뚫는 눈이 트이게 됩니다.

❹ 사고력

앞서 '읽기 능력'이란 단순히 글자를 읽는 수준을 넘어 글에 담긴 '지식'이나 '의미'를 이해하고, 이해한 것을 '분석' '비판'하고 '수용' '적용'까지 할 수 있는 능력이라고 했습니다. 글에 담긴 지식, 의미를 이해하고 분석할 수 있으면 글쓴이의 의도, 주제를 파악할 수 있습니다. 더 나아가 '나의 입장'에서 글쓴이와 대화가 가능해집니다. 책을 읽는 최종 목표가 바로 이 지점입니다.

- 글에 담긴 지식, 의미를 이해하고 분석 → 분석적 읽기
- 글 내용에 반대하거나 동의(비판과 수용) → 비판적 읽기
- 내 경험에 비추어 다른 방향의 길을 제시(적용) → 창의적 읽기

국어시험을 잘 보려면 분석적 읽기 능력이 있어야 하고요, 비판적 읽기와 창의적 읽기는 말하기나 토론, 글쓰기에서 표현됩니다. 아이들이 레고로 블록 작품을 만들 때 블록 수가 많을수록 좋은 작품이 나오는 것처럼, 다양한 방면의 책을 읽다 보면 토론이나 글쓰기에도 강해집니다. 비판하고 창의적으로 생각할 재료가 많은 거니까요. '사고력', 즉 생각하는 힘이 자라는 것이죠.

책을 많이 읽는다고 사고력이 저절로 자라는 것은 아닙니다. 생각해보는 시간, 생각을 해야 할 동기가 필요합니다. 좋은 기회가 학

교에서 열리는 각종 행사나 숙제입니다. 독후감대회, 수행평가, 방학 과제물 등에서 글을 쓰거나 발표해야 할 때 적극적으로 참여하도록 도와주세요.

4월은 과학의 달이라 하여 과학 상상화 그림대회나 과학 글짓기대회가 학교마다 열립니다. 이때 관심 가는 과학 주제를 담은 과학 동화책, 과학 잡지, 영화나 다큐멘터리 등을 최대한 보고 나서 각각의 책이나 영화 내용을 간추린 후 내가 경험한 것, 나의 생각을 버무려 글을 써보게 하세요. 멋진 글이 나올 수 있을 뿐 아니라 생각하는 힘이 무럭무럭 자라는 기회가 될 겁니다.

정독에 대한 오해와 진실

'우리 아이는 정독이 안 돼서 속상하다' '다독보다 정독이 중요하다'는 말을 많이 합니다. 이때의 정독은 어떤 방법으로 읽는 것을 말하는 것일까요?

우리가 보통 말하는 '정독'은 좁게 보면 '제대로 읽기'입니다. 하지만 넓게 보면 글을 읽을 때 모르는 단어가 나오면 어떤 뜻일까 골똘히 생각하고 문맥에서 유추해보는 것도 정독이고, 책에 담긴 지식을 내 머릿속에 담기 위해 정리해서 나만의 배경지식으로 만드는 과정도 정독입니다. 작가의 의도, 글의 요지를 파악하는 것도 마찬가지로 정독이지요. 가만히 보면 '읽기 능력＝정독'인 셈입니다.

앞서 말한 읽기 능력의 네 가지 요소인 어휘, 배경지식, 독해력, 사고력 모두 정독의 범주인 거죠.

정독이 안 된다고 무조건 소리 내어 책을 읽게 하거나, 책 내용을 아는지 확인하는 것은 정독(읽기 능력)의 본질을 생각하지 않고 접근하는 방법입니다. 그림책 작가인 에드 영의 《일곱 마리 눈먼 생쥐》에 나오는 쥐들처럼 자기가 알고 있는 것만으로 코끼리를 상상하는 거지요. 세상에는 정말 많은 책이 있습니다. 아이들이 보는 책도 종류가 다양하고 수준도 차이가 많이 납니다. 재미로 낄낄거리며 봐도 그만인 책도 있고, 정자세를 하고 깊이 있게 읽어야 하는 책도 있습니다.

정독이 중요하다고는 하지만 가벼운 읽을거리까지 정독하라고 하는 것은 그야말로 난센스입니다. 책의 종류에 따라 읽는 방식이 다를 수도 있습니다. 하지만 읽기의 목적이나 구조를 모르면 엉뚱한 방향으로 아이들에게 정독을 요구하게 됩니다. 그림책이나 동화를 읽으며 주인공의 이름이나 살던 곳, 친구 관계를 알아야 한다고 생각하거나 지식책을 읽으며 무엇을 느꼈는지 물어보는 식이지요.

엄마 마음에는 아이들이 웬만큼 괜찮은 책이면 모두 정독을 했으면 하고 바랍니다. 하지만 입장을 바꿔 생각해보세요. 나는 책을 읽을 때 얼마나 정독하며 읽었었는지를요. 누군가 책 읽는 방식을 사사건건 간섭하며 정독하라고 하면 나부터 도망갈 겁니다.

아이들이 정독을 하는 때는 두 가지 경우입니다. 첫째는 정말 재미있어서 반복해서 읽을 때입니다. 자꾸 읽다 보면 저도 모르게 어휘와 배경지식을 깨우치게 됩니다. '주인공이 왜 그렇게 행동했지? 작가는 왜 이렇게 결말을 냈을까? 아, 궁금한 것이 여기 있었구나!' 하면서 가슴으로 읽어갈 때 분석적 읽기, 비판적 읽기, 창의적 읽기가 됩니다. 두 번째는 천천히 깊이 있게 읽는 것이 몸에 밴 아이도 있습니다. 일부러 정독을 하라고 요구하지 않아도 모르는 어휘의 뜻을 곱씹어보고 저자의 생각을 반추하는 아이들입니다. 하지만 내 아이가 이런 유형이 아니라고 강요할 순 없다는 것이 현실이죠.

정독하는 제일 좋은 방법은 양질의 책을 한 권이라도 꼼꼼하게 읽는 것입니다. 그러나 타고난 기질이 정독하는 성향이 아니라면 '자기가 필요를 느낄 때'가 되어야 제대로 읽습니다. 그 전까지는 반복해서 읽을 수 있는 책을 찾아주는 것이 100배는 더 낫습니다. 아무리 책을 정독하라고 잔소리해본들 마이동풍일 뿐입니다. 아이가 정독을 안 해서 걱정이 된다면 교과서로 정독 연습을 시키세요. 교과서를 활용하는 것이 다양한 글을 읽는 훈련도 되고 학교 성적도 오르는 일석이조의 방법입니다.

듣기와 말하기 능력

사회에 나가면 읽기와 쓰기보다 더 중요한 것이 잘 듣고 말하는 능력입니다. 상대방이 말하는 것의 핵심을 파악하는 능력, 내가 생각한 바를 논리적으로 전달하고 설득할 수 있는 능력의 유무가 사회생활을 잘 해나가는 데 큰 영향을 미칩니다. 하지만 학습과 관련해서는 듣기와 말하기에 그다지 관심이 없습니다. 관심이 적다 보니 듣기와 말하기에 문제가 있어도 알지 못하는 것이 대부분입니다. 따로 공부할 것이 없는 것 같기도 하고, 어떻게 도와주어야 할지 감이 잡히지 않기도 합니다. 모국어니까 듣기나 말하기는 저절로 되리라 생각하기 때문입니다.

듣기와 말하기가 학습 능력과 어떤 관계가 있는지, 어떻게 잘 듣고 말하는 아이로 키울 수 있는지 하나씩 짚어볼까요?

학습 능력과 듣기

듣기 능력과 읽기 능력은 비슷한 점이 많습니다. 읽기는 '글'을 이해하는 능력입니다. 읽기가 제대로 안 되면 읽는 내용을 요약하거나 핵심을 뽑아내지 못합니다. 마찬가지로 '말'을 이해하는 능력인 듣기 능력이 달리면 어떤 내용이 중요하고 덜 중요한지 판단하는 것이 어렵습니다. 들어도 무슨 말인지 잘 모르고, 당연히 듣고 나서도 기억을 못 합니다. 이 때문에 듣기 능력이 부족하면 학교 수업을 따라가기가 어려울 수밖에 없습니다.

글과 말의 다른 점도 놓치기 쉬운 부분입니다. 글은 읽다가 다시 돌아가서 읽을 수 있지만 말은 한 번 들으면 돌이킬 수가 없습니다. 1:1로 대화할 때라면 몰라도 여러 사람이 모인 곳이나 학교 수업에서 못 들었다고 다시 말해달라고 하기는 매우 어렵습니다. 또한 말하는 사람에게 집중을 해야 그 사람의 생각을 알 수 있습니다. 말하는 사람의 몸짓이나 손짓, 표정에서 생각을 읽어낼 수도 있기 때문입니다.

학교 수업을 잘 이해하고 듣는지 여부는 교과서나 노트를 보면 쉽게 알 수 있습니다. 교과서가 깨끗하거나 낙서가 많다면 수업 내용을 이해 못 하고 있거나 집중을 안 한다는 증거입니다. 배운 적이 없는데 시험에 나왔다고 투덜거리는 경우 십중팔구 수업시간에 딴 짓을 했거나 멍하니 있다 선생님의 말을 못 들었을 가능성이 높습니다. 수업을 제대로 소화하지 못했으니 열심히 공부한들 성적이 오를 리 만무합니다.

'들리는 것(Hearing)'과 '듣는 것(Listening)'에는 차이가 있습니다. 들리는 것이 자연스럽게 귀로 흘러들어오는 소리라면, 듣는 것은 신경을 집중해서 알고 있는 지식과 경험을 총동원해 이해하려고 노력하는 것입니다. 학습 능력과 관련된 듣기는 후자입니다. 잘 듣지 못한다면 '알고 있는 지식과 경험'이 부족하거나 '이해하려고 노력'을 하지 않았기 때문입니다.

듣기 능력을 키우려면?

❶ 어휘와 배경지식을 늘려주세요

다른 사람의 말을 듣고 이해하려면 아는 말(어휘), 아는 것(배경지식)이 많아야 합니다. 어휘와 배경지식을 확장하는 제일 빠른 길은 책 읽기와 다양한 체험입니다. 그러나 듣기 능력이 떨어지는 아이는 책을 많이 안 읽었을 가능성이 높습니다. 이런 아이에게는 무조건 책을 들이밀기보다 먼저 부모가 책을 읽어주면서 같이 이야기를 하는 시간이 필요합니다. 이야기를 듣다 보면 집중력이 커지고 어휘력, 배경지식도 같이 늘어갑니다.

❷ 메모하는 습관을 들여주세요

아무리 어휘와 배경지식이 많아도 집중해서 듣는 태도가 안 되어 있으면 머리에 남지 않습니다. 메모를 하는 것은 내용을 요약하는 연습도 되지만 말을 바르게 듣는 태도를 갖는 훈련도 됩니다. 작은 수첩을 하나 마련해서 들은 것 중 중요한 것은 적는 습관을 갖게 해주세요. 학교 수업시간에 들은 것은 공책에 최대한 적어보게 하고요. 처음에는 두서없이 받아 적겠지만 시간이 흐르면 중요한 것과 아닌 것을 가리는 눈이 생기게 됩니다. 수업시간에 집중하는 연습도 되고요.

❸ 학교 수업시간에 들은 것을 집에서 이야기해달라고 하세요

엄마에게 이야기하려면 수업시간에 잘 들어야 해요. 어려워서 잘 이해가 안 가더라도 들으려고 노력하다 보면 조금씩 이해하는 부분이 늘어가게 됩니다.

학습 능력과 말하기

학교뿐 아니라 사회에서도 발표나 토론하는 기회가 많아지면서 말

하기 능력이 중요해지고 있습니다. 수다스럽게 말이 많은 사람보고 말을 잘한다고 하지는 않습니다. 다른 사람이 하는 이야기를 공감하며 들어주고, 갖고 있는 지식과 경험에 비추어 진심으로 조언하고, 나와 의견이 다른 사람을 논리적으로 설득할 수 있는 것이 진정한 말하기 능력입니다.

그러려면 아는 것이 있어야 합니다. 나의 의견을 주장하거나 누군가를 설득하려면 적절한 근거를 댈 수 있어야 하니까요. 깊이 있게 생각하는 습관이 있다면 다른 사람이 미처 생각지 못한 것을 이야기할 수 있습니다. 순간적인 판단력을 겸비한다면 상대방의 몸짓이나 표정 변화를 보고 적절하게 대응을 할 수 있습니다.

말을 잘하는 아이는 주변의 상황을 이해하는 능력이 뛰어난 경우가 많습니다. 다른 사람의 생각을 잘 들어줍니다. 유머가 있고 늘 새로운 이야기로 주위 친구들에게 인기가 있습니다. 말할 때도 앞뒤의 이야기가 논리적으로 잘 들어맞습니다. 그에 비해 공부는 잘하는데 말을 잘 못하는 아이도 많습니다. 앞에 나서서 말하거나 발표하는 것을 부끄러워하고 꺼린다면 심리적으로 위축되어 있어 자신감이 떨어지기 때문입니다.

학교에서 말을 잘하는 아이들은 칭찬받을 기회가 많습니다. 자연스레 학교 공부에 자신감이 생깁니다. 타고난 언어적 감각이 있어 말을 잘하는 아이도 있겠지요. 그러나 적절한 환경을 제공하고 노력하면, 내성적인 아이라도 발표나 토론 때 자기의 생각을 정확하게 전달할 수 있습니다.

말하기 능력을 키우려면?

❶ 아이의 말을 들어주세요

말하기의 기본은 듣기입니다. 아이와 눈을 맞추고, 내용이 이상하고 틀리게 느껴지더라도 중간에 말을 끊지 말고 들어주세요. 엉뚱한 질문을 하더라도 최선을 다해 이야기를 듣고 대답해주세요. 말이 없는 아이라도 자기가 좋아하는 물건이나 주제에 대해 궁금해하면서 물어보면 자기 생각이나 알고 있는 것을 술술 말하게 되고 말하는 데 자신감을 갖게 됩니다.

❷ 존댓말을 사용하게 하세요

부모나 주위 어른께 존댓말을 사용하게 되면 반말체를 사용할 때보다 완성된 문장, 고급 어휘를 사용하게 됩니다. 부모가 아이에게 꼭 존댓말을 써야 할 필요는 없습니다. 아이가 자기도 모르게 반말을 하면 조용히 존대어로 바꿔 다시 말하게 하는 정도만으로도 존댓말을 쓰는 습관을 들일 수 있습니다.

❸ 낭독(음독)을 매일 10분씩 해보세요

낭독을 하게 되면 정확한 읽기 능력이 길러질뿐더러 발표력과 표현력도 자라게 됩니다. 짧은 시간이지만 집중력도 길러지고요. 낭독은 긴 동화책으로 하려면 힘이 많이 듭니다. 동시나 짧은 동화, 교과서 등 10분 내에 읽을 수 있는 글이 좋습니다.

❹ 생각을 열어주는 대화, 토론시간을 가져보세요

집에서 아이와 대화를 나누는 것은 여러 가지 장점이 있습니다. 부모와 이야기를 나누면 혼자 생각하는 것보다 좀 더 넓은 시야로 세상을 바라볼 수 있습니다. 잘 듣는 능력, 조리 있게 말하는 능력도 키워갈 수 있습니다. 부모가 어떤 생각을 하는지, 아이가 자라면서 어떻게 생각이 변하는지 알 수도 있습니다. 집에서 대화하는 습관이 몸에 배게 되면 밖에서 친구들과 토론할 때도 활발하게 내 의견을 개진하고, 내 생각을 설득할 수 있습니다.

그러나 우리의 일상생활은 다람쥐 쳇바퀴 돌듯 비슷비슷한 나날입니다. 아이와 나눌 이야기가 딱히 많지 않습니다. 따라서 아이와 이야기를 나눠야겠다는 마음을 먹으면 적극적으로 대화의 소재를 찾아나설 필요가 있습니다.

<u>첫째, 아이가 읽은 책을 소재로 이야기를 나누어보세요</u>. 어떤 이야

기를 하면 좋을지 막막하다면 국어교과서의 질문을 유심히 살펴보세요. 아이와 이야기할 수 있는 단서를 많이 찾을 수 있습니다. 초등 2학년 국어교과서만 봐도 '글쓴이의 의견은 무엇일까? 이어질 내용을 상상해보기, 인물의 의견 비교하기' 등 힌트가 될 만한 발문이 많습니다. 국어교과서의 발문을 잘 활용하면 대화의 소재도 찾을 수 있을 뿐 아니라 알게 모르게 국어공부도 되니 일석이조인 셈입니다. 〈초등 독서평설〉〈중등 독서평설〉 등 독서 관련 교재도 찾아보면 책을 읽고 이야기를 나눌 수 있는 구체적인 발문을 쉽게 발견할 수 있습니다.

둘째, 신문기사와 뉴스를 보고 생각을 나눠보세요. 아이가 관심 있어 할 만한 기사나 뉴스를 이야기해주고, 아이가 궁금해하면 배경지식이나 어려운 어휘는 쉽게 설명해주세요. 주말을 이용해서 아빠와 함께 시사 문제를 나누는 시간을 정기적으로 가져보아도 좋습니다. 신문이나 뉴스 내용을 보고 화가 나거나 불쌍한 생각이 들면 부모의 느낌을 말해주세요. 부모의 생각을 듣다 보면 아이도 저절로 궁금증이 일면서 자세한 내용을 찾아보게 되고, 자기 생각을 말하게 됩니다.

셋째, 정기적으로 가족회의를 하세요. 시간 날 때 30분 내외로 가벼운 마음으로 가족회의를 해보는 것도 의미 있습니다. 가족회의 주제는 가족들의 문제도 있겠지만, 아이가 이해할 만한 시사 문제 등도 좋습니다. 가족회의에서 효과를 보려면 부모의 의견을 강요해서는 안 됩니다. 아이도 한 명의 발언자로 존중받으며 이야기할 수 있게 해주고, 회의의 진행을 아이에게 맡겨보기도 해주세요.

넷째, "왜?" 하고 질문을 많이 하세요. 아이가 자기 생각을 말하면 '왜' 그런가 물어보세요. 무언가 하고 싶다면 '왜' 하고 싶은지 말하도록 하세요. 어떤 것을 갖고 싶다면 '왜' 필요한지 이유를 물어보세요. 아이가 무엇을 물어보면 '왜' 궁금한지, '왜' 그렇게 생각했는지, 너는 어떻게 생각하는지, 다른 사람은 어떤 생각을 할지 물어보세요. 질문을 하면 "네/아니오, 좋아요/싫어요" 하고 단답형 대답만 해버릇 하는 아이라도 원하는 것을 갖기 위해, 자기 생각을 관철하기 위해 머리를 짜냅니다.

이런 과정이 차곡차곡 쌓이면 조리 있게 말하는 능력이 늡니다. 말하기 전에 생각을 정리하는 습관이 생깁니다. 생각을 정리하는 습관이 몸에 익으면 글을 쓸 때도 논리적으로 쓸 수 있습니다. 질문을 하는 것만으로도 말하기, 쓰기 능력을 키울 수 있으니 일석이조, 금상첨화, 꿩 먹고 알 먹고인 셈입니다.

> **집에서 할 수 있는 토론 주제는 이렇게…**
> 작성자 : 야옹2 (초6, 초1)

집에서 일정 주제를 잡고 어떻게 토론을 합니까? 그런 골치 아픈 이야기 말고, 예를 들면 "요즘 너희 반 아이들, 스마트폰 많이 쓰니? 너는 스마트폰에 대해서 어떻게 생각해?"라든가(아주 귀가 쫑긋하겠지요?), 함께 뉴스나 DVD를 보다가 어떤 사건에 대한 얘기를 해볼 수도 있겠고, 일정 주제가 '책'이라면 아이가 내용을 줄줄 말할 수 있는 '만만한' 책들로 정한다면 정말 할 말이 많겠지요.

꼭 거창하고 어려운 것들을 이야기의 주제로 잡아야 한다는 생각을 덜어내세요. 페어북(영어책과 번역본)의 부담을 덜고 한글 그림책으로 돌아가보면, 아이와 쉽고도 부담 없는 논술 수업을 하면서 엄마가 아이에게 배우는 게 얼마나 많은지 깨달으실 거예요(이런 건 학원에 보내는 엄마들은 절대로 누릴 수 없는 것들입니다. 우리가 흘리는 땀의 대가랄까).

아이와 시사적인 부분을 이야기할 땐 엄마가 신문이나 책으로 공부를 좀 해두실 필요가 있어요. 도서관에 가면 안철수나 스티브 잡스의 위인전이 정말 많죠. 두 사람의 인생관이나 일에 대한 관점, 가치관 등을 이야기하려면 엄마가 공부를 좀 해야겠지요.

얘기를 하다 보면 아이나 엄마나 결론을 못 내고 끝내는 경우가 있습니다. 이럴 땐 서로에게 시간을 주는 것이 좋아요. 이 주제에 대해 언제까지 알아보고 다시 얘기하자, 또 열린 결론으로 두고두고 생각해보자는 것도 좋은 방법이구요. 살면서 결론 내리지 못하는 주제들이 훨씬 많은 게 현실이기도 하잖아요.^^;;

> **말하기, 이렇게 하면 늡니다**
> 작성자 : 선선맘 (초4)

(1) 뉴스를 꼭 같이 보세요

저희 집은 저녁 식사를 마치면 자동으로 〈8시 뉴스〉를 틉니다. 뉴스를 보면서 대화를 많이 하세요. 저건 이거란다, 저거란다 하지 않아도 됩니다. 보다가 화나면 분노하시고 불쌍하면 동정하세요. 해외 토픽은 꼭 보세요. 저흰 가끔 CNN도 봅니다. 물론 저, 영어 못 해 그림만 봅니다. 그래도 대충 지명은 들리잖아요. 어차피 국내 뉴스랑 중복되니까 어떤 내용인지도 알구요.

파병 이야기가 나오면 전쟁에 관한 책을 읽게 해주세요. 김장 이야기가 나오면 〈소중한 우리 것〉 시리즈를 읽게 해주시구요. 크리스마스 이야기가 나오면 《소공녀》나 관련 동화를 읽게 해주세요. 산불 기사가 나오면 《나무의 비밀》 같은 책을 읽게 해주시구요. 이렇게 자기가 아는 지식과 현대 시사를 대입시키고 비교하는 연습을 시켜주세요.

(2) "왜"를 많이 하세요

"왜 궁금한데? 왜 그렇게 생각했니? 네 생각은 어떠니? 다른 사람이라면 어떻게 생각했을까? 네가 3학년으로 돌아간다면 어떤 생각을 했을 것 같아? 중학생이 되어도 지금 생각이 변하지 않을까? 그것 참 좋은 생각이구나! 네가 생각했을 때 누가 옳은 것 같니? 누구의 말이 맞는 것 같니? 주인공 마음이 어떨까? 입장이 바뀐다면 어떨까?"

아이가 무언가를 물어보면 바로 답해주지 마세요. 엄마가 먼저 결론짓지도 마시구요.

> 책을 많이 읽었지만 생각을 잘 표현하지 못하는 아이라면 이렇게…
> 작성자 : 델핀 (초2, 6세)

(1) 3분 스피치

온 가족이 한 가지 주제를 정해서 정해진 시간 동안 한 사람씩 이야기해 보는 겁니다. 물론 주제는 아이가 좋아하는 것이어야겠지요. 이때 엄마, 아빠도 꼭 같이 발표해보시구요. 아이가 말할 때 조금씩 도와주시거나, 말할 때까지 채근하지 말고 기다려주세요. 물론 칭찬도 듬뿍 해주시구요. 3분이라는 시간 무지하게 깁니다. 처음엔 1분 정도로 시작해보세요. 이때 분위기는 진지하게 하시구요. 바르게 서서 또박또박 말하도록 해주세요. 엄마, 아빠의 말을 듣고 아이가 말하는 방법을 잘 체득할 거예요.

(2) 가족회의

안건을 정해서 온 가족이 둘러앉아 회의를 하는 겁니다. 저희 집은 작년에 '학교에서 내라는 불우이웃돕기 성금을 어떻게 낼까'에 대해 회의를 했는데, 결론은 가족들 모두가 함께 모아서 내기로 결정했습니다. 1학년인 아이도 자기 의견을 잘 말하더군요. 그밖에도 '공부는 왜 하나? 할머니 선물은?' 등등 여러 가지를 주제를 가지고 가족이 모여 회의를 통해 결정을 하니까 아이도 자존감을 느끼고 가정도 민주적인 느낌이 나더라구요. 자기 의견을 말해보는 연습이 됨은 물론이구요.

(3) 친구들의 잘 쓴 글 읽어보기

아이들은 모방을 통해서 배웁니다. 책을 많이 읽어도, 설명을 아무리 해줘도 글을 못 쓰는 아이들이 있습니다. 이럴 때 친구들의 글을 읽다 보면 글

쓰는 방법을 저절로 체득하게 됩니다. 물론 우리가 유명 소설가의 소설을 읽는다고 그 소설가처럼 글을 쓸 수는 없지요. 하지만 책에 나와 있는 문장과 아이들이 써야 하는 문장은 종류가 다르기 때문에 글 솜씨가 좋은 아이들의 글을 읽는 것이 책을 읽을 때보다 효과가 있습니다.

〈잠수네 파피루스〉(잠수네 아이들이 온라인에서 글을 쓰는 공간입니다)를 이용해 보시거나, 아이들의 글이 종류별로 다양하게 실려 있는 어린이 신문을 읽혀도 좋구요(논설문, 설명문을 읽어보면 나중에 그런 종류의 글을 쓸 때 좋습니다. 저는 아이가 신문을 가져오면 그런 글들을 오려서 빈 공책에 붙여두었다가 가끔 읽힙니다). 요즘엔 아이들이 쓴 일기가 책으로 출판된 것들이 많으니 그걸 읽혀 보는 것도 좋을 것 같습니다.

아이들이 자신의 생각을 조리 있게 말하는 것은 쉬운 일이 아닙니다. 글은 더할 나위 없구요. 논술학원을 보낸다고 해결되는 일은 더욱 아닐 겁니다. 책을 꾸준히 읽히시면 학년이 올라갈수록 점점 달라지는 아이의 모습을 볼 수 있을 겁니다.

글쓰기 능력

글쓰기, 왜 필요할까?

부모 세대 때만 해도 강조되지 않던 글쓰기가 장안의 화제가 된 것은 대학에서 논술시험을 보겠다는 발표가 나면서부터입니다. 그 전까지는 글을 잘 써서 백일장에서 상을 받으면 부럽다 하는 정도였을 뿐, 대다수는 글쓰기에 별반 관심을 가지지 않았는데 말이지요.

　글쓰기가 중요하다고 하지만 글쓰기가 직업이거나 글쓰기를 천성적으로 좋아하는 소수를 제외한 대다수의 부모들은 아이들 글쓰기를 어떻게 지도할지, 무엇을 도와줘야 할지 감이 안 잡힙니다. 학교에서 글쓰기를 체계적으로 배워본 적도 없는데다, 나 자신부터도 글쓰기가 두렵고 자신 없기 때문입니다.

　글쓰기에 대한 불안감은 아이가 초등학교에 입학을 하게 되면 나날이 커집니다. 일기, 독후감 쓰기를 힘들어하는 아이, 수행평가로 나오는 글쓰기에서 갈피를 못 잡고 헤매는 아이, 책도 잘 읽고 말도 잘하지만 글쓰기는 어려워하는 아이들 때문에 고민이 많습니다. 미리미리 준비해야 뒤떨어지지 않을 것 같은 불안감에 초등 2, 3학년부터 논술학원에 보내는 부모도 종종 보입니다.

　글쓰기에 대한 관심이 커진 것은 대학입시의 변화 때문이지만, 사회의 변화도 무시할 수 없습니다. 인터넷의 발달은 우리의 삶에 많은 변화를 갖고 왔습니다. 그중 획기적인 것은 글 쓰는 것이 직업이 아닌 보통 사람들도 자기 생각을 글로 '생산'하기 시작했다는 것입니다. 우리는 과거 책이나 TV, 신문 등의 매체로는 전문가들이 일방적으로 낸 글이나 의견을 '소비'하는 것밖에는 할 게 없었습니다. 하지만 인터넷 공간은 생산, 소비를 넘어 개개인이 '소통'하는 것까지 가능하게 해주고 있습니다. 자기 생각을 피력할 수 있는 공간을 쉽게 만들 수 있게 되면서 누구나 저자가 되는 시대가 온 것입니다.

　글을 잘 쓰면 자신이 일하는 영역에서 남과 다른 강점을 갖게 됩니다. 인터넷에 쓴 글이 많은 사람들의 호응을 받으면, 책으로 출판되는 것은 물론 직업을 얻거나 새로운 사업을 할 수 있는 기반이 되기도 합니다. 대학입시에서 자기소개서를 쓸 때나 취직할 때 쓰는 이력서도 자신을 어떻게 표현하느냐에 따라 당락이 좌우됩니다. 회사에서도 기획서, 보고서, 공문, 제품설명서, 광고 전단 등 글을 써야 하는 분야가 많습니다. 글을 잘 쓰는 것은 대학입시뿐 아니라 현대를 살아가는 경쟁력입니다.

글쓰기에 대한 오해 풀기

수학을 잘하고 운동을 잘하는 것처럼 글쓰기 재능을 타고난 아이들이 있습니다. 글 쓰는 것을 좋아하니까 자꾸 씁니다. 쓰다 보니 글이 늘 수밖에 없습니다. 초등학교에서 글쓰기 상을 휩쓰는 아이들은 주로 이런 아이들입니다. 그렇다면 글쓰기 재능이 없으면 글을 잘 쓰는 것이 어려울까요?

소설, 시, 수필 등이 문학적인 글이라면 신문기사, 칼럼, 보고서, 설명서부터 대학입시의 논술은 비문학적인 글입니다. 초등, 중등 국어 교육과정에서는 이 두 가지를 다 '쓰기'라고 하기 때문에 혼선이 일어납니다. 초등학교에서 글쓰기 상을 많이 받는 아이들은 문학적 글쓰기에 재능이 있는 아이들인 경우가 많습니다. 그러나 중학교, 고등학교로 올라갈수록 비문학적 글쓰기가 중요해집니다. 그 정점이 전형적인 비문학적 글쓰기인 '논술'입니다.

문학적인 글은 어느 정도 재능이 필요한 것이 사실이지만, 비문학적인 글은 자신이 아는 것을 정리해서 잘 표현할 수 있으면 됩니다. 글쓰기에 재능이 없어도 누구나 잘 쓸 수 있습니다. 비결은 많이 읽고(다독), 많이 생각하고(다상량), 많이 써보기(다작)입니다.

대표적인 것이 잠수네 사이트에서 회원들이 쓰는 글입니다. 글쓰기 재능이 없어도 〈잠수네 콘텐츠〉와 회원들이 쓴 글을 읽고(다독) 아이와 같이 실천하다 보면(경험) 쓸 말이 많아집니다. 내 아이의 영어·수학 학습과정을 글로 남기기 위해, 도움을 요청하는 분들에게 맞춤형 답변을 쓰기 위해 생각을 정리해서(다상량) 자꾸 쓰다 보면(다작) 다른 사람들이 쉽게 이해할 수 있는 명료한 글을 쓰게 됩니다. 아이들도 마찬가지입니다. 초등학교 때 글쓰기 상은 받지 못할지 모르지만 설명문이나 주장하는 글은 얼마든지 명쾌하게 쓸 수 있습니다. 글쓰기가 싫고 힘든 것은 재능이 없어서가 아니라 읽고 경험한 것이 많지 않기 때문입니다. 또한 생각을 거듭해본 적이 별로 없는데다 꾸준히 쓰지 않아서입니다.

글을 잘 쓰려면?

❶ 잘 읽어야 잘 쓸 수 있습니다

'자기 생각을 종이에 표현하는 것'이 글쓰기입니다. '책 읽기'가 저자가 쓴 길을 따라가며 내용을 이해하는 과정이라면, '글쓰기'는 그동안 이해하고 경험한 것을 자양분 삼아 자신이 아는 것을 재구성해서 새로운 생각을 펼쳐내는 것입니다. '아는 것'이 진주 알갱이라면 '생각을 정리하는 것'은 목걸이를 만들기 위해 진주알을 잘 늘어놓는 것입니다. '글쓰기'는 잘 늘어놓아진 진주알을 예쁘게 꿰는 과정이겠지요. 진주목걸이의 값은 진주알의 굵기와 양에 따라 달라집니다. 글쓰기 역시 얼마나 많이, 제대로 알고 있는가가 밑천입니다.

첫째, 책을 많이 읽을수록 글을 쓸 때 필요한 어휘력과 배경지식이 생깁니다. 아무리 좋은 생각이 있어도 머릿속에서 맴돌 뿐 글로 표현하는 데 어려움을 느끼는 것은 적당히 표현할 말이 떠오르지 않아서입니다. 나의 생각을 다른 사람에게 전달하려면 적절한 예나 비유를 들어야 할 때가 많습니다. 아는 것이 많으면 필요한 사례나 인용할 문구가 쉽게 떠오릅니다. 반대의 경우라면 문장 하나 써놓고는 한숨만 푹푹 쉴 수밖에 없습니다. 쓰려고 하는 주제와 관련된 책을 여러 권 읽으면 쓸 내용이 풍부해집니다. 내 생각과 다른 내용이라면 어떤 점에서 다른지 비판해서 글을 쓸 수도 있습니다. 책을 읽으면서 다른 사람(작가)은 어떤 방식으로 글을 쓰는지 배우는 기회가 되기도 합니다.

둘째, 책을 읽을 때는 생선뼈를 골라내듯 핵심을 골라낼 수 있는 눈이 있어야 합니다. 다른 사람 글에서 내가 필요로 하는 부분, 나와 생각이 다른 부분, 글쓴이의 생각을 파악할 수 있는 안목이 있어야 합니다. 그래야 이미 발표된 글과 다른 나만의 독특한 글을 쓸 수 있습니다. 잘 읽기, 즉 '정독'은 글 속의 지식과 의미를 이해하는 분석적 읽기, 다른 글과 비교하거나 내 생각이나 경험과 비교해보는 비판적 읽기, 새로운 생각을 끌어낼 수 있는 창의적 읽기까지를 말합니다. 그러나 초등학생이라면 이 정도 수준까지의 완벽한 정독을 기대하기는 어렵습니다. 중학생이라도 상당한 독서 수준을 갖춘 소수를 제외하고는 초등학생과 별로 차이가 나지 않습니다. 아직 머리가 여물지 않은 아이들과 할 수 있는 정독 연습은 '국어교과서 공부하기'와 '부모와의 대화'입니다.

셋째, 내가 쓴 글을 잘 읽을 수 있어야 합니다. 아무리 대작가라도 처음에 쓴 글은 부족한 점이 많습니다. 자기가 쓴 글을 고치고 또 고칩니다. 제대로 고치려면 내가 쓴 글의 수준이 어느 정도인지 파악이 되어야 하는데요, 다른 사람 글의 핵심을 잘 파악할 줄 알면 내 글의 문제점도 금방 눈에 들어옵니다. 그러나 아이들에게 평상시 쓰는 일기를 늘 고치라고 하면 입부터 나오기 쉽습니다. 아이의 글을 어른이 첨삭을 해주면 어떨까 하는 생각도 들겠지만, 스스로 고치려는 의지가 없으면 백날 해봐야 효과가 없습니다. 쓴 글을 고쳐야겠다는 마음을 먹게 하려면 학교에 글쓰기 숙제를 내야 할 때나 글쓰기대회에 참여하는 기회를 활용해보세요. 마음에 들 때까지 수정해보는 좋은 기회가 될 수 있습니다. 또 하나의 대안은 아이가 쓴 글을 계속 모아두는 것입니다. 1년 후쯤 자기가 쓴 글을 보면서 '아, 이런 점이 부족했구나!' 하고 느낄 수 있으니까요.

❷ 많이 경험해봐야 합니다

읽는 것에 더해 다양한 경험도 중요합니다. 아이들이 처음 쓰는 글은 일상생활 속에서 자기에게 중요하고 의미 있던 일이 주요 소재입니다. 신 나게 뛰어놀았던 경험, 벌레를 쫓아다니다 엎어지고 다치며 느꼈던 감정, 재미있는 책에 푹 빠져 상상의 세계를 헤맸던 기억이 있다면 하고 싶은 말, 쓰고 싶은 글이 많을 수밖에 없습니다. 그러나 '학교-학원-집'으로 쳇바퀴 돌듯 생활하는 아이라면 매일 똑같은 일상에서 특별히 쓰고 싶은 일이 있을 리 만무합니다.

한두 권의 책을 보고 쓰면 '표절', 100권 이상의 책을 보고 쓰면 '저작'이라는 말이 있습니다. 책 읽기가 그만큼 중요하다는 말이지만, 다른 사람의 글만 읽고 자신의 경험을 담아내지 못하면 앙꼬 없는 찐빵처럼 글에 힘이 없습니다. 설득력이 떨어집니다. 경험이 녹아나야 고만고만한 비슷한 글들 속에서 박하사탕처럼 잠이 확 깨는 시원한 맛이 납니다.

❸ 많이 생각해야 합니다

책을 많이 읽었어도 글쓰기는 싫어하는 아이들이 많습니다. 재미 위주로 읽거나 줄거리만 보며 대충 읽었기 때문입니다. TV에서 재미있는 개그 프로나 드라마를 볼 때처럼 아무 '생각' 없이 수동적으로 받아들였다는 것이지요. 예외가 있다면 정말 재미있거나 아이의 가슴을 울리는 책을 만났을 때입니다. 책이 너무 재미있으면 할 말이 많아집니다. 주인공에게 감정이입이 되어 주인공 입장에서 글을 쓰거나 편지를 보낼 수도 있고, 좋아하는 작가에게 편지를 써볼 수도 있습니다. 어른의 상상을 뛰어넘는 나만의 이야기로 다시 써보는 것도 가능합니다. 그러나 이런 책을 언제 만날지 기약할 수도 없고, 아직 그만큼 빠질 만한 책이 없는 아이라면 어떻게 할까요?

머릿속이 정리되지 않으면 글도 안 써집니다. 어른도 혼자 생각을 정리하기 힘들 때가 많은데 아이들보고 혼자 알아서 하라는 것은 무리입니다. 아이가 걸을 때 손을 잡아주는 것처럼, 아이 혼자 생각하는 힘이 아직 부족하다면 생각의 근육을 키울 수 있도록 도와주세요.

아이가 읽은 책을 두고 주인공은 왜 그런 행동을 했는지, 등장인물과 갈등이 있다면 왜 그랬고 어떻게 대처했는지, 이야기의 결말을 어떻게 생각하는지 등을 엄마나 아빠가 같이 대화를 해보세요. 정독하는 연습도 되면서 아이의 생각을 끄집어내주는 마중물이 될 수 있습니다. 쓰고 싶은 말은 많지만 어떻게 엮어야 할지 막막해할 때 실마리를 풀어갈 수 있기도 합니다.

❹ 많이 써봐야 합니다

아는 것도 많고 말도 청산유수인데 글쓰기를 힘들어한다면 아는 것이 확실치 않거나 생각이 정리되어 있지 않기 때문입니다. 말은 듣는 순간 흘러갑니다. 조금 아귀가 안 맞아도 금방 수정할 수 있고, 상대방이 어떻게 반응하느냐에 따라 바로 보충해서 설명할 수 있습니다. 이런 능력이 뛰어나다면 말을 잘한다는 느낌을 받습니다. 그에 비해 글은 정확하게 알지 못하면 대충 얼버무리게 됩니다. 생각을 정리하지 않으면 중언부언하게 됩니다. 쓰기도 힘들고, 읽어도 이해가 안 되는 글이 나옵니다.

글을 잘 쓰려면 많이 써봐야 합니다. 자꾸 써봐야 '표현력'이 늡니다. 아이 혼자 맨땅에 헤딩하며 쓰면서 하나씩 느껴가야 합니다. 그러나 아무 생각 없이 억지로 쓰는 것은 전혀 도움이 안 됩니다. 꼭 쓰고 싶거나 써야 한다는 생각이 들 때, 정말 잘 쓰고 싶다는 욕구가 있을 때 글을 쓰는 것이 의미가 있습니다. 따라서 글쓰기를 좋아하는 아이가 아니라면 부모가 동기부여를 해서 의욕을 갖고 쓸 수 있도록 도와줄 필요가 있습니다.

글쓰기, 이렇게 도와주세요

❶ 대화하고 칭찬하세요

좋은 글은 솔직하게 쓴 글입니다. 다른 사람의 시선을 두려워하지 않고 내 생각을 표현할 수 있는 '자신감'이 있어야 솔직한 글을 씁니다. 아이가 쓴 글을 보고 흉을 보거나 혼을 내면 그다음부터는 부모의 눈을 의식해서 쓰게 됩니다. 선생님이나 부모에게 잘 보이기 위해 쓰지 말고 자신에게 정직하게 쓰도록 해주세요. 또한 읽는 사람이 무슨 내용인지 이해하려면 자세하게 써야 합니다. 혼자 쓰면 서너 줄밖에 쓰지 않는 아이라도 부모와 대화를 나누고 나면 한 페이지 가득 쓸 거리가 생기게 됩니다. 처음에는 부모 눈에 미흡한 점이 많아도 듬뿍 칭찬해주세요. 칭찬받는 재미에 자꾸 쓰다 보면 글이 늘고 글쓰기를 즐거워하게 됩니다.

❷ 일기를 꾸준히 쓰게 해주세요

아무리 많이 읽고 생각을 많이 했어도 글을 많이 써보지 않았다면 글쓰기가 서투를 수밖에 없습니다. 그래서 꾸준히 일기를 쓰는 습관을 갖도록 하는 것은 매우 중요합니다. 학교 숙제이기 때문에 억지로, 마지못해 쓰는 일기가 아니라 나의 생각과 경험을 담는 공간이라고 생각하고 즐겁게 쓸 수 있게 하려면 부모가 꾸준히 관심을 갖고 살펴봐주어야 합니다.

❸ 글쓰기와 관련된 행사는 적극적으로 참여하게 해주세요

학교에서 발표를 해야 할 때나 독후감대회, 글쓰기대회에 적극적으로 참여하는 것도 필요합니다. 일상적으로 쓰는 일기와 달리 하나의 주제에 대해 집중적으로 연구하고, 읽고, 생각한 것을 글로 써보는 좋은 기회이기 때문입니다. 아이 스스로 잘 쓰고 싶다는 생각이 든다면 대성공입니다. 글쓰기대회라면 관련된 책이나 영화를 보고, 같이 이야기를 나눠보세요. 독후감대회라면 같은 주제의 다른 책이나 한 작가의 책을 몇 권 더 읽어보도록 도와주세요. 생각할 거리, 쓸 거리가 많아지면 아이의 글쓰기 역량도 자라게 됩니다.

> **담임선생님께 배운 국어, 글쓰기 공부**
> 작성자 : 유노맘 (초5, 4세)

우리 아들이 다니는 학교는 각 선생님들께서 과목별로 잘하는 분야를 맡고 계셨는데, 작년에 우리 아이 담임을 맡으신 분은 국어 과목 선생님이셨습니다. 작년 한 해 동안 숙제가 많다고 불평도 했었는데 지나고 보니 아이에게 많은 도움이 된 것 같아, 그때 선생님이 가르쳐주신 방법을 여기에 몇 자 적어봅니다.

먼저 국어 읽기책을 읽고 아이들과 의견을 모아 문단을 나눕니다. 그다음 문단의 중심내용을 찾아 밑줄을 긋습니다(대부분 문단의 앞이나 맨 뒤에 중심

내용이 있다는 사실을 저절로 알게 됩니다). 그리고 그 중심내용들을 연결하여 글의 줄거리를 완성합니다(이 과정에서 '그러나' '그리하여' '그리고' 등을 이용해 자연스럽게 글을 다듬는 방법도 알게 됩니다). 마지막으로 이 글이 어떤 형식의 글인지(논설문, 설명문 등) 아이들과 이야기를 합니다.

이것이 끝이냐구요? 당연히 아니지요. 제가 가장 좋아하는 부분은 이 다음입니다. 읽기책을 읽으면서 뜻을 모르는 단어를 3~5개 찾습니다(아이가 적어놓은 것을 보면 의외로 쉬운 단어도 모른다는 것을 알게 될 거예요). 그리고 국어사전에서 단어의 뜻을 찾아 옆에 적습니다(그러면서 사전 찾는 법도 익히게 됩니다). 마지막으로 자신이 찾아놓은 단어를 가지고 문장을 만듭니다.

예를 들어 모르는 단어가 '산뜻한'이라고 하면, 사전적 의미인 '깨끗하고 시원하다'라고 뜻을 적습니다. 그다음엔 자신만의 문장, 예컨대 '산에 올라갔더니 기분이 산뜻하고 좋았다' 하는 식으로 만들어보면 그 단어의 뜻은 절대로 잊지 않습니다. 이게 꼭 필요합니다. 노트 한 면에는 문단과 줄거리와 형식을, 다른 한 면에는 모르는 단어와 뜻풀이, 문장 만들기를 적습니다.

3학년이 끝날 무렵이 되자 읽기책만으로도 노트 2권 분량이 되더군요. 그리고 반 전체 아이들의 글쓰기가 향상되고 어휘력이 늘었습니다. 저도 우리 아이가 글쓰기를 잘한다는 것을 그때 처음 알았습니다.^^ 아이가 글쓰기에 자신이 붙자 책도 엄청 읽더군요. 원래 내향적인 아이라 외향적인 아이들에 비해 늘 소극적이었는데, 자신이 글을 잘 쓴다는 것을 알게 되자 자신감이 눈에 띄게 생겼고 더불어 친구 관계도 좋아졌답니다.

> **말발은 세지만 글쓰기가 안 된다?**
> 작성자 : 챔버 (대학생, 고2)

(1) 아이가 흥미를 느끼는 분야의 책을 집중적으로 읽게 해주세요

글쓰기가 안 된다고 국어학습지, 한자학습지를 시키는 것은 대책이 아니에요. 학습지 하는 것과 비판적·논리적·이성적 글쓰기는 별로 관련이 없으니까요. 관심 영역을 쉬운 단계부터 꾸준히 읽혀나가면 글쓰기는 저절로 되는 부분이 있어요. 아이가 아는 게 많아지면 스스로 책에서 허점이나 모순을 찾아내기도 하고 저자를 비판하기도 하거든요. 이것이 습관이 되면 자기만의 논리를 만들어낼 수도 있는 것이지요.

(2) 일기든 독후감이든 글쓰기 전에 아이와 30분만 이야기를 해보세요

이야기를 할 때는 엄마가 이런저런 열린 질문을 툭툭 던져보세요. 그때 아이가 대답을 성의 없이 한다고 지적하거나 나무라면 하나마나예요. 맛있는 거 먹여가며 살살 달래는 것이 더 효과적인 법이지요. 사람들이 만나서 차 마시고 밥 먹는 게 다 이유가 있는 거라니까요. 마트에서 시식 코너를 운영하는 것도 마찬가지예요. 하나 먹고 나면 마음에 걸려서 뭐 하나라도 사게 되잖아요.^^

일기라면
 - 오늘 뭐 했어?
 - 뭐가 재미있었어?
 - 왜 재미있었는데?
 - 재미있는 게 없는 이유는 뭐야?

독후감이라면

- 주인공이 뭐 하는 애야? (이름이 뭐냐 묻지 마시고ㅋㅋ)
- 어디 살아? 누구랑 사는데? 친한 애는 누구야?
- 걔는 왜 그랬대?
- 야, 엄마라면 개처럼 하지 않았겠다, 걔 진짜 웃긴다 등등

이렇게만 붙잡고 이야기해도 글이 한 바닥 나옵니다.

(3) 말발은 논리정연하고 창의적인데 글을 안 쓰려 하거나 못 쓴다면?

쓰고 싶은 생각이 없거나 표현력이 달리는 겁니다. 해결 방법은 쓰고 싶은 생각이 들게 하거나 표현력을 키우면 됩니다. 간단하죠? 쓰고 싶다는 마음은 스스로 느껴야 해요. 이건 학교 숙제 같은 동기가 있으면 될 거예요. 쓰고 싶은 말이 너무 많아서라면 책을 읽고 같이 이야기하면 됩니다. 표현력을 늘리는 방법은 따로 없습니다. 많이 읽고 많이 쓰는 것만이 최선이지요. 읽기 없이 쓰기만 하면 제자리에 맴돌아요. 책을 왕창 많이 읽든지, 좋은 책을 꼭꼭 씹어먹듯 읽든지… 어쨌든 많이 읽고 써봐야 표현력이 는다는 것은 진리입니다.

> **요즘 아이들, '손힘'이 정말 없습니다**
> 작성자 : 문자중독 (초1, 6세)

아이들이랑 수업을 하면서 느끼는 것 중 하나, 요즘 아이들은 정말 '손힘'이 없습니다. 기본적인 쓰기 능력 자체가 떨어집니다. 예전에 했던 노트 필기 생각나시죠? 요즘 아이들은 1년이 지나도 노트 한 권을 정리하지 않

습니다. 그러다 보니 수업할 땐 아이들이 이야기를 곧잘 하다가도 막상 손으로 쓰라고 하면 안 쓰려고 용을 씁니다. 쓰는 것 자체가 귀찮고, 싫고, 손도 아프고….

글쓰기는 쓸 내용이 있어야 한다는 것도 맞는 말이지만, 일단은 쓰려고 해야 쓸 수 있는 거예요. 써놓은 내용이 있어야 추가도 하고, 고쳐보기도 하고, 뭔가가 만들어지는 것인데 요즘 아이들은 쓰는 것이 거의 없어서…. 사교육에서 논술 수업이나 들어야 쓰는 것들이 나오는데, 그래서 아이들이 논술 수업 자체를 어렵고 싫어합니다.

'일기 쓰기'가 가장 좋은 글쓰기 훈련이라고 말들을 하지요. 날마다 자신의 일과를 돌아보며 반성도 하고 글로 옮겨보는 과정이 글쓰기에 도움이 된다구요. 전 이 일기 쓰기의 또 다른 장점을 생각해봤습니다. 날마다 일정한 양의 글을 쓴다면 그 정도 양의 다른 글쓰기를 하는 데도 전혀 부담을 느끼지 않겠지요.

저는 학부모님을 처음 만나면 무조건 아이들의 손힘부터 길러주라는 조언을 드립니다. 내용, 맞춤법 같은 건 절대 상관하지 마시고 날마다 일기 쓰기를 시키시라고 해요. 우스갯소리로 1학년은 원고지 1장, 2학년은 2장… 6학년은 6장 정도를 손에 전혀 부담 느끼지 않고 바로 써내려갈 수 있어야 한다구요. 일기 쓰기를 힘들어하는 아이의 경우 그 대안으로 사자성어 해설 베껴쓰기, 동시 옮겨적기, 교과서 이야기 옮겨적기 등을 하게 하면 많은 도움이 됩니다.

논술·글짓기학원 안 다니고 글쓰기 연습하는 방법
작성자 : 핑크고래 (초6)

가끔 아이 친구들 엄마와 얘기를 하면 글쓰기가 잘 안 된다고 고민하는 경우가 많더군요. 그런데 저는 글쓰기에 대해 별로 고민하지 않는데요, 제 사례가 도움이 될까 하고 올려봅니다. 절대 자랑하려는 것이 아니라 이런 방법이 효과가 있다는 것을 보여드리고 싶은 것이니 참고가 되었으면 좋겠네요.

저희 아이는 글쓰기 책 같은 학습서 안 합니다. 논술이나 글쓰기학원 안 다닙니다. 그래도 교내 글쓰기대회에서 자주 상을 받아옵니다. 글쓰기대회가 있으면 선생님께서 참가 의향이 있는 아이들뿐만 아니라 몇 명을 콕 짚어 써오라고 하는데 그중에 늘 우리 아이가 있답니다. 참고로 저희 아이는 6학년 남자아이입니다. 글짓기상은 3학년 때부터 받아왔던 것 같아요.

1, 2학년 때는 독서기록장을 열심히 쓰게 했어요. 물론 모든 책을 읽을 때마다 한 것은 아니지만, 읽고 뭔가 남길 수 있는 책이다 싶으면 독서 후 여러 가지 방법으로 쓰는 것을 시켰어요. 그 양이 많지는 않았지만 그래도 질은 매우 좋았다고 생각합니다. 담임선생님께서도 양이 많지 않아 상을 줄 수는 없지만 그래도 내용이 매우 좋다고 칭찬하셨답니다.

독서록 쓰는 방법은 많이 아실 겁니다. 주인공에게 편지 쓰기, 제목으로 삼행시 지어보기, 동시 읽고 내용 일부 바꾸어 써보기, 그림 그리기, 뒷이야기 지어보기 등등 인터넷이나 학교에서 나누어주는 독서록 쓰기 관련 자료를 참고하시면 됩니다. 일단 책을 읽고 그 책에 알맞을 것 같은 독서록의 방식을 정합니다. 주인공이 잘한 일이 있으면 주인공에게 상장 주기나 주인공 칭찬하기 등. 이것도 책의 내용에 맞춰 하지 않고 반대로 독서록 방식을 먼저 정한 후 그에 맞게 내용을 연관 지어보면 더욱 다양한 독서 감상이 가능합니다.

그러려면 엄마가 같이 책을 읽어보셔야겠지요? 너무 힘드시다구요? 그래도 아이가 세 권 읽을 때 한 권 정도는 같이 정해 읽어보시고 주제에 맞게 독서록 작성을 도와주시면 큰 도움이 됩니다. 이렇게 1, 2학년 때는 일기도 쓰고 독서록도 쓰면서 글쓰기 연습을 했습니다. 이때 엄마가 옆에서 "이렇게 하면 어떻겠니? 더 좋은 방법은 없을까?" 하고 거들면 아이들은 엄마의 생각도 자기의 생각으로 바꾸어 창의적인 활동을 하게 되더라구요.

일기는 학교에서 낸 분량만 했습니다. 그래도 읽어보고 괜찮은 표현이 하나라도 있으면 빼먹지 않고 칭찬했던 것 같아요. "우리 ○○이가 이런 생각도 할 줄 알아? 대단한데!" 하면서요. 그러면 아직 저학년이라 그런지 우쭐해서 더 잘 쓰려고 노력하더라구요.

아이가 3학년 때 반 대표로 글짓기대회에 참가해 상을 타면서 덩달아 자신감도 올라갔습니다. 이때도 선생님께서 발표나 직접 쓴 글 등을 참고해 반 대표를 뽑으셨던 것 같아요. 아이가 그 전까지는 글짓기대회에 한 번도 나간 적이 없거든요. 이렇게 간간이 나가는 글짓기대회가 아이에게는 직접적인 글짓기 연습 기회가 되었답니다. 글짓기대회가 있으면 선생님께서 먼저 주제를 이야기해주시고, 아이는 집에서 그 주제에 대해 나름 열심히 찾아보고 궁리를 합니다.

가끔 글짓기 숙제가 있을 때도 대충 때우지 않고 정성을 다해 열심히 쓰도록 했지요. 아이가 초집중해서 한 번씩 글짓기를 하고 나면 글쓰기 능력이 서서히 향상되는 것이 눈으로 보이더라구요. 문종에 따라 형식도 달라지고, 글짓기 할 때 무엇을 중시해야 하는지(자신이 잘 아는 것을 더 잘 쓸 수 있다는 것, 자신이 직접 경험한 것을 쓰는 것이 쉽다는 것 등)도 깨우치면서 글쓰기 스킬이 늘고, 나중에는 상을 받는 요령도 터득하게 된 것 같습니다.

제 아이가 쓴 일기를 보면 참 재미있습니다. 선생님께서도 마치 카메라로 장면 장면을 찍어 보여주듯이 실감 나고 재미있다는 멘트를 달아주십니다. 아이의 표현을 보면 틀에 박힌 것이 아니라 매우 자유롭게 구사하는데 (가끔 광고 카피처럼 간단하게, 표어처럼, 또는 친구끼리 말하는 식의 구어체 등. 예를 들면 '어쭈, 이건 뭔 시추에이션?' '짜잔, ○○○ 나가신다.' '어라?' 하는 식의 혼잣말, 혹은 연극하듯이), 그러면서도 상황 묘사가 뛰어나고 자신의 생각도 명확히 표현하면서 창의력까지 보이더라구요.

그래서 저는 글짓기 공부를 따로 시켜야 하는지의 물음에는 '하지 않아도 된다'라는 생각입니다. 참고로 저희 아이는 교과서 정리도 잘합니다. 국어교과서에 나오는 활동 부분은 꼭 채워옵니다. 그러면서 자연히 글쓰기도 는 것 같아요. 예전에 어떤 책에서 봤는데 국어교과서만 잘 공부해도 글쓰기가 좋아진다고 합니다. 그러니 어머니들께서도 아이가 저학년 때부터 국어교과서를 종종 들춰보며 관심을 가져주시면 좋을 것 같아요.

정리해보자면 일기 쓰기, 독서록 쓰기, 글짓기 숙제와 각종 대회 등을 글짓기 연습하는 기회로 삼기(집중해서), 책 잘 읽기, 국어교과서 활동 열심히 하기 정도로 요약될 것 같아요. 마지막으로, 글짓기를 할 땐 자신이 잘 아는 것, 경험한 것을 소재로 해야 글을 잘 쓸 수 있다는 사실을 명심하시기 바랍니다.

일기

일기 쓰기, 왜 필요할까?

일기 쓰기 싫어하는 아이들 많죠? 저 역시 초등학교 때 일기 쓰기가 제일 싫었습니다. 어떻게 하면 안 쓰고 모면할 수 있을까 궁리하느라 바빴지요. 그런데 이게 웬일? 중학생이 되고서는 매일매일 나만의 비밀일기를 쓰는 시간이 참 좋았습니다. 많이 쓰는 날은 서너 장도 썼습니다. 일기장을 친구 삼아 즐거웠던 일, 속상했던 일, 친구나 선생님 등 주위 사람들에게 상처받은 마음을 글로 적다 보면 흥분해서 씩씩대며 화난 마음이 가라앉았지요. 일기장에 다 털어놓고 나면 마음이 한결 가벼웠습니다. 저한테 일기는 정신과 의

사이자 컨설턴트였습니다. 학교 숙제나 글쓰기대회 등 공식적으로 하는 글쓰기는 지독하게 싫어했지만 중고등학교 시절 꾸준히 쓴 일기 덕분에 문장력, 표현력이 늘었나봅니다. 글을 써야 할 때 술술술 나오는 것을 보면요.

초등학교 1~2학년 국어 쓰기 교과서를 보면 일기를 왜 써야 하는지, 어떻게 써야 할지에 대해 나와 있습니다.

> 일기란?
> 일기는 그날그날 겪은 일과 그 일에 대한 내 생각이나 느낌을 쓴 글이다.
>
> 일기를 써서 좋은 점은?
> 1. 하루를 돌아볼 수 있고, 더 나은 내일을 가꿀 수 있다.
> 2. 나중에도 오늘 있었던 일을 잘 알 수 있다.
>
> 일기는 어떻게 쓸까?
> 1. 솔직하게 쓴다.
> 2. 있었던 일을 자세하게 쓴다.
>   - 언제, 어디에서, 누구와, 무슨 일을 했나?
> 3. 그 일에 대한 생각이나 느낌을 쓴다.
>   - 기뻤던 일, 슬펐던 일, 화났던 일 등

교과서에도 나와 있듯이, 일기를 쓰는 이유는 하루를 되돌아봄으로 써 올바른 인성을 키우는 데 있습니다. 매일의 기록이기 때문에 자신만의 역사를 간직하고 보전하는 의미도 있지요. 자세히 쓰는 습관이 배면 사물을 관찰하고 분석하는 힘도 길러집니다. 일기를 꾸준히 쓰다 보면 인내심도 생깁니다. 이런 장점 외에도 현실적으로 일기 쓰기가 중요한 것은 글쓰기 능력, 즉 '표현력'을 키울 수 있는 가장 손쉬운 방법이기 때문입니다.

쓰기 능력은 단기간에 늘지 않습니다. 중고등학생 중 아는 것은 많아도 쓰는 것은 두려워하는 아이들이 많습니다. 안 써봤기 때문입니다. 일기를 꾸준히 쓰면 중학생, 고등학생이 되어서도 글쓰기를 두려워하지 않습니다.

일기 쓰기가 싫은 이유는?

일기 쓰기를 지겨워하는 아이와 일기만은 꼭 쓰게 하려는 엄마, 대부분의 집에서 벌어지는 상황입니다. 아이들이 일기 쓰기를 싫어하는 가장 큰 이유는 일기가 숙제이기 때문입니다. 엄마가 쓰라고 강요하는 것도 마찬가지입니다. 숙제나 강요를 좋아하는 아이는 없잖아요. 또한 '쓸 거리가 없어서'이기도 합니다. 매일 같은 일이 반복되는 일상에서 특별히 생각나는 일이 없는데 일기 쓰기가 난감할 수밖에요.

생각하기 싫고, 표현력이 부족해서 일기 쓰기를 싫어할 수도 있습니다. 아이들이 생각을 안 하는 것은 게임과 TV의 영향이 큽니다. 책을 읽지 않아 어휘력과 배경지식이 부족하면 생각을 표현하는 데 어려움을 겪습니다. 반성할 만큼 잘못한 일이 없는데 하루를 반성하는 일기를 쓰라는 것도 문제가 됩니다. 아이가 쓴 일기를 보고 맞춤법이 틀렸다고 지적하거나 부모 마음에 안 드는 내용을 썼다고 야단친다면 글을 쓰는 것이 좋을 수가 없습니다. 일기를 밤에 쓰는 경우, 아무리 엄마가 어서 쓰고 자라고 재촉해도 졸음이 와서 만사가 다 귀찮아지기도 합니다.

아이들이 일기 쓰는 것을 부담스러워하는 것은 '매일의 일과'라는 소재에 갇혀 있기 때문입니다. 시야를 넓혀서 보면 일기로 쓸 수 있는 글에는 한계가 없습니다.

일기 쓰기, 이렇게 도와주세요

❶ 일기를 신 나게 쓸 수 있도록 동기부여를 해주세요
- 조금 틀려도 칭찬해줍니다.
- 글씨나 맞춤법으로 잔소리를 하지 마세요.
- 아이가 쓴 일기는 한 권씩 늘어나는 재미가 붙도록 번호를 붙여가며 차곡차곡 모아두세요.
- 1년 단위로 모은 일기를 제본해서 아이만의 일기책을 만들어주세요.

❷ 하루 일과를 쓸 때는, 잘게 잘라서 생각해보면 글감을 쉽게 찾을 수 있습니다

- 하루의 일과 마인드맵으로 그려보기
- 시간에 따라 '학교 가기 전, 오전 시간, 점심시간, 오후 시간, 집에 와서' 등으로 나눠서 일어났던 일을 이야기해보기
- 육하원칙(누가, 언제, 어디서, 무엇을, 어떻게, 왜)에 따라 이야기를 나눠보기
- 보고 들은 일, 한 일, 생각한 일로 글감 찾아보기

❸ 아이가 싫어하는 원인이 무엇인지 생각하고 대안을 찾아보세요

- 일기에 첨삭(맞춤법, 띄어쓰기 등)을 하고 있지 않는가?

    ➜ 코멘트를 써주면 아이들이 좋아합니다.

- 아이디어를 알려주기보다는 무조건 쓰라고 강요하지 않는가?

    ➜ 다양한 아이디어를 알려주세요.

- 일기 쓸 주제가 없을 때 같이 이야기를 나눠보았는가?

    ➜ 하루의 일과를 마인드맵으로 같이 그려보세요.

- 자기 직전에 일기를 쓰라고 하지 않는가?

    ➜ 졸리지 않을 때 쓰게 해주세요.

- 게임, TV만 하루 종일 보고 있지 않는가?

    ➜ 게임, TV 본 내용으로 일기를 쓰게 하세요.

- 하루를 반성하라고 하지 않는가?

    ➜ 느낌이나 생각을 쓰기 싫어하면 다른 아이디어를 제시해보세요.

- 일기장이 마음에 안 든다면?

    ➡ 아이 마음에 드는 예쁜 공책을 마련해주세요.

- 엄마가 보는 것을 싫어한다면?

    ➡ 싫어하는 이유를 알아보고, 엄마의 행동을 고치려고 노력하세요.

※ 국어교과서의 쓰기책을 활용한 일기 쓰기

국어교과서의 쓰기책은 어떤 글쓰기, 논술교재보다 훌륭합니다. 일기를 쓸 때 쓰기 교과서를 활용하면 복습과 심화, 글쓰기가 동시에 이루어질 수 있습니다. 쓰기 교과서를 복사해서 일기장에 붙이고, 한 주제씩 활동하기를 일기장에 써보게 해주세요.

다양한 일기 소재 아이디어

아래의 주제별 일기 쓰기를 활용해보세요. 아이가 쓰고 싶은 주제를 선택해서 써도 좋지만, 요일마다 다른 주제의 일기를 쓰거나, 각각의 이름을 작은 종이에 써서 통에 담은 후 뽑기처럼 우연히 걸린 주제로 쓰는 것도 좋습니다.

- 시사일기 : 신문, 잡지, TV에 나온 사건에 대해 조사하고 내 느낌 쓰기
- 신문일기 : 생각해볼 만한 내용을 잘라서 공책에 붙인 후 요약하거나 내 생각 쓰기
- 체험일기 : 전시회, 박물관 입장권이나 팸플릿을 붙인 후 본 내용과 느낌 쓰기
- 감상일기 : 영화나 공연을 보고 팸플릿을 붙인 후 본 내용과 느낌 쓰기
- 독후일기 : '줄거리 + 느낀 점' 쓰기를 벗어나 "왜?" 하고 질문하면서 쓰기
- 여행일기 : 여행 사진을 붙인 후 본 내용과 체험한 것들을 정리해서 쓰기
- 활동일기 : 레고, 운동 등 활동한 것을 사진으로 붙인 후 내용 적기
- 관찰일기 : 가족이나 친구, 물건, 동식물을 자세히 관찰하고 본 것 적기
- 생각일기 : 평소 자신의 생각을 주제별로 자세히 쓰기(좋아하는 음식, 친구의 장단점 등)
- 요리일기 : 요리 방법, 요리하면서 일어난 일, 내가 만든 음식의 맛과 식구들의 반응 쓰기
- 과학일기 : 과학공부를 하면서 알게 된 내용이나 교과서의 중요한 개념 쓰기
- 수학일기 : 수학공부를 하면서 알게 된 내용이나 교과서의 중요한 개념 설명 쓰기
- 실험일기 : 실험 목적, 실험 재료, 실험 순서, 실험 결과, 적용된 원리 쓰기
- 편지일기 : 일기장이나 가상의 친구, 가족, 친지에게 보내는 편지 쓰기
- 만화일기 : 1컷, 4컷, 6컷 만화 등 아이가 원하는 만화 그리기
- 그림일기 : 저학년은 횟수를 조금 더 많이, 고학년일수록 조금 줄이기
- 동시일기 : 아이가 직접 동시를 지어도 좋고, 좋은 동시집을 베껴 써도 좋습니다.
- 베껴쓰기 : 신문기사는 기사문 쓰기에, 사설이나 칼럼은 논술문 쓰기에 도움이 됩니다.

일기를 꾸준히 쓰면 따로 논술을 하지 않아도 됩니다
작성자 : dojeon (초2)

요즘 저희 아들의 일기 읽는 재미가 쏠쏠합니다. 작년에 우리 큰아이 담임 선생님이 내용은 보지 말고 양만 꽉꽉 채우라고 지도하셔서 1학년 때 학교에서 일기를 매일 썼거든요. 그것이 많은 도움이 되었던 것 같습니다.

일기 쓰는 것을 보니 논술을 따로 하지 않아도 되겠다 싶습니다('초등 저학년 논술, 무슨 필요 있겠는가!'에 찬성하는 1인입니다). 일기를 쓴다는 게 아이들에겐 쉽지 않은 일 같아요. 지도하기도 쉽지 않고요. 글 쓰다가 날 샌다 싶을 때도 한두 번이 아닙니다. 강제적으로든 자율적으로든 저학년 때 일기 쓰기를 충실히(일주일에 한두 번만이라도) 하게 해주는 것이 가장 중요한 것 같아요. 알게 모르게 느는 구석이 보이거든요.

여기서 엄마가 조심해야 할 점은

- 아이의 일기에 맞춤법 손대지 않기
- 아이의 일기를 보고 이렇게 썼으면 좋겠다 하는 이야기 하지 않기

맞춤법은 아이의 독서량이 늘수록 점점 개선되는 게 보이구요. 내용에 대해 참견하며 코치를 하려 들면 아이들은 일단 글 쓰는 것에 흥미를 잃게 됩니다(하긴, 생각해보면 저라도 그럴 것 같긴 합니다ㅠㅠ). 누군가 자신의 글을 보고 이러이러하게 썼으면 좋겠다고 지적하는 순간부터 아이들의 일기나 기타 글쓰기는 매우 사실적인 나열에만 그치게 될 가능성이 큰 것이지요. 이렇게 되면 글감이나 어휘 사용에도 제약을 받게 됨은 물론입니다(논술이나 독서지도 하시는 분들도 이런 부분은 역시 공감하시더라구요).

엄마가 읽되 아이들의 일기를 공감해주어야 합니다. 아이와의 공감은 아이의 생각을 풍요롭게 해줍니다.

일기장을 모두 모아 책으로 엮었어요
작성자 : 노엘맘마

책꽂이를 정리하다 돌아다니는 일기장을 모아봤습니다. 1학년 초의 그림일기장만 빼고 1학년(2권), 2학년(6권)을 묶고 3학년치(9권)를 묶어서 제본을 했죠. 알록달록 유아적인 캐릭터 그림 표지와 울퉁불퉁한 글씨로 적힌 학교, 반, 번호, 이름을 그대로 살리려고 단순제본으로 했어요. 그런 것도 세월이 지난 뒤에 보면 추억이더라구요. 앞으로 1년 단위로 계속 만들어줄 거라 저렴하게 2권에 6000원 들여서 했어요.

거의 매일 쓴 일기라 초등 입학 후 아이의 일상과 감상이 모두 기록되어 있는데, 1학년 말 정도부터 날씨를 문장으로 표현하기 시작했던 게 새삼 눈에 띄더라구요. 어리다고만 생각했던 1, 2학년 때 쓴 기발한 날씨 표현을 보고는 재미있어서 혼자 히죽히죽 웃었네요.

1, 2학년 일기장 날씨
- 하늘은 물처럼 깨끗하고, 구름은 물에 떠다니는 비누 뽀글이 같다.
- 여신들이 샤워를 하나? 우리 마을까지 물이 흘러 떨어진다.

3학년 일기장 날씨
- 여름을 기다리던 날씨가 미처 못 기다려 장맛비를 토해낸다.
- 신하 비와 무지개 여왕이 행차를 한다.

평소 특별히 글재주가 있는 아이라 여기지 않았던 터라 이런 아이의 표현이 더욱 기특하게 여겨지는 것 같아요. 사실 잘 쓰고 못 쓰고보다는 365일 하루도 빠짐없이 일기를 쓰는 점이 가장 기특한 일이지요. 아무리 작은 실천이라도 매일 한다는 건 아이에게 그만큼 관심과 노력을 요하는 것이니까요.

> **일기는 평생 쓸 거고, 일기장은 자기 보물 1호래요**
> 작성자 : salt (초6, 7세) ▼

저희 큰아이는 유치원 때부터 일기를 썼어요. 지금 6학년이 되기까지 6년 동안 쓴 일기장들이 모두 45권이랍니다. 지금 쓰고 있는 일기장까지 합하면 46권이지요. 물론 일기를 쓰면서 아이도 많이 귀찮아했어요. 어렸을 땐 제대로 쓰지 못한 날도 있었고 대충 짧게 쓴 날도 있었어요.

2학년 때 외할아버지께서 송명근 박사님께 수술을 받으셨어요. 그때 박사님을 뵈러 가서 사인도 받고…. 애한테도, 저한테도 좋은 시간이었지요.^^

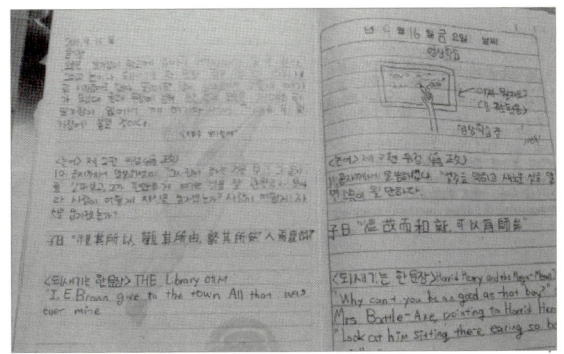

5학년 때 일기예요. 이땐 《논어》에서 한글, 한자 문장을 찾아 쓰기도 했고, 그날 읽은 영어책에서 감명 깊었던 글귀를 쓰기도 했어요.

하지만 이렇게 45권이 넘는 일기장들이 차곡차곡 쌓이다 보니 아이도 자기 일기장을 보물 1호라고 아껴요. 일기장이 40권이 넘는다는 자부심도 대단하구요. 다른 아이들이 일기를 대충 쓰는 걸 보면 "다 자기 역사인데… 안타까워"라며 도와주고 싶어 해요. 하지만 같은 반 친구들은 그게 잘 안 된다나요? 이제 일기는 평생 쓸 것이고 지금도, 앞으로도 자기 보물 1호래요. 아이가 신문 스크랩, 계획표 등과 함께 가장 자랑스럽게 생각하는 거랍니다.^^

"글을 잘 쓰려면 중요한 게 뭔지를 먼저 찾아야 해"
작성자 : 지족 (중2, 초4)

시골에 내려가는 차 안에서 남편과 제가 국어와 글쓰기에 대한 이야기를 하고 있었어요. 제가 "글쓰기는…" 하고 말하자마자 자는 줄 알았던 작은 아들이 불쑥 하는 말이 "글을 잘 쓰려면 중요한 게 뭔지를 먼저 찾아해"라는 것이었어요.

"오잉? 너 어떻게 알았어?"

"엄마, 내가 학교에서도 그렇고 집에서도 글 쓸 일이 많잖아. 학교에서 말하기, 쓰기 시간에 뒤에 적는 걸 하는데, 앞에 나온 내용을 다 적을 순 없으니까 중요한 걸 먼저 찾아야 해. 그런 다음에 거기다 덧붙여야 해. 집에서 일기를 쓸 때도 그렇고."

작은아들이 담임선생님을 잘 만난 것도 행운이라고 할 수 있습니다. 선생님은 교과서를 꼼꼼하게 활용해 아이들이 재미있게 활동하게 이끌어주시고, 일기의 주제를 요일별로 정해 날마다 아이의 일기장에 짧은 코멘트를 달아주십니다.

월요일 - 그림일기

화요일 - 생활일기

수요일 - 만화일기

목요일 - 신문 읽고 정리

금요일 - 독서일기

토요일과 일요일 - 생활일기

학기 초에 이렇게 정한 뒤 아이들의 일기장에 프린트를 붙여주셨고, 그때그때 관심 가질 만한 일로 주제를 정해주시기도 합니다. 신문기사 중 '태안의 기름 유출 사건'에 대한 주제를 써보라고 하시고, '내가 만약 대통령을 뽑는다면' 같은 주제를 주시기도 합니다. 주말의 생활일기 같은 경우는 주말 동안 효도한 내용을 일기로 써오라고도 하십니다. 그럼 우리 아들,

일기 쓰려고 제 일을 열심히 돕는답니다.^^

아이가 꾸준히 일기를 써나가니 1년 동안 글쓰기가 확 늘었다는 것을 확연히 느낀답니다. 무엇보다 아이가 스스로 글쓰기의 중요성을 찾아냈다는 게 가장 놀라웠지요. 교과서 꼼꼼하게 써보기, 일기 꼬박꼬박 쓰기, 이것만 제대로 한다면 다른 논술 프로그램은 필요 없겠다는 생각이 듭니다.

논술

헛다리 짚는 논술

- 대학입시에 필수라는 논술, 하루아침에 안 된다는데 일찍부터 시작하면 고등학교 가서 좀 쉽지 않을까?
- 남들은 팀 짜서 논술을 시킨다는데 혹시나 내 아이가 이 대열에서 뒤처지는 게 아닌가?
- 책을 안 읽는데 논술학원에 보내면 책도 읽고 논술도 준비하고 일거양득이 되는 게 아닐까?

초등, 중등 자녀를 둔 부모들은 '논술'이라는 말만 들어도 괜시리 초초해집니다. '대입 수시 확대, 대입논술 중요하다!'라는 신문기사가 나오면 영락없이 초등, 중등 대상 논술 장사가 활개를 칩니다. 전가의 보도(양반가에서 대대로 전해 내려오는 보검)나 되듯 '논술'만 붙이면 사람들이 우르르 몰리니 아이들 단행본 책과 전집, 글쓰기학원, 학습지 타이틀에 '논술'을 죄다 붙이고 있습니다. 입시 흐름에 따라 논술 비중이 커지면 확 끓어오르다가 중요도가 조금 약해지면 잠잠해지는 식으로 강도만 조금씩 다를 뿐입니다.

❶ 자연계 논술과 인문계 논술은 완전히 다릅니다
보통 논술이라고 하면 대부분 인문계 논술을 이야기하는 겁니다. 자연계 논술은 인문계 논술과는 확연히 다릅니다. 논술이 아닙니다. 아주 어려운 수학문제, 과학문제를 읽고 정답이 있는 문제를 푸는 겁니다. 표현을 논술이라고 하는 것은 지문이 길고 심화된 내용이 들어가 있는데다 여러 가지 개념이 복합적으로 들어가 있어 '독해력'이 부족하면 문제를 이해조차 못하기 때문입니다. 따라서 초등학생, 중학생이라면 문과일지 이과일지 확실하지 않은 상태에서 '인문계' 쪽 논술을 무작정 준비하는 것은 무의미합니다.

지금부터 하는 이야기는 모두 인문계 논술에 한하는 것임을 먼저 밝히는 바입니다.

❷ 대입논술의 역사와 2008학년도 이후 대입논술의 변화

대입논술시험은 1986~1987년도에 반짝 있었다가 1994학년도에 학력고사가 수학능력시험으로 바뀌고 1997학년도에 본고사가 폐지되면서 본격적으로 도입되었습니다. 특히 2005학년도 서울대 논술에서 동서양 고전에서 발췌한 제시문을 읽고 철학적인 주제를 논하는 형식이 나오자 논술학원 설명회에 부모들이 구름같이 몰려들었습니다. 하지만 이런 유형의 논술은 오래 가지 못했습니다. 문제를 출제하는 것도 어려웠거니와 "고교 교과과정을 벗어났다, 채점하는 데 공정성이 떨어진다"는 비난이 쇄도했기 때문입니다.

기존 논술의 문제점을 보완하기 위해 나온 것이 2008학년도 통합교과형 논술입니다. 이 시험은 '논술'이라고 말만 붙여놨지 '논술=주제에 대한 논리적 서술'이라는 기본 정의에서 한참 벗어난 형식입니다. 채점의 공정성을 위해 '답'이 있는 문제를 출제한 것입니다.

2008년 이후 고등학생 대상 논술학원 설명회에 가보면 강사들이 목소리를 높여 외칩니다. "대입논술은 논술이 아니다!"라고요. 제시문을 제대로 분석해서 읽어낼 수 있는 '독해력', 주어진 요구사항에 맞춰 글을 쓸 수 있는 '사고력, 논리력'이 있으면 된다고 부르짖습니다. 창의적인 글쓰기 능력을 보는 시험이 아니므로 자기 마음대로 쓰면 틀리는 시험이라는 점도 유념할 점입니다. 지금이라도

논술 수업을 시켜야 하지 않나 하는 불안한 마음이 든다면 대입논술에 대해 확실하게 알아보는 것이 우선입니다.

대입논술, 무엇을 요구하는가?

대학에서는 왜 논술시험을 볼까요? 학교 내신과 수학능력시험만으로는 대학에서 공부할 만한 자질을 갖고 있는지 알 수 없다고 보기 때문입니다. 대학에서 공부를 하려면 전공과 관련된 책을 읽고, 아는 것과 새로운 생각을 정리해서 글 쓰는 일이 중요합니다. 이 때문에 논술시험을 통해 독해력, 문제해결력, 논리적 서술 능력이 뛰어난 아이들을 선발하려는 것이지요.

❶ 독해력

정부와 대학에서는 '고등학교 교과과정을 정상적으로 이수'했다면 누구나 볼 수 있는 수준으로 논술 문제를 출제한다고 공표합니다. 그러나 신문에 실린 대학 논술 지문과 고등학교 교과서 지문을 직접 비교해보세요. 고등학교 교과서를 이해하는 수준으로는 독해가 되지 않는 지문이 수두룩합니다. 고등학교와 중학교, 다시 중학교와 초등학교 교과서를 비교해도 각각의 차이가 상당합니다. 이해하기 쉽게 초중고 교과서와 논술 지문의 난이도 차이를 그림으로 나타내보았습니다.

- 초등교과서 : ★ (별 1개)
- 중등교과서 : ★★★ (별 3개)
- 고등교과서 : ★★★★★★★ (별 7개)
- 논술 지문 : ★★★★★★★★★★ (별 10개)

논술시험에서 1차로 보는 것이 주어진 '제시문'과 '문제'를 제대로 이해했는가입니다. 아무리 글을 잘 써도 별(★) 10개짜리 논술 지문 수준을 이해할 만한 독해력이 없으면 글은 쓰나마나입니다. 장애물 경기의 벽을 넘는 것처럼 '독해'라는 벽을 넘어야 비로소 펜을 들고 '글'을 쓰는 것이 의미 있습니다.

독해력은 '어휘'와 '배경지식'에 따라 달라집니다. 따라서 논술 지문을 이해하는 길은 어휘와 배경지식을 익히면 된다는 말이 됩니다. 어휘는 좋은 책(양서)을 읽어야 늡니다. 좋은 책에는 다양한 어휘가 실려 있기 때문에 많은 어휘를 익힐 수 있습니다. 배경지식은 따로 배우지 않아도 교과서를 충실하게 공부하면 됩니다. 정부나 대학에서 고등학교 교과과정 내에서 논술시험을 출제한다는 말이 근거 없는 말이 아닌 것은 고등학교 사회문화, 윤리교과서를 기본으로 경제, 국사, 세계사 등 사회탐구 과목 교과서를 완벽하게 공부하면 논술에 나오는 지문을 이해할 만한 충분한 배경지식을 갖추게 되기 때문입니다.

❷ 문제해결력(사고력)

대입논술시험은 주어진 제시문을 이해했다는 전제하에 서로 '비교'하거나 '논증'하라는 문제를 출제합니다. 제시문을 읽고 출제자가 '무엇'을 요구하는지 파악해서, '어떻게' 해결할지 생각한 후, 논리적으로 주장을 펼칠 수 있어야 합니다. 제시문을 읽고도 어떻게 써야 할지 감을 못 잡고 생각을 정리하지 못하면 글을 써도 횡설수설할 수밖에 없습니다.

❸ 논리적 서술 능력(표현력)

대입논술은 얼마나 글을 잘 쓰는지 문장력을 평가하는 시험이 아닙니다. 제시문을 잘 읽고 이해한 후 적절한 논거를 들어 자기 주장의 정당성을 밝히면 됩니다. 그러나 채점자가 읽고 바로 이해할 수 없는 글을 쓴다면 평균 이하의 점수를 받게 됩니다. 이 때문에 논리적이면서도 자기 생각을 간결하고 짜임새 있게 쓸 수 있는 표현력이 있어야 좋은 점수를 받을 수 있습니다.

❹ 수능 최저등급

'논술을 준비할 만한 아이는 따로 있다.' 아이가 고등학교 2, 3학년이 되어서야 이 사실을 깨닫는 부모들이 많습니다. 초등, 중등 때는 이 말이 무슨 의미인지 잘 모르지요. 논술시험을 보는 대부분의 대학이 수능 최저등급을 요구합니다. 수능 최저등급을 적용하지 않는 경우는 극소수예요. 초등학생 부모 눈에는 그 정도쯤이야 싶겠지만 중학생만 되어도 이만큼 나오는 것이 얼마나 어려운지 잘 압니다. 본격적인 논술 준비는 고등학교 가서, 논술을 준비할 수 있는 성적이 나오고 나서 고려해보라는 이야기가 나오는 근거가 여기 있습니다.

초등, 중등에서는 논술 대비 이렇게 하세요

초등, 중등 때 할 일은 학교 공부 열심히 하고, 좋은 책 많이 읽고, 꾸준히 일기 쓰는 것이면 충분합니다.

❶ 좋은 책을 많이 읽습니다

책을 많이 읽는 것으로 논술이 해결되는 것은 아닙니다. 좋은 책을 제대로 읽어야 해요. 좋은 책은 생각할 거리가 많은 책입니다. 그러나 읽기 능력이 떨어지면 이런 책을 읽고 이해하는 것이 어렵습니다. 이런 아이들은 쉽고 재미있는 책으로 시작해서 조금씩 읽기 능력을 올려야 합니다. 책의 즐거움을 알게 되면 책 읽는 시간이 서서히 늘어나면서 책을 많이 읽게 됩니다. 좋은 책을 읽을 수 있는 '맷집'도 생깁니다. 초등학교 때는 독서 능력을 끌어올리는 데 주안점을 두고, 중학교 이후에는 되도록이면 비판적인 사고를 자극할 만한 좋은 책을 많이 읽게 해주세요.

❷ 학교 공부를 열심히 합니다

학교 공부를 열심히 해야 하는 것은 일정 수준 이상의 성적이 되어야 논술을 볼 자격이 되기 때문이기도 하지만, 이보다 더 중요한 두 가지 이유가 있습니다.

첫째, 국어를 공부해야 독해력, 표현력을 키울 수 있습니다. 국어는 모국어로 의사소통하는 방법을 가르치는 과목입니다. 글의 종류에 따라 어떻게 읽어야 잘 읽을 수 있는지, 자신의 생각을 다른 사람에게 잘 전달하려면 어떻게 표현해야 할지 알려줍니다. 전과나 문제집의 요약 정리에 의존하지 말고, 교과서를 읽으면서 중심내용을 직접 찾아보고 줄거리를 요약하는 과정에서 독해력이 생깁니다. 자신의 주장에 근거를 들어 말하고 쓰는 연습을 하는 과정에서 논술문을 쓸 수 있는 기초체력을 다지게 됩니다.

둘째, 배경지식을 쌓는 최고의 책은 각 과목 교과서입니다. 따라서 교과서를 충실하게 공부하는 것이 논술 공부와 직결됩니다. 초등학교, 중학교 교과서의 사회, 과학, 미술, 음악, 도덕교과서의 지식을 확실하게 내 것으로 만들도록 도와주세요.

❸ '생각'하는 습관을 갖도록 해주세요

글쓰기는 생각 쓰기입니다. 아이들이 글을 쓰지 못하는 것은 생각을 하지 않기 때문입니다. 스스로 알아서 생각하고 글쓰기를 즐기는 아이는 소수입니다. 대부분의 아이들은 아무 생각이 없습니다. 근력운동을 해야 근육이 늘어나는 것처럼 생각도 생각의 근육을 키워야 합니다. 생각 키우기는 아이 혼자 하기 어렵습니다. 주변에서 도와주는 것이 필요한데요, 이때 제일 좋은 사람이 부모입니다. 아이에게 책을 읽어주면서 내용에 대해 함께 대화하거나, 신문을 보며 관심 주제에 대해 이야기를 나누거나, 가족 간에 중요한 문제가 있을 때 회의를 해보세요. 이것이 아이들의 생각을 키워주는 시간이기도 하고, 장기적으로 논술을 대비하는 과정이기도 합니다.

❹ 꾸준히 글을 쓰게 해주세요

자기 생각을 글로 나타내는 표현력은 단기간에 생기지 않습니다. 글은 써봐야 늡니다. 아이들이 글을 못 쓰는 이유는 안 써봐서입니다. 논술의 기초를 다져주기에 가장 좋은 방법이 일기입니다. 여러 가지 형식의 일기를 꾸준히 쓰다 보면 글쓰기가 겁나지 않습니다. 글 쓰는 데 자신이 붙으면 남을 의식해서 쭈뼛거리지 않고 좋은 글을 쓸 수 있고, 관심 주제가 생기면 주장글(논술)도 잘 쓸 수 있습니다. 일기뿐 아니라 학교에서 수업시간에 쓰는 글, 수행평가, 방학탐구보고서, 체험학습보고서를 쓸 때도 최선을 다하게 해주세요. 시간이 되면 글쓰기, 독후감, 논술대회에 나가보기도 하고요. 다양한 주제로 집중해서 글을 써보는 시간이 논술을 대비하는 시간입니다.

> **논술은 독서의 결정체입니다**
> 작성자 : 내내행복

논술을 흔히 글쓰기라고 생각하시는데, 논술은 지문 독해 후 논점을 찾아 질문에 맞게 글로 답하는 것입니다. 질문에 맞게 논점을 찾아야 하므로 충분한 독서가 없다면 힘들겠지요. 간혹 학원들이 글을 잘 쓰는 것처럼 보이기 위한 기술(?)을 가르치기도 하는데요, 말짱 헛것입니다. 충분한 독서로 논점을 찾지 않으면 제대로 된 답이 나오지 않지요. 충분한 독서량이 확보되지 않은 상태에서의 논술은 의미가 없습니다.

초등학생이라면 아직 재미있게 책을 읽는 데 집중해주세요. 영어책 재미있게 읽을 수 있도록 도와주실 때처럼 한글책도 다양한 영역으로 재미있게 읽을 수 있도록 먼저 방법을 찾아보세요. 이미 깊이 있는 독서력을 갖추고 있으며, 구조적·비판적·열린 생각을 할 수 있는 상황이 아니라면 충분한 '독서 샤워'를 먼저 해주는 것이 순서입니다. 하지만 이런 아이들 보기 힘들죠.

논술을 할 적당한 시기는 스스로 독서 이해력이 좀 된다고 생각될 때가 적절하다고 생각됩니다. 집에서의 방법과 교재는, 일단 아이와 같은 책을 읽고 이야기를 나눠보는 것이 출발점입니다. "너는 어떻게 생각하니? 왜 그렇게 생각하니?" 주장과 근거의 바탕을 다지는 과정이죠.

그런데 이 훈련이 일방적으로 이뤄져서는 안 됩니다. 물어보는 사람의 의견도 아이의 수준에 맞춰 제시되어야 하며, 만족할 만한 의견이 안 나오더라도 인내를 가지고 기다려주어야 합니다. 물론 쉽지 않습니다. 좌절해가면서 단단해지셔야 합니다. 그리고 교재는 시중에 많이 있지만 권해드리지 않습니다. 아이가 읽고 있는 것으로 조금씩 소통하는 것이 가장 좋은 방법이니까요.

나중에 수능에 도움이 되냐고요? 논술이 도움이 된다기보다는 논술하기 위해서 한 독서가 도움이 됩니다. 너무 당연한 대답 같지만 할 수 없어요. 실제로 가끔씩 언어영역 점수를 올리기 위해 논술 수업에 들어오는 팀도 있는데요, 이런 팀도 독서력 끌어올리기를 먼저 합니다. 논술을 하다 보면 비문학 지문을 많이 접하는데요, 이것을 독해하다 보면 아무래도 지문 이해력이 키워지겠죠? 그래서 언어영역 점수가 잘 나오기는 합니다. 어떤 의미에서는 독서를 하는 거지요. 짧고 어려운 독서요. 언어영역은 요약과 유추의 능력이 굉장히 중요합니다. 이 힘을 키워주는 것도 독서라는 거죠. 독서란 놈은 성적도 올려주고 논술도 잘하게 해주고 인생도 알차게 만들어주는 만능 도우미입니다.

사실 저도 사교육을 하는 사람인데 이런 발언이 참 그렇지요? 하지만 이건 제가 다른 학부모님들께도 늘 강조하는 것입니다. 수업을 받으려고 하기 전에 집에서 먼저 재미있게 책을 읽혀보시라구요. 재미있게 많이 읽으면 나중에 재미없는 책도 읽을 힘이 생깁니다. 아무리 독서의 중요성을 말씀드려도 다들 논술 수업만 받으면 다 잘할 것처럼 생각하는 게 늘 문제인 듯합니다.

쓰기책은 어떤 논술교재보다 훌륭합니다
작성자 : 꽃꽃 (초2)

저희 아이 입학 후 내내 가장 공들여 돌봐준 부분은 '일기 쓰기'입니다. 일기 쓰기라고 해서 글쓰기에 중점을 두기보다는 다양한 방면으로 생각하고 기록 남기는 것에 더 치중했습니다. 특히 쓰기책을 많이 이용했는데요, 아무래도 학교에서 쓰기 시간에 한 번 써보는 것만으로는 부족할 듯싶어서요. 공교육의 한계, 그러니까 반복할 시간이 부족하고 개인별 심화가 어렵다는 점… 그렇다면 집에서 반복하고 심화시켜야겠다는 생각에 시작했습니다.

쓰기책은 어떤 논술교재보다 훌륭합니다. 제가 논술 쪽 일을 좀 했었는데요, 초등교재 어떤 걸 보아도 쓰기책 만한 건 없습니다. 이론 강의는 학교에서 담임선생님께 충실히 잘 들을 테고, 집에서는 반복과 심화만 해주면 되니 좋더라구요. 이론 강의까지 엄마가 해주어야 한다면 아이도 지루하겠지요.

다음 페이지의 사진처럼 집에 사다놓은 쓰기책을 복사해 일기장에 붙여서 학교 수업시간에 썼던 것과는 다르게 써보고 실생활에서 활용할 수 있는 방법들을 생각해서 써보게 하고 그랬습니다. 일기 쓴 것을 대놓고 고치기는 어려워도, 이렇게 쓰기 연습한 것은 고쳐주어도 서로가 덜 민망하니 글쓰기 연습하는 데도 좋더라구요.^^

교과서가 길이라는 것과, 사고력을 키워야 결국 영어나 다른 것도 잘할 수 있다는 잠수네의 중론을 배워서 나름 열심히 할 수 있는 방법으로 아이와 익혀본 것입니다.

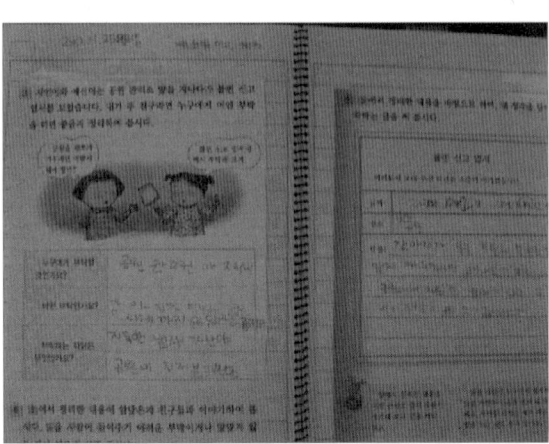

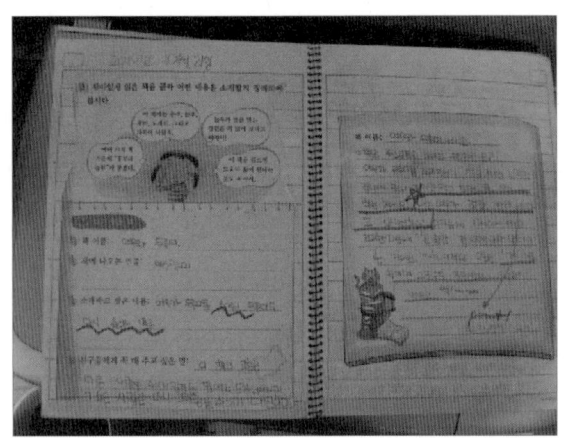

초등학생에게 논술이란 없다!
작성자 : 또또맘

초등학생 혹은 유아를 대상으로 요즘 난립하는 각종 논술학원, 학습지, 방문수업, 그룹수업, 교재 등등에 대해 적어볼까 해요.

결론부터 말하자면(논술에서는 절대 결론부터 쓰면 안 됩니다^^;;), '초등학생에게 논술이란 없다!'입니다. 요새는 유치원생도 논술 어쩌구 하는데, 중학교 이전 학생들을 대상으로 논술 어쩌고 하는 것은 다 사기입니다. 때로는 철학까지! 30대 중반이 되어서도 철학의 ㅊ도 파악 못했는데 초등학생들이 철학을? 그 아이들은 모두 천재인가봐요. 알고 보면 이름만 논술이고 정확히 말하면 '국어 혹은 글쓰기' 학원이나 학습지가 이름만 '논술'이라고 바꾼 거예요. 이 점을 명심하신다면 '우리 아이도 논술 하나 시켜야 하나?' 하는 고민이 절반은 줄어들 것이라고 생각합니다.

서점에 가서서 초등학생 대상으로 논술이란 타이틀을 붙인 책이나 교재를 한번 천천히 보세요. 대부분 논술을 가르치는 것이 아니라 글쓰기 아니면 국어를 가르칩니다. 물론 이것이 사기라는 말이 아니에요. 초등학생이 배워야 할 것은 글쓰기나 국어니까요. 초등학생에게는 논술을 가르친다는 것 자체가 말도 안 된다는 거예요.

논설문 아시죠? 논술은 바꿔 말하면 논설문이에요. 논술 혹은 논설문이란 어떤 문제(예를 들어 환경 문제, 북핵 문제, 교사폭행 문제, 교권침해 문제, 경제 문제, 사회 문제 등등)에 대해 나의 생각을 알리는 거예요. 그냥 알게만 하면 안 되고 "이러저러한 이유로, 이러저러하다고 생각하여, 이러저러해야 한다고 주장합니다"라고 쓰는 거지요.

(1) 이러저러한 이유로

이유를 다양하게 들기 위해서는 많이 알아야 해요. 국어뿐만 아니라 수학, 과학, 영어, 사회, 역사, 예술, 문학 등등 아이들이 학교에서 배우는 모든 것들, 책과 매체 등에서 배우는 모든 것들이 바탕 지식이 되어줘요. 그래서 책을 많이 읽어야 논술을 잘한다고 하는 것이지요. 학교 공부 잘하는 학생이 아는 것이 많을 테니 논술도 당연히 잘하게 되겠지요.

(2) 이러저러하다고 생각하여

이는 바탕 지식을 가지고 잘 섞어서 나만의 사고방식을 보여주는 거예요. 그럼 어떻게 섞느냐? 이것은 사람마다 다 달라요. 그야말로 그 사람의 가치관이나 철학에 따라 달라지겠지요. 그래서 올바른 가치관을 길러줘야 하는데, 이 가치관 형성에 가장 크게 영향을 미치는 사람은 누구일까요? 당연히 1번은 부모겠지요. 부모 노릇 진짜 힘들어요.^^;;

(3) 이러저러해야 한다

이것이 논술의 핵심입니다. 결론에 해당한다고 할까요? 문제는 혼자만의 주장이나 외침이어서는 빵점이라는 겁니다. 위의 이유와 사고방식이 잘 전달되어 읽는 사람이 "맞아 맞아!" 하고 동의하게(즉, 설득당하게) 되어야 100점 논술이 돼요.

자, 이런 글을 쓰려면 어떻게 해야 할까요? 지금부터 열심히 서론·본론·결론으로 나눠서 논설문 쓰는 법을 가르치면 될까요? 이것은 중학교 이상에서부터 시작해도 절대 안 늦어요. 서울대도 갈 수 있어요. 그럼 초등학교 때는 뭘 하냐고요?

(1) 글쓰기를 배워야지요

일기, 생활문, 동시, 동화, 설명문, 독서감상문, 기행문 등등 모든 종류의 글을 최대한 많이 써봐야 해요. 논설문, 즉 논술은 안 써봐도 돼요. 이건 맨 마지막에 배우면 되는 종류의 글이에요. 논술 대비한다고 어려서부터 논설문 스타일의 글만 배우면 그 아이는 대입논술에서 70~80점은 받아도 100점은 못 맞아요. 왜냐구요? 재미가 없거든요. 글이 진짜 무미건조, 사막의 모래 같을 거예요.

(2) 책을 많이 읽어야 해요

잠수네 아이들은 또 독서라면 타의 추종을 불허하는 아이들이 워낙 많잖아요. 그런데 그냥 쌓아놓고 무작정 읽기만 한다고 걱정하시는 엄마들이 계신데, 이것은 아이에 따라 달라요. 그냥 읽기만 해도 다 받아들이고 소화시키는 아이는 내버려두세요. 그런데 읽기는 무척 많이 읽는데 95%는 몽땅 새어버리고 쓸데없는 것 5%만 남아 있는 아이(저희 아들이 이런 거 아닌가 고민 중^^;;)라면 제대로 읽게 도와주셔야 해요. 그럼 어떻게?
기본 중의 기본은 '내용 파악'입니다. 이걸 도와주셔야 하지요. 내용 파악 못하면 국어뿐만 아니라 학교에서 배우는 모든 것이 말짱 헛짓이에요. 내용 파악 잘하는 아이는 놀면서 공부하는 것 같은데 맨날 1등 하지요(이런 사람 정말 부러워요^^).

신문

신문 읽기, 왜 필요할까?

❶ 세상에 대한 관심, 상식을 넓혀줍니다

요즘 아이들은 집과 학교, 학원의 삼각형 꼭짓점을 오가며 한정된 공간에서만 살아갑니다. 경험의 폭이 제한되어 있다 보니 어른들은 상식이라고 생각하는 것을 아이들은 공부하고 외워야 하는 것으로 여깁니다. 상식은 사람들 사이에서 당연히 알고 있으리라 생각하는 경험과 지식입니다. 내가 경험해보지 못한 세상, 내가 잘 모르는 지식을 가장 빠르고 손쉽게 알 수 있는 통로가 신문입니다. 다양한 관점에서 쓰여진 글을 읽으며 세상을 바라보는 눈을 키우는 기회가 되기도 합니다.

❷ 비문학 독해력, 어휘를 키우는 기회가 됩니다
신문에 실린 글은 모두 설명문이나 논설문입니다. 사회·경제·정치·문화 등의 다양한 지식과 정보를 담은 기사, 글쓴이의 생각을 담은 칼럼, 시론, 논설 등이 실려 있습니다. 신문은 동화나 소설을 많이 읽는 아이들에게 짧은 분량의 설명문, 논설문을 읽을 수 있는 기회를 줍니다. 어휘력이 부족한 아이들에게는 새로운 어휘를 익힐 수 있는 좋은 교재이기도 하지요.

❸ 글쓰기를 도와줍니다
아이들이 "오늘 일기 뭐 써요?" 질문할 때 좋은 소재를 제공하는 것이 신문입니다. 신문에 실린 기사를 요약해볼 수도 있고, 기사를 읽고 난 느낌, 기사를 쓴 사람의 의견에 동조하거나 비판하는 글을 써볼 수도 있습니다. 신문에서 얻은 정보와 상식이 탄탄하면 말하기, 글쓰기, 논술 등을 쓸 때 나의 생각을 펼쳐나가기가 한결 수월합니다. 다른 사람이 쓴 글을 읽으면서 어떻게 글을 써야 할지 배우는 기회도 되지요.

신문, 어떻게 보여주면 좋을까?

❶ 아이들이 소화할 수 있는 만큼만 보여주세요

신문에도 문제점은 많습니다. 신문에는 폭력적이고 선정적인 기사, 어른들의 낯 뜨거운 행동과 말이 매일 등장합니다. 사실과 다른 왜곡된 보도와 편견을 담은 글 등 아직 가치관이 확립되지 않은 아이들이 보기에 적당치 않은 면도 있습니다. 따라서 신문을 보여줄 때는 아이의 나이와 정서를 감안할 필요가 있습니다.

❷ 종이 신문과 인터넷 신문

요즘은 신문을 구독하지 않고 인터넷 기사만 보는 집이 많습니다. 인터넷 기사는 무료라는 점, 자신에게 필요한 기사만 볼 수 있다는 것이 장점이지만 문제점도 많습니다. 클릭 수를 높이려고 뽑은 자극적인 제목에 낚여 엉뚱한 글을 보기 쉽기도 하고, 연예인 신변잡기나 검증되지 않은 기사, 정치적으로 지나치게 편향된 글이 많다는 점도 문제입니다. 인터넷 기사를 보다 보면 어쩔 수 없이 눈에 띄는 광고의 상당수가 아이들에게 보여주고 싶지 않은 민망한 내용을 담고 있습니다. 따라서 인터넷 기사는 부모님이 꼭 따로 프린트해서 주는 것이 좋습니다.

신문은 가능하면 종이로 된 신문을 읽는 것이 좋습니다. 종이 신문에서 기사의 위치와 분량, 기사의 제목 크기를 살피는 것도 의미 있는 읽기 과정입니다. 처음에는 재미있어 보이는 글만 읽지만, 자꾸 읽다 보면 읽는 분야가 확장됩니다. 읽으면서 중요한 내용에 줄을 긋거나 표시를 할 수 있다는 것, 집에 종이 신문이 쌓이다 보면 저절로 손이 가게 되는 점도 종이 신문의 좋은 점입니다.

단, 한 가지 신문만 보면 신문사의 일방적인 논조에 끌려가기 쉽습니다. 가끔 정치적 입장이 다른 신문도 보도록 해주세요. 두 종류의 신문을 읽다 보면 서로 다른 시각으로 쓴 글이 눈에 띕니다. 자연스럽게 "왜 다르게 썼지?" 하고 생각하게 되고 비판적으로 읽는 눈이 생깁니다. 입장이 다른 두 종류의 신문을 보는 것은 글을 쓸 때도 도움이 됩니다. 신문기사의 내용과 각각의 관점을 요약하고 나의 생각을 써보는 것만 해도 훌륭한 논술 연습이 될 수 있기 때문입니다.

❸ 신문을 안 읽는 아이, 어떻게 하면 좋을까?

부모가 신문을 보는 집이면 아이들도 어깨너머로 신문을 보게 됩니다. 처음에는 사진이나 그림에 끌려 광고부터 보다가 차차 자기가 좋아하는 스포츠, 연예인 기사를 봅니다. 사회면이나 경제면은 아는 이야기가 나오면 그때서야 조금씩 관심을 가지게 됩니다. 특히 시사 문제를 다루는 기사는 배경지식이 없으면 아이가 알아서 읽기 어렵습니다. 부모가 먼저 사회의 여러 문제에 대해 이야기를 들려주세요. TV 뉴스나 신문기사 내용을 아이가 이해할 수 있게 얘기해주면서 관심을 갖게 하는 거죠. 경제 위기, 물가, 기아 문제, 환경 문제 등 이야깃거리는 많습니다. 이런 이야기는 주말을 이용해 아빠가 시간을 내어 이야기를 들려주는 것도 좋아요. 글 읽는 것을 싫어하는 아이라도 이야기로 들려주면 솔깃해하니까요.

신문 활용, 이렇게 하세요

❶ 초등학생의 신문 활용

첫째, 일기나 방학과제로 신문 스크랩을 활용해보세요. 초등학생은 어른 신문보다는 '어린이 신문' 보기를 권합니다. 신문 스크랩은 부담 없이 할 수 있는 것이 최고입니다. 일기를 쓸 때 일주일에 한 번 정도 신문 스크랩을 해보세요. 저학년이라면 신문기사를 오려서 공책에 붙이고 생각이나 느낌, 하고 싶은 말을 간단하게 쓰게 해보세요. 그림을 그려도 좋고, 말풍선을 달아 코멘트를 적어도 좋습니다. 아이가 관심을 갖는 주제라면 줄줄이 할 말이 많아집니다. 고학년이라면 기사를 읽으면서 중심문장에 밑줄 긋기, 노트에 내용 요약하기, 모르는 어휘는 노트에 뜻 찾아 적기, 간략하게 내 생각 적기 등을 해볼 수 있습니다. 한 번에 다 하려면 부담이 되니까 할 수 있는 것만 몇 개 골라 써봐도 좋습니다. 일기로 꾸준히 하기 힘들다면 방학 때만 신문 스크랩을 해서 방학과제물로 제출하는 것도 괜찮습니다.

둘째, 어른 신문은 걸러서 보여주세요. 어른 신문은 아이가 읽을 만한 기사를 따로 오려서 보여주세요. 모르는 말이나 이해가 안 되는 기사 내용은 부모가 아는 한도 내에서 자세하게 설명해주시고요. 부모가 먼저 신문을 읽고, 아이들에게 들려줄 만한 내용은 식사시간에 이야기로 해주는 것도 좋습니다. 신문 스크랩을 꾸준히 하기 힘들다면 이렇게만 해도 충분합니다.

❷ 중학생의 신문 활용

첫째, 신문을 읽고 대화를 나눠보세요. 중학생부터는 어른 신문을 읽으면서 부모와 대화를 나누는 시간을 가져보는 것이 좋습니다. 신문을 읽으면서 관심 가는 기사는 색연필로 표시를 해두고 오려서 보관을 해보세요. 꾸준히 모아보면 아이의 관심사를 알 수 있을 뿐더러, 모아놓은 기사를 주제별로 추리면 글을 쓸 때 많은 도움이 됩니다.

둘째, 신문 요약으로 독해력을 키웁니다. 신문에 실린 글이라고 다 좋은 글은 아닙니다. 사설보다는 칼럼이나 시론, 의견을 담은 기사 중 관심 있는 글로 골라 해보는 것이 낫습니다. 사설은 신문사에 따라 정치적인 편향이 심한데다 한정된 지면 안에 쓰느라 근거가 약하거나 아예 없는 경우도 많기 때문입니다. 제일 좋은 방법은 평소 아이가 재미있었던 기사나 흥미로운 기사를 신문에서 오려 모아둔 것을 활용하는 거예요. 신문을 잘 안 읽는다면 아이가 좋아할 만한 기사를 오려두거나 인터넷 기사를 뽑는 방법도 좋습니다.

※ 신문으로 독해력, 어휘력 키우는 방법
- 1단계 : 중심문장에 밑줄 긋기
- 2단계 : 모르는 어휘를 찾아 노트에 적기
- 3단계 : 밑줄 그은 중심문장을 토대로 나의 언어로 요약글 써보기
- 4단계 : 기사를 읽고 '나의 생각' 써보기
- 5단계 : 나의 생각을 쓴 글이 모아지면 주제별로 분류해보기

(진로, 사회 문제, 경제, 과학 등)

위의 다섯 단계 중 1단계만 꾸준히 해도 독해력, 어휘력이 많이 좋아집니다. 1단계가 익숙해지면 2, 3단계로 조금씩 시도해보세요.

> **아이마다 각자의 그릇을 키워가는 신문 읽기**
> 작성자 : 파스칼 (대학생, 고2)

우리 아이들의 신문 읽기는 부모가 신문을 매일 일정한 시간에 보고 아이들이 관심 있어 할 만한 이슈에 대해 얘기를 나누던 때부터가 시작이었던 것 같습니다. 어느 날, 큰아이가 자기도 보겠다고 했고, 작은아이는 형을 따라 보다가 나중엔 각자의 신문을 따로 구독해서 보기 시작했죠. 그러던 것이 지금까지 이어지고 있지요. 그러기 위한 제1 조건은 매일 일정한 시간에 아침식사를 하고, 학교 가기 전에 충분한 시간을 만들어야 하는 겁니다. 그래야 신문을 읽을 수 있는 여유가 생기거든요.

신문기사 노트를 만들기 시작한 것은 큰아이 중1 때 국어수행평가가 시작이었던 것 같습니다. 처음에는 제 마음대로 칼럼, 시론이나 시평 위주로 해주다가 어느 순간부터는 아이가 빨간 색연필로 체크를 해서 그것을 오려 붙여주었습니다. 그러다가 아이 스스로 잘라서 글 쓰는 순간이 오더군요.

특히 작은아이는 고등학교에서 문과를 택해 논술이 중요한 시점에 놓여 있습니다. 아웃풋이 나오려면 충분한 인풋이 되어 있어야 하니까 지금은 책 읽는 시간에 아낌없이 투자하고 있습니다. 속이 쓰려도 어쩔 수가 없네요. 저 시간이면 수학문제 몇 개는 더 풀 텐데… 이러면서 속으로 도를 닦고 있습니다.^^;;

처음에는 논술학원 설명회에 열심히 따라다녔습니다. 가봤더니 정말 별거 없더군요. 결국엔 책 읽기가 답이고, 학교 공부를 최우선에 두면서 나중에 논술이 필요할 때 그때 가서 집중하자는 판단이 서더군요. 그래서 작은아이와는 논술에 대한 저력을 크게는 책 읽기와 신문으로 보고 있구요. 촘촘하게는 글쓰기 시간을 따로 만들 수 없어서 학교 교육에 최우선을 두자고 했습니다.

참, 고등학교에선 부모와 아이와의 관계가 더더욱 최우선입니다. 책 읽기, 신문 읽기 모두 중요하지만, 먼저 아이의 눈높이에 맞춰 진심을 다해 이야기를 들어주고 또 들어주세요. 마음이 편해야 공부도 잘하고, 그러다 보면 성적은 자연스럽게 오르게 됩니다. 그리고 한 가지 더, 신문보다도 책 읽기가 더 우선이라는 것! 다시 한 번 강조합니다.

> **9세부터 13세까지 해왔던 신문 스크랩**
> 작성자 : salt (초6, 7세)

처음엔 친구랑 같이 하고, 나중에는 대충 그림만 그려놓고 색볼펜으로 칸 두 개씩 글씨만 크게 쓰면서 엄청 건성건성하고 그랬어요. 매일같이 열심히 한 게 아니에요. 아이도 중간에 스크랩하다가 좀 짜증냈지만 지금은 고마워하고 있답니다.

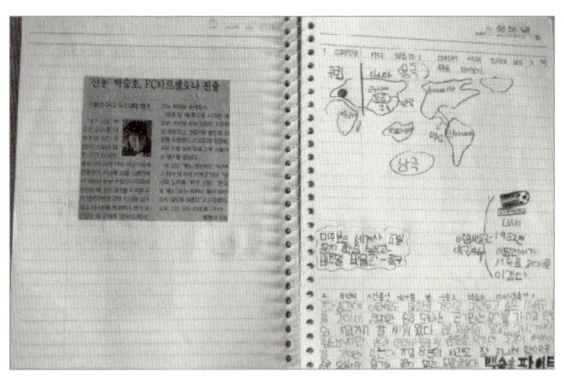

축구 신동 백승호에 대한 기사를 스크랩했네요. 저 엉성한 세계지도… 제 딴에는 열심히 그렸겠죠?^^

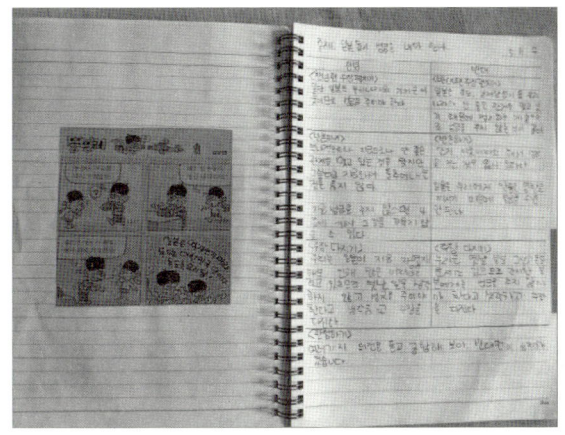

'뚱딴지' 만화를 주제로 한 스크랩이에요. 학교에서 배운 토론 절차에 따라 정리해놓았는데, 우리 아이는 자기는 반대편이라면서 찬성 쓰는 데 힘들었대요.

우리 아이는 지금 〈소년 조선일보〉가 재미없다며 〈한겨레〉와 〈중앙일보〉 구독하고 있어요. 정치와 스포츠 등 재미없는 건 과감히 넘기고 〈중앙일보〉 '국수의 신' 만화도 꼼꼼히 챙겨보지요.

지금은 어른 신문에서 기사를 고르는데, 참 고르기 어렵대요. 성의 없게 할 때도 많았지만 아이의 역사가 되어 차곡차곡 쌓이는 게 좋아요.^^

신문 읽기의 힘
작성자 : 이랴이랴 (초5, 초3)

〈잠수네 영어교실〉 공백 기간에 영어를 예전에 하던 양의 절반으로 줄였는데도 눈에 띄는 레벨업을 했습니다. 여기서 레벨업이라는 말에는 숫자상의 레벨업도 있지만 문제를 푸는 것이 무척이나 안정적이었다는 것이 더 중요할 듯해요. 문제 풀 때 옆에서 제가 해주었던 말은 딱 두 가지였습니다.

(1) 중심문장을 찾아라.
(2) 문제를 낸 출제자의 의도를 생각하라.

테스트 끝나고서 아이와 이야기 나누던 중에 그간 가장 도움이 되었던 것이 뭐냐고 물으니 신문 읽기라고 얘기하더라구요. 앞으로 역사나 사회에 대해서도 많은 책들을 읽어야 할 것 같다고 말하는 것을 보니 스스로 느낀 바가 있었던 듯해요.

우리는 그간 어떻게 신문 읽기를 했을까요? 먼저 큼직한 노트를 준비합니다. 앞에 파일이 붙어 있는 것으로요.

가장 쉬운 것은 기사를 소리 내어 읽게 하고, 이렇게 중심문장을 찾아서

밑줄을 쳐보는 것이었어요. 일주일에 세 번 한 적도 있고, 잊어버리고 한 달 동안 한 번도 못한 적도 있지만, 무엇보다 신문 읽기가 웬만한 논술학원 다니는 것보다 더 나을 수도 있겠다는 생각이 드네요. 그것이 단순히 중심문장 찾고 밑줄만 치는 일일지라도….

한자

한자공부 어떻게 생각하세요?

❶ 한자, 왜 공부해야 할까?

한자를 배워야 하는 이유는 '우리말의 70~80%가 한자어다'라는 한 문장이면 끝납니다. 한자를 알면 한자어로 된 단어의 뜻을 더 명확히 알 수 있기 때문이지요. 교과서에 나오는 한자 어휘의 뜻을 엉뚱하게 이해하는 일도 없을 것이고, 고등학교에서 국어 어휘나 고사성어를 공부할 때도 한자의 뜻을 알면 쉽게 이해가 됩니다. 사회에 나갔을 때도 한자를 어느 정도 알고 있으면 여러모로 편리한 점이 많습니다. 일본, 중국 등 동아시아 문화권에서 공통으로 한자를 사용한다는 것도 한자를 익히면 좋은 이유가 될 수 있습니다. 네, 한자는 우리나라에서 살아갈 사람이라면 꼭 익혀야 하는 것이 맞습니다.

❷ 한자교육, 어떤 문제가 있을까?

과유불급이란 말이 있습니다. 지나치면 부족한 것보다 못하다는 의미인데요, 엄마들의 한자공부 열기를 보면 이 말이 저절로 떠오릅니다. 한자는 이미지로 배우는 글자이므로 어릴수록 배우기 쉽다는 이유로 유아 때부터 한자 포스터를 벽에 붙이고 한자공부를 시키기도 하고, 일찍 시작하면 좋을 것 같단 생각으로 초등 저학년 때 한자급수 따는 것을 목표로 공부시키는 분도 종종 보입니다.

어려운 난이도의 한자급수를 따놓으면 대학입시 때 가산점을 받을 수 있지 않을까 지레짐작하는 경우도 있고, 어릴 때부터 한자를 배우면 공부에 도움이 많이 되더라는 '카더라' 통신을 굳게 믿고 밀어붙이는 경우도 많습니다. 옛날에 네댓 살부터 한자를 배운 것을 생각하면 요즘 아이들도 충분히 해낼 수 있지 않을까, 아이가 감당할 수만 있다면 한자를 미리 배워서 나쁠 것은 없다는 생각도 들 수 있습니다.

한자공부의 가장 큰 적은 첫째, '사용하지 않는 순간 잊어버린다'는 사실입니다. 옛날에는 한자를 일상적으로 사용했기 때문에 어릴 때부터 익힌 한자를 꾸준히 사용할 수 있었지만, 지금은 주변에서 한자를 자주 접하기 어려운 시대입니다. 초등 때 아무리 많은 한자를 외웠어도 사용하지 않는 순간 잊어버리는 것은 순식간입니다. 실제로 한자를 아주 재미있어하는 극소수 아이들을 제외하고는 어릴 때 배운 한자는 중고등학교 가면 거의 잊어버리고 새로 공부해야 하는 것이 현실입니다.

둘째, 아이의 시간과 에너지를 너무 많이 뺏는 것도 문제입니다. 처음에는 아이가 한자를 재미있어하고 배우고 싶어 하는 것에 신통해하며 한자공부를 시작했어도, 시간이 흐르면서 점점 부모의 욕심이 커지게 됩니다. 이왕 시작한 것 제대로 배우게 해보자 싶어 학원이나 기관에 보내고, 한자학습지를 하며 급수를 따기 위한 공부를 시작합니다. 안 그래도 할 것 투성이인 아이들이 한자공부까지 매달리게 되면 밖에서 뛰어놀 시간, 책 읽을 시간이 부족해집니다.

셋째, 한자 암기와 어휘 공부가 연결되지 못하는 점도 있습니다. 한자어로 된 어휘를 이해하는 데 도움이 될 거란 생각으로 시작한 한자공부이지만 암기만 하는 것으로 끝나는 경우가 대부분이기 때문입니다. 영어단어를 암기한다고 영어 실력이 확 올라가지 않는 것처럼 한자도 암기한다고 바로 어휘력이 올라가지 않습니다.

❸ 한자공부, 언제부터 시작하면 좋을까?

아이마다 개성이 모두 다르듯, 어릴 때부터 한자에 관심을 갖는 아이라면 한자공부를 굳이 말릴 필요는 없겠지요. 그러나 아이의 의지를 넘어서면서까지 한자공부를 억지로 시킬 필요는 없습니다. 친구가 한자 몇 급을 땄는데 우리 아이도 안 하면 뒤처지지 않을까 하는 조바심 때문에 억지로 한자공부를 시켜봐야 시간만 버리고 남는 것이 없습니다. 초등학교 교과서를 눈 씻고 찾아봐도 한자를 가르치는 책은 없습니다. 공식적인 한자교육은 중학교부터입니다. 초등 때는 한자와 친해지는 정도만으로도 충분합니다.

한자공부, 이렇게 하세요

❶ 초등학교 졸업할 때까지 500자를 익히는 것을 목표로 삼으세요

유아나 초등 저학년에서 한자공부를 시작하는 경우, 겉으로는 아이가 배우고 싶어 한다고 말하지만 속마음은 주변에서 다 하는데 우리 아이만 뒤처지면 어쩌나 하는 불안심리가 더 큽니다. 아이가 한자를 궁금해하는 이유는 주변에 어떤 형식으로든 자극이 있기 때

문입니다. 유치원에서 한자를 조금씩 보여준다거나 친구가 한자를 안다고 자랑하는 것을 보고 샘이 나서일 수도 있고, 부모가 의도적으로 한자공부를 하도록 유도하는 경우도 있습니다. 어떤 경우라도 초등 저학년까지는 억지로 한자공부를 시키지 않아도 됩니다. 아이가 좋아서 한자공부를 시작했더라도 흥미를 잃으면 중단해도 괜찮습니다.

한자급수제를 시행하는 초등학교에 다니고 있거나, 한자교육을 강조하는 담임선생님을 만나면 학교와 선생님의 방침을 충실히 따르세요. 학교에서 따로 한자교육을 하지 않으면 '초등학교 6학년까지 500자 정도의 한자를 알면 된다'는 마음으로 천천히 가도 됩니다. 초등 4학년부터 방학 동안에만 100자씩 공부해도 6학년을 마치기 전에 500자를 알게 됩니다. 한자급수 기준으로는 6급 정도면 충분합니다. 그 이상은 외운다 해도 그때만 뿌듯할 뿐 다 잊어버립니다. 한자공부에 시간을 과하게 들이지 마세요. 그 시간에 책을 많이 읽어 어휘력을 늘리는 것이 장기적으로 더 도움이 됩니다.

❷ 중학교 한자교과서만 제대로 공부해도 충분합니다

중학교에 가면 부수부터 시작해서 한자어나 간단한 사자성어까지 한문 과목에서 배우게 됩니다. 초등학교 때 한자공부를 조금 해두었다면 중학교 한문 과목의 부담이 덜하겠지만, 초등 때 한자를 전혀 안 했다고 중학교 가서 한문을 못하는 것은 아닙니다. 처음 익힐 때 조금 힘이 들어도 기본적인 한자 어휘를 외우고 나면 중학교 한문 과목도 수월하게 해낼 수 있습니다. 중학교 3년 동안 배우는 한문교과서의 내용만 완전히 알아도 한문공부는 충분합니다. 중학교에서는 다른 데 눈 돌리지 말고 한문교과서를 열심히 공부하도록 해주세요.

교과서에 나오는 어휘를 어려워하면 뜻을 찾을 때 한자어도 같이 찾아 정리해서 시간 날 때마다 읽어보게 하면 도움이 많이 됩니다. 신문을 보면서 모르는 말이 보일 때도 마찬가지입니다. 한자를 공부하는 목적은 어휘력을 늘리기 위한 것입니다. 한자 실력 없이는 고등학교 가서 국어성적이 잘 나오기 어렵습니다. 교과서와 신문에서 모르는 말을 국어사전, 옥편을 찾아 정리하는 습관만 들여도 고등 어휘력은 해결됩니다.

한자와 관련해서 고사성어를 이른 나이부터 외우게 하는 경우가 있는데요, 고등학교 국어를 하기 위해 고사성어를 꼭 알아야 하는 점은 확실합니다. 그렇다고 일부러 시간을 들여 외울 필요는 없어요. 자주 쓰이는 사자성어라면 몰라도, 미리 외워봐야 일상에서 자주 쓰지 않아 쉽게 잊어버리기 때문입니다. 고사성어는 중3 겨울방학 때 정리하는 것으로 목표를 세우세요. 그 전까지는 책이나 신문을 보면서 잘 모르는 고사성어가 나오면 어떤 한자로 되어 있나,

고사성어가 나온 유래와 의미를 확인해보는 정도면 충분합니다.

> **한문 교사가 엄마들께 드리는 조언**
> 작성자 : 오이지 (초4)

중학교에서 7년, 고등학교에서 9년째 아이들을 가르치고 있습니다. 주변 선생님들도 한자급수시험을 꼭 쳐야 하냐고 많이들 물어보십니다. 전공자라 더욱 대답이 조심스럽지만, 그냥 개인적인 생각이라 여기고 참고만 해주세요. 교육이라는 것이 '이거다' 하는 정답보다는 여러 정보를 종합하고 아이와 부모가 함께 고민하고 길을 찾아가는 과정인 것 같습니다. 단정적으로 말씀드리자면, 꾸준하게 해야 할 한문공부가 급수 따는 것이 목적이 되어서는 안 된다는 거지요.

초등 졸업 때까지 6급 정도면 괜찮구요, 중학교에서 5급, 고등학교에서 4급 정도면 잘하는 수준입니다. 나중에 한문을 전공한다 해도 대학 들어가서 준비해도 충분하거든요. 한자를 많이 알면 모르는 것보다는 당연히 어휘력이나 학습용어의 개념 이해에 상당한 도움이 되는 것은 사실입니다. 그러나 그것도 제 나이, 제 학년, 제 상황에 맞는 수준이어야 하지요.

중이 제 머리 못 깎는다는 말이 있듯이, 지금 4학년인 우리 아이한테 한문 테스트 같은 것 한 번도 시킨 적 없습니다. 요즘은 초등학교에서 한자를 특별활동 형태로 많이들 하더군요. 4학년이 되면서부터 정확하지는 않지만 우리 아이 학교에서도 한자를 조금씩 쓰고 가끔 시험도 보는 것 같습니다. 학교에서 해주는 것만 성실하게 해도 충분하다고 생각합니다.

아무리 한자를 많이 알아도 책 읽기나 일상생활에서 쓰지 않으면 헛수고이구요, 아이가 읽는 책 수준 이상의 한자는 거품입니다.

> **한자공부보다 다양한 독서가 먼저예요**
> 작성자 : 써니벨라짱 (초4, 초1)

저는 한문 강사입니다. 제 아이들은 한자공부 안 시켜요. 큰애 2학년 때 한번 해봤는데, 제 욕심에 아이 지치게 할까봐 접었어요. 둘째아이는 너무 하고 싶어 하는데 안 시켜요. 왜냐고요? 책 읽기가 먼저거든요. 둘 다 한글책, 영어책 1000권 읽기 하고 있어요. 우리 애들 하교 후에 뒹굴거리며 책 읽고 DVD 볼 때 그 옆에선 큰애와 작은애 친구들이 와서 한자급수를 따기 위해 머리 싸매고 한문을 외우더라구요.ㅎㅎ

나중에 후회할 수도 있겠지요. 하루 이틀에 되는 공부가 아니니까요. 하지만 쇠는 달궈졌을 때 쳐야 제 모양을 만들지요. 지금은 다양한 독서로 예열시킨다 생각합니다. 학습적으로만 시키면 밑 빠진 독에 물 붓기라고 생각해요. 한자학습지 급수시험 볼 돈으로 차라리 책 사주세요.^^

4부

국영수사과,
잠수네 소문난 공부법

잠수네 국어공부법

국어, 왜 중요한가?

국어 과목은 모든 학습의 기초공사나 마찬가지입니다. 기초공사가 부실하면 금방 무너지듯 국어가 약하면 다른 과목에도 영향이 갑니다. 사회, 역사 과목은 물론, 국어 실력과 관련이 없을 것 같은 수학이나 과학성적도 영향을 받습니다. 단순히 수식을 계산하는 문제는 점점 사라지고 문제의 상황을 제대로 이해해야 풀 수 있는 문제들이 늘어나기 때문입니다. 영어도 마찬가지입니다. 중학교까지는 잘 못 느끼지만 고등학교 이후에 국어가 약하면 영어성적도 일정 수준 이상 올라가지 못합니다. 영어로 되어 있을 뿐 국어시험과 비슷한 내용을 묻기 때문입니다.

국어를 공부하는 목적이 학창시절에 좋은 성적을 내기 위해서만은 아닙니다. 국어공부를 하면서 갈고 익힌 언어 실력은 사회에 나갔을 때도 위력을 발휘합니다. 인터넷의 발달로 블로그, 카페, SNS 등 개인적인 의사소통의 통로가 늘기도 했지만, 회사 등 조직생활을 할 때도 국어 능력이 중요해지고 있습니다. 과장, 부장, 이사 등 조직의 서열을 따라 의사전달을 하던 시대는 가고 회사 대표인 CEO가 전 직원과 직접 의사소통을 하고 있습니다. 다른 사람과 좋은 관계를 유지하는 데도 국어 능력이 필요합니다. 갈수록 다른 사람의 생각을 잘 읽어내고, 내 생각을 말과 글로 잘 표현하는 것이 중요해지는 시대입니다.

장기적으로 국어 실력(읽기 능력)을 높이는 방법은?

❶ 어휘 잡기

첫째, 어휘력 키우기의 기본은 책 읽기입니다. 좋은 책을 다양하게 읽으면 어휘를 따로 공부하지 않아도 자연스럽게 습득하게 됩니다. 책을 읽다 보면 모르는 말이 나와도 단어 앞뒤의 문맥을 살피면서 알 수도 있고, 전체 글을 읽다 보면 의미를 유추할 수도 있습니다. 책을 읽다 꼭 알고 싶은 궁금한 말이 나오면 사전을 찾아보는 정도면 충분합니다.

둘째, 교과서의 어휘를 확실하게 알아야 합니다. 초등, 중등 때 어휘집을 따로 사서 어려운 단어를 암기하는 것은 시간 낭비입니다. 그러나 국어, 수학, 사회, 과학, 도덕, 음악, 미술 등 각 과목의 교과서에 나오는 어휘는 모르는 말이 없어야 합니다. 초등 4학년부터는 어휘공책을 만들어 교과서에 나오는 어려운 한자어나 어휘의 뜻을 사전에서 찾아 적어두고 틈틈이 읽어보도록 하면 좋습니다.

셋째, 한자는 학교 교육과정에 따라 진행합니다. 우리말의 70%가 한자어이기는 하지만 초등 저학년 때부터 일부러 한자를 가르칠 필요는 없습니다. 어릴 때 아무리 한자를 많이 외우고 공부했어도, 초중고 12년간 꾸준히 계속 공부하지 않으면 외운 한자는 급속도로 잊어버리기 때문입니다. 한자급수제가 있는 초등학교라면 학교 교육과정에 맞춰 공부하고, 한자공부에 지나치게 시간을 들이지 마세요. 한자는 중3 마칠 때까지 중학교 한자교과서에서 배우는 기초 한자 900자를 알면 충분합니다.

넷째, 속담과 고사성어는 책으로 익혀가되, 중3 겨울방학까지는 총 정리가 필요합니다. 속담은 글을 읽으며 문맥에서 유추하는 것이 제일 좋습니다. 많이 들어본 속담을 소재로 일기를 써보거나 글을 쓰면 속담의 숨은 뜻을 이해하고 기억하는 데 도움이 됩니다. 고사성어는 한자로 된 관용어이므로 한자의 뜻을 짚어본 후 유래를 살펴보는 것이 좋습니다. 속담과 고사성어는 고등 국어에서는 꼭 알아야 할 부분입니다. 그러나 초등 때까지는 책이나 글에서 자연스럽게 만나는 정도면 충분하며 억지로 외우게 할 필요는 없습니다.

❷ 요약하기

국어 실력은 독해력에 달려 있습니다. 독해력은 글을 잘 읽고 이해하는 읽기 능력입니다. 꼼꼼하게 읽으면서(정독) 작가가 하고자 하는 말을 파악하는 거죠. 글 또는 책을 요약할 수 있다면 내용을 잘 이해했다고 볼 수 있습니다. 따라서 요약하기 연습은 정독, 읽기 능력, 독해력을 키우는 비법입니다.

첫째, 국어교과서로 요약하는 연습을 합니다. 국어는 글의 종류에 따라 '제대로 읽는 방법'을 알려주는 과목입니다. 글을 잘 읽는다는 것은 작가가 말하고자 하는 '중심내용'을 찾아내는 것입니다.

대부분의 아이들은 전과나 자습서에 정리된 중심내용이나 주제를 외우는 것을 국어공부라고 생각합니다. 스스로 중심내용을 찾는 연습을 하지 않고 외우는 방식으로 공부하는 경우, 중학교 국어시험에서 교과서 외의 지문이 나오면 여지없이 틀리게 됩니다. 고등학교에 들어가서는 문제가 더 심각해집니다. 고등학교 국어교과서가 18종입니다. 교과서 내에서만 수능시험 지문이 나온다 해도 이 책들을 다 보고 외우는 것은 현실적으로 불가능합니다.

중심내용 찾기는 교과서의 글로 시작하는 것이 제일 낫습니다. 교과서의 글은 전문가들이 아이들의 발달과정에 맞는 내용으로 선별하고 검토해서 실은 글이라 분량이 짧고 아이들이 읽기에 만만합니다. 게다가 답지(초등은 전과, 중등은 자습서)가 있어 아이가 찾은 중심내용이 맞았는지를 쉽게 알 수 있기도 합니다. 정리하면서 자동으로 국어시험 대비도 되니, 긴 글을 정독하기에 앞서 읽기 연습용으로 그만인 일석삼조의 방법입니다.

교과서에 실린 글은 크게 문학과 비문학으로 나눠볼 수 있습니다. 문학의 대표적인 글이 시와 소설이고, 비문학의 대표적인 글이 설명문과 논설문입니다. 각각의 작품을 읽는 목적과 방법은 교과서의 학습목표에 잘 나와 있습니다. '중심내용' 정리는 단원의 학습목표를 기준으로 잡으면 됩니다. 동화나 소설 같은 문학작품이라면 '주인공'과 '배경' '사건의 줄거리'를 파악하는 것이겠고, 설명문이나 논설문 같은 비문학 작품은 '중심문장'과 '중심단어'를 찾는 것이 작가가 말하고자 하는 '중심내용'을 찾기 위한 과정입니다.

이렇게 교과서로 중심내용을 찾는 연습을 하다 보면 교과서 외의 지문이 시험에 나와도 당황하지 않고 문제를 풀 수 있습니다. 장기적으로는 고등학교 국어를 대비하는 것이기도 하고, 글을 잘 읽는 훈련이 되기도 합니다. 초등 4학년부터는 국어교과서의 본문을 꼭 요약해보게 하세요.

<u>둘째, 다른 과목 교과서를 읽고 요약해봅니다.</u> 국어교과서가 '읽기를 배우는 책'이라면 수학, 사회, 과학, 도덕, 음악, 미술 등 모든 교과서는 '지식을 담은 책'입니다. 정보를 얻기 위해 읽는 일종의 '설명문'입니다. 이 책들이 국어교과서에 이은 두 번째 읽기 연습용으로 좋은 교재인 것은 아이들 연령과 정서에 맞게 비교적 잘 정리된 책이기 때문입니다. 학과 공부도 자연스럽게 되고, 과목별로 다양한 지문을 접할 수 있다는 점도 장점입니다.

고등 국어에서 아이들이 제일 힘들어하는 분야가 비문학 지문입니다. 어휘와 내용이 어려워 읽어도 무슨 말인지 이해를 못하고, 중심내용도 파악하지 못합니다. 책을 많이 읽는 아이라도 비문학 지문은 어려워합니다. 대부분 소설책을 읽지 비문학 책을 즐겨 읽는 아이들은 많지 않기 때문입니다. 요약은 '중요한 것'과 '중요하지 않은 것'을 걸러내는 것입니다. 교과서의 각 단원별로 차례와 제목을 적고 주요 내용을 정리하다 보면 교과서의 뼈대가 보이게 됩니다. 글의 핵심을 파악하는 눈이 트이면 국어시험의 비문학 지문에

서도 빠르게 핵심을 찾을 수 있습니다.

또한 이렇게 정리하는 것이 습관이 되면 논술에도 도움이 됩니다. 사회, 도덕교과서에 담긴 내용은 논술에서 다루는 주제와 비슷합니다. 교과서의 저자가 어떤 식으로 글을 구성했는지, 어떻게 개요에 살을 붙였는지 살피다 보면, 글을 구성하는 방법과 개요를 짜는 방법도 파악이 됩니다. 논술에서 평가하는 핵심 능력인 독해력, 사고력, 표현력을 기를 수 있는 것이지요.

초등학생은 교과서를 요약하는 것이 조금 어렵겠지만, 중학생이라면 선생님이 주신 프린트물이나 참고서에 정리된 내용을 외우는 것에서 벗어나 직접 교과서를 정리하도록 권해보세요.

셋째, 교과서 외의 짧은 글을 요약해봅니다. 신문의 칼럼이나 시론, 사설은 일종의 '논설문'입니다. 주장과 근거로 이루어진 글이지요. 설명문에 비해 요약하기 조금 어렵지만 중학생 정도면 해볼 만합니다. 글을 읽고 각 단락의 중심문장과 중심단어를 찾은 후 한 줄로 중심내용을 요약해보는 거예요. 이렇게 일주일에 한두 편 정도 하다 보면 논설문의 중심내용을 파악하는 실력이 점점 늘어날 수 있습니다. 중학생이라면 〈중등 독서평설〉 같은 잡지의 글 한 편씩을 읽고 요약해보는 연습을 해보는 것도 좋습니다(초등학생은 국어교과서의 논설문을 요약하는 정도면 충분합니다).

넷째, 책을 요약해봅니다. 책을 읽고 나서 일주일에 한 권 정도는 독서일기나 독서기록을 써보는 과정이 책을 요약하는 첫걸음입니다. 전체 내용을 요약하기가 힘들다면 재미있는 문구나 구절을 옮겨 써보는 것부터 시작해보세요.

❸ 신문 읽기

요즘은 인터넷으로 신문기사를 읽는 경우가 많아지고 있습니다. 인터넷 기사는 언제 어디서나 간편하게 볼 수 있다는 장점이 있는 반면 단점 또한 많습니다. 가장 큰 문제는 내가 보고 싶은 것만 본다는 점입니다. 인터넷 기사를 보다 어느 순간 옆으로 새기도 쉽지요. 가벼운 가십거리만 찾아보게 되는 문제도 있습니다.

종이 신문은 제목의 크기나 위치, 기사의 비중, 배치한 면 등을 보면서 기사의 경중을 판단할 수 있습니다. 전체를 훑어보다 보면 어휘력과 상식이 늘게 됩니다. 부모가 늘 신문을 보는 모습을 보이면 아이도 자연스럽게 따라 읽습니다. 신문 구독료를 아까워하지 말고 중학생부터는 보수와 진보 양쪽의 신문을 균형 있게 읽기를 권합니다(단, 어른용 신문은 정치적·사회적으로 아이들이 읽기에 적당하지 않은 기사들이 많으므로 초등 고학년이라도 선별해서 보여주세요).

국어를 잘하려면?

국어는 해도 그만, 안 해도 그만이라고 하는 것은 제대로 공부하는 방법을 모르기 때문에 하는 소리입니다. 초등 고학년만 되어도 학원 다니느라 책 읽을 시간이 없는 아이들이 대다수입니다. 국어교과서는 공부하지도 않거니와 어떻게 공부하는지도 모릅니다. 수업시간에 집중하는 아이도 많지 않습니다. 이런 상태에서는 문제집을 제아무리 많이 풀어본들 힘만 들고 국어성적이 잘 나올 수 없습니다. 국어는 다음 사항을 확실하게 챙기면 좋은 성적을 낼 수 있습니다.

❶ 책 많이 읽기

국어는 말하기, 듣기, 쓰기, 읽기 전반을 배우는 과목이지만, 시험에서는 '읽기' 영역이 대부분을 차지합니다. 읽기 능력을 올리려면 책 읽기가 최고의 방법입니다. 국어성적이 부진한 아이들의 공통점은 책을 거의 읽지 않는다는 점입니다. 반대로 책을 꾸준히 읽은 아이라면 초등학교 때까지는 국어성적이 비교적 잘 나옵니다.

❷ 국어교과서 공부하기

학교 국어시험은 '교과서'에서 나옵니다. 국어교과서의 '학습목표'와 '개념'이 시험문제입니다. 각 단원에 나온 개념은 충분히 이해하고, 필요하다면 외워야 합니다. 교과서에 나온 문제들은 학습목표, 개념과 연관지어 혼자 풀어봐야 합니다. 책을 좋아하고 많이 읽는데도 국어시험에서 종종 틀리고 점수가 안 나오는 것은 교과서의 개념을 생각하지 않고 자기 머리에서 생각나는 대로 답을 쓰기 때문입니다.

❸ 수업시간에 집중하기

학교 수업시간이 중요한 것은 교과서의 학습목표에 따라 수업이 진행되기 때문입니다. 교과서의 개념을 선생님이 알아듣기 쉽게 설명해주기도 하고요. 국어시험이 어려워지는 중학교부터는 수업시간에 선생님이 지나가듯 한 이야기가 시험에 나오기도 합니다. 따라서 수업에 집중하지 않고서는 국어 점수를 잘 받을 수 없습니다.

❹ 문제집은 맨 마지막에 풀기

문제집을 푸는 것은 교과서의 학습목표와 개념이 어떻게 적용되는지를 확인하기 위해서입니다. 지피지기면 백전백승이라고 했던가요? 꾸준히 책을 읽고, 국어교과서도 공부하고, 수업시간에 잘 들은 후 문제를 보면 출제자의 의도가 환히 보입니다. '아, 이건 학습목표를 묻는 거군' '개념을 아는지 확인하는 문제잖아!' 하고요.

국어교과서로 공부하는 방법

❶ 교과서를 처음부터 끝까지 빼먹지 말고 다 읽습니다

교과서를 읽으라고 하면 본문만 달랑 읽고는 공부할 것이 없다고 하는 아이들이 많습니다. 교과서를 만드는 입장에서는 단원명부터 그림, 말풍선, 표까지 하나하나 다 이유가 있어 넣은 것입니다. 아래 사진은 초등학교 4학년 1학기 1단원의 첫 페이지에 있는 단원의 제목과 그림, 말풍선, 단원 설명글로, 이 단원에서 배울 내용의 핵심을 요약해서 보여주고 있습니다. 아이들이 나누는 말풍선도 잘 보세요. 하단 설명글의 예를 보여주고 있습니다. 이처럼 첫 장부터 본문, 학습활동, 맨 뒤의 정리글까지 다 중요합니다. 교과서는 어느 것 하나 빼지 말고 모두 읽도록 해주세요.

❷ 읽으면서 모르는 단어는 따로 표시해서 사전이나 참고서에서 찾아봅니다

어휘가 약하면 뜻을 몰라 틀리는 문제들이 나타나게 됩니다. 교과서의 단어를 확인하다 보면 엉뚱하게 알고 있는 단어, 정확하게 모르는 단어가 많다는 것을 알 수 있습니다. 모르는 단어에 표시를 하라고 했을 때 건성으로 하는 기미가 보이면, 부모님이 내 아이가 모를 것 같은 단어를 거꾸로 물어봐야 합니다(야단치지 말고요). 부모가 자꾸 물어보는 것이 성가시면 그 후로는 아이 스스로 제대로 체크를 합니다.

❸ 다시 한 번 전체적으로 읽으면서 '학습목표'를 숙지하고 단원의 '핵심개념'은 암기합니다

모르는 단어를 알아보고 나서 교과서를 한 번 더 읽으면 좀 더 확실하게 이해가 됩니다. 그러나 이해하는 것만으로는 많이 부족합니다. 단원 첫머리의 '학습목표'를 소리 내어 읽어보고, 핵심개념은 외우게 해주세요.

 시에서 반복되는 표현을 알아봅시다.

초등 국어교과서에는 상단의 박스 부분에 '학습목표'가 있고, 점선 부분에 '개념'이 있습니다.

학 | 습 | 목 | 표
- 시어와 일상어의 관계에 대한 이해를 바탕으로 노랫말을 쓸 수 있다.
- 경험을 기록한 글을 읽고, 글쓴이의 경험에 비추어 자신의 삶을 성찰할 수 있다.
- 자신의 생활 체험을 바탕으로 하여 독자에게 감동이나 즐거움을 주는 글을 쓸 수 있다.

중등 국어교과서에서는 '단원의 길잡이'와 '학습목표'가 핵심이며, 알아야 할 '개념'이 정리되어 있습니다.

❹ 교과서의 질문과 학습활동을 혼자 힘으로 해봅시다

교과서를 최소한 두 번 읽고, 모르는 단어는 다 이해하고, 학습목표와 핵심개념을 암기하면 교과서에 나온 질문이나 학습활동을 하는 것이 힘들지 않습니다. 교과서 문제의 답은 초등은 전과에, 중등은 자습서에 나와 있습니다. 부모는 답지를 들고, 아이가 교과서의 질문에 대답을 하면 맞는지 확인만 해주세요. 답이 틀렸다면 다시 교과서를 읽어보게 하고요. 서술형 문제는 교과서의 질문과 학습활동에서 나오는 경우가 많습니다. 학교에서 시간이 없어 건너뛰는 경우도 많기 때문에 꼭 해봐야 합니다. 단, 초등학생이라면 아이에게 억지로 글로 쓰라고 강요하지는 마세요. 말로 해봐도 충분합니다.

국어시험, 이렇게 준비하세요

❶ **국어교과서의 시험 범위를 다시 읽으면서 학습목표와 개념을 숙지합니다**
초등학생이라면 교과서의 '학습목표'와 '개념'을 정확히 알고 있는지 확인해주세요. 중학생은 '학습목표' '개념'과 함께 교과서 지문의 날개 부분에 있는 질문까지 모두 공부하고, 학교에서 나눠준 프린트물, 수업 중 필기한 것도 완전히 숙지해야 합니다.

❷ **문제집 1권을 정해 풀고, 오답 체크를 확실하게 합니다**
평소에 국어공부가 되어 있으면 문제집은 시험공부 기간에만 풀어봐도 충분합니다. 이때 틀린 문제는 답만 확인하고 넘어가서는 안 됩니다. 왜 틀렸는지 원인을 찾는 데 중점을 두어야 됩니다.

※ **틀린 문제 확인은?**
객관식 문제라면 보기 하나하나를 검토하면서 왜 틀린 답인지, 왜 맞는 답인지 확인해봐야 합니다. 지문을 끝까지 안 읽어서 틀렸다면 끝까지 읽는 습관을 들여야 하고, 개념이 헷갈려서 틀렸다면 개념을 다시 외워야 합니다. 답을 두 개 고르라고 했는데 하나를 고르거나, 틀린 것을 고르라고 했는데 맞는 것을 고르는 등, 문제를 잘못 읽어 틀린 것은 중요한 단어에 밑줄을 긋거나 보기 하나하나에 ○, ×를 표시해서 실수하지 않도록 해주세요.

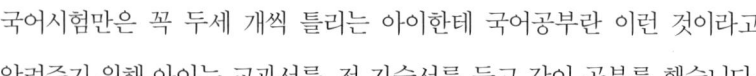

다른 과목은 다 잘하는데 국어시험만은 꼭 두세 개씩 틀리는 아이
작성자 : 새벽이 (중2, 초4)

국어시험만은 꼭 두세 개씩 틀리는 아이한테 국어공부란 이런 것이라고 알려주기 위해 아이는 교과서를, 전 자습서를 들고 같이 공부를 했습니다.

(1) 단원의 제목, 학습목표 확실하게 숙지하기(소리 내어 읽게 하고 다시 한 번 물음)

(2) 각 문단의 중심문장·중심단어 찾기, 글의 요지 파악하기(중심문장 모으면 요지가 나옴)
  - 문학작품은 주제, 배경, 인물 성격, 갈등, 스토리 파악하기

(3) 모르는 어휘 찾아보기(아이가 찾는 걸 싫어해서 수시로 물어봄. "이거 무슨 말이야?" 모르면 화내면서 사전 찾더라구요.ㅋㅋ)

(4) 교과서의 '활동하기' 등 모든 질문 내용을 빼지 않고 스스로 답해보기

(5) 국어공부에 필요한 내용은 정리, 요약하고 외우기(교과서 내용을 토대로)
  - 문학적인 글을 읽는 방법, 문학작품 감상하기 등에 맞춰 수행평가용 독후감 쓰라고 하니 A+ 나오더군요.

아이는 둘째 치고 제가 처음으로 국어공부를 해본 것 같습니다. 이렇게 해보니 국어시험 준비할 때 따로 기출문제 안 풀어봐도 시험문제의 구조가 보이더군요. 아이나 저나 모두.^^

1. 단원의 학습목표
2. 교과서에 나온 질문들

3. 마지막 활동하기

4. 글의 구조

국어선생님도 아니면서 이런 말씀 드리기 좀 우습지만, 딱 여기에 맞춰 시험문제가 나온다는 것을 발견했습니다. 문제를 보면 '이건 학습목표를 묻는 거잖아, 이건 중심내용 묻는 거고, 이건 교과서 본문의 내용을 알고 있는지 묻는 문제네' 이렇게 분석까지 되더라구요. 출제자의 의도가 보인다고나 할까요?

특히 중학교 생활국어는 학교 수업시간에 다 훑어내지 못합니다. 중학교 국어, 생활국어교과서가 수학 정석이다 생각하고 아이랑 같이 해보세요. 속담, 사자성어, 한자, 논술… 이런 것보다 더 우선되는 것이 국어교과서 공부입니다. 직접 해보면 제 말의 의미를 이해하실 겁니다. 단, 중학생인 아이와 함께하는 국어공부는 한계가 분명히 있습니다.

- 아이와 교감이 없으면 말짱 꽝입니다(엄마를 신뢰하고 좋아해야 가능하죠).
- 스스로 해야겠다는 절실한 마음이 있어야 합니다(아니면 엄마 혼자 난리 브루스~).
- 장기간 못합니다(아이나 엄마 모두 지쳐서요).
- 아이 머리에 따라 결과는 달라질 수 있습니다(언어적 감각이 있으면 좀 더 좋은 결과가, 느리면 기간이 더 필요하겠지요).

이렇게 공부하니 드디어 국어시험 100점이 나오더군요.^^

잠수네 덕분에 기말시험에서 국어 첫 100점^^
작성자 : 초록나무별 (초3)

지난주 금요일 기말시험이 끝나고 오늘에야 성적이 나왔습니다. 담임선생님이 총점 많은 순으로 성적을 불러주셨다는데, 총점 393점으로 자기 이름이 첫 번째로 불렸답니다(국·수·과 3과목 100점, 사회가 93점). 무엇보다 가장 기쁜 것은 다른 과목보다 국어성적이 100점이라는 사실이에요. 3학년 1학기, 2학기를 통틀어 국어를 처음 100점 맞았거든요(1학기 중간고사 85점 → 기말고사 89점→2학기 중간고사 95점→기말고사 100점).

1학기 중간고사 때 85점 맞고 기말 때도 90점 벽을 못 넘어서 공부를 잘못 시키고 있나 걱정했더랬습니다. 아이도 다른 과목에 비해 국어 점수가 안 나와서 속상했는지 "엄마, 국어 잘할 수 있는 문제집 사다주세요"라고 했었거든요. 뭐가 그리 어려운지 물었더니 서술형 쓰는 것이 가장 어렵다고 하더라구요.

책 읽기를 좋아해서 평소 제법 읽는 편이고 줄거리나 요점도 잘 파악하는 것 같은데 뭐가 문제일까, 뒤늦게라도 국어학습지를 꾸준히 시켜야 하나, 국어 문제집을 사다 풀게 할까, 좀 답답했었어요. 그런데도 1학기 통지표에서는 국어 과목이 모두 '아주 잘함'이더라구요. 그래서 잠수네에서 국어 공부법에 대해 올려주신 글들을 탐독해가며 2학기부터는 국어 과목의 시험공부 방법을 좀 달리했습니다.

1단계 : 전과 해설 보며 꼼꼼하게 읽기

2단계 : 교과서 반복 읽기

3단계 : 문제 풀기 & 직접 채점하기

4단계 : 틀린 문제 다시 보기

1학기 때는 1단계와 2단계 없이 그냥 3, 4단계만 했습니다. 그런데 전과와 교과서 읽기를 꼼꼼히 시키니 서술형 문제 답을 쓸 때 쉽게 느껴진다고 하네요. 더불어 교과서 내용을 확실히 파악하고 있으니 시험문제의 지문에서 답을 찾는 것도 확실히 빨라지구요. 그리고 한 가지 더, 문제집 채점한 걸 보면 아이가 틀리는 유형이 다음과 같더라구요.

(1) 시간 순으로 나열하기와 같은 문제에서 지문을 꼼꼼히 보지 않아 놓치는 문제
(2) 맞는 것을 고르라 했는데 틀린 것을 골라 놓치는 문제
(3) 모두 고르라 했는데 한 가지만 골라 놓치는 문제
(4) 서술형 문제 중 지문에서 해당 부분의 문장을 찾아 옮겨 쓰면 될 것을, 자기가 읽었던 기억에 의존하여 애매하게 축약해서 적어놓는 경우

파악해보니 집중력의 문제이기도 하고, 문제 푸는 요령과도 관련된 문제였지요. 그래서 아이가 문제집 풀 때 '문제 꼼꼼히 읽고 체크하기'와 '지문에서 답 찾아 쓰기'를 강조하고 또 강조했어요. 또 한 문제 한 문제 풀 때마다 답이 지문의 어디에 해당되는 것인지 항상 밑줄 긋게 했구요.
잠수네 덕분에 무조건 책을 좋아한다고 국어시험을 잘 보는 것은 아니란 걸 깨달았습니다. 책을 좋아하고 많이 읽는 것이 장기적으로 큰 밑바탕이 되겠지만, 시험공부에도 요령이 필요하다는 걸 이제야 알게 되었답니다.

국어 55점 → 95점
작성자 : 별이랑 (중2, 초4)

올해부터 학교에서 국어, 수학, 과학, 사회 단원평가 및 쪽지시험을 계속 봤습니다. 꾸준히 해왔던 수학을 제외한 국어, 사회, 과학을 모두 45~55점 받아오더군요. 안 되겠다 싶어 한 단원씩 잡아갔습니다. 조금 하니까 과학과 사회는 80점대로 올라갔는데, 국어만은 죽어도 60점을 못 넘기더군요.

교과서 정독시키고, 학습목표 확실히 알게 설명하고, 문제 잘 읽는 연습(소리 내어 정확하게 읽기)하고, 오답 두세 번 반복하니 이번 중간고사 비슷하게 본 시험에서는 드디어 국어 95점이 나왔습니다. 국어교과서와 《우등생 해법국어》 두 권만으로 나온 결과입니다. 전과가 있긴 해도 《우등생 해법국어》 내용과 거의 겹치더군요. 특히 중점을 둔 부분은 문단의 중심문장 찾기입니다. 국어문제의 상당 부분이 중심문장만 제대로 찾아도 답을 쓸 수 있는 것들이 많아서요.

아이가 문제를 틀릴 수밖에 없는 이유를 생각해보았습니다.

(1) 문제를 많이 안 풀어봐서 문제풀이에 서투르다.
(2) 우리말 독해가 잘 안 되어 문제에서 요구하는 답이 무엇인지 모른다.
(3) 대충 답 같아 보이면 보기를 끝까지 안 보고 찍어서 틀린다.

처음에는 (1)에 해당되는 줄 알고 문제를 한 번 풀게 한 뒤에 보냈더니 똑같이 60점을 받아오더군요. 안 되겠다 싶어 (2)의 '문제가 요구하는 답을 모른다'에 초점을 맞춰 세밀히 살펴보니까 거의 사오정 답변을 하는 것이었습니다. 둘 중 하나를 고르라고 하면 기호를 써야 하는데 엉뚱한 답을 하는 식이었지요. 이것을 교정하고 나니까 이젠 (3)이 걸리더라구요. 보기가 5개 있으면 그중 맘에 드는 것 하나 찍고는 끝까지 안 보는 덜렁거림이 그 원인이었어요. 그래서 틀린 문제에 대해 다음과 같이 했습니다.

(1) 원인을 분석(?)했습니다. 우선 문제를 정확하게 읽고 무엇을 물어보는지 확인한 다음, 보기 문제를 하나씩 읽으면서 문제에 맞는 내용인지 검증하는 것이었지요. 맞으면 ○, 틀린 내용이면 ×를 하고 왜 틀렸는지 이유를 말해보게 했습니다. 저는 아이가 하는 이야기를 들으면서 엉뚱한 이유를 말할 때만 정정해주었구요.

(2) 개념을 몰라 틀린 경우엔 외우도록 했습니다. 예컨대 설명문, 주장하는 글, 시는 어떻게 다르고 각각 어떻게 읽어야 하는가 등입니다(이게 중학교 가서도 심화, 확대되어 계속 되풀이되더군요).

(3) 맞지 않는 것을 골라라, 해당되는 것을 모두 골라라, 두 개 골라라… 이런 유형의 문제가 나오면 제대로 읽지 않아 여지없이 틀리는 것을 보고 문제와 답이 따로 노는 '사오정' 답변의 예를 들어주었습니다. 나중에는 스스로 "이건 사오정이네!" 하고 구분을 하더군요.

앞으로 국어는 이렇게 할 예정입니다.
첫째, 본문은 물론 활동 문제까지 예습을 하게 할 작정입니다. 활동 문제 답에 선생님이 불러주시는 것만 받아쓰고는 무슨 내용인지 잘 모르는 것을 발견하고 내린 결론입니다.
둘째, 교과서에서 아이가 모르는 어휘는 없도록 할 것입니다. 아이는 교과서 보고, 엄마는 국어 전과 들고, 아리송한 말은 물어보고, 모른다면 국어 사전을 찾게 합니다. '이건 기본이니까 당연히 알 거야' 하는 어휘들 중에서도 모르는 게 상당히 많았습니다. 완전 뒤통수 맞았죠.
셋째, 단원 시험 예고가 나오면 문제를 풀게 하고 오답을 확실하게 이해시켜 줄 예정입니다.

잠수네 영어공부법

1999년 12월, 잠수네 영어학습의 첫발을 뗀 이후 십수 년이 흘렀습니다. 처음에는 열심히만 하면 어떤 아이든 들인 시간에 비례해서 영어 실력이 쑥쑥 올라가리라 생각했습니다. 그러나 세월이 흐를수록 아이들마다 천차만별로 진행 과정이 다르다는 것을 알게 되었습니다. 원인이 무엇인가 찾았습니다. '왜 이 아이는 무섭게 영어 실력이 치고 올라가는 것일까? 왜 저 아이는 몇 년이 지나도록 지지부진하지? 왜 같은 부모에게서 난 자식인데 한 명은 빠르게 진행되고 한 명은 느린 것일까?' 등 수없이 질문을 하면서요.

모국어 실력이 외국어 실력이다

영어 유치원을 몇 년씩 다니고, 두꺼운 영어책을 줄줄 읽어 영어 신동 소리를 듣던 아이라도 영어책만 보고 한글책을 안 본다면 초등학교 2~3학년을 기점으로 영어 실력이 정체되거나 오히려 떨어지게 됩니다. 영어 조기교육을 하지 않았어도 한글책을 탄탄하게 읽었던 아이라면 처음 발동을 걸기가 어렵지, 영어책 읽기에 재미가 붙으면 무섭게 치고 나갑니다. 방학 때마다 미국에 영어캠프나 연수를 보낸 아이보다 꾸준히 영어 소리를 듣고 영어책과 한글책 독서를 병행한 아이들의 영어 실력이 훨씬 뛰어납니다. 우리말로 조리 있게 말하는 아이가 영어 Speaking도 잘하고, 자기 생각을 논리정연하게 한글로 쓸 수 있어야 영어 Writing도 잘할 수 있습니다.

❶ 한글책을 읽어야 영어책도 읽는다

잠수네 영어학습은 '흘려듣기, 집중듣기, 영어책 읽기'의 3종 세트로 진행하는 방법입니다. 잠수네 아이들의 성공 스토리는 1999년 12월 이후 지금까지 무수히 많이 나오고 있습니다. 처음에 알파벳 글자도 못 읽던 아이들이 국내는 물론 영미권 어디에서도 기죽지 않는 영어 실력을 갖춘 인재로 성장했습니다. 그 기반은 '영어책 읽기의 힘'입니다.

그러나 잠수네 영어 방법이 힘든 경우도 있었습니다. 바로 한글책을 안 읽는 아이들입니다. "우리 애는 영어책을 잘 안 읽어요" 하는 분께 아이가 한글책을 좋아하는지 물어보면 십중팔구는 한글책도 안 읽는 아이더군요. 나머지 10~20%는 한글책은 좋아하는데 영어책 수준이 아이의 눈높이에 맞지 않아 영어책을 잘 읽지 않았던 것이고요.

전자의 경우는 한글 독해력도 따라주지 않을 가능성이 매우 높습니다. 전체적인 학습 능력도 많이 느리고요. 공부 외에 다른 영역에 특별한 관심을 갖거나 재능이 있다면 그쪽을 밀어주는 것도 하나의 전략이 될 수 있을 겁니다. 그러나 재능에 더해서 영어까지 잘하면 살아가면서 어떤 기회가 올지 아무도 모르는 거예요. 한글책 수준이 높아 영어책 읽기가 시큰둥한 아이라면 J3단계(J3 : 잠수네 영어책 단계, 미국 초등 1학년 수준) 수준의 영어책을 쉽게 읽어낼 수 있을 때까지는 단호하게 이끌고 가야 합니다. 한글책 읽는 수준이 높은 아이라면 영어책 읽기의 재미를 느끼는 순간 영어공부는 저절로 굴러갑니다.

한글책을 안 읽어도 국어를 잘하는 아이가 있는 것처럼, 영어책을 많이 읽지 않아도 영어를 잘할 수 있다고 생각하는 분도 계실지 모르겠습니다. 네, 시험 영어는 잘할 수 있습니다. 수능, 토플도 학원에 맡겨서 점수를 낼 수 있습니다. 하지만 그것으로 땡이에요. 10여 년 영어공부 하고 도로아미타불되는 우리 부모 세대와 다를 바가 없어집니다. 목표가 시험 성적을 내는 데 있다면 잠수네 영어가 아니라도 길은 많습니다.

❷ 한글책 읽기와 영어책 읽기는 같이 간다

잠수네 영어를 시작할 때 제일 신경 쓸 부분이 아이가 재미있어할 만한 교재(DVD, 영어책)를 찾는 것입니다. 영어책이 너무 많아 고르기 어렵다면 아이가 좋아하는 한글책을 유심히 관찰해보면 길이 보입니다. 창작동화를 좋아하는 아이는 영어책도 감동을 주는 잔잔한 책을 좋아합니다. 모험이나 판타지를 좋아하는 아이는 같은 부류의 영어책에 눈을 반짝이지요. 한글 그림책을 구석구석 보며 그림책의 묘미를 맛본 아이는 영어 그림책도 한글책처럼 찬찬히 음미하며 읽습니다. 한글책을 건성으로 보는 아이는 영어책도 건성으로 봅니다. 사회, 과학 등 한글 지식책을 좋아하는 아이는 영어도 지식책을 먼저 찾습니다.

한글책을 많이 읽어주면 언젠간 혼자 읽는 날이 오는 것처럼, 영어책도 많이 듣다 보면 스스로 읽는 날이 옵니다. 한글책 읽기 능력이 떨어지는 경우 쉽고 재미있는 책으로 다독을 하는 것이 좋은 것처럼, 처음 읽는 영어책도 쉽고 재미있는 책이 답입니다. 영어책 읽기를 어떻게 해야 좋을까 고민이 된다면 한글책 읽기를 어떻게 진행했는지 되돌아보세요. 언어만 다를 뿐 쌍둥이 같다는 것을 발견하게 될 겁니다.

❸ 지식은 한글, 영어 어떤 것으로 습득해도 무방하다

그림책, 동화, 소설 같은 창작책(문학작품)은 모르는 단어가 나와도 앞뒤 문맥을 살펴보며 짐작할 수도 있고, 대충 건너뛰어 읽어도 줄거리를 이해하는 데 크게 어려움이 없습니다. 조금 어려운 책이라도 좋아하는 내용이라면 반복해서 읽게 되고, 그러다 보면 모르던 단어도 조금씩 알게 됩니다. 또한 문장을 이해하는 능력도 커집니다. 창작책을 많이 읽으면 읽기 능력이 자연스럽게 올라가게 되는 것은 이 때문입니다. 이 점은 한글책이든 영어책이든 똑같습니다.

그에 반해 지식책은 중요한 개념을 설명하는 단어를 모르면 책 내용 자체를 이해하기 힘듭니다. 어려운 책은 배경지식이 없으면 이해가 잘 안 됩니다. 한글 지식책을 많이 읽어 그 분야에 대한 지식이 많다면 같은 주제의 영어 지식책을 읽는 것은 금방입니다. 개념을 이미 알고 있으면 책을 읽으면서 '아, 이 단어가 이 뜻이군!' 하고 바로 알 수 있습니다. 반대로 배경지식이 별로 없는 주제의 지식책이라면 아무리 좋은 영어책을 보여준들 이해가 안 될 수밖에 없습니다.

영어로 된 지식책을 읽기 위한 배경지식은 영어책으로 습득하든 한글책으로 습득하든 상관이 없습니다. 그러나 모국어가 한국어인 아이라면 한글책으로 읽는 것이 지식을 이해하고 받아들이는 데 더 효율적입니다. 아이가 영어 지식책을 특별히 좋아한다면 모를까 굳이 영어로 된 지식책을 골고루 읽혀야 한다는 강박관념을 갖지 마세요.

❹ 국어를 잘해야 영어시험도 잘 본다

영어 테스트 문제를 보면 쉬운 단계에서는 단어의 뜻이나 문장 이해를 묻습니다. 중학교 영어시험도 본문을 이해했는지, 알아야 할 문법 사항을 묻는 정도이지요. 그러나 수능 영어시험 정도 되면 영어로 되어 있을 뿐 딱 국어시험입니다. 텝스(TEPS), 토플(TOEFL), SAT 등 더 어려운 시험들도 마찬가지입니다. 재미있는 것은 영어와 국어시험의 관계입니다. 영어시험이 쉬울 때는 국어성적과 영어 테스트 점수가 그리 관련이 없어 보이지만 수능, 텝스, 토플 등 시험이 어려워질수록 국어를 잘하는 아이들이 영어시험도 잘 본다는 사실을 알 수 있습니다.

이유는 중고등학교 영어교과서 수준을 보면 알 수 있습니다. 중1 영어교과서는 J3~J4단계(미국 초등 1~2학년) 정도입니다. 중3 영어라고 해도 J5단계(미국 초등 3학년) 수준을 넘지 않습니다. 영어를 배워가기 시작하는 단계이다 보니 중학교에서는 독해력을 묻는 문제보다는 어휘나 내용 확인, 간단한 문법 문제가 나올 수밖에 없지요.

그러나 고등학교에서는 조금 상황이 달라집니다. 고등학교 영어 교과서는 J6~J7단계(미국 초등 4~5학년) 정도, 수능 영어는 J7~J8단계(미국 초등 5~6학년) 수준입니다. 수능 영어의 어휘와 문장 수준은 미국 초등학교 5~6학년 정도지만, 언어만 영어일 뿐 수능 국어보다 조금 쉬운 국어시험입니다. 따라서 고등학교에 와서 국어성적이 안 좋으면 영어성적도 일정 수준 이상 올라가기 어렵습니다. 수능 영어보다 어려운 토플이나 텝스 역시 국어적 이해력이 부족하면 독해 영역(Reading Comprehension) 점수가 제자리걸음을 하게 됩니다.

잠수네에서 3개월마다 영어교실 회원을 대상으로 보는 '영어 테스트'는 여타 영어학원이나 중학교 영어시험과는 조금 다릅니다. 영어로만 되어 있지 국어시험 성격이 큽니다. 수능 영어시험의 쉬운 버전이라고나 할까요? 그러다 보니 영어책을 많이 읽었어도 국어성적이 좋지 않으면 〈잠수네 영어 테스트〉의 결과가 생각만큼 잘 나오지 않습니다. 흥미로운 것은 영어책을 꾸준히 읽으면서 다른 한편으로 한글책 읽기와 국어공부를 열심히 한 경우 테스트 결과가 급상승하는 케이스가 많다는 사실입니다.

❺ 문화적 사대주의를 넘어 세계인으로 키우기

어릴 때부터 영어를 하느라 자칫 소홀하기 쉬운 것이 문화적 주체

성입니다. 영어로 된 영화나 TV 시리즈, 영어책을 보다 보면 영미권 사람들이 살아가는 모습이나 생각하는 방식을 따라가기 쉽습니다. 서양인의 시각으로 쓴 역사책을 읽다 보면 왜곡된 역사관을 갖게 될 수도 있습니다. 그들의 문화를 부러워하면서 동시에 상대적인 열등감도 느낄 수 있지요.

날이 갈수록 남과 다른 나만의 콘텐츠가 점점 더 중요해지고 있습니다. 다른 사람, 다른 문화를 동경하는 것으로는 자기 자리를 만들어내기 힘듭니다. 나만의 '고유한 것'이 경쟁력이고 차별점입니다. 우리의 문화, 한글책 읽기가 소중한 이유가 이 때문입니다. 필요에 의해 영어를 배우기는 하되, 중심을 잃지 않도록 노력하는 자세를 잃지 않게 해주었으면 좋겠습니다.

영어, 이렇게 하면 된다!

❶ 영어 불안증 극복하기

아이들 영어교육, 왜 어릴 때부터 시간과 돈을 들여 영어에 투자를 할까요? 영어를 잘해야 나중에 사회에 나갔을 때나 입시에서 경쟁력이 있다고 생각하기 때문일 것입니다. 영어를 익힐 수 있는 길은 여러 가지입니다. '생각' 같아서는 외국에서 살면 제일 확실하게 익힐 수 있을 것 같습니다. 좋은 학원, 좋은 학습지, 좋은 과외선생님에게 맡기면 영어를 잘하게 되리라 생각합니다.

하지만 '현실'은 생각과 많이 다릅니다. 외국에서 살다 온 아이도 영어 실력을 계속 유지시키려면 어떤 학원이 더 좋은가 기웃거립니다. 좋다는 학원에 보내고서도 불안해서 더 좋은 곳이 없나 찾습니다. 영어 실력과 부모의 경제력은 비례한다는 말에 돈이 없어서 아이들 영어를 제대로 못 시킨다는 열패감도 불안의 한 원인입니다. 잠수네가 문을 연 지 10년 이상의 긴 세월이 흘렀지만 아직도 영어교육에 대해 우왕좌왕하는 사회 분위기는 그리 달라지지 않은 것 같습니다.

어릴 때부터 잠수네 영어학습을 한 아이들이 중고등학교·대학교에 입학하고, 사회에 첫발을 내딛기 시작하면서, 직접 경험해본 사람들은 잠수네 영어학습이 '영어를 잘할 수 있는 근본적인 방법'이라는 데 전폭적인 지지를 보냅니다. 잠수네 영어를 하다 해외에 나간 아이들의 놀라운 소식을 듣는 것도 이미 새삼스러운 일이 아닙니다. 미국, 영국, 캐나다 등 영미권에서 살면서도 잠수네 영어를 하는 분들이 많습니다. 영미권에서 살다 온 분, 박사학위를 따고 들어온 분들도 영어를 잘하는 길은 많이 듣고 읽는 잠수네 방법밖에는 없다고 이구동성으로 말합니다.

그러나 '과연 저렇게 해서 될까? 내가 할 수 있을까? 내 아이가 과연 될까?' 아직도 자신이 없어 엄두를 못 내는 분들이 많습니다.

어떤 언어든 모국어를 익히는 방법 이상의 길은 없습니다. 많이 듣고 읽는 것이 최선의 방법입니다. 내가 할 수 없으면 남에게 맡겨야 하지만, 성공한다는 보장은 어디에도 없습니다. 한국말을 하고 한글책을 잘 읽는다면 잠수네 영어는 어떤 아이든 다 됩니다. 문제는 부모입니다. 부모가 포기하지 않고 아이의 반응을 면밀하게 관찰하면서 아이가 원하는 방향으로 진행하면 누구나 100% 성공할 수 있습니다.

잠수네 영어학습법은 많이 듣고 읽기를 강조합니다. 1999년 잠수네 사이트가 오픈한 이후 수차례 대학입시가 바뀌었지만 점점 더 언어 습득의 기본원칙을 고수하는 잠수네 영어를 한 아이들이 유리해지고 있습니다. 도랑 치고 가재 잡는다고나 할까요. 앞으로도 이 추세는 바뀌지 않을 겁니다. 외국어 교육의 본질을 추구하고 있으니까요.

❷ 잠수네 영어 3종 세트

잠수네 영어학습은 아주 간단한 방법입니다. '재미있는' 교재로 많이 듣고 많이 읽으면 되니까요.

첫째, 흘려듣기

흘려듣기는 DVD, TV 시리즈를 자막 없이 보는 것을 말합니다. 영어학습에 가장 효과적인 방법은 쉬운 내용을 반복하는 것입니다. 어른이라면 영어를 익혀야겠다는 굳은 마음을 가지고 볼 수 있겠지만 아이들은 '재미'가 빠지면 어느새 딴청을 피웁니다. 그래서 아이에게 보여줄 만화, 영화를 찾을 때는 '재미있으면서 쉬운 것'을 찾는 것이지요.

반복 여부는 아이에게 맡기면 됩니다. 억지로 반복시키려고 하면 아이와 관계만 나빠지고 영어학습에도 효과가 없습니다. 새로운 것을 좋아한다면 다양한 소리를 들을 테고, 반복을 한다면 듣는 내용이 확실하게 자기 것이 됩니다. 흘려듣기가 자리 잡히면 한글만화, 한글영화를 보는 것처럼 편안하게 보는 때가 옵니다. 놀면서 휴식처럼 영어학습을 한다는 말은 바로 이 때문입니다.

둘째, 집중듣기

집중듣기는 영어책을 읽어주는 오디오 소리를 들으면서 소리에 맞춰 글자를 따라가며 영어책을 보는 것입니다. 집중듣기 역시 흘려듣기처럼 재미있는 교재 찾기가 최우선입니다. 영어를 전혀 못 하는 아이라도 그림이 재미있거나 오디오 소리가 재미있으면 생각보다 잘 들을 수 있습니다.

처음부터 집중듣기를 좋아하는 아이는 많지 않습니다. 시작할 때는 부모가 같이 옆에서 습관이 잡히게 해주세요. 영어책의 내용을 전혀 몰라도 자꾸 듣다 보면 그림을 보면서 내용을 이해하기도 하고, 흘려듣기를 하면서 들었던 단어가 나오면 의미를 짐작하기도 합니다. 이렇게 집중듣기를 꾸준히 하다 보면 영어책을 읽을 수 있게 됩니다.

셋째, 영어책 읽기

어떻게 듣기만 해서 영어책을 읽을 수 있는지 납득을 못 하시는 분이 많습니다. 아이들과 흘려듣기, 집중듣기를 직접 해보세요. 단어 암기, 파닉스, 문법을 하나도 하지 않아도 아이들이 영어책을 읽는 놀라운 경험을 할 수 있습니다. 직접 경험해보지 않은 사람들은 "진짜?" 하고 의문을 표시하겠지만요.

처음에는 집중듣기한 책 위주로 읽기 시작하지만 아는 단어가 많아지고 영어 문장에 익숙해지면 듣기를 안 한 책도 읽을 수 있습니다. 책을 읽는 양이 많아지면 모르는 단어가 나와도 문맥 속에서 의미를 유추하는 능력이 커집니다. 단어 암기로 영어학습을 하면 한두 개의 뜻밖에 모르지만, 책을 읽는 방법으로는 단어의 다양한 의미를 폭넓게 이해하게 됩니다. 책을 읽는 양과 수준이 올라가면 어떤 영어시험이든 단기간 준비해도 거뜬히 넘을 수 있는 기초체력이 다져집니다. 기본은 '책'이라는 것, 우리말이든 영어든 마찬가지입니다.

❸ 흘려듣기 : 집중듣기 : 책 읽기 비중은?

잠수네 영어학습의 전체 과정은 적응과정, 발전과정, 심화과정, 고수과정 네 단계로 나누어집니다. 각 과정을 구분하는 기준은 '영어책을 읽는 수준'으로 정합니다. 이전에 학원이나 학습지 몇 년 했고, 영어학원 무슨 단계다, 외국에서 몇 년을 살았다, 이런 거 다 소용없습니다. J2~J3단계 영어책을 자유롭게 읽을 수 있으면 발전과정, J4단계 이상의 책을 쉽게 읽을 수 있으면 심화과정, J7단계 이상의 책을 한글책 읽듯 편안하게 읽을 수 있으면 고수과정입니다. 잠수네 영어로 3시간을 쏟아붓는 기간은 최대 2~3년입니다.

첫째, 적응과정

잠수네 영어에서 처음부터 '흘려듣기, 집중듣기, 책 읽기'를 한 번에 다 하기는 어렵습니다. 세 가지 중 아이들이 제일 재미있어하고 쉽게 할 수 있는 것이 '흘려듣기'입니다. 처음 시작할 때는 흘려듣기를 중심으로 진행하되, 영어책을 읽을 수 있도록 도와주는 준비단계인 '집중듣기'는 5분부터 시작해서 조금씩 늘려 매일 30분은 듣도록 습관을 잡아주세요. 흘려듣기용 DVD, 집중듣기 영어책은 쉬우면서 아이가 좋아하는 교재를 잘 찾아보세요. 아이가 흥미를 느끼고 몰입할 수 있는 교재를 찾는 것이 아이들 영어 실력을 올리는 비결입니다.

둘째, 발전과정

흘려듣기와 집중듣기가 자리 잡으면 집중듣기한 책을 하나씩 읽어 나가게 됩니다. 겪어보지 않은 사람은 이해가 안 되는 현상입니다만, 수많은 아이들이 영어단어 암기, 문장 해석, 문법을 하지 않고도 영어책을 술술 읽어나가는 놀라운 경험을 합니다. 집중듣기한 영어책을 읽다 보면 어느 순간부터 오디오로 듣지 않은 책도 읽을 수 있게 됩니다.

오디오가 없는 쉬운 책을 읽는 양이 조금씩 느는 것이 보이면 서서히 '1000권 읽기'를 할 준비를 합니다. 1000권 읽기란 영어책을 1000번 읽는다는 의미입니다. 영어책을 1000권 구비하라는 말이 아니에요. 100권을 10번 읽어도 되고, 300권을 3~4번 읽어도 됩니다. 목표를 가지고 영어책을 집중적으로 읽으면 '읽기'에 자신감이 생깁니다. 나도 영어를 잘한다는 마음이 들기도 합니다. 발전과정만 되어도 동네에서 영어를 잘하는 아이라는 말을 들으니까요.

셋째, 심화과정

심화과정이 되면 아이마다 제각기 다른 모습이 나타납니다. 흘려듣기를 유독 좋아해서 반복해서 보다 DVD에서 나온 말을 그대로 자기 것으로 만드는 아이도 있고, 집중듣기를 몇 시간이고 재미있게 하는 아이도 있습니다. 방학이면 영어책을 하루 종일 읽고 싶어 하는 경우도 있어요. 아이마다 좋아하는 영어책도 제각각입니다. 판타지나 모험소설을 좋아하는 아이, 감동적인 이야기를 좋아하는 아이, 역사물을 좋아하는 아이 등으로요. 읽고 이해할 수 있는 영어책이 많아지면 읽는 속도가 빨라지면서 어느 순간 집중듣기가 필요 없어지는 시점이 옵니다. 아이가 영어책을 읽는 속도가 오디오 소리보다 빠르기 때문이지요.

J5~J6단계의 영어책을 편안하게 읽을 수 있는 심화과정 중반에 접어들면, 학원 등에서 외국에서 살다 왔냐는 말을 종종 듣습니다. 그동안 그렇게 해서 되겠냐며 뱁새눈으로 보던 주변 엄마들이 어떻게 영어를 시켰냐고 묻는 상황이 됩니다. 아이들도 영어를 학습이 아니라 생활로 받아들입니다. DVD를 보고 영어책 읽는 시간을 더 이상 공부가 아니라 노는 시간, 휴식시간으로 생각합니다. 이 수준이 되면 영미권에 나가서 공부할 때도 거의 어려움이 없습니다. 미국 학교의 수업을 듣고 이해하는 것, 친구들과 대화하는 것도 자유롭습니다.

넷째, 고수과정
J7~J8단계 이상의 영어책을 자유롭게 읽을 수 있는 시기입니다. 이 말은 어떤 영어책이든 편안하게 볼 수 있다는 의미입니다. 아이의 지적 이해력이 받쳐준다는 전제하에서요.

이때부터는 자기가 보고 싶은 DVD나 영어책을 자유롭게 보면서 영어에 들이는 시간을 가감해도 되는 시기입니다. 목표가 어딘가에 따라 영어의 비중을 더 높일 수도 있고 줄일 수도 있습니다. 필요에 따라 공인 영어시험을 준비하는 아이도 있겠고, 영어는 최소한으로 줄이고 자기 진로에 맞춰 공부할 수도 있겠지요.

재미있는 것은 영어에 투자하는 시간을 최소한으로 해도 영어 실력은 계속 올라간다는 점입니다. 공부하다 머리를 식히고 싶으면 DVD를 보고, 잠깐 짬이 나면 영어책을 읽는 정도만으로도요. 나이가 들고 아는 것이 많아지면서 영어를 이해하는 폭도 같이 넓어지기 때문입니다. 외국어를 배운다는 것은 그 나라의 문화를 이해하고 받아들이는 것을 의미하기도 합니다. 이런 면에서 잠수네 영어를 한 아이들은 평생을 함께할 자산을 하나 갖게 되는 셈입니다.

※ 잠수네 영어학습에서 자주 거론되는 용어나 개념은 《잠수네 아이들의 소문난 영어공부법-입문로드맵》을, 구체적인 실천 방법은 《잠수네 아이들의 소문난 영어공부법-실천로드맵》을 참조해주시기 바랍니다.

❹ 말하기와 쓰기

'듣기와 읽기'가 입력과정이라면 '말하기와 쓰기'는 출력과정입니다. 영어를 막 시작하는 아이라면 말하기와 쓰기에는 눈을 돌리지 마세요. 듣기, 읽기, 말하기, 쓰기를 골고루 해야 한다는 말은 환상에 불과합니다. 머리에 든 것이 없는 상황에서 영어 문형을 외우고 회화 수업을 한들 발전이 없습니다. 많이 듣고 읽다 보면 말하기는 저절로 됩니다. 믿어지지 않겠지만 잠수네의 수많은 아이들이 증명하고 있는 사실입니다. 학교 영어선생님과 자유롭게 대화하고, 외국에서 살다 왔냐는 말까지 듣습니다.

글쓰기는 영어의 문제가 아니라 글을 쓸 수 있는 생각과 지식, 경험이 더 중요합니다. 영어책을 많이 읽다 보면 어느 순간 노트 한두 장은 거뜬히 쓰는 아이들을 볼 수 있습니다. 한글 글쓰기처럼 영어도 처음에는 문법이나 스펠링이 많이 틀릴 수 있습니다. 하지만 자꾸 쓰다 보면 아이가 알아서 제대로 쓰는 날이 오니까 너무 걱정하지 않아도 됩니다.

❺ 문법, 어휘, 독해

영어책을 많이 읽다 보면 문법과 어휘는 저절로 몸에 익습니다. 영어책을 많이 읽으면 문법 문제를 보고 "'그냥' 표현이 이상해서, '이유는 잘 모르겠지만' 이렇게 쓰면 안 될 것 같아서" 하고 이야기하는 순간이 많습니다. 문법을 배우지 않았어도 문법적으로 맞고 틀리고를 알게 되는 것이지요. 우리말도 문법을 따로 배우지 않았지만 읽다 보면 이상한 표현을 저절로 알 수 있는 것처럼요.

단어 역시 외우지 않아도 책을 읽으면서 저절로 알게 되는 양이

어마어마하게 많습니다. 학교 다닐 때 전교 1등을 도맡아 하던 부모라도 아이의 영어 실력에 밀릴 정도입니다. 중고등학교에서 배우는 문법은 그때 가서 열심히 공부하면 됩니다. 시험에 필요한 단어는 단시간에 외울 수 있습니다. 처음 보는 단어는 외우기도 어렵고 외워도 금방 잊어버리지만, 책에서 여러 번 만난 단어는 몇 번 안 봐도 쉽게 외웁니다. 문법과 단어를 외워야 영어를 할 수 있다는 선입관은 버려주세요.

독해는 영어만의 문제가 아닙니다. 쉬운 문제는 영어를 잘하면 어느 정도 해결되겠지만 수능 영어, 텝스, 토플 등의 독해 문제는 바로 국어문제입니다. 한글책을 많이 읽고 국어를 잘하게 되면 영어 독해도 저절로 해결되는 면이 있습니다. 독해 학습서를 풀어보는 것도 나쁘지는 않지만, 한글책 읽기와 국어공부를 열심히 하는 것이 국어와 영어 둘 다 해결할 수 있는 '꿩 먹고 알 먹기 식' 공부 방법입니다.

영어시험, 이렇게 준비하세요

영어시험이 어려울수록 국어시험과 비슷한 패턴을 보이는 것은, 언어는 달라도 '생각하는 뇌'가 같기 때문입니다. 따라서 영어시험은 '영어 실력 + 국어 능력'의 집합이라고 볼 수 있습니다.

❶ 내신 영어시험

중고등학교 영어시험은 영어교과서의 제한된 범위 내에서 시험을 내려니 선생님들도 어려움이 많습니다. 영어를 아주 잘하는 아이부터 못하는 아이까지 편차가 매우 크기 때문이지요. 외국에서 몇 년씩 살다 온 아이들까지 있고요. 따라서 중학교 영어시험은 '영어 실력'과 함께 '성실성'도 본다고 생각해야 합니다.

<u>첫째, 수업시간에 집중합니다.</u> 영어학원 최고 레벨, 텝스 800~900점이라도 수업시간에 선생님이 지나가듯 이야기한 것을 놓치면 학교시험 100점이 안 나옵니다. 영어 좀 잘한다고 학교 수업시간을 우습게 보지 않도록 해주세요.

<u>둘째, 교과서 본문 + 프린트물 + 자습서의 설명은 무조건 암기하세요.</u> 중학교 영어시험은 어려운 시험이 아닙니다. 영어 못한다고 주눅 들 필요가 없습니다. 시험 범위만 완벽하게 외워도 기본 점수는 받을 수 있습니다. 교과서를 구석구석까지 다 암기하고 나면 시험문제의 답이 눈에 다 보입니다. 반면에 다 안다고 자만하고 눈으로 건성건성 훑으면 여지없이 틀립니다. 아무리 영어를 잘해도 겸손한 자세로 꼼꼼하게 외우게 해주세요.

셋째, 시험 범위 내의 문법을 완전히 이해할 때까지 문제를 최대한 많이 풀어봅니다. 교과서와 프린트물, 자습서 내용을 다 암기하고 나면 기본적인 문법은 익히게 됩니다. 그러나 문법 문제는 한 번 본 것으로는 많이 부족합니다. 여러 번 반복해야 실수 없이 문제를 풀 수 있습니다. 내신 영어시험 준비를 겸해 문법을 다진다는 마음으로 집에 있는 문법책 중 같은 영역의 문법 문제는 다 찾아서 읽고 풀어보는 것이 좋습니다.

넷째, 평가문제집, 기출문제집을 풀어봅니다. 학교 시험 유형에 익숙해지는 과정입니다. 틀린 문제는 원인을 찾아 해결하는 방향으로 공부합니다.

※ 중학생이라도 잠수네 영어를 시작하는 아이들이 많습니다. 길게 봐서 진짜 영어 실력을 갖는 길이기 때문입니다. 영어책 읽기와 듣기 없이 학교 영어, 시험 영어만 공부해서는 실력이 늘지 않거든요. 중학생이라 시간이 없다고 영어책 읽기와 듣기를 안 하고 있다면 지금이라도 방향을 바꾸세요.

❷ 공인시험(토플, 텝스)

토플과 텝스는 수능 영어보다 한두 단계 더 어려운 시험입니다. 어휘가 어렵고 문장을 이해하는 것이 어렵기 때문입니다. 수능 영어시험은 J7~J8단계(미국 초등 5~6학년), 토플과 텝스는 J8~J9단계(미국 중학생) 수준의 지문이 나옵니다. 영어책 J7~J8단계를 편안하게 읽으면 수능 영어가 쉬운 것처럼, 영어책 J8~J9단계를 편안하게 읽는다면 토플과 텝스 문제도 쉽게 느껴집니다.

그러나 읽기 능력이 안 되는데 토플이나 텝스 시험을 준비하려면 필수적으로 어휘 암기, 독해 문제 풀이로 갈 수밖에 없습니다. 바늘허리에 실 못 꿰어 쓴다는 속담처럼 어휘 암기와 독해 문제 풀이로는 일정 수준 이상 점수가 올라가지 않습니다. 용하다는 학원 강의 수백 번 들어봐야 소용이 없습니다. 초등학교 2~3학년 수준의 한글책을 간신히 이해하는 정도의 실력으로 수능 국어시험을 보겠다고 팔을 걷어붙이고 한글 어휘를 암기하고 독해 문제를 많이 풀어본들 수능 국어시험을 잘 볼 수 있을까요? 영어시험이나 국어시험이나 언어의 속성은 똑같습니다.

첫째, 영어책 읽기, 듣기가 기본입니다. 토플이든 텝스든 준비하기 전에 영어책 읽는 수준부터 끌어올리세요. 흘려듣기, 집중듣기 하면서요. 최소한 J8단계 이상 영어책을 자유롭게 읽을 만한 수준이 되기 전에는 토플이나 텝스 시험을 준비하는 것이 의미가 없습니다. 영어책같이 긴 흐름의 글을 많이 읽으면 빠른 시간 내에 읽어내야 하는 시험에 더욱 강하게 됩니다. 또한 흘려듣기, 집중듣기를 꾸준히 했다면 듣기(Listening Comprehension)에 따로 많은 시간을 들이지 않아도 됩니다. 급할수록 돌아가라는 말처럼 기본을 지키는 것이 빨리 가는 길입니다.

둘째, 한글책 읽기, 국어공부를 열심히 합니다. 영어책 읽는 수준이 높은데 Reading 영역 점수가 제자리걸음이라면 국어교과서로 국어공부를 하세요. 한글책, 영어책 읽는 수준이 높은 상태에서 국어까지 잘하면 영어시험 점수도 잘 나옵니다. 특히 텝스 고득점을 목표로 한다면 한글로 비문학 지문을 읽고 이해하는 능력을 더 길러야 합니다. 마지막에 가서는 영어 실력이 모자라서가 아니라 '언어 독해력'에 따라 점수가 달라지기 때문입니다.

셋째, 어휘 암기를 합니다. 영어시험은 유형에 따라 어휘군이 조금씩 다릅니다. 어휘 실력의 부족을 느끼면 토플이면 토플, 텝스면 텝스 단어를 외우면 됩니다. 단, 이렇게 외운 단어는 빨리 외운 만큼 빨리 잊어버립니다. 읽기나 쓰기, 말하기에 사용하지 못하는 시험 대비용 암기일 뿐이지요. 따라서 어휘 암기는 시험을 앞두고 단기간에 준비하는 것이 효율적입니다.

넷째, 문법 공부를 합니다. 영어책을 많이 읽으면 직관적으로 문법과 어법을 알게 됩니다. 우리말을 할 때처럼 따로 문법을 배우지 않았어도 '이럴 때는 이렇게 표현해야 하잖아. 이유는 모르겠지만 그냥 이게 맞는 것 같아'라는 감이 옵니다. 그러나 시험을 보려면 세밀한 부분까지 전체적으로 한 번 훑어볼 필요는 있습니다. 중학교 3년간 배우는 문법 정도면 문법은 거의 정리가 됩니다. 그러나 어법이나 세밀한 부분은 한 번은 챙겨야 해요. 대충 알고 있거나 잘못 알고 있는 부분도 확실하게 챙겨주세요.

다섯째, 시험 유형별 대비

- 텝스 : 실전 문제를 많이 풀어봐야 시험 유형에 익숙해집니다. 문법, 어휘, 독해, 청취 각 영역별로 된 책을 풀어보세요. 또한 텝스 점수가 꼭 필요하다면 꾸준히 시험을 봐야 합니다. '운(난이도)'에 따라 점수가 상당 부분 달라질 수 있으니까요.
- 토플 : Reading과 Listening을 먼저 확실하게 챙긴 후 Speaking과 Writing 준비를 하는 것이 효율적입니다. 앞서 이야기했듯이 영어 책 읽기, 듣기가 충분히 안 된 상태에서는 Speaking과 Writing을 아무리 준비한들 총 점수가 낮아질 수밖에 없으니까요.

> **산증인이 필요하신가요?**
> 작성자 : 재미난영어 (중1, 초3)

여기 있습니다.ㅎㅎ

저희 큰애 초3 중반부터 시작해서 지금 중1. 4년 반을 날마다 꾸준히 3시간씩, 지금 고수 1입니다. 학원은 문턱에도 안 가봤구요, 학습서도 안 해봤습니다. 물론 단어 하나 외워본 적도 없습니다. 오로지 좋아하는 책 읽고, 듣고, 재미있는 영화나 미드 보고 또 보고… 이것밖에 한 게 없습니다. 하지만 이것들이 쌓이니 무서운 결과를 보이더군요.

작년 여름에 처음으로 학원에 가서 테스트를 받아봤습니다(아주 유명한 학원^^;;). 말로만 듣던 외국서 오래 살다 왔냐는 질문도 들었답니다. 오리지널 토박이에 순수하게 책으로만 했다고 하니 고개를 설레설레 흔들며 점수를 보고 또 보고… 진짜 잘하는 학생이라더군요. 그것도 몇 번이나.ㅎㅎ

영화, 미드, 영드, 책 등 보고 싶은 것, 읽고 싶은 것 못 보는 게 없습니다. 신문, 뉴스, 언어까지 골라서 봅니다. 그것도 실시간 따끈따끈한 걸로.^^ 다 이해가 되니까요. 친구도 글로벌하게 사귑니다. 해외 펜팔로요.

학교 내신은? 솔직히 '껌'입니다. 물론 그래도 시험은 겸손하게 준비합니다. 이것은 시험에 대한 예의이고 성실성과 관련된 거지요. 중요 과목인데도 불구하고 다른 과목의 1/10도 투자 안 해도 됩니다. 그럼에도 교과 우수상 받아옵디다.^^;;

교육청에서 하는 듣기평가는 불시에 실시해도 우습습니다, 정말로. 낚으려고 내는 문제까지도 다 걸러냅니다. 아들 눈엔 딱 보인답니다. 어디에서 걸려 넘어질지 말이지요. 도에서 평가한 의사소통 능력평가(명칭이 가물가물)에서는 학교 최우수 받아옵니다. 평가하는 줄도 모르고 있다가 봤다던

데.ㅋㅋ 참으로 낯간지러워 이런 말 잘 안 하는데 성공 사례를 봐야 하겠다 하셔서 쑥스럽지만 다 말씀드립니다.

그럼 잠수로 시작한 작은애는 어떠냐면, 학교 들어가기 전까진 무작정 DVD만 봤습니다. 집중듣기도, 책 읽기도 안 했지요. 초등학교 들어가서 처음으로 〈Learn to Read〉를 하루에 2권씩 들으며 시작했습니다. 그렇게 2권에서 4권으로, 집중듣기하던 책 한 권 한 권 읽어가면서 이제 4학년 올라가는 현재 영어에 대한 부담감이 전혀 없습니다. 도서관 가면 우리말 책, 영어책 경계선이 없습니다. 그냥 읽고 싶은 걸 읽는 것이죠. 생활하면서 자기 맘 내키는 대로 영어로 표현합니다. 맞는지 틀리는지는 전혀 개의치 않습니다.

지금 한참 영어라는 게 자연스레 몸에 스며들고 있기 때문에 내년 다르고 내후년 다를 게 눈에 보입니다. 이런 결과물이 우리 집만 나타나는 게 아닙니다. 우리 아이들이 유난히 특별해서가 아니에요. 앞서 가신 선배님들께서 다 증명해 보이신 것들이지요. 다만 아이들마다 성향이 다르고 취향이 다르기에 결과가 나타나는 시기는 모두 다를 겁니다. 하지만 결과는 같습니다.

이 길이 절대 쉽지는 않습니다. 엄마의 무던한 노력이 필요하지요. 공부도 많이 하셔야 하구요. 슬럼프와 고비를 이겨낼 현명함과 냉철함도 필요합니다. 하지만 우리 아이들이 즐겁고 행복하게 걸어갈 길임을 알기에 우리 엄마들은 할 수 있습니다! 그래서 흔들릴 이유도 없습니다.

A군과 B양의 잠수네 영어 이야기
작성자 : clemont (중1, 초3)

옛날 옛적에 A군과 B양이 있었어요. A군은 착하고 순하고 여리고 성실한 아이였습니다. 어릴 적부터 영어수업도 많이 받았고 꽤 잘하기도 해서 영어에 공을 많이 들인 아이랍니다. B양은 야무지고 고집 있고 한글책 읽기를 무지무지 좋아하는 아이랍니다 하지만 영어라고는 ABC만 간신히 아는 정도였지요.

A군의 어머니는 욕심 만땅·성질 급함·단순 무식에, 앞에서 아이를 질질 끌고 가는 스타일이었습니다. 반면 B양의 어머니는 한 발 뒤에서 아이를 봐주고, 아이의 말도 잘 들어주고 기다려주는 사람입니다. 의도된 바는 아니고 어찌어찌하다 보니 이래 좀 멋진(?) 엄마가 된 겁니다.

어느 날 A군도 B양도 다 잠수네 영어를 시작했습니다. 둘의 시작 단계는 하늘과 땅 차이였습니다. A군의 어머니는 첫 테스트에 발전2란 레벨을 보고 부르르, '절대 인정할 수 없다' 하며 잠수네 영어도, 학원 영어도 둘 다 놓질 못하고 욕심을 부렸지요. B양의 어머니는 첫 테스트에 적응1, 이후로도 오랫동안 적응방에 있었지만 그 상태 그대로를 인정했어요. 욕심도 안 부리고 천천히~ 잠수네 영어가 자리 잡을 때까지, 그리고 즐길 수 있을 때까지 아이를 기다리며 흐뭇하게 바라봐주었어요.

A군은 엄마의 욕심이 버거우면서도 한마디 불평도 못 하고 엄마가 하라는 대로 묵묵히 따라가주었어요. 이해가 안 가도, 재미가 없어도, 뭘 몰라도 그냥 하라면 했어요. B양은 처음 영어 노래가 나오는 CD만 틀어도 시끄럽다고 끄고 와서는 한글책을 읽었대요. 그러나 점차 잠수네 영어의 재미에 푹 빠졌어요. 재밌어하면서도 좋고 싫음의 의사 표현이 분명했구요.

A군의 어머니는 아이가 어떤 책을 좋아하는지, 어느 분야에 관심이 있는지 꽤 오랜 시간이 흘렀는데도 아직 파악을 못 했습니다. 교재 연구는 제대로 하지도 않고 그저 글밥 많은 책들, 수상작들, 아님 어느 집 아이가 읽는다는 어렵고 뽀대 나는 책들을 마구잡이로 안겨줬어요. 사재기도 엄청 했지요. 저 많은 책장의 책들 중 3년이 지난 지금까지도 손길 한 번 안 간 책들이 엄청 많을 정도니까요.

B양의 어머니는 아이가 어느 책을 좋아하는지, 어느 분야에 관심이 있는지 궁금해하고 교재에 관해서 더 적극적으로 공부했어요. 나중에는 〈잠수네 영어책나무〉가 생겨 좋은 책들 찾기가 너무 쉬워졌어요. A군의 어머니가 샘내는 부분이지요. A군의 어머니는 그림책 같은 건 유치하다고 사주지도 않았어요. B양의 어머니는 그림책도 같이 읽고 고르고 꽤 많이 사주기도 했어요.

그리고 3년 정도의 시간이 흘렀습니다. A군은 힘겹게 한 발 한 발 나아가고 있습니다. 다행히 퇴보는 아니지만 여전히 힘겨운 제자리걸음에 지치기도 하고 흥도 나질 않았습니다. 학원 영어와 잠수네 영어 어느 쪽에서도 만족하지 못하고 이쪽저쪽을 저울질해가며 푹 담그질 못했으니까요.

B양은 어느새 듣는 귀가 틔었나봅니다. 자막 없는 DVD나 미드, 영화를 보면서 하하호호 웃고 즐기게 되었습니다. 쉬운 그림책들도 빠른 속도로 읽어나가기 시작했고요. 흘려듣기로 자리 잡은 듣기의 힘은 집중듣기에 아주 좋은 영향을 끼쳤답니다. 말 그대로 집중듣기에 집중하는 실력과 끈기도 생겼으니까요.

지켜보던 A군의 어머니가 또 조바심이 났습니다. '도대체 왜? 같은 시기에 시작했는데 훨씬 더 잘하는, 더 높은 레벨이었는데…' 욕심쟁이 A군의 엄마는 속이 부글부글 끓었습니다.

그러던 어느 날 문득 한 가지를 깨달았습니다. '아, 내가 놓친 것이 있구나!' 아이에게 절대적인 믿음과 기다림을 놓쳤으며, 절대적인 양을 채울 수 있는 시간 확보를 놓쳤으며, 한 가지에 몰두할 수 있도록 가지치기하는 걸 놓쳤으며, 천천히 차근차근 밟아야 하는 기본을 놓쳤으며, 재미있게 듣고 읽을 수 있는 쉬운 책 찾기를 놓쳤다는 걸 알게 됐습니다.

다행히 A군의 엄마도 돌아갈 곳이 있었답니다. '다시 잠수네에 확 빠져보자!' 한다면 하는 욕심쟁이 엄마니까요. 하지만 이번엔 엄마의 욕심이 아닌 아이가 스스로 설 수 있는 힘을 키워줄 수 있도록 한 발 뒤가 아닌, 딱 한 발만 앞서서 가기로 했답니다. B양의 엄마와 B양을 보고 느낀 게 많았거든요.

이제 A군의 엄마는 열심히 〈잠수네 책나무〉를 들여다봅니다. 3년 전에도 안 사주던 쉬운 그림책과 4단계 소설들을 주문합니다. 도서관에도 부지런히 다니구요. A군도 엄마의 마음을 알아주기 시작했대요. 엄마의 마음가짐이 달라지기 시작했으니까요. 욕심만 부리며 비난만 하던 엄마가 아니니까요. 이젠 A군과 엄마는 뒤늦게 손잡고 같이 뛰는 2인 3각 경기에 나갈 거래요. 서로 바라보고 웃으면서요. A군의 환한 미소가 느껴지시나요? 이것저것 다 해보니 정말 정답은 여기 잠수네에 있다는 걸 A군 엄마와 아이는 먼 길을 돌아와서야 느꼈답니다. B양도 A군과 함께 가서 좋은 일이 더 많이 생겼어요. 읽고 싶고 갖고 싶은 책들을 옆에서 얻어볼 수 있으니까요. B양 엄마보다 A군 엄마가 스케일이 훨씬 더 크거든요.^^

교수님도 추천하신 잠수네
작성자 : 장그라미 (초3)

제가 늦은 나이에 영어를 공부하고 있습니다. 몇 해 전 석사를 수료해놓고도 대학원 학위청구 외국어시험의 덫에 걸려 포기했다가, 최근에 영어시험 대체 강좌가 생겼다는 걸 알고는 부랴부랴 수강해 듣고 있답니다.

어제 진도 나간 레슨이 '언어'에 대한 내용이었는데, 교수님은 영어를 언어학으로 전공하셨다면서 영어공부 하는 법에 대한 조언을 해주셨습니다. 자녀들에게는 아침에 눈뜨기 전 30분부터 영어를 들려주고 밤에 잠이 오려 하면 또 영어를 들려주라 하시더라구요. 수면학습 효과가 꽤 크다시면서, 본인의 경험담이라고 하시네요.

쉬는 시간에 제가 여쭈었습니다. "아이들에게 DVD나 오디오 중 어느 것이 더 좋을까요?" DVD에 대해 부정적인 견해들도 있지만, 본인이 보기에는 단어를 유추해내는 능력을 키울 수 있어 좋다 하시면서 아이가 몇 학년이냐고 물으시더라구요. 초등 3학년이라고 하자 갑자기 이렇게 말씀하시는 거예요. "혹시 잠수네 아세요?" 저도 깜짝 놀라 아직 신입이긴 하지만 회원이랬더니 활짝 웃으시면서 "거기서 하라는 대로만 하시면 돼요. 잠수네로 하시면 잘하고 계시는데 뭘 걱정하세요?" 이러시는 겁니다.ㅎㅎ 당신 자녀도 잠수네로 키웠다 하시더라구요.

뭐, 꼭 교수님께서 추천해주셔서라기보다는(^___^) 저의 선택이 옳았다는 확신이 드니 기분이 아주아주 좋았습니다. 집에 와서 남편에게 이야기하니 무척 좋아하더라구요. 어제의 경험이 제겐 각오를 새롭게 다지는 계기가 되었답니다.

> **중학교 영어 내신 1등급 받는 법**
> 작성자 : 쿠키네집 (중3, 초5)

(1) 교과서

교과서 맨 앞에 나오는 학습목표 부분에 중요한 문법과 생활영어 표현들, 문법 부분은 《중학 영문법 3800제》 1, 2, 3학년 해당 단원을 다 풀게 해서 아이가 완벽히 숙지하도록 합니다. 선생님이 문법 정리한 프린트물을 나눠주시면 거기 나온 예문을 모두 외우게 합니다(주관식 문항을 대비해 주요 표현 외우기는 필수입니다). 그다음에는 교과서 본문에 주요 문법 사항 및 선생님께서 수업시간에 언급하신 것을 블랭크로 만들어 칸 채워넣기를 시킵니다. 본문을 달달 외우게 하는 게 가장 확실하겠지만 우리 딸의 암기력이 그렇게 좋지는 못해서요. 이 경우는 지문에 줄 긋고 맞는 어법을 찾는 문제나, 주관식에 알맞은 단어 넣기, 동사 변형하여 넣기 등에 대비가 됩니다.

또한 본문의 내용을 확실히 아는지 구술로 해석해보라고도 합니다. 이 과정을 안 하면 '지문과 맞는/맞지 않는 문장 고르기' 혹은 '문맥 순으로 배열하기' 등에서 어이없게 틀리기도 하더군요. 선생님이 새로운 단어를 영영사전으로 풀이해서 나눠준 프린트물도 확실히 익히게 합니다. 마지막으로 교과서 출판사의 문제집을 풀어 부족한 부분이 없나 확인합니다.

(2) 프린트물

우리 학교는 별도의 리딩 프린트물이 많이 나오는 편인데요, 영어 지문을 반드시 본인이 타이핑하고 해석을 달게 하고, 어려운 단어는 필히 암기하도록 합니다. 일반적으로 프린트 지문에서 점수를 좌우하는 경우가 많습니다. 교과서보다 어려운 지문이라서 영어 실력이 있는 아이들과 없는 아이들이 여기서 갈리는 것이지요. 그러니까 교과서에서 다룬 문법이 나온 부분을 찾아서 괄호 넣기 시키고 본문의 의미를 확실히 알고 있는지 확인합니다.

가끔 학원에서 대비해주는 것을 보면 문제만 엄청 풀게 하는데, 그보다는 교과서와 시험지를 펼쳐놓고 선생님이 어떤 스타일로 문제를 내는지 파악하여 적용하는 것이 더 효과적인 것 같습니다.

(3) 수행평가

수행평가가 30%를 차지하는 만큼 매우 중요합니다. 우리 딸이 말하는 수행 만점 비결은 다음과 같습니다.

첫째, 수업 태도를 바르게 하여 태도 점수에서 깎이지 않기

둘째, 프린트물을 잘 관리하여 공란을 잘 채우고 분실하지 않도록 하여 검사에 대비하기

셋째, 말하기에서 PPT(파워포인트)는 간략하게, 대본도 복잡하고 산만한 것보다는 간단하게 해서 내용을 명확히 전달할 수 있도록 하기

넷째, 쓰기는 토픽이 발표되고 난 이후, 시간이 날 때마다 배경지식을 쌓아두고 이틀 정도 개요를 작성한 후에 쓰기

그 외에도 독후감 등 제출물 꼭 내기 등이 있는데, 특히 태도 점수에서 깎이지 않도록 수업시간에 잘 집중하는 것이 가장 중요하다고 하네요.^^

잠수네 수학공부법

수학을 잘하려면?

수학을 잘하기 위한 조건은 무엇일까요? 다음 다섯 가지 정도가 수학을 잘하기 위한 조건일 겁니다.

1. 수학적인 머리(수학적 사고력) = 도형 감각(직관) + 추론 능력(논리)

2. 독해력 = 국어 독해력 + 수학 독해력

3. 연산 능력 = 속도 + 정확성

4. 긍정적인 태도(자신감)

5. 엉덩이 힘 = 집중력(근성) + 잘하고 싶은 마음(욕심)

'수학은 타고난 머리가 있어야 한다.'

네, 맞는 말입니다. 확실히 수학머리가 있는 아이들은 받아들이는 속도가 빠릅니다. 머리가 좋으면 초등 때까지는 따로 공부하지 않아도 수학을 잘하는 아이들이 많습니다. 그러나 중등 이후부터는 조금씩 상황이 달라집니다. 공부하지 않으면 타고난 머리만 갖고는 한계에 부딪히게 됩니다. 반대로 어릴 때 수학을 잘 못했고 수학적인 머리가 뛰어나지 않아도 꾸준히 노력한 경우 학년이 올라갈수록 수학성적이 올라가기도 합니다. 마치 토끼와 거북이 경주 같다고나 할까요?

수학을 잘하기 위한 또 다른 요소인 '독해력'은 '국어 독해력'과 '수학 독해력'으로 나눠 생각할 수 있습니다. 수학 독해력은 교과서를 꼼꼼히 읽고 공부하면 단기간에 습득할 수 있는 부분입니다. 문제는 국어 독해력입니다. 한글을 읽고 무슨 내용인지 알 수 없으면 교과서를 읽고 이해하는 것은 물론, 문제를 봐도 무슨 말인지 몰라 풀지 못하는 상황이 됩니다. 글을 읽고 이해가 안 되는 상황이라면 학교 수업도 이해가 될 리 만무합니다. 연산 능력, 긍정적인 태도, 엉덩이 힘은 그다음 문제예요.

연산은 척척 해내는데 수학성적이 저조한 아이들을 보면 글을 제대로 해독하지 못한다는 공통점이 있습니다. 문제를 읽어도 무슨 내용인지 모르고, 엉뚱하게 이해할뿐더러, 문제에 나온 조건을 찾기 위해 하나씩 끊어 읽는 것은 엄두도 내지 못합니다. 이 경우 근본적인 처방은 '책 읽기'입니다. 책 읽기를 싫어하는 아이라면 '읽어주는 것'이고요. 어떻게 해서든 어휘력, 독해력을 끌어올려야 수학교과서에 실린 수학 용어, 수학 개념을 이해할 수 있고 문제도 풀 수 있습니다.

수학을 잘 못하는 아이들에게만 책 읽기가 중요한 것이 아닙니다. 수학을 뛰어나게 잘하는 아이라도 책 읽기를 소홀히 하면 시간이 흐를수록 여기저기서 문제가 터져나옵니다. 수학을 잘한다고 수학만 공부하면 당장 국어와 영어성적이 나오지 않습니다. 물론 머리가 좋으니 어찌어찌 내신 성적은 잘 나올 수 있습니다. 그러나 아무리 수학을 잘해도 수학능력시험의 국어와 영어성적이 좋지 않으면 원하는 대학에 가는 것이 매우 어렵습니다.

잠수네에서는 3개월에 한 번씩 초1~중3까지 수학교실 회원을 대상으로 〈잠수네 수학 테스트〉를 봅니다. 〈잠수네 영어 테스트〉처럼 쉽지 않은 시험이지만 학년별로 전국적인 위치를 알 수 있기 때문에 많은 회원들이 참여합니다. 시험 결과를 보면 학교 시험을 100점 받는 아이라도 〈잠수네 수학 테스트〉에서는 평균 이하의 점수를 받는 경우가 종종 보입니다. 연산을 잘하더라도 문제를 이해하지 못하면 풀 수 없는 문제들이 많기 때문입니다.

초등 저학년인 경우 학교 수학도 잘하면서 책을 많이 읽은 아이들은 시험을 수월하게 봅니다. 초등 고학년 이상부터는 책 읽기와 함께 심화 문제도 다뤄본 아이들이 좋은 점수를 받습니다. 이 때문에 〈잠수네 수학 테스트〉를 보면서 한글책 읽기의 중요성을 새삼 깨닫는 회원들이 많습니다.

책 읽기는 바로 효과가 나타나지 않습니다. 최소한 1~2년은 꾸준히 읽어야 조금씩 표가 납니다. 어휘력, 독해력이 떨어지는 것은 지난 1~2년간 책을 제대로 읽지 않았기 때문입니다. 지금 책을 읽지 않으면 앞으로 더 힘들어집니다. 수학을 잘하기 위해, 뛰어난 수학 실력을 발휘할 기회를 더 많이 얻을 수 있도록 꾸준히 책을 읽도록 해주세요.

수학, 이렇게 하면 된다!

❶ 수학 불안증 극복하기
<u>첫째, 수학 교과과정은 예전과 크게 다르지 않습니다.</u> 수학에 대해 불안한 마음이 드는 첫째 이유는 '나'부터 수학을 무서워하기 때문입니다. '나도 수학을 못했는데 내 아이도 못하면 어쩌나' 하는 두려움이 앞서는 거죠. 뒤집어서, 부모가 수학을 잘했다면 그 집 아이들은 다 수학을 잘할까요? 외려 이 정도도 못하냐고 다그치다 수학에 진저리치는 아이로 만드는 경우도 상당히 많습니다. 수학은

잘하는 아이든, 못하는 아이든 '자신감'이 중요한 과목입니다. 다른 집 잘하는 아이와 내 아이를 비교하는 순간 나부터 자괴심에 빠지고 아이도 불안해집니다. 내 아이가 부족하다고 탓해봐야 해결책은 어디에도 없습니다. 불안한 마음을 걷어내고 정면으로 부딪쳐보세요. 입시가 아무리 변하더라도 기본은 변하지 않습니다. 초중고 수학 교육과정에 대해 어느 정도 이해하고 나면 예나 지금이나 배워야 할 수학 교과과정은 크게 다르지 않다는 것을 알 수 있습니다.

둘째, 수학은 적기에 공부하는 것이 더 중요합니다. '남보다 빨리!' 어쩌면 이런 마음 자세가 지금의 우리나라를 만든 원동력인지도 모릅니다. 그러나 수학은 여기서 예외입니다. 책 읽기나 영어는 어떻게든 부모가 도와줄 수 있는 부분이 있습니다. 책을 안 읽는 아이라면 읽어주면 되고, 영어를 전혀 못 해도 영어 소리를 들려주는 것은 어떤 아이든 가능합니다. 그러나 수학은 아이가 받아들일 수 있는 '그릇'과 '의지'가 있어야 가능한 과목입니다. 중학교 가서 수학을 따라가기 어려우니까 초등 때 좀 더 많이 배워야 한다고 말하는 사람이 있다면, 거꾸로 과연 중학교 가서도 이해하기 어려운 수학을 초등학생이 제대로 이해할 수 있을까도 의심해봐야 합니다. 수학을 잘하는 아이라면 능력껏 선행 진도를 나갈 수도 있습니다. 그러나 수학에 시간을 들인 만큼 책 읽기와 영어에서 구멍이 난다는 것은 아무도 말해주지 않습니다. 수학 선행은 한글책 읽기와 영어 실력을 다진 후 생각해봐도 늦지 않습니다.

❷ 수학의 기본 3종 세트

첫째, 연산 꽉 잡기

초등 수학의 반 이상이 자연수, 분수, 소수의 사칙연산입니다. 초등 4학년이면 자연수의 사칙연산을 다 배웁니다. 5~6학년에서는 분수와 소수의 사칙연산을 배우고요. 연산이 수학의 전부는 아니지만, 초등학교 때 연산을 정확하게 하는 습관이 배어 있지 않으면 아무리 수학적 사고력이 뛰어나도 중고등학교 수학시험에서 연산 실수를 잡기가 매우 어렵습니다. 수학이 느린 아이라면 연산만 확실하게 잡아도 수학에 자신감을 갖게 됩니다. 연산 연습을 할 때의 기준은 자기 학년 수학교과서입니다. 그 이상 앞서서 연산 연습을 하는 것은 무의미합니다. 연산이 정확한 아이라면 따로 연산 연습을 할 필요가 없습니다. 수학을 잘해도 연산 실수가 잦거나, 연산 속도가 느리고 많이 틀리는 아이라면 매일 10~30문제 정도 연산 연습을 꾸준히 하도록 해주세요. 10문제를 풀어서 다 맞으면 스톱, 틀리더라도 최대 30문제로 제한해서요. 한꺼번에 너무 많은 문제를 풀게 하면 아이들이 금방 질려 하니까요.

둘째, 도형 꽉 잡기

도형은 타고난 감각이 있으면 쉽게 이해하는 반면, 도형 감각이 없는 아이들은 도형이 들어간 문제를 아주 어려워합니다. 특히 여자 아이들 중 도형 감각이 떨어지는 아이들이 많지요. 그렇다고 도형이 어렵다며 피하면 영영 수학과 멀어집니다. 도형은 직접 만져보며 체험해보는 것이 제일 좋습니다. 유아나 초등학교 저학년도 쉽게 할 수 있는 수학 교구, 퍼즐을 하면서 도형과 친숙해지도록 도와주세요. 교과서에 나오는 도형은 모두 손으로 직접 그려보고, 도형의 개념은 완전히 외워야 합니다. 도형 문제를 이해하기 어려워하는 경우 구체물로 직접 잘라보고 붙여보면 좀 더 이해가 쉽습니다. 필요하다면 문제집의 도형 문제만 다 모아서 풀어보는 것도 도움이 됩니다.

셋째, 사고력 꽉 잡기

수학적 사고력은 어려운 문제를 많이 푼다고 해결되지 않습니다. 비슷한 유형의 문제를 모아 푼다고 수학적 사고력이 자라는 것도 아니고요. '사고력'은 생각하는 능력입니다. 사고력을 키우려면 어떤 문제든 해결하기 위해 끝까지 매달려 생각하는 습관이 먼저 몸에 익어야 합니다. 머릿속에서 번쩍 떠오르는 '직관력', 이리저리 다각도로 머리를 굴려보는 태도도 필요하고요. 그런 면에서 〈수학 퍼즐)은 사고력을 키워줄 수 있는 좋은 교재입니다. 수학을 좋아한다면 사고력을 키울 수 있는 문제, 이야기가 담긴 수학 지식책을 읽어보는 것도 도움이 됩니다. 좀 더 넓은 의미에서 보면, 수학교과서에 담긴 내용이 모두 수학적 사고력을 키우는 방법입니다. 문제풀이 위주의 공부보다 교과서의 개념을 확실하게 이해하는 것이 수학적 사고력을 신장시킬 수 있는 근본적인 해법이라고 하겠습니다.

※ 수학 지식책, 이런 아이한테 도움이 됩니다.
(1) 수학 개념을 이해하기 어려운 아이
수학을 잘하기 위해 꼭 수학 지식책을 읽어야 하는 것은 아닙니다. 수학을 이해하는 데 어느 정도 도움을 줄 수 있지만 수학성적 향상과 직접적인 관계는 없습니다. 그러나 수학을 싫어하는 아이라면 수학 개념을 이야기로 풀어쓴 책을 읽는 것이 도움이 될 수 있습니다. 수학에 대한 낯선 느낌을 줄여주고 교과서에서 잘 이해가 안 되던 내용이 수월하게 이해되는 면도 있거든요. 그러나 수학 지식책의 효과는 딱 여기까지입니다. 수학을 잘하려면 일단 수학교과서를 펴서 공부하고, 수학문제를 풀어봐야 해요. 아무리 내용이 좋아도 수십 권의 수학 전집을 다 읽을 필요는 없어요. 아이가 어려워하는 영역과 관련된 수학 지식책을 한두 권 찾아보는 정도면 충분합니다.

(2) 수학을 재미있어하고 뛰어난 재능을 보이는 아이
수학을 좋아하고 잘하는 아이라면 수학동화나 교과서 개념을 설명해주는 책은 안 봐도 됩니다. 수학교과서만 읽어도 개념을 충분히 이해하기 때문입니다. 대신 수학의 역사, 수학과 관련된 퍼즐이나 심화된 수학문제를 다루는 책을 찾아보세요. 교과서 밖의 수학문제, 수학적 개념을 다룬 수학 지식책을 읽으면서 수학적 사고력을 더 키워갈 수 있습니다. 수학 지식책은 아이의 상황에 따라 적절하게 권해주시기 바랍니다.

❸ 수학 개념 확인과 문제 풀기

첫째, 수학교과서의 개념 + 문제 완전히 익히기

수학은 개념만 정확하게 알고 있어도 쉽게 풀리는 문제들이 많습니다. 개념을 이해하지 않고 문제만 푸는 것처럼 시간 낭비가 없고요. 수학교과서, 수학 익힘책에 나온 개념을 확실하게 이해하고, 교과서에 있는 문제만 완전히 알아도 시험문제가 아주 어렵게 나오는 중학교를 제외하고는 대부분 학교 수학시험 80점은 넘을 수 있습니다. 수학을 잘하는 아이라도 자만하지 말고 교과서의 개념을 완전히 익히도록 해주세요. 수학이 느린 아이라면 이것저것 문제를 많이 풀기보다는 교과서의 문제만이라도 확실하게 알도록 하는 것이 수학을 잘할 수 있는 첫걸음입니다.

둘째, 자기 수준에 맞는 수학문제집 풀어보기

교과서의 수학문제만 갖고는 개념이 어떻게 적용되는지 이해하는데 조금 부족합니다. 따로 수학문제집을 풀어봐야 해요. 수학문제집은 70% 정답률을 보이는 것으로 골라보세요. 너무 어려운 문제가 많으면 풀고 싶은 의욕이 떨어지고, 또 너무 쉬우면 수학 실력이 올라가지 않으니까요. 수학을 잘하는 아이인 경우 굳이 개념을 다룬 교과서 수준의 쉬운 문제집은 안 풀어도 됩니다. 처음부터 아이에게 맞는 문제집을 선택하기는 어려울 것입니다. 80% 이상의 정답률을 보이면 한 단계 더 어려운 문제집으로 바꿔주고, 정답률이 60% 이하이면 풀던 문제집을 중지하고 더 쉬운 문제집으로 교체해주세요.

셋째, 수학은 꼭 혼자 힘으로 풀기

문제집을 풀 때는 답지를 보지 말고 혼자 힘으로 풀어야 합니다. 아이가 이해를 못 한다고 설명을 해줘도 그때뿐입니다. 오히려 답답한 마음에 언성만 높아지고 손이 먼저 올라가기 쉽습니다. 수학 문제는 '자기 힘'으로 푸는 것이 진짜 실력입니다. 다른 사람의 설명을 듣고 푸는 것은 그야말로 '들었다' 뿐이지 실력이 늘지 않습니다. 어려운 문제를 부모가 설명해줄 수 없어 어떻게 할까 걱정하지 마세요. 혼자 풀기 어려운 수학문제는 따로 표시해두고, 반복해서 풀 수 있도록 격려하고 칭찬해주는 방법이 장기적으로 수학 실력을 올리는 길입니다. 수학이 느린 아이라면 문제를 혼자 풀라고 하지 말고 옆에 앉아 바로 채점을 해주세요. 틀리면 다시 풀도록 하고요. 매일 꾸준히만 하면 수학 실력이 점점 향상됩니다.

❹ 선행과 심화

첫째, 심화 문제는 초등 고학년부터 조금씩 시작하세요. 초등 고학년 때 심화 문제를 다루지 않으면 중학교 가서 어려운 문제가 나왔을 때 당황하게 됩니다. 그러나 심화 문제를 풀어야 실력이 는다고 무작정 초등 저학년 때부터 아이를 힘들게 할 필요는 없습니다. 교과서 수준보다 어려운 심화 문제는 초등 고학년부터 아이 실력에 맞춰 서서히 풀어가면 됩니다. 심화 문제의 수준은 아이에 따라 다릅니다. 문제집 제목에 '심화'가 붙었다고 해도 수학적 재능이 뛰어난 아이에게는 평범한 문제일 수도 있고, 수학이 약한 아이에게는 손대기 어려운 고난도의 문제가 될 수도 있습니다. 하루에 한 문제라도 머리를 써야 풀 수 있는 문제를 풀어보면서 수학적 사고력을 키워주세요.

둘째, 선행학습은 초등 6학년 겨울방학 때부터 진행하세요. 중학교부터는 아이의 진로, 능력에 따라 선행학습이 필요합니다. 고등학교 수학 교과과정을 다 공부해야 수능 수학시험을 볼 수 있는데, 그러기엔 고등학교 때 수학을 공부할 시간이 많이 부족하기 때문입니다. 자연계(이과) 상위권을 바라본다면 고등학교 입학 전에 《고등 수학 상·하》와 《수 1》까지, 인문계(문과) 상위권을 생각한다면 《고등 수학 상·하》까지 공부해두어야 합니다. 가능하다면 심화 문제까지 다뤄보고요. 그러려면 최소한 초등학교 6학년 겨울방학부터는 중학교 선행을 시작해야 합니다. 이것도 처음부터 밀어붙일 수는 없어요. 조금씩 공부하는 분량을 늘려서 엉덩이 힘을 길러야겠지요. 잠수네 영어를 했던 아이라면 진득하게 책상에 앉아 있는 습관이 잡혀 있어 수학을 공부하는 데도 힘을 받습니다.

수학시험, 이렇게 준비하세요

수학시험은 평소 공부했던 내용을 정리하는 마음으로 준비합니다.

초등

❶ 시험 범위의 수학교과서 개념을 다시 한 번 확인하고 외웁니다.

❷ 수학교과서와 익힘책의 문제 중 한 번이라도 틀렸던 문제는 다시 풀어봅니다.

❸ 이전에 풀었던 문제집에서 틀린 문제의 오답 처리를 확실하게 합니다(시험 준비할 때 새 문제집을 푸는 것은 시간 면에서 비효율적입니다).

❹ 서술형 문제를 미리 대비합니다. 문제풀이 과정을 차근차근 쓰고, 채점자가 답지를 알아볼 수 있도록 글씨를 깨끗하게 쓰는 습관을 들입니다.

❺ 수학시험 시간에 긴장하면 문제의 실마리가 떠오르지 않습니다. 편안한 마음을 갖도록 도와주세요.

중등

❶~❺ 동일

❻ 학교 기출문제를 구해서 자기 학교의 출제 경향을 미리 파악해둡니다.

❼ 시간이 모자라 문제를 다 풀지 못한다면 시간을 정해놓고 문제 푸는 연습을 합니다.

> **한글책을 잘 읽게 되니 가장 큰 도움을 받는 것은 수학입니다**
> 작성자 : 즐찬맘 (초3)

아이가 유아 때부터 제일 먼저 신경 쓴 것은 한글책 읽기였어요. 이때는 당연히 영어는 관심 밖이었습니다. 일단 뭐든 한 번에 하나씩 집중하는 게 몰입하기 더 좋을 거라는 생각 때문이었는데, 지나고 보니 참 잘했다는 생각이 들어요. 한글책을 좋아하고 잘 읽게 되니 가장 큰 도움을 받는 것은 의외로 수학이었답니다. 정말 신기하죠?

유치원 시절에는 한글책 재미에 힘썼고, 한글책이 좀 스스로 돌아간다 싶을 무렵부터 잠수 영어를 시작했는데요. 그럼 그동안 수학은 어떻게 했을까? 어떻게 했길래 아이가 수학문제집을 들고 화장실까지 가서 문제를 풀게 되었을까? (자랑하려고 쓰는 것이 아니고 이 과정을 알려드리고 싶어 쓴다는 것 아시지요?^^;;)

사실 가장 큰 이유는 아이 성향 탓일 거예요. 어렸을 때부터 수수께끼라든가 퍼즐 같은 것들을 좋아했고, 승부욕도 좀 있는 편이거든요. 요즘 아이와 같이 수학을 배우는 친구가 있는데, 제가 볼 땐 그 친구가 수학을 상당히 잘하는 친구거든요. 물론 승부욕도 있구요. 그런데 수학적 마인드가 우리 아이와 너무 다른 거예요. 수학을 잘하는데도 자긴 수학을 못한다고 생각하고(못해도 잘한다는 마인드가 있어야 되는데) 수학을 벌써부터 지겨운 공부로 여기더라구요. 제가 볼 땐 제 아이보다 훨씬 잘하는데 그런 마인드를 갖고 있다는 게 너무 안타깝더군요.

그런 것을 보면 아이의 성향도 분명 영향을 미치겠지만, 더욱 중요한 건 엄마가 아이에게 수학을 어떤 마인드로 접근시키느냐 하는 것이 아이가 일생 동안 갖게 되는 수학적 마인드를 결정한다는 생각이 들어요. 그리고 제가 가장 중요하게 생각하는 것 역시 '재미'입니다. 그럼 저희 아이가 수학에 재미를 느낄 수 있게 하기 위해 제가 뭘 했는지 궁금하시죠?

6~7세 때는 서로 문제를 내고 맞추는 게임을 했어요. 마치 수수께끼처럼, 시장 갈 때나 공원에 놀러갈 때 등 어디든 손잡고 길을 걸을 일이 생기면 문제를 내고 맞추는 거예요. 5의 배수, 10의 배수, 11의 배수 맞추기 게임, 간단한 더하기 빼기 게임 등등. 물론 저는 일부러 좀 틀려줍니다. 그래야 아이의 사기가 올라가더라구요.ㅋㅋ 아이가 맞히면 온갖 호들갑을 떨어주고요. 그럼 아이가 자신이 붙어 어깨를 으쓱으쓱합니다. 그때 한마디 해주죠. "이야~ 너 정말 수학 잘하는구나!"(수학 마인드 심어주기^^) 그럼 신 나서 문제 더 내달라고 합니다. 7세까지는 이런 식으로 했던 것 같아요.

7세 후반부터는 수학 교구, 팩토, 창의력 수학문제집 같은 것으로 계속해서 수학이 '재밌다'라는 느낌을 가질 수 있게, 그러면서 서서히 수수께끼 문제집, 좌뇌 우뇌 문제집, 퍼즐찾기 문제집 등을 풀도록 연결해주었어요. 그랬더니 아이가 확 집중하는 게 보이기 시작합니다. 초1 때도 가끔 1시간씩 집중하는 모습도 보여주고요. 그것도 스스로 말이지요! 문제집도 더 사달라고 조르기까지 합니다.

특히 한글책을 잘 읽어놓으니 수학 문장제는 아주 쉽게 이해합니다. 이건 정말로 너무 중요한 말이에요! 저학년 친구들은 지금 학교 성적 100점, 영어교실의 레벨, 수학교실의 테스트가 중요한 게 아니라 한글, 영어, 수학에 대한 긍정적 마인드가 잘 형성되고 있느냐가 중요한 게 아닐까 하는 생각이 요즘 많이 들더라구요.

> **맘먹고 수학 얘기**
> 작성자 : 버터토피

(1) 정확성

"처음엔 오답이 많지만 두 번째 풀게 할 땐 다 풀더라구요."
이 말 속에는 엄마의 안도가 숨어 있습니다. '두 번째 푸는 걸 보니 모르는 것 같진 않아. 역시 내 자식이야~' 하지만 시험 시간에도 오답 체크를 해주는 사람은 없지요. 무조건 처음 풀 때 오답률이 줄어야 합니다. 두 번째보다 첫 번째 오답률에 큰 차이가 있다면 문제 푸는 수를 줄이는 한이 있더라도 처음의 오답률을 줄여야 합니다.

(2) 스피드

초등 수학에서 중요한 부분입니다. 그러나 어찌 보면 그다지 중요한 부분이 아닐 수도 있습니다. 무슨 말이냐면, 스피드는 정확성이 길러지면 자연스럽게 따라옵니다. 그러나 아주 평범한 은하수라면 이 스피드를 위해 따로 시간을 내셔야 합니다. 꼭 학습지에 돈을 쓰는 것만이 방법은 아닙니다. 〈잠수네 연산〉과 기타 연산지로 한다면 학습지 3달 가격으로 충분히 커버됩니다.

(3) 유형 학습

개념을 이해하라는 말을 자주 듣습니다. 개념이 이해된다면 수학을 왜 버벅거리겠습니까. 대부분의 아이들은 연산이 받쳐주면서 유형을 학습해야 시험에서 덜 당황합니다. 보던 문제가 나와야 합니다. 처음 보는 문제를 대하면 숨이 가빠지고 정신이 없어져서 알던 문제도 못 푸는 경우가 허다

합니다. 여기서 아이들은 수학머리가 있는 부류와 그렇지 않은 부류로 나뉩니다. 대다수인 '그렇지 않은 부류'는 수많은 문제를 풀고 오답 처리하면서 유형을 익히는 길밖에는 다른 왕도가 없습니다. 반면 수학적으로 머리가 되는 아이들은 유형보다는 생각하는 '시간'이 필요합니다. 많은 문제보다는 주어진 10개 미만의 문제를 40분 안에 해결할 수 있는 끈기를 익혀야 합니다.

(4) 객관성

엄마들은 수학에 대해선 가방끈의 길이와 상관없이 아주 공평하게도 대부분 무지하십니다. 게다가 내 아이는 설마 평범하거나 그 이하는 아닐 거라는 믿음이 깔려 있습니다. 그래서 객관적으로 내 자식을 보기가 매우 어렵습니다. 내 아이를 객관적으로 바라보는 시각만으로도 절반 이상은 성공입니다.

(5) 자율성

믿고 맡기셔야 합니다. 아이가 문제를 푸는 품새를 보고 있으면 한 소리 하고 싶은 마음이 들지만, 일단 문제를 푸는 동안은 옆에서 가만히 지켜봐주시는 게 필요합니다. 그래야 스스로 시간 안에 문제를 해결하는 능력을 익힐 수 있습니다.

(6) 천천히

처음 정확성과도 연관되는 내용이지만, 재촉하지 마세요. "이러다 날 새겠다. 언제 이거 다 풀래?"라는 말은 해봐야 별 도움이 안 됩니다. 그러면 아이는 수학에 집중하는 게 아니라 엄마 비위를 안 건드리고 공부 시간을 빨리 끝내고 싶은 생각에 눈치만 늘게 됩니다. 스스로 성취감을 맛볼 수 있도록 속에서 천불이 올라와도 꾸욱~ 참으세요.

(7) 남의 집 자식들 진도에 연연해하지 마세요

초5에 중학교 2학년 수학을 하는 아이들이 많습니다. 부모들은 참 뿌듯할지 모르겠지만, 그 아이들은 중2 때도 또 그거 붙잡고 있습니다. 심화도 엉망인 경우가 허다하구요.

1년 이상의 선행이 가능한 아이는 은하수가 아닙니다. 설마 아직도 내 아이는 은하수 무리는 아니라는 착각을 하고 계신 건 아니겠지요? 그리고 '잔소리'하실 때 제발 한 가지만 집중 공략해주시기 바랍니다. 잔소리는 45초가 적당합니다. 제가 녹음기 틀고 실험해봤더니 그나마 마음에 꽂히는 시간이 그렇습니다. 길어지면 짜증만 나더군요.

> **중학생의 수학공부에 도움이 될 만한 깨알 같은 팁**
> 작성자 : 로즈리

(1) 타이머 한번 써보세요

이 타이머가 속도를 빠르게 해준다는 것보다는 잘 쓰면 집중력을 높이는 데 도움이 된답니다. 아이들이 책상에 앉아 있는 시간이 다 공부하는 시간이 아니란 건 아시잖아요. 책상에 앉아 있는 시간이 한 시간이면 제대로 집중하는 시간은 30분도 안 되는 아이들도 많을 겁니다.

책상에 앉기 전에 화장실도 갔다 오고, 물도 미리 마시고, 문제집과 풀이노트 꺼내서 싹 준비하구요. 100미터 달리기 스타트 선에 서 있는 것처럼 긴장감을 가지고 타이머 시작 버튼을 누릅니다. 하다가 정 힘들면 타이머 멈추고 쉬라고 해보세요. 그러니까 이 타이머가 공부를 제대로 하고 있을 때와 안 하고 있을 때를 구분지어주는 역할을 하는 것이지요.

중요한 건, 타이머는 엄마가 아니라 아이가 쓰도록 해야 합니다. 그러려면 아이와 미리 충분히 얘기하셔야겠지요. 엄마 눈치 안 보고 아이가 정확히 체크할 수 있도록 해야 효과가 있답니다.

수학이란 게 점 위치 하나까지도 신경 써야 하는 쪼잔한(!) 과목인지라 집중하는 습관이 들지 않으면 심화니 선행이니 다 필요가 없지요(특히 부산스러운 남자아이들). 그래도 끊임없는 훈련으로 많이 좋아질 수는 있답니다. '얜 정말 안 되나보다' 하고 절망했던 아이도 어느 날 갑자기 좋아지는 경우를 많이 봤거든요. 그러니 희망을 가지세요. 정도의 차이는 있지만 포기하지만 않으면 분명 좋아진답니다.^^

(2) 문제 풀 때 중간에 끼어들지 마세요

'영 엉망이라 그냥 놔두면 도저히 눈 뜨고 봐줄 수가 없다'는 정도만 아니면 되도록이면 중간에 끼어들어 잔소리하지 마세요. "계산 틀렸잖아, 정신 똑바로 차려야지, 식 제대로 쓰고, 글씨는 이게 뭐니, 틀린 것 좀 깨끗이 지워…" 아이 혼자 힘으로 풀게 한 다음에 잔소리할 거 하고 도와주세요. 아이 힘으로 혼자 하는 습관이 들어야 문제해결력이란 게 생긴답니다. 당연히 집중할 수 있는 힘도 생기구요.

(3) 열심히 했을 때는 보상이 있어야 합니다

이 보상이 뭘 사주고 게임을 하게 해주고 이런 게 아니라 그날 할 거 빨리 끝냈다고 더 시키지 않는 겁니다. 당연한 얘기겠지만, 많은 양을 하고 오래 공부하는 게 중요한 게 아니라 제대로 집중할 수 있는 게 가장 중요합니다. 빨리 했다고 엄마가 또 시키면, 아이가 다음번엔 빨리 끝내려고 할까요?

전 문제집 새로 시작하기 전에 아이와 하루에 어느 정도씩 할지 타협을 합니다. 그것이 10분, 20분 만에 끝나더라도 더 이상은 시키지 않습니다. 그러면 아주 가끔, 혼자서 더위를 잡수셨는지 유체이탈을 하셨는지 알 수 없지만 두세 시간씩 붙잡고 있는 이상한 날에도 불만은 없더라구요.^^;;

(4) 너무 급하게 생각하지 마세요

요즘 엄마들은 자기 아이에 대해서 너무나도 모르는 경우가 많답니다. 최근 새로 뜨는 학원 정보 알려줄 엄마들의 인맥 관리도 중요하지만 내 아이에 대해 잘 아는 게 우선이 아닐까란 생각이 듭니다.

그런데 잠수를 하시는 분들은 아이들이 무슨 책을 좋아하는지, 재밌다고 하는데 정말 재밌는 건지, 수준에 너무 어려운 책을 들이미는 게 아닌지 항상 고민하시잖아요. 항상 아이의 반응을 체크하고 궤도도 조금씩 수정해가면서 하시면 영어처럼 점차 노하우가 생기실 거예요. 영어도 몇 년씩 시행착오를 겪으며 진행하신 거잖아요. 수학도 감이 생기려면 시간이 필요하답니다.

못하는 아이들은 본인이 못한다는 걸 너무나 잘 압니다. 그러니 10가지 중에서 하나만 잘해도 그걸 극대화해서 칭찬해주세요. 나머지 못하는 9가지는 감정 싹 빼고 사실만 전달하시구요. 수학은 자신감이 중요한데 이런 아이들은 자신감이 없어서 수학만 보면 뇌가 굳어버리거든요.

그리고 현실적인 목표를 세우셔야 합니다. 무조건 열심히만 하면 잘할 수 있다가 아니라 "올해 안에 몇 점대 나올 때까지 열심히 해보자" 이렇게요. 도달할 수 없는 목표 때문에 아이들이 좌절하고 미래의 수포자(수학을 포기한 사람)가 되는 거거든요. 최상위권 아이들을 보면 다 타고나서 잘하는 것 같잖아요. 그런데 대부분은 부단한 훈련의 결과랍니다. 속을 들여다보면 어떤 식이든 피나는 노력들을 했더라구요. 당연한 얘기겠지만, 정말 잘하려면 엄청난 시간과 노력이 필요한 것이지요.

> **초등 저학년 수학, 만드는 것이 아니라 도와주는 것**
> 작성자 : 랄라리맘 (중1, 초4, 초2)

초등 저학년에서는 뭘 도와줘야 할까요?

초등 저학년은 어떤 학문의 숙달이 아니라 흥미 유발이 목적이 되어야 합니다. "재미있네, 앞으로 한번 도전해볼까?" 혹은 "재미없네, 절대 하지 말아야지" 뭐 이런 종류의 생각이 형성되는 시기라고 보시면 됩니다. 이 시기에 학교 점수에 지나치게 감정이입해 무조건 주입시키는 오류를 범하면 안 됩니다. '100점만이 점수이고 나머지는 점수 축에도 못 든다, 우리 엄마는 100점만 좋아하시고 88점은 엄청 싫어하신다' 이런 생각이 들지 않게 해주어야 하는 시기입니다.

초등 저학년은 풀어내는 성취감을 맛보게 도와주는 것이 아니라 풀어내볼까 하는 궁금증을 유발시키는 시기입니다. 이 시기에는 채점을 해도 틀린 답에 세모를 그려주셔야 합니다. "답은 틀렸지만 어디어디까지는 너의 생각이 맞았구나" 하는 식으로 그 과정을 인정하고 용기를 북돋워주어야 합니다. 그래서 틀렸다고 사선을 죽 긋는 게 아니라 예쁘게 정성스런 세모를 그려주셔야 합니다. 이 시기엔 채점도 빨간색이 아닌 초록색으로 하는 것이 좋습니다. 또한 엄마는 결과가 아닌 과정을 더 유심히 관찰한다는 것을 확실히 보여주셔야 합니다. 그래서 학문에 대한 궁금증을 유발시키고, 학문에 대한 도전이 해봄직하다는 것을 느끼게 하고, 엄마를 신뢰하게 하고, 무엇보다 자신을 신뢰할 수 있게 해주어야 합니다. 무슨 무슨 문제집을 몇 권, 어디까지, 학교 시험 몇 점, 결과물에 대한 평가와 민감한 반응 그리고 감정이입… 이것은 정말 피하고 피하셔야 합니다.

특출난 아이는 초등 저학년 시기가 없습니까? 수학적 감이 빠른 아이라고 저학년 시기를 겪지 않거나 저학년 단계를 바로 뛰어넘어버려도 무관한 것입니까? 아이는 아이일 뿐입니다. 아직 독서량도 미흡하고 알아야 할 모든 것들과 생각의 크기, 생각의 질과 양 모두 미흡하기 짝이 없는 애기들을 놓고 수학적인 부분의 향상만 바란다는 건 새로운 형태의 아동학대가 아닐까요?

잠수네 사회공부법

초등학교 3학년에 처음으로 만나는 '사회' 과목은 초등, 중고등 과정을 거치면서 어떤 아이들에게는 효자 과목이지만 반대의 경우는 애물단지가 되는 과목입니다. 사회를 배우는 이유는 말 그대로 우리가 사는 '사회'를 잘 이해하기 위해서입니다.

아이들이 사회를 어려워하는 것은 첫째, 배경지식이 없어서입니다. 둘째는 용어가 어려워서이고요. 셋째는 제대로 공부하는 방법을 모르기 때문입니다. 사회를 잘하고 좋아하는 아이들은 배경지식이 풍부한데다 용어를 확실하게 이해하고 있고, 공부하는 방법을 잘 아는 것이지요.

사회를 제대로 공부하고 나면 기술, 가정, 도덕 등 다른 과목을 공부하는 요령도 생깁니다. 교과서를 읽고 이해하고 내 것으로 만드는 과정이 모두 비슷하기 때문입니다. 또한 사회 과목에서 다루는 내용은 논술의 주제와 일치하는 부분이 많아 논술 대비도 됩니다. 초등, 중고등학교 사회교과서에서 배우는 모든 내용은 살아가는 데 꼭 필요한 상식입니다. 학교에서 가르치니까 억지로 공부한다는 생각을 버리고, 나를 둘러싼 이웃과 사회를 이해하는 데 사회 과목이 많은 도움을 준다는 차원에서 공부하도록 해주세요.

사회, 배경지식이 핵심이다

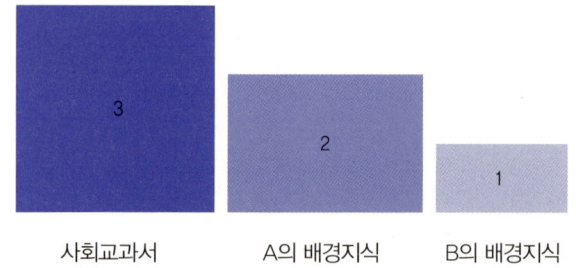

위의 그림처럼 사회교과서에 담긴 지식을 3이라고 했을 때, 학생 A는 배경지식을 2만큼 갖고 있고, 학생 B는 1만큼 갖고 있다고 해보지요. 사회교과서에 담긴 지식을 이해하는 데 A는 1만큼만 더 공부하면 됩니다. 그에 비해 B는 A보다 2배의 시간과 노력을 기울여야 교과서를 이해할 수 있습니다. 학교에서 수업을 들을 때도 배경지식이 얼마나 있는가에 따라 이해하는 폭이 달라집니다. A는 선생님 말씀이 재미있고 귀에 쏙쏙 들어옵니다. B는 들어도 이해가 안 되는 부분이 많다 보니 수업이 재미없고 집중이 안 됩니다.

'배경지식쯤 없으면 어떤가, 자기 하기 나름이지'란 생각이 들 수도 있습니다. 물론 열심히 공부하면 안 되는 게 어디 있겠습니까? 수업 전에 충분히 예습을 하는 것도 배경지식을 갖추는 방법이 될 수 있습니다. 그러나 아는 것이 적으면 그만큼 힘이 더 드는 것은 사실입니다. 따라서 가능하면 생활에서 다양한 체험을 해보고, 책도 읽어서 배경지식을 갖추는 것이 사회를 좀 더 재미있게 느낄 수 있는 방법입니다.

사회를 잘하려면?

❶ 체험학습 다양하게 해보기

아이가 경험하는 주변의 모든 것이 사회 과목과 관련된 체험학습입니다. 시장에서 장 보는 것이나 문방구에서 물건 사기, 여행하기, 박물관이나 전시회 등을 다니는 것 모두가 체험학습에 해당됩니다.

다양한 체험을 해보는 것이 바람직하지만 한 가지, 부모들이 많이 오해하는 부분이 있습니다. 아이들이 보고 듣고 경험한 것들이 다 지식으로 흡수되는 것은 아니라는 점입니다. 사전지식 없이 떠나면 유적지, 전시회, 박물관을 아무리 열심히 데리고 다녀도 가면서 먹었던 것, 벌레나 동물, 신 나게 놀았던 것 등 '재미있던 경험'이나 '관심 있는 것'만 기억합니다. '아는 만큼 보인다'는 말처럼 어느 정도 '아는 것(배경지식)'이 있어야 관심을 가지기 때문입니다. 따라서 체험학습을 가기 전에 관련 책이나 자료를 찾아보면서 '관심'을 불러일으키고 '배경지식'을 갖도록 해주는 과정이 필요합니다. 아이가 자료를 읽을 상황이 안 된다면 이야기라도 해줄 수 있게 부모가 준비를 해두면 좋습니다.

전문 체험학습 기관에서 아이들만 데리고 떠나는 체험학습도 상황은 마찬가지입니다. 이끄는 선생님이 설명을 열심히 해줘도 관심이 없으면 귀를 기울이지 않습니다. 옆에 있는 아이랑 장난칠 궁리만 하는 것이 아이들인걸요. 상황이 여의치 않아 전문기관에서 주도하는 체험학습 과정에 보내는 경우, 되도록이면 미리 관련 자료를 읽고 가도록 해주세요.

마지막으로, 체험학습을 많이 다니는 것만으로는 부족하다는 것을 꼭 유념했으면 합니다. 사회 과목을 잘하려면 따로 '공부'를 해야만 한다는 것을요. 체험학습은 여건이 된다면 다양한 경험을 해보는 것이 좋다는 정도로 생각해주세요. 체험해본 경험이 많으면 사회 과목을 받아들이기가 조금 더 쉽고, 없으면 시간과 노력이 더 필요하다 하는 정도로요.

❷ 책으로 접하는 사회

 살면서 모든 것을 직접 경험해보는 것은 불가능합니다. 과거의 인물이나 역사적 상황, 멀리 떨어진 나라의 일을 직접 부딪쳐가며 알 수는 없으니까요. 그러나 역사, 문화, 경제 등의 사회 지식책을 읽다 보면 시간과 공간의 한계를 뛰어넘어 다양한 사례, 인물을 만나게 됩니다. 자기 학년 사회교과서에 담긴 내용보다 더 많은 지식을 알 수 있기도 합니다. 이 정도가 되면 사회 과목은 땅 짚고 헤엄치기가 됩니다.

 사회공부를 목적으로 교과서와 관련된 책을 읽게 하려면 관심을 갖도록 해주는 것이 더 먼저입니다. 책을 잘 읽는 아이라도 사회 지식책은 아이가 어느 정도 소화하는지 눈여겨볼 필요가 있습니다. 자꾸 어려운 책을 주기보다는 아이 눈에 만만하고 쉬운 책부터 시작하는 것이 좋습니다. 역사, 경제, 문화 등 모든 영역에서요.

 책은 좋아하지만 창작책만 읽는 아이라면 '이야기로 풀어낸 사회, 역사책'부터 읽히고, 흥미를 느끼면 서서히 영역을 넓혀가세요. 단, 사회 지식책을 잘 안 읽는다고, 또는 역사 등 처음 접하는 내용이라고 만화를 먼저 읽도록 하는 것은 조금 생각해봐야 할 부분입니다. 책을 많이 읽는 아이라면 만화를 보더라도 글책의 재미를 아니까 크게 문제가 되지 않습니다. 그러나 책을 읽지 않는 아이라면 만화만 볼 가능성이 매우 높습니다. 이 경우 단기적으로 만화책에서 약간의 지식은 얻을 수 있을지 몰라도, 장기적으로 읽기 능력이 성장하기 어렵습니다.

책을 아예 안 읽는 아이들이라면 책을 읽으라고 잔소리하기보다 부모가 읽어주세요. 이때는 자기 학년 수준을 고집하지 말고 쉽게 이해할 만한 수준의 사회 그림책이나 이야기 형식으로 된 책부터 시작하세요. 필요하다면 서너 단계 아래의 책을 읽어도 괜찮습니다. 아이들이 지식책을 읽기 싫어하는 것은 아는 것이 별로 없어 재미가 없기 때문입니다. 꾸준히 읽어주다 보면 아는 것이 조금씩 생기게 되고, 이것이 배경지식이 되어 조금 더 어려운 수준의 책을 읽을 수 있습니다. 여기서 더 아는 것이 많아지면 스스로 사회 지식책을 잡을 날도 오게 됩니다.

사회 지식책을 읽을 때는 재미있게 읽을 수 있으면 됩니다. 읽다가 흥미를 느끼면 반복하게 되고 자연스럽게 기억에 남게 되니까요. 정독이 중요하다고 해도 아이가 원치 않는다면 억지로 강요한들 효과가 없습니다. 오히려 책을 싫어하게 되는 역효과만 나올 뿐이지요. 책을 읽으면서 밑줄 긋고, 메모하고, 정리하는 것은 스스로 필요하다고 느낄 때가 적기입니다. 꼼꼼하게 읽는 작업(정독)은 교과서로 해도 충분합니다. 중요한 부분은 줄을 긋고, 메모도 하고, 알아두어야 할 부분은 노트에 정리하기도 하면서요.

❸ 신문 읽기

사회 과목은 상식이 많을수록 쉽게 이해됩니다. 상식을 쌓을 수 있는 제일 손쉬운 방법이 신문 읽기입니다. 세계 정세, 사회 문제, 감동을 주는 기사 등 주변에서 일어나는 일에 관심을 갖다 보면 상식도 늘고 사회를 공부하는 데도 도움이 됩니다. 그러나 신문이 좋다고 해도 무작정 읽히기는 어렵습니다. 아이들은 관심도 없는 딱딱하고 재미없는 신문을 왜 읽어야 하는지 이유를 모르거든요. 아이의 의견을 무시하고 억지로 읽으라고 강요하면 아이와 관계도 안 좋아질뿐더러 신문 읽기와는 더 멀어집니다.

제일 좋은 방법은 신문에 관심을 갖도록 환경을 만들어주는 거예요. 부모가 먼저 신문을 읽고 나서 식사 때나 간식 시간에 신문 내용 중 아이에게 들려주고 싶은 이야기나 아이가 흥미를 느낄 만한 내용을 슬쩍 흘려보세요. 신문기사 내용을 주제로 엄마 아빠가 대화를 나누면서 분위기를 만들어가도 좋습니다. 부모가 하는 이야기에 귀를 쫑긋 세우고 듣다 보면 자기도 끼고 싶어서 신문을 읽게 됩니다. 신문을 스크랩해서 식탁이나 아이 책상 등에 올려두거나 화장실에 붙여두어도 좋아요. 신문을 안 읽는 아이라도 지나가다 한 번씩 훑어보게 되니까요.

중요한 것은 신문 읽기를 학습으로 받아들이지 않게 해주는 거예요. 처음에는 가벼운 마음으로 신문을 읽게 해주세요. 신문을 읽으면서 자기 생각을 이야기하면 면박을 주거나 외면하지 말고 잘 들어주세요. 칭찬도 아낌없이 해주시고요. 부모에게 인정을 받는 느낌이 들고, 칭찬받는 것에 신이 나면 저절로 신문을 읽게 됩니다.

❹ TV 뉴스, 다큐멘터리 프로그램 시청하기

TV 뉴스도 짬짬이 보면서 아이가 모르는 말을 물어보면 아는 대로 설명을 해주세요. 다큐멘터리도 시사 상식을 쌓는 데 좋습니다. 각국의 문화나 역사, 자연환경을 다룬 프로그램을 보고 나면 상식도 늘고 책이나 교과서를 볼 때 이해가 더 잘 됩니다. 박물관이나 전시회에 갔을 때도 다큐멘터리를 상영하면 꼭 챙겨보세요. 이렇게 가랑비에 옷 젖듯 조금씩 쌓인 것들이 사회교과서를 공부할 때 배경지식으로 힘을 발휘하게 됩니다.

사회교과서로 공부하는 방법

❶ 어휘

사회교과서에는 어려운 용어가 많이 나옵니다. 어려운 단어는 두 가지 관점에서 봐야 해요. 첫째는 '개념어'입니다. '방위, 등고선, 대륙성' 등 사회 영역에서 많이 쓰이는 단어가 있습니다. 교과서에 따로 설명된 개념어는 확실하게 알아야 해요. 둘째는 '아이가 잘 모르는 단어'입니다. 부모가 생각하기에 설마 저런 단어도 모를까 싶지만, 어른 눈에는 쉬워 보여도 아이들에게는 어려울 수 있습니다. 상식적인 단어도 모른다고 야단치면 아이는 사회는 어려운 것이라고 지레짐작해버리게 됩니다. 저마다 어려운 단어는 다 다르겠지만, 교과서에 나오는 단어는 사전을 찾아서 확실한 뜻을 알게 해야 합니다. 개념어나 모르는 단어가 너무 많으면 단어카드나 사회 어휘노트를 따로 만들어서 틈틈이 들춰보도록 해주세요.

❷ 교과서 읽기 – 단원명 속에 숨은 비밀

대부분의 아이들이 교과서를 무시합니다. 읽으라고 했을 때 교과서 본문만 읽고는 다 읽었다고 하는 아이라면 교과서 읽는 방법을 알려주세요.

첫째, 교과서는 '차례'와 '단원 제목'을 먼저 봐야 합니다. 차례는 교과서의 전체 흐름을 담고 있고, 단원 제목에 단원의 핵심이 모두 담겨 있기 때문입니다. '차례 → 대단원 제목 → 소단원 제목' 이렇게 제목만 죽 훑어봐도 단원의 핵심을 잡을 수 있습니다.

둘째, 중요한 내용에 밑줄을 긋거나 번호를 매겨가며 꼼꼼하게 읽습니다. 이 정도만 해도 교과서에 담긴 내용을 이해하는 데 많은 도움이 됩니다. 참고서는 교과서에서 이해 안 되는 부분을 찾아보는 용도로 활용해주세요.

교과서 내용을 이해한 후에는 완전히 암기를 해야겠지요. 방법은 아이마다 다를 수 있습니다. 차례와 단원 제목을 적은 후 교과서의 중요 내용을 노트나 화이트보드에 정리할 수도 있고, 마인드맵을 그려볼 수도 있습니다. 노트 정리에 시간이 많이 걸리고 효율이 떨어진다면 반복해서 읽으면서 스토리텔링처럼 이야기를 만들어 기억하는 방법도 있습니다. 단, 꼼꼼한 것이 지나쳐 색색가지 볼펜, 색연필로 예쁘고 깔끔하게 노트 정리하는 데 시간을 허비하는 아이들도 있습니다. 노트 정리는 요약이 목적이라는 것, 색볼펜이나 색연필은 중요 사항 체크 정도면 충분하다는 것을 알려주세요.

특히 배울 내용이 방대해서 아이들이 많이 어려워하는 국사, 세계사 등 역사 영역은 숲과 나무 전체를 볼 수 있어야 합니다. 망원경으로 보면서 현미경도 봐야 한다고나 할까요. 역사를 다룬 책을 읽지 않고 교과서만 보면 역사는 암기 과목이라고 생각하기 쉽습니다. 반대로 역사 지식책을 읽기만 하고 교과서 내용을 암기하지 않으면 시험에서 좋은 결과가 나오기 어렵지요. 따라서 '역사 지식책 읽기 + 교과서 흐름 잡기 + 암기'의 세 박자를 잘 맞추는 것이 역사 공부의 핵심이라고 할 수 있겠습니다.

❸ 그림, 지도, 표, 도표, 그래프에 주목한다

사회성적 올리기의 핵심은 글자 외의 자료들을 제대로 읽는 것입니다. 교과서에 그림, 지도, 표, 도표, 그래프 등의 자료를 넣은 것은 배우는 내용을 더 잘 이해할 수 있도록 하기 위해서입니다. 그림 하나, 도표 하나도 심사숙고해서 넣습니다. 사회교과서를 여러 번 읽었는데도 모르는 내용이 나왔다고 하거나 시험문제가 어렵다고 하는 것은 이런 자료들을 제대로 보지 않았기 때문입니다.

특히 사회에서 매우 중요한 것이 '지도'입니다. 지리는 지도를 잘 보는 것이 공부의 핵심입니다. 역사를 공부할 때도 지도를 보면서 공부해야 훨씬 이해가 잘 됩니다. 그러나 학교 수업시간에 잠깐 지도를 보는 것으로는 교과서 내용과 잘 연계되지 않습니다. 거실이나 부엌, 아이 방에 우리나라 지도, 세계지도를 붙여놓고 늘 눈에 익게 해주세요. 책을 읽을 때, 교과서를 공부할 때, 신문이나 뉴스, 다큐멘터리를 보면서 어떤 지역에서 일어난 일인지 짚어보는 것만으로도 많은 도움이 됩니다.

자료를 제대로 읽어내는 것은 장기적으로 논술 대비도 됩니다. 논술 기출문제를 인터넷에서 찾아보세요. 도표나 그림, 표, 그래프 보는 문제가 늘 나오고 있습니다.

사회시험, 이렇게 준비하세요

어떤 공부든 기본은 똑같습니다. '예습과 복습 + 수업 집중하기 + 교과서 공부' 이 3가지가 기본입니다. 어릴 때 공부를 잘했던 부모 중에는 공부는 알아서 하는 것이라고 생각하고 관여를 안 하는 경우가 많습니다. 그러나 아이들은 생각보다 공부하는 방법을 모르는데다 기본 상식도 부족합니다. 시험 결과만 갖고 야단치지 말고 공부하는 방법을 차근차근 알려주세요. 처음에는 조금 힘들지 몰라도 습관이 잡히면 혼자서도 잘할 수 있습니다.

❶ 평소에 공부한다 – 예습과 복습

사회는 상식입니다. 평소 사회 관련 책을 읽고 짬짬이 지도를 보는 것이 예습도 되면서 상식을 넓히는 길입니다. 잠들기 전 책가방을 챙기면서 잠깐 교과서 제목만 훑어봐도 예습이 됩니다. 수업이 끝난 후 필기한 내용을 가볍게 읽어보면 복습이 되고요. 일주일에 하루 정도 시간을 내서 교과서를 찬찬히 다시 읽어보거나 정리를 해두면 시험을 앞두고 공부할 시간이 부족해 전전긍긍하지 않아도 됩니다.

❷ 수업에 집중하는 것이 중요하다

선생님이 시험문제를 낼 때는 가르친 범위 안에서 출제합니다. 수업시간에 딴 생각을 하고 잘 듣지 않거나 들은 내용을 적어두지 않으면 아무리 열심히 공부해도 구멍이 날 수밖에 없습니다. 학교 수업시간에 집중하고, 들은 내용은 노트에 꼭 적도록 해주세요. 덜렁거리는 성격의 아이들 중에는 선생님이 나눠주시는 프린트물을 잃어버리는 경우가 많습니다. 받는 대로 노트에 붙이거나 파일로 정리하는 것이 습관이 되도록 해주세요.

❸ 교과서, 프린트물은 살살이 봐야 한다

아무리 사회 지식책을 많이 읽고 배경지식이 풍부하더라도 공부는 해야 합니다. 시험공부 할 때는 '사회교과서 + 사회과부도 + 프린트물'이 기본 교재입니다. 교과서를 공부할 때는 단원명과 소제목을 보면서 흐름을 잡고, 전체 내용을 정리해서 암기한 후, 도표나 지도 등 자료를 꼼꼼하게 읽습니다. 교과서를 다 이해하고 나면 학교에서 나눠준 프린트물과 수업시간에 필기한 내용을 보며 부족한 부분을 보완합니다.

❹ 문제집은 맨 나중에 확인 차원에서 풀어본다

시험공부 한다고 문제집부터 푼다면 공부하는 방법을 제대로 모르는 것입니다. 문제집은 맨 나중에 한 권 정도, 아는 것을 확인하는 용도로 활용합니다.

> **중학 사회 공부하기**
> 작성자 : 초록엄마 (대학생, 중1/중학교 사회교사)

그냥 교과서 중심으로 공부하세요. 특별한 비법이 어디 있나요? 저도 알고 싶어요.^^;; 학교 현장에서도 느낍니다만 아이들은 사회를 참 어려워들 하지요. 아이들은 '암기할 내용이 너무 많아서' '어려운 용어가 많이 나와서' 이런저런 이유로 사회가 어렵다고 합니다. 사회를 어려워하지 않게 하려면 어떻게 해야 할까? 현장에서 절대적으로 느꼈던 것을 간단하게 정리해 말씀드리겠습니다.

(1) 지도에 익숙해져라

사회공부는 무조건 지도가 기본입니다. 공간적인 개념이 없으면 사회는 매우 어렵습니다. 수업시간에 잠깐씩 보는 것만으로는 지도에 익숙해지기 어렵고, 수업시간 내내 지도 가지고 수업을 해도 시험문제에 지도 관련 문제가 나온다 하면 아이들은 무조건 어렵다고 생각하더군요.

집에 세계지도, 우리나라 지도 한 장씩 거실 혹은 공부방 같은 늘 보이는 곳에다 꼭 붙여주세요. 공부하다가, 책 읽다가, 인강 듣다가 언제든지 손가락으로 가리키며 찾아볼 수 있도록요. 각 대륙과 해양의 위치부터 시작해서 중요한 지역과 국가명도 익힐 수 있도록 해주세요. 위도와 경도 개념도 알려주시고, 어떤 국가가 어느 대륙 어디쯤 있는지, 높은 산맥과 하천은 어디 있는지, 적도가 어디로 지나가는지 등등 지도에 익숙해져서 어려워하지 않도록 해주세요. 사회교과서에 나오는 지도는 꼭 이해하고 알아두어야 합니다. 이건 필수예요!

(2) 도표와 그래프 읽는 법, 어려운 용어의 개념을 익혀라

지도 외에 꼭 익혀야 하는 것이 있다면 표, 도표, 그래프 같은 것을 읽는 것이겠지요. 아이들이 사회를 어려워하는 것은 지도뿐만이 아니라 어려운 용어 때문일 것입니다. 땅과 바다를 교과서에서는 대륙과 해양이라 하고, 대륙성, 해양성, 계절풍, 편서풍, 연교차, 일교차 같은 생소한 단어들… 기름과 관련된 용어도 원유, 석유, 정유 등 때때로 다르게 쓰이잖아요. 우리에게는 열대, 온대, 냉대, 한대, 건조, 습윤, 난류, 한류, 해류, 조경수역처럼 감이 팍팍 오는 단어들도 아이들에겐 어렵고, 도시화, 사회화, 다양성, 밀집, 희박, 기업적, 집약적 등등 참 쉬운 단어들인데 한자를 잘 모르는 아이들에게는 이렇게 어려운 단어가 없지요. 그러니 교과서에 나오는 어려운 용어나 단어들의 개념을 먼저 확실히 익혀야 합니다. 이것도 필수!

(3) 배경지식을 쌓아라

다른 말로 사회 관련 서적을 많이 읽자는 뜻입니다. 물론 배경지식을 쌓는 방법이 책만 있는 것은 아니지요. 그리고 사회교과가 지역별 접근이든 주제별 접근이든 책을 많이 읽어 배경지식을 쌓는 것이 꼭 성적과 연결된다고 할 순 없겠지만 많이 알고 있어야 사회수업이 훨씬 쉬워지겠지요. 이 책 저 책 읽다 보면 머릿속에서 자연스럽게 정리됩니다.

(4) 다큐나 여행 관련 프로그램 많이 보여주기

〈아마존의 눈물〉 등 TV에서 방송된 다큐멘터리도 보여주시고, 아마존이 어디쯤 있는지 지도에서 꼭 찾아보게 해주세요. 아마존과 관련하여 지구촌의 당면 문제도 함께 생각해봐주시고요.

전 이런 다큐 프로를 녹화해두었다가 아이들에게 가끔 보여줍니다. TV에서 방송된 지역이나 국가를 지도에서 찾아보게 하고요. 그러면서 그 나라의 일상생활과 문화뿐 아니라 기후 같은 것도 얘기하지요. 식사하면서요. 시간이 금이니까요.^^

(5) 학교 시험을 잘 보려면

결국 이것이 궁금하시지요? 만약 제가 시험문제를 낸다면 어디서 낼까요? 당연히, 아주 당연히 제가 가르친 것과 교과서 내에서만 내겠지요. 응용을 하든 서술형이든 논술형이든 마찬가지 아닐까요? 중학교 교과과정에서 가르친 것과 교과서 범위 밖에서 실제 시험문제를 내는 경우는 거의 없어요. 그러니 결국 학교 공부를 충실히 해야 하는 것이지요.

선행 혹은 보충으로 인강을 들어 학생이 전체적인 내용을 잘 꿰고 있다 해도 시험공부는 교과서와 내용을 구석구석 파악해야 합니다. 왜냐하면 인강에서 사용하는 교재와 학교에서 쓰는 교과서는 다르기 때문이지요. 또 시험문제를 내기 위해 보기를 찾다 보면 교과서 구석구석에 있는 것도 이용하거든요. 그러니 인강을 들었다 해도 꼭 해당 교과서와 내용을 열심히 봐야겠지요.

결국 정리를 해봐도 다 아는 얘기들이지요. 초록엄마는 딸아이 사회공부 어떻게 시킬 건가요? 이렇게 콕 집어 물으셔도 뭐 별거 없습니다. 그냥 평소에는 사회 관련 책을 읽게 한다, 지도를 보며 아이와 자주 관련 대화를 한다(지금은 〈먼나라 이웃나라〉 시리즈를 열심히 읽히고 있어요), 학기가 시작되면 학교 진도에 맞춰 무료인 EBS에서 관련 방송을 찾아 듣는다, 아니면 어려운 부분만 찾아 듣는다. 시험이 닥치면 교과서와 프린트, 필기한 것 여러 번 읽게 하고, 마지막으로 문제 풀면서 확인한다. 정말 별거 없지요?ㅎㅎ

> **사회교과서가 참 좋아요!**
> 작성자 : 작은나무야 (초4)

전 교과서 이상의 책이 없다는 말에 절대적으로 동감합니다. 저희 아이는 사회 중간, 기말 다 100점입니다.^^ 제 방법 알려드릴게요.

이번에 개정된 4학년 사회교과서는 정말 좋습니다. 앞으로 사회교과서는 이런 식으로 만들어져야 한다고 생각해요. 더욱이 마지막 장에 있는 단원의 정리 부분은 진짜 훌륭합니다. 그래서 제가 비법을 묻는 지인들에게 교과서를 공부하라 했더니 할 게 없다는 말을 하더군요. 바로 이게 문제인 것인데요. 사회교과서는 공부해야 하는 내용이 너무나 많은 개념서이자 문제지입니다. 중요한 것은, 그걸 이용해서 가르치고자 하는 사람은 아이보다 훨씬 많은 내용과 답을 숙지해야 한다는 사실입니다. 그리고 이것은 자습서를 이용합니다. 많은 시간을 필요로 하는 건 절대 아니구요. 그냥 엄마는 자습서 보시고 아이는 교과서 보면서 내용을 정리해보세요. 마지막 장에 있는 정리된 내용들이 그 단원에서 배워야 하는 전부입니다. 그러므로 그 부분은 좀 더 자세히 설명해줍니다. 마지막으로 아이와 마인드맵 만들면서 단원 전체를 정리해나갑니다. 그렇게 개념이 형성된 다음에는 자습서에 있는 3~4장 남짓한 문제집을 풀어봅니다. 시험날 아침에는 공부하면서 만들었던 마인드맵을 보고 마지막으로 정리합니다(참, 교과서에 나와 있는 모든 그림, 사진, 도표는 반드시 기억합니다).

저는 이렇게 해서 효과를 보았으니 여러분도 한번 해보시길 바랍니다.

잠수네 과학공부법

'과학'의 사전적 의미는 두 가지입니다. 좁은 의미로는 '자연과학'을 말하지만, 넓은 의미로는 '진리나 법칙의 발견을 목적으로 한 체계적인 지식'을 뜻합니다. 과학을 배우는 이유도 좁은 의미에서는 자연현상에 대해 호기심을 갖고 탐구하는 자세와 과학 지식을 습득하는 것이지만, 좀 더 넓은 의미에서는 과학적 사고를 통해 문제해결력을 키우는 것이 궁극적인 목적입니다.

학교에서 배우는 과학은 우리 주변에서 흔히 볼 수 있는 여러 현상을 과학적인 용어로 설명하는 것입니다. 아이들이 과학을 어려워하고 흥미를 못 느끼는 것은 첫째는 호기심이 사라졌기 때문입니다. 궁금한 것이 없으니 왜 그렇게 되는지 설명하는 과학교과서의 내용에 관심이 없을 수밖에요. 둘째는 과학교과서에서 만나는 어려운 용어, 낯선 개념 때문입니다. 잘 알지도 못하는 것을 어려운 용어로 설명하니 무슨 말인지 이해가 안 됩니다. 셋째는 원리에 대한 이해 없이 교과서에 나온 내용이나 공식을 무조건 외우려고 하기 때문입니다. 과학에 대해 호기심도 없고 아는 것도 별로 없는 상태에서 시험 때만 공부하기 때문에 더 어렵게 느껴지는 면도 있습니다.

과학, 호기심이 핵심이다

과학의 역사는 수많은 과학자들이 '자기가 궁금해하는 것'을 밝혀가는 과정이었습니다. 왜 그렇게 되는지 알아내기 위해 집요하게 관찰하고 연구하고, 수없이 많은 실험과 무수한 실패를 겪었습니다. 어린아이들도 과학자처럼 '왕성한 호기심'을 갖고 태어납니다. 주변의 세계에서 궁금한 것을 하나씩 알아가는 데 기쁨을 느낍니다. 과학자처럼, 어린아이처럼 "왜 그렇지?" 하는 호기심이 있다면 과학을 공부하는 것이 재미있습니다. 너무너무 궁금한 것을 알아내는 것이 신기하고 즐거우니까요. 교과서에서도 '주위의 물체들은 어떤 재료로 만들어졌을까?' '자석에 붙는 물체는 어떤 것일까?' 등 계속 질문을 합니다. 호기심이 있어야 '관찰과 탐구'를 하게 되고,

이것이 '과학적 사고력'으로 자라게 되기 때문입니다.

과학은 수학과 사회의 중간 지점에 있는 과목입니다. 사회처럼 직접적인 경험, 간접적인 경험으로 쌓은 '배경지식'이 있으면 과학을 이해하기가 좀 더 쉽습니다. 무조건적인 암기가 아니라 수학처럼 왜 그렇게 되는지 주변의 여러 현상과 관련된 과학의 '원리와 개념'을 이해하려는 노력도 필요합니다.

과학을 잘하려면?

❶ 자연 속에서 살아 있는 과학을 접한다

자연에서 뛰어놀기, 숲과 함께하는 자연 체험, 집에서 식물이나 동물을 키워보는 것, 밤하늘의 별자리 관찰하기 등 아이들에게 다양한 경험을 하게 해주세요. 산이나 들로 뛰어다니며 눈으로 보고, 손으로 만져보기도 하고, 냄새도 맡아본 경험이 많으면 많을수록 궁금한 것도 많아집니다.

❷ 과학 실험을 해본다

아이들은 실험하는 시간을 좋아합니다. 마술처럼 신기하고 재미있기 때문입니다. 실험을 해볼 수 있는 기회는 주변에 많이 있습니다. 학교에서 하는 실험시간 외에도 과학관이나 과학학원의 실험교실에 다닐 수도 있고, 방학 때 과학캠프에 가볼 수도 있습니다. 인터넷으로 실험하는 동영상(사이언스올, 국립중앙과학관의 e-learning)을 찾아볼 수도 있지요. 아이가 과학 실험을 좋아한다면 실험책과 실험 교재를 구입해 집에서 간단한 실험을 해볼 수도 있습니다.

그러나 아이들이 해보는 실험에 너무 많은 기대는 하지 마세요. 왜 그렇게 되는지 원리까지 알아보려는 아이들은 극소수에 불과합니다. 실험의 원리를 누가 가르쳐준다고 해도 스스로 알고자 하는 적극적인 의지가 없으면 머리에 남지 않습니다. 호기심 천국으로 끝나는 경우가 대부분이지요. 그래도 과학 실험을 해보는 것이 의미가 있는 것은 학교에서 여러 명이 하는 실험을 혼자 해보면서 자신감도 갖게 되고, 나중에 학교에서 과학을 공부할 때 원리를 이해하는 데 도움이 되기 때문입니다. 실험하는 과정에서 과학에 호기심을 느끼고 과학이 참 재미있다는 생각을 가질 수 있기도 하고요.

정말 과학을 좋아하는 아이라면 평소 해보고 싶었거나 재미있는 실험을 실제로 해보고 '나만의 실험탐구 기록'을 남겨두는 것도 의미 있습니다. 과학이나 발명 아이디어를 기록한 노트를 만들어봐도 좋겠지요. 꾸준히 기록을 남기다 보면 과학에 대한 흥미도 유지될 뿐 아니라 과학공부도 잘할 수 있는 터전이 됩니다. 나중에 고등학교, 대학입시에서 요긴하게 쓰일 수도 있지요.

❸ 다양한 견학, 체험을 해본다

과학관, 자연사박물관, 과학전시회, 과학캠프, 과학영화 등 과학에 대한 호기심을 불러일으킬 수 있는 기회를 적극 이용해보세요. 하지만 아이의 관심도나 배경지식을 생각하지 않고 무작정 간다면 그냥 놀러가는 것 이상의 의미는 없습니다.

아이가 관심 갖는 주제를 먼저 잘 관찰해보세요. 공룡을 좋아하는지, 자동차나 비행기 등 탈것에 관심을 보이는지, 식물이나 벌레 관찰하는 것을 즐기는지, 별이나 행성 등 우주에 대해 궁금한 것이 많은지 살펴보고 관련된 장소를 찾아보세요. 관심이 없는 주제라도 가기 전에 관련된 책을 읽어보고, 인터넷 홈페이지를 미리 찾아보고 가면 전시된 것에 흥미를 느끼게 되고 좀 더 쉽게 받아들일 수 있습니다.

견학이나 체험을 한 후에는 기록으로 남겨두는 것이 좋습니다. 팸플릿이나 사진 자료는 정리해서 스크랩북으로 만들어보기도 하고, 경험이나 소감을 보고서나 마인드맵 등으로 정리를 해두면 나중에 볼 때도 기억이 되살아날 뿐 아니라 아이 스스로도 뿌듯함을 느낍니다. 따로 자료를 정리하기 번거롭다면 일기라도 꼭 쓰도록 해주세요.

❹ 책으로 접하는 과학

과학 지식책을 읽으면서 얻는 이점은 세 가지입니다. 첫째, 과학에 대해 알면 알수록 호기심이 생겨납니다. 궁금한 것을 밝히는 것이 과학이라는 점에서 과학책 읽기가 의미 있습니다. 둘째, 과학과 관련된 지식을 많이 알게 됩니다. 아는 것이 많아지면 교과서, 수업 내용이 잘 이해가 됩니다. 좀 더 어려운 책, 다양한 책으로 영역을 넓혀가며 지식을 습득하게 되는 효과도 있습니다. 셋째, 과학에 대한 자신감이 생깁니다. '자신감'이 있으면 공부하면서 어려운 내용을 만나도 포기하지 않고 이해하려고 노력하게 됩니다.

과학을 좋아하는 아이들은 과학 지식책을 좋아하고 많이 읽습니다. 평소 과학 지식책을 많이 읽어두면 자연 속의 식물, 동물을 관찰할 때도 더 많은 것을 보고 이해할 수 있습니다. 실험, 견학, 체험을 할 때도 아는 과학 지식과 연계해보기도 하고 모르는 것은 책에서 더 찾아보려고 하기도 합니다. 흥미가 배경지식을 만들고, 이 배경지식이 바탕이 되어 또 다른 배경지식을 만드는 선순환이 일어납니다. 이런 아이들은 관심 분야의 책을 깊게 읽으면서 다양한 분야를 읽도록 잘 이끌어주면 됩니다.

문제는 과학 지식책을 유독 싫어하는 아이입니다. 학년별 권장 도서, 과학 추천 도서를 들이밀어도 외면하기 일쑤지요. 이 경우는 조금 천천히 접근해야 해요.

첫째, 쉽고 재미있는 책이 먼저입니다. 권장 학년이나 단계는 그리 중요하지 않습니다. 초등 고학년, 중학생이라도 과학 그림책부터 볼 수 있습니다. 한 줄짜리 그림책이라도 머리에 남는 것이 의미가 있고, 과학은 어렵고 재미없다는 선입관을 극복하는 것이 먼저이기 때문입니다. 창작책을 좋아하는 여자아이라면 과학자의 일생을 이야기로 풀어낸 위인전 같은 것을 읽히면 과학책이라는 거부감 없이 받아들입니다. 책 읽는 것을 싫어하는 아이라면 쉬운 책부터 읽어주세요. 과학 그림책이라면 같이 그림을 보면서 읽어주고 이야기도 나눠보세요.

둘째, 조금씩 영역을 확장해갑니다. 그림책, 위인전 등 접근하기 쉬운 책으로 시작한 다음에는 과학의 개념을 이야기로 풀어낸 책, 과학의 발견이나 사실을 담은 쉬운 책으로 확장해주세요. 과학과 관련된 용어가 익숙해지고 과학의 다양한 주제에 관심이 생기면 조금 더 어려운 내용, 좀 더 넓은 범위의 과학 지식책을 읽을 수 있게 됩니다. 잡다한 지식이 쌓이면 과학시간에도 선생님 말씀이 빨리 이해되고 과학에 조금씩 관심이 생기게 됩니다.

셋째, 책과 연결고리를 찾습니다. 과학책은 흥미가 생겨야 읽습니다. 과학을 주제로 한 TV 만화 시리즈물, 다큐멘터리, 영화를 보면서 관련된 과학 지식책을 권해보세요. 과학관이나 박물관에 가서 흥미를 보이는 전시물이 있다면 그와 관련된 책을 찾아보세요. 관심 있는 주제, 흥미로운 분야가 생기면 조금 어려운 과학 지식책도 읽을 수 있습니다.

❺ 과학 잡지

과학을 좋아하는 아이들은 과학 잡지를 읽으면서 여러 가지 지식을 쌓아갑니다. 과학을 좋아하지 않아도 과학 잡지는 흥미롭게 읽을 수 있습니다. 다양한 내용이 담긴데다 책에 비해 비교적 부담 없는 글밥이기 때문에 읽고 싶은 글만 찾아 읽을 수 있거든요. 과학에 별로 관심이 없는 아이라면 연간 구독을 하지 말고 가끔씩 낱권으로 사서 보여주세요.

과학교과서로 공부하는 방법

❶ 용어, 기호, 개념을 정확하게 안다

과학교과서에는 생활에서 자주 사용하지 않는 한자로 된 용어들이 많이 나옵니다. 교과서에 나온 '학습용어'는 얼렁뚱땅 넘어가지 말고 정확히 이해하고 암기하도록 해주세요. 생소한 과학 용어는 개념을 확실하게 알고 가야 합니다. 필요하다면 사전에서 뜻을 찾아

'어휘카드'를 따로 만들어도 좋습니다.

❷ 교과서 이해하기
– 초등학생

과학의 첫걸음이 '재미'이지만 교과서를 공부할 때는 학습으로 접근해야 합니다. 초등학교 과학교과서는 글이 많지 않습니다. 실험 관찰 교과서가 따로 있을 정도로 실험과 관찰을 중심으로 구성되어 있지요. 글보다 그림이나 표, 그래프 등 자료가 많다 보니 어떻게 공부해야 할지 모르는 아이들이 많습니다. 초등학교 과학교과서만으로 잘 이해가 안 되면 참고서를 찾아보는 것이 좋습니다.

첫째, 전체 단원의 '학습목표', 큰 글씨로 강조된 제목과 소제목을 보면서 무엇을 배우는지 훑어봅니다.

둘째, 실험을 재미로만 느끼지 말고, 왜 이 실험을 하는지 생각하면서 실험 결과를 정리합니다.

셋째, 교과서의 주제, 탐구활동에 맞춰 참고서를 보면서 공부할 내용을 정리합니다.

넷째, 그림, 표, 그래프에서도 공부할 내용을 설명하고 있으므로 건성으로 보지 말고 꼼꼼하게 봅니다.

– 중학생

중학교에서 배우는 과학은 초등학교에 비해 상당히 어렵게 느껴집니다. 초등학교 과학이 여러 가지 현상을 관찰하는 수준이라면, 중학교에서는 기초적인 과학 원리를 배우기 때문입니다. 따라서 중학교 과학은 초등학교 때 공부한 것보다 좀 더 심화된 방식으로 접근할 필요가 있습니다.

첫째, 교과서의 핵심 내용을 정리할 수 있어야 합니다. 중학교 교과서는 사례나 설명이 아주 자세합니다. 친절한 설명도 좋지만 자칫 중요한 것을 놓치고 가기 쉽습니다. 교과서 내용을 요약하고 핵심 내용을 잡아내는 것이 처음에는 쉽지 않겠지만, 참고서에서 정리한 것을 참조하면서 혼자 할 수 있는 힘을 길러주세요.

둘째, 그림과 도표에 담긴 중심내용을 꼼꼼하게 읽어봅니다. 교과서의 그림과 도표는 과학 원리나 지식을 함축적으로 보여주는 자료이므로 내용을 완전히 이해하도록 합니다.

셋째, '암기'와 '원리 이해'를 병행해야 합니다. 중학교 과학은 초등 때보다 외워야 할 것이 많습니다. 암기를 싫어하면 생물이나 지학 등 암기가 필요한 영역을 잘할 수가 없어요. 그에 반해 전기, 에너지 등 물리 영역은 수학처럼 왜 그렇게 되는지 원리를 이해한 후 문제를 풀어봐야 합니다. 모르는 부분은 선생님께 여쭤보든지, 인터넷 강의나 참고서를 보면서 알 때까지 공부합니다.

<u>넷째, 교과서에 나오는 실험의 원리, 결과를 숙지해야 합니다.</u> 실험을 직접 해볼 수 있다면 좋겠지만, 중학교에서는 과학교과서에 나오는 실험을 다 하지는 못합니다. 대신 온라인 동영상 강의로 간접 경험을 해보는 방법도 있습니다.

※ 인터넷 강의

중학생인 경우, 교과서 내용이 도무지 이해가 안 될 때 부분적으로 인터넷 강의를 이용할 수 있습니다. 그러나 인터넷 강의가 다 좋은 것은 아닙니다. 농담이나 쓸데없는 내용 때문에 필요 이상으로 시간을 뺏깁니다. 컴퓨터 앞에 있다가 공부보다는 다른 길로 새는 일도 많습니다. 꼭 인터넷 강의를 들어야 한다면 부모님이 옆에서 꼭 필요한 부분만 골라서 듣도록 해주세요. 과학을 잘하는 아이들은 중학교 과학도 교과서와 참고서만으로 혼자 충분히 합니다. 초등학생은 인터넷 강의를 듣는 것에 반대합니다.

초등 과학은 인터넷 강의를 굳이 듣지 않아도 교과서와 참고서만으로 충분히 공부할 수 있습니다. 어릴 때부터 책으로 공부하지 않고 인터넷 강의에 자꾸 의존하게 되면, 왜 그런지 생각하고 요점을 정리하면서 스스로 공부하는 습관이 자리 잡기 어렵습니다. 단, 여러 가지 사정으로 학교 수업을 따라가지 못하는 아이라면 초등학생이라도 인터넷 강의를 미리 듣고 학교 수업을 듣는 것이 도움이 되기도 합니다. 이 경우 시간이 많이 든다는 것을 감수해야겠지요.

❸ 복습 vs 예습

초등학교 과학은 교과서를 미리 한 번 훑어보면서 아는 것과 모르는 것을 확인하고, 알고 있는 지식과 연결해서 생각해보는 정도의 예습으로 충분합니다. 실험과 관찰 위주로 되어 있기 때문에 학교에서 실험을 해보고 수업을 들은 후 복습을 하는 것이 더 낫습니다. 장기적으로는 과학 지식책을 폭넓게 읽는 것이 과학을 잘하는 길입니다.

그러나 중학교 과학은 어려운 용어나 개념, 원리가 많이 나오므로 수업을 들어도 잘 이해가 안 된다면 용어나 개념을 미리 공부하고 가는 것이 좋습니다. 그렇다고 방학 때 미리 한 학기씩 앞서 공부할 필요는 없습니다. 방학 때는 과학보다 책 읽기, 영어, 수학에 집중하도록 해주세요. 과학을 뛰어나게 잘하는 아이라도 과학교과서로 선행을 하기보다는 과학 지식책과 과학 잡지를 많이 읽는 것이 낫습니다. 과학공부 할 시간에는 수학을 더 하고요. 과학 과목의 특성상 암기해야 할 부분은 미리 공부한들 잊어버릴뿐더러, 과학의 원리를 공부하는 데는 수학 지식이 필수이기 때문입니다.

과학시험, 이렇게 준비하세요

초등

❶ 교과서 수업에 집중합니다.

❷ 과학교과서에서 개념, 용어, 원리 등 암기해야 할 부분을 확실하게 외웁니다.

❸ 실험은 '준비물, 실험 과정, 주의할 점, 실험 결과, 알게 된 점'까지 모두 정리해서 완전히 암기합니다.

❹ 교과서만으로 이해가 안 되는 부분은 참고서를 보면서 완전히 알도록 합니다.

❺ 문제집을 풀어봅니다.

중등

❶~❺ 동일

❻ 프린트물에 교과서에 없는 내용이 있다면 확실하게 암기합니다.

❼ 문제집은 여러 권을 풀기보다는 기본, 심화, 응용 문제가 들어 있는 것으로 한 권을 정해 오답 정리까지 확실하게 합니다

마인드맵을 중심으로 한 초6 과학시험 공부법
작성자 : 블루민트 (초6, 초2)

아이가 내내 불안해하던 사회와 과학 시험에서 100점을 맞아왔습니다. 여느 때와는 달리 엄마가 채점도 거의 안 해주고 아이에게 맡겨두었습니다. 총정리 문제집은 마지막 점검용으로 얇은 것으로 1권 사주었고, 그 대신 교과서와 전과, 평상시에 쓰는 과목별 문제집을 집중해서 보라는 가이드라인만 정해주었습니다.

과학은 교과서와 문제집으로 공부하더니 마지막에 마인드맵으로 정리를 했습니다. 제가 알려주고 싶었는데, 아이의 담임선생님께서 자기 학교 다닐 때 공부 잘하던 학생이 했던 방법이라면서 '마인드맵'으로 공부하는 방법을 알려주셨다고 그것을 따라서 했습니다. 아이가 그린 마인드맵 하나만 예를 들어볼게요.

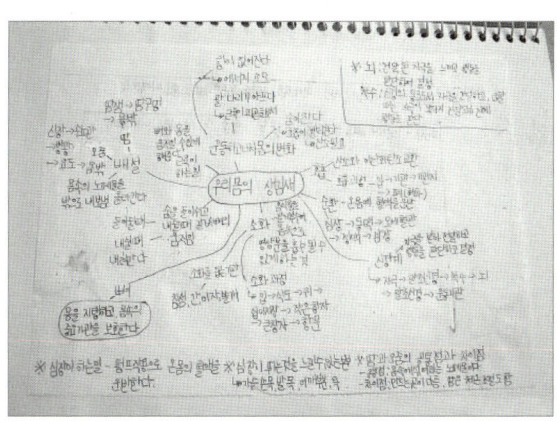

'우리 몸의 생김새'에 대해 아이가 공부하며 직접 그린 마인드맵

집에서 하는 과학 실험
작성자 : 이랴이랴 (초5, 초3)

집에서 하는 간단한 과학 실험을 아이들에게 해주고 싶어 나름 열심히 책을 읽고 준비해서 실험을 해 보였어요. 그런데 엄마의 역량이 달린다는 느낌이 듦과 동시에 아이들은 "에이~ 이거 학교에서 해본 거라 다 알아요" 하면서 엄마의 기를 팍 죽였답니다. 집에서 했던 첫 번째 과학 실험은 그렇게 별 소득 없이 실패했지만, 그래도 간단하게 실험놀이를 해보면 좋을 텐데 하는 미련은 숙제처럼 늘 머릿속에 남아 있었지요.

그런데 정말 실험을 해야만 하는, 하지 않고는 못 견디게 만드는 책들을 드디어 만났답니다!

- 《요리로 만나는 과학교과서》(이영미 글, 윤예슬·윤정빈 그림, 부키)
- 《혼자 따라 하기 만만한 맛있는 과학 실험》(헤르만 크레켈러 글, 박선용 그림, 청년사)

책을 보고 아이와 함께 '당근을 구하라'는 실험을 해봤어요. 일단 책은 보여주지 않고 어떻게 당근을 띄울 수 있을까 생각해보라 했지요. 맨 먼저 나온 것이 소금물이었어요. 그다음엔 매실액에 띄운다, 이쑤시개는 생각하지 못해서 제가 힌트를 줬구요, 가벼워서 항상 물에 뜨는 무에 꽂아보자는 생각은 아이들이 낸 아이디어인데, 정말 무가 당근을 물에 띄우는 가장 강력한 무기였다는…^^

책에 나온 대로 실험이 안 되는 경우도 많겠지요(실패는 성공의 어머니, 실패에서 배운다는 말을 늘 기억하시길. 게다가 남자아이라면 엉망진창 장난을 칠 확률이 높구요). 그래도 과학 실험을 한다고 하면 아이들은 무척 고무됩니다. 힘들더라도 다독이면서 잘 끌고 나가면 좋은 결과를 얻을 수 있을 거예요. 물론 본질적인 것은 잘 잡고 가야겠지요. 노트 정리가 좀 안 되더라도 아이에게 "왜?"라는 질문이 유효했는가, 아이의 흥미를 끌어낼 만했는가 하는 것들 말이에요. 유치원생의 경우 그저 엄마와 실험을 해보고 왜 그럴까에 대해서만 생각해봐도 성공이라는 거지요.

물론 돈을 내고 잘 갖춰진 실험실에서 좋은 선생님에게 배우는 것도 좋겠지만, 아이에게 최고로 좋은 공간은 역시 부엌이 아닐까 싶습니다.^^

잠수네 사이트 학습 지원 프로그램 10종

❶ 잠수네 포트폴리오 & 학습노트

잠수네에 있는 아이의 모든 기록을 한눈에 볼 수 있는 곳입니다. 매일 학습한 기록을 적으면 일별, 주별, 월별 시간 통계가 나오고, 저절로 '자기주도학습'이 됩니다.

▶ "〈잠수네 포트폴리오〉를 사용하면 이런 점이 좋아요"
  작성자 : 인디아 (초5)

  (1) 아이 스스로 뿌듯함을 느낀다.
  (2) 기록하는 습관의 기초가 된다.
  (3) 자신의 하루 공부 양을 볼 수 있다.
  (4) 친구들의 학습 기록을 통해 자신을 들여다볼 수 있다.
  (5) '메모' 칸에 엄마의 마음을 담아 적어 아이와 대화할 수 있다.

▶ "잠수네 엄마들을 격려해주고 힘을 주는 엄마들의 엄마, 포트폴리오!"
  작성자 : 오리늑대 (초5)

  전 '엄마의 엄마'라는 표현이 정말 뭉클하더라고요. '아, 내게도 든든한 엄마가 있구나!' 하는 뿌듯함에 진짜로 많은 힘이 되었어요.

힘들 때나 기쁠 때나 하루하루 갈 길을 묵묵히 걸어가는 우리 엄마들. 아이들이야 우리 엄마들이 격려해주고 사랑해주고 힘을 주고 관리해줄 수 있지만, 그 엄마들은 누가 달래주고 힘을 주고 관리해주나요? 저는 바로 이 〈포트폴리오〉로 격려도 받고 다시 한 번 주먹을 불끈 쥐게 됩니다.

❷ 잠수네 책벌레(한글책, 영어책) & 책벌레 앱(스마트폰용)

아이들 스스로 한글책, 영어책 읽기를 하도록 도와주는 곳입니다.

▶ "바코드 입력, 너무 재밌고 간편해요. 강추!"
작성자 : 살구이파리 (초6, 초2)

〈책벌레〉 등록을 미루지 않게 되었습니다. 별거 아닌 것 같죠? 그런데 이게 정말 별거더라구요. 사실 그동안 〈책벌레〉 등록을 대수롭지 않게 생각했습니다. '꼭 해야 하나?' '읽었으면 됐지' 했습니다. 그런데 등록에 재미를 붙이니까(바코드 입력이 너무 재밌고 간편해요) 아이도 그래프가 늘어감에 따라 뿌듯함을 느끼고 더불어 동기부여도 되더라구요. 그러다 보니 책을 더 읽게 되고, 아이의 취향에 따라 제가 〈책나무〉를 더 연구하고, 책을 빌리고, 사 모으고, 그러면서 책 읽기가 굴러가더라는 겁니다.

저 같은 게으름뱅이에게는 이런 동기가 있어줘야 합니다. 아니면 다시 대충 모드로 바뀌게 되죠. 〈책벌레〉 등록은 책 읽기로 이어지고 책 연구, 책 모으기가 되어 결국 책 읽기가 꾸준히 굴러가게 되는 원동력입니다!

❸ 잠수네 책나무 & 책나무 앱(스마트폰용)

내 아이가 좋아할 만한 한글책, 영어책, DVD를 고르는 데 많은 도움이 됩니다.

▶ "〈책나무 베스트〉 좋아요"
작성자 : 싱글벙글엄마 (초1, 4세)

잠수네 가입하고 책나무를 제일 많이 활용했네요. 〈책나무 베스트〉 책을 프린트해서 도서관 갈 때마다 15권 정도 빌려와, 읽고 반납하고 다시 다른 책으로 빌리기를 반복했어요. 예전엔 도서관 활용을 거의 하지 못했는데, 〈책나무 베스트〉에 나온 책을 빌리니 대부분 성공이더군요. 어떤 책을 빌려야 할지 고민하지 않아서 좋고, 베스트라니까 신뢰도 가고, 다 읽은 책은 책 리스트에 형광펜으로 죽죽 그어주니 애들도 참 뿌듯해하면서 좋아하더라구요. 게다가 〈책나무 앱〉으로 바코드를 찍어서 올리는 것도 아이들이 아주 재밌어하고 좋아라 합니다. 아이의 연령대에 어떤 책을 읽혀야 할지 참 고민이었는데 〈잠수네 책나무〉 덕분에 큰 고민 덜었답니다.^^

❹ 잠수네 연산

초1~중3까지 연산 영역을 뽑아 학년별, 영역별로 부족한 연산 영역을 보충할 수 있습니다.

▶ "짧은 시간이었음에도 장족의 발전이 있었습니다"
작성자 : 축복의천사들 (초4, 초2)

일단 가정 경제에 도움이 됐어요. 잠수네에 가입하기 전에는 회비 때문에 좀 망설였는데, 〈잠수네 연산〉만 잘 활용해도 수학학습지(연산) 비용이 굳겠다는 생각이 들더라구요. 그리고 막상 이용해보니 경제적인 이득 외에도 얻어지는 게 참 많았어요.

진도를 순서대로 나가지 않아도 돼서 좋아요. 우리 집은 요즘 4학년 1학기 연산을 제일 뒷부분부터 거꾸로 해나가고 있어요. 노아가 앞부분 연산을 너무 어려워해서 지지부진하고 있던 차에, 이러다가는 뒷부분은 아예 손조차 못 댈 것 같고, 살펴보니 내용이 쉬워서 아이가 좀 편안한 부분도 있어야 할 것 같아 그리 하고 있답니다. 부족한 부분만 아래 학년부터 훑을 수도 있고, 어쨌든 활용 방법은 무궁무진한 것 같아요.

반복도 내 맘대로 할 수 있으니 좋아요. 아이를 가르치다 보면 다른 사람 눈에는 안 보여도 엄마 눈에는 보이는 내 아이의 약점이 있어요. 내 맘대로 뽑을 수 있으니 진도 협의 그런 거 필요 없이 엄마가 보기에 극복되었다 싶을 때까지 반복해줄 수 있어요.

❺ 잠수네 파피루스

아이들이 한글, 영어로 글을 쓰도록 여러 가지 동기부여 장치가 되어 있습니다.

▶ "글쓰기에 흥미를 심어주는 데는 〈잠수네 파피루스〉가 최고!"
작성자 : 쑥쑥맘 (초3)

저희 아이는 영어보다는 〈잠수네 파피루스〉에 글 쓰는 재미에 빠져서 제가 입했답니다. 처음엔 유치하기만 했던 글 솜씨가 다른 아이들이 쓴 글을 읽으면서 점점 글을 잘 쓰게 되더라구요. 그리고 다른 아이들이 자기가 쓴 글을 얼마나 읽었는지 꾸준히 확인하면서 좋은 리플과 더불어 추천이 되면 너무나 즐거워합니다. 학교에서 일기 쓰는 건 그렇게 싫어하면서도 〈잠수네 파피루스〉에 글 쓰는 건 유독 좋아하다 보니 같은 또래의 독자팬도 생겼답니다.^^

자연스럽게 글쓰기에 흥미를 심어주는 데는 〈잠수네 파피루스〉가 최고인 것 같아요. 글 쓰는 방법과 어휘력도 쉽게 익히게 되더라구요. 요즘 아이가 쓴 글을 보면서 저도 깜짝깜짝 놀랄 때가 많습니다. 여러분도 〈잠수네 파피루스〉로 논술 대비와 글쓰기를 자연스럽게 활용해보세요.

❻ 잠수네 프린트 센터

각종 양식과 교육 자료를 인쇄할 수 있습니다.

> ▶ "〈잠수네 프린트 센터〉 너무나 잘 이용하고 있답니다"
> 작성자 : 오버아짐니 (초2, 초1)
>
> 일하는 엄마입니다. 올 7월까지 자기 전에 영어책을 읽어주기도 하고 나름 부지런을 떨었는데 바쁜 부서로 발령을 받아 정말 진퇴양난이네요. 그러다 보니 주말엔 아이들을 데리고 사무실에 가는데, 이때 〈잠수네 프린트 센터〉를 이용하니 정말 좋더라구요. 한자 1장, 영어 1장, 악기 이름 1장, 지도 1장, 독후기록지 1장, 연산에서 1장씩 출력해서 주니 한 시간 동안 아이들이 시간 가는 줄 모르고 잘 놀아주네요. 심지어 사무실 직원이 체험학습 보고서 쓰는 거 고민하기에 잠수네 자랑도 할 겸 1장 출력해서 주었더니 인기 짱이 되었어요. 어쩜 이렇게 필요한 것만 쏙 있는지.^^

❼ 잠수네 상장

내 아이에게 딱 맞는 맞춤형 상장을 인쇄할 수 있습니다.

> ▶ "동기부여엔 〈잠수네 상장〉이 짱!"
> 작성자 : 늘픔아이지우 (초2, 3세)
>
> 저희 집에서는 거하게 상장 수여식을 합니다. 바로 몇 시간 전에도 올 최초로 받은 한글책 1만 점 상장 수여식을 했네요. 부상까지 겸해서(오늘은 첫 상장이라 좋아하는 책 한 권과 빵 한 봉지) 아빠가 상장을 수여하고 엄마랑 동생은 박수 부대의 역할을 충실히 했어요. 그리고 떡하니 거실 중앙 벽면에 상장을 붙여놓았죠. 친척이나 친구들이 올 때마다 물어보고 상장 많이 받았다 한마디씩 하니 으쓱해하죠. 벽면이 좀 너저분해지는 게 흠이랄까.ㅋㅋ

❽ 잠수네 한글 받아쓰기, 영어 Dictation

잠수네에서 개발한 한글, 영어 받아쓰기 지원 프로그램입니다.

▶ "〈받아쓰기〉와 〈딕테이션〉, 타자 연습에 좋아요!"
　　작성자 : 시골맘 (초4, 7세)

아직도 받아쓰기에 미숙한 초4 아들을 둔 엄마입니다. '한메타자'로 몇 번 연습했는데 그다지 효과도 없고 재미도 없었어요.
〈영어 딕테이션〉을 하면서 〈한글 받아쓰기〉를 1단계부터 하는데, 알기 쉬운 단어여서 그런지 100개를 다 하더라구요. 띄어쓰기와 문장 부호도 교정할 수 있어 더욱 좋네요. 덕분에 타자로 일기 쓰기를 시키게 됐고, 그동안 지지부진했던 타자 연습에 대한 부담감을 벗을 수 있었습니다. 또한 〈영어 딕테이션〉을 하다 보니 스펠링 외우기와 영타 문제, 듣기가 함께 해결되는 것 같아서 좋습니다. 타자와 영어, 받아쓰기 다 잡을 수 있어서 감사합니다.^^

❾ 잠수네 영어교실, 프리스쿨 영어교실

유아에서 중등까지 잠수네 영어학습을 꾸준히 할 수 있게 도와줍니다. 초등 이상은 3개월마다 영어 테스트가 있으며, 테스트 결과에 따라 〈영어 코칭페이퍼〉가 발행됩니다.

▶ "집집마다 다르겠지만 저희 집의 경우는요…"
　　작성자 : 엄마의나무 (초3, 초1)

일단 3개월에 한 번씩 테스트할 때마다 아이의 독해 실력이 향상되는 걸 몸으로 느낄 수 있습니다. 잠수 진행 초중반까지는 뚜껑을 열 만한 방법이 없었고 선배들이 권하지도 않아서 아이의 레벨을 잘 모르고 진행했거든요.

물론 곁에서 잘 지도하시는 맘들은 진행 중에도 느끼시겠지만, 테스트할 때 3개월 전과 달라진 아이의 모습을 보면서 의욕도 생기고 보람도 얻게 되더라구요. 또 레벨이 상승하면 아이한테도 더할 나위 없는 기쁨을 주고요.

한 달에 한 번씩 작성하는 진행 글로 아이의 진행 과정을 돌아볼 수도 있고, 엄마 자신의 잘못된 진행도 반성할 수 있어 참 좋은 것 같아요(만약 둘째가 있다면 더더군다나 〈잠수네 영어교실〉 입성이 중요합니다. 기록을 남기게 되니까요). 테스트가 다가오는 시기에는 아이들 진행에 가속도를 붙이는 데도 조금은 일조한다는 걸 말씀드리고 싶네요.

⑩ 잠수네 수학교실

유아에서 중등까지 잠수네 수학학습을 꾸준히 할 수 있게 도와줍니다. 초등 이상은 3개월마다 수학 테스트가 있으며, 테스트 결과에 따라 〈수학 코칭페이퍼〉가 발행됩니다.

▶ "〈잠수네 수학교실〉 테스트로 아이의 취약점을 찾았어요"
작성자 : 헤르미온느 (초4)

〈잠수네 수학교실〉 테스트 문제는 쉽지도 않지만 그렇다고 어렵게 꼬아놓지도 않은, 독해력이 기반이 되어야 잘 풀 수 있는 문제들이더군요. 학교 시험이나 다른 테스트와 대비해볼 때, 비록 아름답지 못한(?) 점수를 받을지라도 내 아이의 구멍(취약점)을 쉽게 파악할 수 있게 설계되어 있더라구요. 아이가 수학 테스트를 받은 후에 제가 직접 풀어봤더니 아이가 왜 어려워했는지, 어디가 구멍인지 쉽게 찾을 수 있었어요.

특별부록

잠수네 추천!
한글책 목록

- 잠수네 추천도서가 나오기까지 • 342
- 잠수네 한글책·영어책 단계 안내 • 344

교과 연계 잠수네 추천도서
1. 초등 국어교과서 수록 도서 (초1~초6) • 346
2. 초등 수학교과 연계 도서 (초1~초6) • 358
3. 초등 사회교과 연계 도서 (초3~초6) • 382
4. 초등 과학교과 연계 도서 (초3~초6) • 396

영역별 잠수네 추천도서 (유아~중등)
5. 국내 창작 • 412
6. 외국 창작 • 436
7. 국내 옛이야기·명작 • 460
8. 외국 옛이야기·명작 • 464
9. 한국 역사 • 470
10. 세계 역사 • 490
11. 법·정치 • 499
12. 경제 • 500
13. 지리 • 502
14. 환경 • 504
15. 물리 • 506
16. 화학 • 510
17. 생물 • 512
18. 지학 • 516
19. 인체 • 520
20. 만화 • 523
21. 사전 (국어·한자·사회·과학·수학) • 524
22. 잡지 (독서·논술, 과학·수학) • 527
23. 도감 • 528

잠수네 추천도서가 나오기까지

이 책에 소개된 한글책은 〈잠수네 책벌레〉 프로그램과 〈잠수네 책나무〉 프로그램의 데이터를 기초로 뽑은 목록입니다. 일부 절판, 품절된 책이라도 내용이 좋으면 목록에 넣었습니다. 시중에서 구할 수 없는 책은 도서관을 이용해주세요.

잠수네 책벌레

2003년부터 현재까지 전국의 잠수네 회원 자녀들이 읽은 책이 평점과 함께 입력되어 있습니다.

- 〈잠수네 책벌레〉에 등록된 책 총 권수 : 한글책 약 15만 권, 영어책 약 11만 권

번호	책제목	시리즈	저자	출판사	쪽수	읽은날짜	횟수	평가
1244	밤티 마을 영미네 집	작은 도서관 #02	이금이	푸른책들	119	12-10-01	1	
1243	괴물 나라에 간 차돌이	개념씨 수학나무 26	임헌정	그레이트북스	32	12-10-01	2	
1242	신기하고 새롭고 멋지고 기막힌	신나는 책읽기 #18	김기정	창비	80	12-10-01	1	
1241	책 읽어주는 바둑이	책귀신 #03	이상배	처음주니어	100	12-09-30	1	
1240	꿈꾸는 인형의 집	푸른숲 작은 나무 #14	김향이	푸른숲	127	12-09-29	1	
1239	벌렁코 하영이	사계절 저학년문고 #16	조성자	사계절	120	12-09-28	1	
1238	별세상 목욕탕	쑥쑥문고 #36	한국어린이문학협의회	우리교육	152	12-09-28	1	
1237	민우야, 넌 할 수 있어!	아이앤북 창작동화 #08	고정욱	아이앤북	119	12-09-28	1	

〈잠수네 책벌레〉 화면

잠수네 책나무

우리 아이에게 꼭 맞는 한글책, 영어책, DVD 찾기에 도움을 주기 위해 만든 프로그램입니다. 〈잠수네 책벌레〉에 입력된 책 중 읽은 아이 수와 평점을 참조해서 등록한 책과 DVD 정보가 들어 있습니다. 모든 교재는 영역별, 단계별로 볼 수 있고 잠수네 회원이 쓴 리뷰에는 그 교재를 본 아이의 학년과 성별, 평점을 볼 수 있습니다.

– 〈잠수네 책나무〉에 등록된 책 총 권수 : 한글책 약 2만 2천 권, 영어책 약 2만 1천 권, DVD 약 1300편

〈잠수네 한글책나무〉 화면

잠수네 한글책·영어책 단계 안내

잠수네 추천 한글책, 영어책의 단계는 조금씩 조정될 수 있습니다.

잠수네 한글책 단계

잠수네 한글책 단계는 연령과 학년을 기준으로 나누었으며, JK단계로 표시했습니다.

단계	기준
JK1	1~4세
JK2	5~7세
JK3	초1
JK4	초2
JK5	초3
JK6	초4
JK7	초5
JK8	초6
JK9	중1~중3
JK10	중3~고3

잠수네 영어책 단계

잠수네 영어책 단계는 영어 수준을 고려해서 나누었으며, J단계로 표시했습니다.

단계	기준
J1	Preschool
J2	Kindergarten
J3	Grade 1
J4	Grade 2
J5	Grade 3
J6	Grade 4
J7	Grade 5
J8	Grade 6
J9	Grade 7~9
J10	Grade 10 이상

초등 국어교과서 수록 도서 1학년

🌱 1학기

영역	단원	책제목	저자	출판사	단계
읽기	1단원	맨날 맨날 우리만 자래	백창우	보리	JK3
읽기	3단원	만복이는 풀잎이다	안도현	태동어린이	JK3
읽기	4단원	괜찮아	최숙희	웅진주니어	JK1
쓰기	6단원	수박씨	최명란	창비	JK4
쓰기	6단원	초코파이 자전거	신현림	비룡소	JK3
듣기·말하기	2단원	세상에서 제일 힘센 수탉	이호백	재미마주	JK3
듣기·말하기	4단원	사윗감 찾아 나선 두더지	김향금	보림	JK3
듣기·말하기	4단원	어느 날 빔보가	마르틴 아우어	국민서관	JK4
듣기·말하기	4단원	재주꾼 오형제	이미애	시공주니어	JK3

2학기

영역	단원	책제목	저자	출판사	단계
읽기	1단원	고양이는 나만 따라 해	권윤덕	창비	JK2
읽기	2단원	우리와 함께 살아가는 곤충 이야기	한영식	아이세움	JK5
읽기	3단원	겨자씨의 꿈	조성자	현암사	JK5
읽기	3단원	몰라쟁이 엄마	이태준	우리교육	JK5
읽기	4단원	이모의 결혼식	선현경	비룡소	JK3
읽기	6단원	늘 푸른 환경일기	박진숙 외	진선출판사	JK5
읽기	7단원	주름살 웃음	박일	청개구리	JK4
읽기	7단원	별을 사랑하는 아이들아	윤동주	푸른책들	JK6
읽기	7단원	황소 아저씨	권정생	길벗어린이	JK3
쓰기	7단원	엄마 없는 날	정두리	파랑새어린이	JK4
듣기·말하기	1단원	두고 보자! 커다란 나무	사노 요코	시공주니어	JK3
듣기·말하기	3단원	생각을 모으는 사람	모니카 페트	풀빛	JK4
듣기·말하기	3단원	무지개 물고기	마르쿠스 피스터	시공주니어	JK3
듣기·말하기	7단원	손 큰 할머니의 만두 만들기	채인선	재미마주	JK3
듣기·말하기	7단원	해치와 괴물 사형제	정하섭	길벗어린이	JK3
듣기·말하기	7단원	쇠를 먹는 불가사리	정하섭	길벗어린이	JK3

초등 국어교과서 수록 도서　2학년

 1학기

영역	단원	책제목	저자	출판사	단계
읽기	1단원	귀뚜라미와 나와	겨레아동문학 연구회	보리	JK5
읽기	1단원	개구리네 한솥밥	백석	보림	JK3
읽기	4단원	내가 처음 쓴 일기	윤태규	보리	JK4
읽기	4단원	호랑이 잡은 반쪽이	최내옥	창비	JK6
읽기	8단원	까막나라에서 온 삽사리	정승각	초방책방	JK3
읽기	우리말 꾸러미	고양이	현덕	길벗어린이	JK3
쓰기	6단원	고릴라	앤서니 브라운	비룡소	JK3
쓰기	8단원	노래 노래 부르며	이원수	길벗어린이	JK3
쓰기	8단원	시리동동 거미동동	전래동요	창비	JK2
쓰기	8단원	새로 다듬고 엮은 전래동요	전래동요	보림	JK4
듣기·말하기	1단원	한국 전래 동화집 5	이원수	창비	JK6
듣기·말하기	3단원	빈 화분	데미	사계절	JK3

2학기

영역	단원	책제목	저자	출판사	단계
읽기	1단원	애기똥풀꽃이 자꾸자꾸 피네	정두리	파랑새어린이	JK5
읽기	1단원	퐁퐁이와 툴툴이	조성자	시공주니어	JK2
읽기	4단원	짧은 동화 긴 생각	이규경	효리원	JK5
읽기	5단원	아주 바쁜 입	신순재	아이세움	JK4
읽기	6단원	아씨방 일곱 동무	이영경	비룡소	JK4
읽기	7단원	거꾸로 나라 임금님	이준연	삼성당	JK4
읽기	7단원	세 발 달린 황소	안회남	보리	JK6
쓰기	6단원	피아노 치기는 지겨워	다비드 칼리	비룡소	JK3
쓰기	우리말 꾸러미	숨바꼭질	김대조	미래아이	JK6
듣기·말하기	1단원	팥죽 할멈과 호랑이	박윤규	시공주니어	JK2
듣기·말하기	6단원	으악, 도깨비다!	손정원	느림보	JK3
듣기·말하기	6단원	꺼벙이 억수	윤수천	좋은책어린이	JK4

초등 국어교과서 수록 도서 — 3학년

 1학기

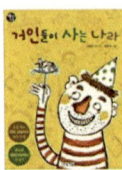     

영역	단원	책제목	저자	출판사	단계
읽기	1단원	참새네 말 참새네 글	신현득	창비	JK5
읽기	1단원	거인들이 사는 나라	신형건	푸른책들	JK5
읽기	1단원	재미네골	중국 조선족 설화	재미마주	JK4
읽기	1단원	짜장 짬뽕 탕수육	김영주	재미마주	JK4
읽기	1단원	먼지야, 자니?	이상교	산하	JK5
읽기	2단원	알과 씨앗	김동광	아이세움	JK4
읽기	6단원	초등학생을 위한 인물 사전	돋움자리	시공주니어	JK6~
읽기	6단원	참 좋은 짝	손동연	푸른책들	JK4
읽기	7단원	학교에 간 사자	필리파 피어스	논장	JK5
읽기	7단원	파랑이와 노랑이	레오 리오니	파랑새어린이	JK2
읽기	8단원	재운이	윤동재	창비	JK5
읽기	8단원	나무 잎사귀 뒤쪽 마을	안도현	실천문학사	JK5
쓰기	1단원	딱지 따먹기	백창우	보리	JK4
쓰기	1단원	모래밭에 그리는 꿈	이주영	우리교육	JK8
쓰기	1단원	엄마야 누나야	김소월	보리	JK5
쓰기	1단원	쉬는 시간 언제 오냐	전국초등국어교과모임	나라말아이들	JK5
쓰기	7단원	귀신 도깨비 내 친구	이상희	웅진주니어	JK4
듣기·말하기	7단원	달 따러 가자	윤석중	비룡소	JK4
듣기·말하기	7단원	아름다운 가치 사전	채인선	한울림	JK6

2학기

영역	단원	책제목	저자	출판사	단계
읽기	1단원	아니, 방귀 뽕나무	김은영	사계절	JK5
읽기	1단원	할아버지 요강	임길택	보리	JK6
읽기	1단원	사슴과 사냥개	마해송	창비	JK8
읽기	1단원	최승호 시인의 말놀이 동시집 1	최승호	비룡소	JK3
읽기	2단원	꼬마 정원	크리스티나 비외르크	미래사	JK6
읽기	3단원	오늘 재수 똥 튀겼네	송언	사계절	JK6
읽기	3단원	참 좋은 짝	손동연	푸른책들	JK4
읽기	5단원	우리는 한 편이야	정영애	푸른책들	JK5
읽기	6단원	참, 엄마도 참	유희윤	문학과지성사	JK5
읽기	7단원	져야 이기는 내기	조지 섀넌	베틀북	JK5
쓰기	7단원	열려라! 거미나라	임문순	지성사	JK6
듣기·말하기	1단원	손톱 깨물기	고대영	길벗어린이	JK3
듣기·말하기	1단원	방귀쟁이 며느리	신세정	사계절	JK3
듣기·말하기	1단원	점심 시간 만세	동화읽는가족 초대 시인	푸른책들	JK5
듣기·말하기	6단원	김용택 선생님이 챙겨 주신 3학년 책가방 동화	김용택	파랑새어린이	JK5
듣기·말하기	7단원	귀뚜라미와 나와	강소천	보리	JK5

초등 국어교과서 수록 도서　4학년

 1학기

영역	단원	책제목	저자	출판사	단계
읽기	1단원	100년 후에도 읽고 싶은 한국 명작 동시	한국명작동시 선정위원회	예림당	JK6
읽기	1단원	숨은 쥐를 잡아라	보물섬	웅진닷컴	JK4
읽기	2단원	세밀화로 그린 보리 어린이 식물도감	전의식 외	보리	JK3 이상
읽기	7단원	놀아요 선생님 : 남호섭 동시집	남호섭	창비	JK5
읽기	7단원	바람의 딸, 우리 땅에 서다	한비야	푸른숲	JK9
읽기	8단원	안네의 일기	안네 프랑크	지경사	JK7
듣기·말하기·쓰기	1단원	우리 옛이야기 백 가지 1	서정오	현암사	JK6
듣기·말하기·쓰기	2단원	봄날, 호랑나비를 보았니?	조은수	길벗어린이	JK3
듣기·말하기·쓰기	5단원	닭들에게 미안해	공재동	현대문학북스	JK6
듣기·말하기·쓰기	7단원	길 아저씨 손 아저씨	권정생	국민서관	JK3

2학기

영역	단원	책제목	저자	출판사	단계
읽기	1단원	아무도 모르는 일	정진숙	청개구리	JK5
읽기	2단원	우리 민속놀이에는 어떤 이야기가 담겨 있을까?	서찬석	채우리	JK6
읽기	5단원	피노키오의 몸값은 얼마일까요?	장수하늘소	아이세움	JK7
읽기	5단원	해상왕 장보고	우봉규	영림카디널	JK6
읽기	5단원	역사인물신문 1	이광희	웅진주니어	JK7
읽기	6단원	초딩, 자전거 길을 만들다	박남정	소나무	JK6
읽기	6단원	진심으로 통하는 마음 우정	김경희	소담주니어	JK6
읽기	6단원	만년샤쓰	방정환	길벗어린이	JK6
읽기	7단원	조선의 영웅 김덕령	신동흔	한겨레아이들	JK5
읽기	7단원	꽁지 닷 발 주둥이 닷 발	서정오	보리	JK5
읽기	7단원	양파의 왕따 일기	문선이	파랑새어린이	JK6
듣기·말하기·쓰기	2단원	점자로 세상을 열다	이미경	우리교육	JK6
듣기·말하기·쓰기	2단원	루이 브라이	마가렛 데이비슨	다산기획	JK6
듣기·말하기·쓰기	2단원	테레사 수녀	이종훈	중앙출판사	JK5
듣기·말하기·쓰기	6단원	만년샤쓰	방정환	길벗어린이	JK6
듣기·말하기·쓰기	7단원	똥 찾아가세요	권오삼	문학동네어린이	JK6
듣기·말하기·쓰기	7단원	뻥튀기는 속상해	한상순	푸른책들	JK5
듣기·말하기·쓰기	7단원	소리가 들리는 동시집	이상교	토토북	JK4

초등 국어교과서 수록 도서 5학년

 1학기

영역	단원	책제목	저자	출판사	단계
읽기	1단원	꽃 속에 묻힌 집	이오덕	창비	JK7
읽기	1단원	가랑비 가랑가랑 가랑파 가랑가랑	정완영	사계절	JK5
읽기	1단원	자존심	김남중	창비	JK7
읽기	2단원	사라, 버스를 타다	윌리엄 밀러	사계절	JK4
읽기	3단원	아름다운 가치 사전	채인선	한울림	JK6
읽기	5단원	어린이 백범일지	장세현	푸른나무	JK8
읽기	5단원	원숭이 꽃신	정휘창	효리원	JK5
읽기	7단원	연둣빛 나라	이혜영	문원	JK6
읽기	7단원	몽당연필이 더 어른이래요	연필시 동인	푸른책들	JK7
읽기	7단원	마당을 나온 암탉	황선미	사계절	JK7
듣기·말하기·쓰기	1단원	여름날 숲속에서	권영세	학이사	JK7
듣기·말하기·쓰기	1단원	나와 조금 다를 뿐이야	이금이	푸른책들	JK6
듣기·말하기·쓰기	1단원	떼굴떼굴 떡 먹기	서정오	보리	JK5
듣기·말하기·쓰기	1단원	똥 찾아가세요	권오삼	문학동네어린이	JK6
듣기·말하기·쓰기	1단원	책과 노니는 집	이영서	문학동네	JK7
듣기·말하기·쓰기	5단원	한국을 빛낸 우리 문화 BEST 10	우리누리	다림	JK6
듣기·말하기·쓰기	7단원	아빠의 수첩	양해원	주니어김영사	JK6
듣기·말하기·쓰기	7단원	닭들에게 미안해	공재동	현대문학북스	JK6
듣기·말하기·쓰기	7단원	꽃 속에 묻힌 집	이오덕	창비	JK7
듣기·말하기·쓰기	7단원	우리 선생 뿔났다	강소천 외	루덴스	JK5
듣기·말하기·쓰기	7단원	콩, 너는 죽었다	김용택	실천문학사	JK6
듣기·말하기·쓰기	7단원	분이네 살구나무	김용희	리젬	JK7

2학기

영역	단원	책제목	저자	출판사	단계
읽기	1단원	선생님을 이긴 날	김은영	문학동네어린이	JK6
읽기	1단원	누가 더 놀랐을까	도종환	실천문학사	JK7
읽기	1단원	메아리	이주홍	길벗어린이	JK5
읽기	4단원	새들은 시험 안 봐서 좋겠구나	한국글쓰기연구회	보리	JK7
읽기	5단원	샬롯의 거미줄	엘윈 브룩스 화이트	시공주니어	JK7
읽기	7단원	개구리 동네 게시판	박혜선	크레용하우스	JK7
읽기	7단원	어쩌면 저기 저 나무에만 둥지를 틀었을까	이정환	푸른책들	JK5
읽기	7단원	사랑의 손가락	이청준	문학수첩	JK7
읽기	7단원	다자구야 들자구야 할머니	송언	한겨레아이들	JK5
듣기·말하기·쓰기	1단원	우리 옛이야기 백가지 1, 2	서정오	현암사	JK6
듣기·말하기·쓰기	1단원	오른발, 왼발	토미 드 파올라	비룡사	JK4
듣기·말하기·쓰기	1단원	신라 이야기 1	윤경렬	창비	JK7

초등 국어교과서 수록 도서 — 6학년

 1학기

영역	단원	책제목	저자	출판사	단계
읽기	1단원	그 속에서 놀던 때가 그립습니다	강소천 외	문학동네어린이	JK7
읽기	1단원	꿈을 찍는 사진관	강소천	가교	JK5
읽기	1단원	삐삐는 언제나 마음대로야	아스트리드 린드그렌	우리교육	JK6
읽기	1단원	내 이름은 삐삐 롱스타킹	아스트리드 린드그렌	시공주니어	JK6
읽기	5단원	나라의 자랑, 국보 이야기	우리누리	주니어RHK	JK5
읽기	5단원	까만 나라 노란 추장	강무홍	웅진주니어	JK4
읽기	6단원	아버지의 편지	정약용	함께읽는책	JK7
읽기	7단원	내가 채송화꽃처럼 조그마했을 때	이준관	푸른책들	JK5
읽기	7단원	뛰어다니는 꽃나무	이화주	파랑새어린이	JK6
읽기	7단원	지금은 공사 중	박선미	21문학과문화	JK7
읽기	7단원	입 안이 근질근질	이성자	청개구리	JK6
읽기	7단원	냉이꽃 따라가면	유경환	파랑새어린이	JK7
읽기	7단원	옛이야기 들려주는 황금빛 은행나무 할아버지	이준섭	정인출판사	JK7
읽기	8단원	흥부가	이청준	파랑새어린이	JK8
듣기·말하기·쓰기	7단원	해리포터와 불의 잔 1~4	조앤 K. 롤링	문학수첩	JK7

2학기

영역	단원	책제목	저자	출판사	단계
읽기	1단원	빵점 아빠 백점 엄마	이정인	푸른책들	JK8
읽기	1단원	마사코의 질문	손연자	푸른책들	JK8
읽기	2단원	두 얼굴의 나라 미국 이야기	정범진, 허용우	아이세움	JK8
읽기	3단원	독도를 지키는 사람들	김병렬	사계절	JK7
읽기	3단원	시애틀 추장	수잔 제퍼스	한마당	JK5
읽기	3단원	짧은 동화 긴 생각 3	이규경	효리원	JK5
읽기	7단원	고양이가 내 뱃속에서	권오삼	사계절	JK4
읽기	7단원	송아지가 뚫어 준 울타리 구멍	손춘익	웅진주니어	JK5
읽기	7단원	엄마야 누나야	김소월	보리	JK5

초등 수학교과 연계 도서 — 1학년 1학기

 1. 5까지의 수

단계	책제목	저자	출판사
JK2	선물을 샀어요	엄혜숙	아이세움
JK2	개구리 학교의 즐거운 수학 시간	프리실라 버리스	초록개구리
JK2	다음엔 너야	에른스트 얀들	비룡소
JK2	발타자의 산책	마리 엘렌느 플라스	청어람미디어
JK3	늑대와 일곱 마리 아기염소	그림형제	비룡소
JK3	숫자가 사라졌어요	로렌 리디	웅진주니어
JK3	이상한 나라의 숫자들	마리아 데 라 루스 우리베	북뱅크
JK3	누가 누가 더 클까?	메리 머피	문학동네

 2. 9까지의 수

단계	책제목	저자	출판사
JK2	10까지 셀 줄 아는 아기염소	알프 프로이센	한림출판사
JK2	난 뭐든지 셀 수 있어	발레리 고르바체프	예꿈
JK2	함께 세어 보아요	안노 미쓰마사	마루벌
JK2	물 웅덩이	그레엄 베이스	킨더랜드
JK3	숫자전쟁	후안 다리엔	파란자전거
JK3	생각하는 1 2 3	이지원	논장
JK3	발타자와 함께라면 무엇이든 셀 수 있어!	마리 엘렌느 플라스	청어람미디어
JK3	숫자랑 놀자	마생	마루벌
JK3	바다의 해적들	샐리 휴잇	승산

3. 여러 가지 모양

단계	책제목	저자	출판사
JK2	블록친구	이시카와 코지	키다리
JK2	모양 놀이	크베타 파코브스카	베틀북
JK2	모양을 찾아라	루시 믹클레스웨이트	베틀북
JK3	일곱 빛깔 요정들의 운동회	강혜숙	한울림어린이
JK3	개념수학	안노 미쓰마사	한림출판사
JK3	외계인과 우주 비행사	샐리 휴잇	승산
JK3	세상 밖으로 나온 모양	이재윤	아이세움

 ### 4. 더하기와 빼기

단계	책제목	저자	출판사
JK2	커다란 수박	신순재	아이세움
JK2	뚝딱 뚝딱 숫자 만들기	제니 프라이	동아일보사
JK2	풍덩풍덩! 몇 마리가 있나요?	앤 조나스	아이세움
JK2	꼬끼오네 병아리들	이범규	비룡소
JK3	덧셈놀이	로렌 리디	미래아이
JK3	뺄셈놀이	로렌 리디	미래아이
JK3	크림빵이 늘었다 줄었다	강성은	아이세움

 ### 5. 비교하기

단계	책제목	저자	출판사
JK2	궁금한 게 많은 악어 임금님	이지연	아이세움
JK3	1학년 수학동화	우리기획	예림당
JK3	누가 누가 더 클까?	메리 머피	문학동네
JK4	호박에는 씨가 몇 개나 들어 있을까?	마거릿 맥나마라	봄나무

 ### 6. 50까지의 수

단계	책제목	저자	출판사
JK3	논리수학	안노 미쓰마사	한림출판사
JK3	꼬마 마법사의 수세기	박선희	아이세움
JK4	놀다보면 수학을 발견해요	재니스 반클리브	미래아이

초등 수학교과 연계 도서 — 1학년 2학기

 ## 1. 100까지의 수

단계	책제목	저자	출판사
JK2	숫자 따라 하나, 둘, 셋	안느-마리 샤푸통, 피에르 코랑	베틀북
JK3	열 배가 훨씬 더 좋아	리처드 마이클스	낮은산
JK3	로마숫자의 비밀 찾기	아서 가이서트	미래아이
JK3	지하 100층짜리 집	이와이 도시오	북뱅크
JK3	100층짜리 집	이와이 도시오	북뱅크

 ## 2. 여러 가지 모양

단계	책제목	저자	출판사
JK2	신 나는 수요일	안느 베르티에	뜨인돌어린이
JK2	여러 가지 모양	하네리제 슐체	키득키득
JK2	뭐든지 파는 가게	엄혜숙	아이세움
JK3	성형외과에 간 삼각형	마릴린 번즈	보물창고
JK4	헨젤과 그레텔은 도형이 너무 어려워	고자현	동아사이언스

 ## 3. 10을 가르기와 모으기

단계	책제목	저자	출판사
JK3	열한 번째 양은 누굴까?	미지 켈리	국민서관
JK3	배고픈 개미 100마리가 발발발	엘리너 핀체스	보물창고
JK3	떡 두 개 주면 안 잡아먹지	이범규	비룡소
JK3	즐거운 이사 놀이	안노 미쓰마사	비룡소
JK3	놀이수학	안노 미쓰마사	한림출판사

4. 6. 덧셈과 뺄셈 (1) (2)

단계	책제목	저자	출판사
JK3	펭귄 365	장-뤽 프로망탈	보림
JK3	재미있는 숫자의 세계	앙겔라 바인홀트	크레용하우스
JK4	1, 2학년 눈높이 수학 학습동화	김용란	대교출판
JK4	화성에서 온 수학 탐험대 1, 2	줄리 페리스	주니어김영사
JK5	덧셈 뺄셈, 꼼짝 마라!	조성실	북멘토

 5. 시계 보기

단계	책제목	저자	출판사
JK3	딸꾹질 한 번에 1초	헤이즐 허친스	북뱅크
JK3	시간이 뭐예요?	파스칼 에스텔롱	문학동네
JK3	시간 : 1초에서 1000년까지	조앤 스위니	웅진주니어
JK3	발타자와 함께라면 시간은 정말 쉬워!	마리 엘렌느 플라스	청어람미디어
JK3	똑딱 똑딱!	제임스 덴버	그린북
JK3	사파리 탐험가	샐리 휴잇	승산
JK3	생일은 일 년에 딱 한 번?	김성은	아이세움

 7. 문제 푸는 방법 찾기

단계	책제목	저자	출판사
JK2	자꾸자꾸 초인종이 울리네	팻 허친스	보물창고
JK3	수학 너 재미있구나	그렉 탱	달리
JK3	할까 말까?	김희남	한솔수북
JK3	1학년 100점 수학 꾸러기	박신식	처음주니어
JK3	자신만만 1학년 수학	이혜옥	아이즐
JK4	수학은 너무 어려워	베아트리스 루에	비룡소
JK4	수학 괴물	대니 슈니츨린	미래아이

초등 수학교과 연계 도서 — 2학년 1학기

1. 세 자리 수

단계	책제목	저자	출판사
JK4	우리 수학놀이하자! : 셈놀이	크리스틴 달	주니어김영사
JK4	2학년 100점 수학 꾸러기	박신식	처음주니어
JK5	수학의 세계로 풍덩	임융웅	예문당
JK5	수학이 진짜 웃긴다고요?	김수경	한솔수북

2. 4. 덧셈과 뺄셈 (1) (2)

단계	책제목	저자	출판사
JK4	신기한 열매	안노 미쓰마사	비룡소
JK4	수학 나라 진짜 공주는 누구일까요?	브렌다 윌리엄스	토토북
JK4	재미있는 수학놀이	베치 프랭코	마루벌
JK4	수학마녀의 백점 수학	서지원	처음주니어
JK4	신통방통 머리셈 연산	서지원	좋은책어린이

3. 여러 가지 모양

단계	책제목	저자	출판사
JK4	내 방은 커다란 도형	조앤 라클린	청어람미디어
JK4	신통방통 도형 첫걸음	서지원	좋은책어린이
JK4	많다는 게 뭐예요?	아스트리트 힐레, 디나 쉐퍼	을파소
JK5	둘둘 섬의 비밀	신디 누시원더	승산

5. 길이 재기

단계	책제목	저자	출판사
JK3	다시 재 볼까?	강성은	아이세움
JK4	숫자돌이랑 놀자	고미 타로	주니어김영사
JK4	커졌다 작아졌다 콩나무와 거인	앤 매캘럼	주니어김영사
JK4	놀다보면 수학을 발견해요	재니스 반클리브	미래아이
JK4	많다는 게 뭐예요?	아스트리트 힐레, 디나 쉐퍼	을파소
JK5	뫼비우스 띠의 비밀	조앤 리즈버그	주니어김영사

 6. 식 만들기

단계	책제목	저자	출판사
JK4	신기한 열매	안노 미쓰마사	비룡소
JK4	으라차차 초등 0학년 수학교과서	서지원	열린생각
JK4	개념 쏙쏙 참 쉬운 수학	정재은	아이앤북

 7. 시간 알아보기

단계	책제목	저자	출판사
JK3	시간 : 1초에서 1000년까지	조앤 스위니	웅진주니어
JK4	쉿! 신데렐라는 시계를 못본대	고자현	동아사이언스
JK4	시간이 들려주는 이야기	안느 에르보	교학사
JK4	하루는 얼마나 길어요?	아스트리트 힐레, 디나 쉐퍼	을파소
JK4	뒤죽박죽 곱셈 구구 별장	이희란	대교출판
JK4	지금 몇 시 몇 분이에요?	강미선	바다어린이

 8. 곱셈

단계	책제목	저자	출판사
JK3	둘씩 셋씩 넷씩 요술 주머니	여운	아이세움
JK4	화성에서 온 수학 탐험대 1	줄리 페리스	주니어김영사
JK5	수학아 수학아 나 좀 도와줘	조성실	삼성당
JK5	100점의 비밀 열쇠 수학 백과	정재은	아이앤북

초등 수학교과 연계 도서 — 2학년 2학기

  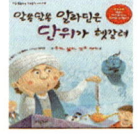   

 ## 1. 곱셈구구

단계	책제목	저자	출판사
JK3	떡 두 개 주면 안 잡아먹지	이범규	비룡소
JK4	곱셈 마법에 걸린 나라	팜 캘버트	주니어김영사
JK4	뒤죽박죽 곱셈구구 별장	이희란	대교출판
JK4	아만다의 아하! 곱셈구구	신디 누시원더	청어람미디어
JK4	화성에서 온 수학 탐험대 2	줄리 페리스	주니어김영사
JK4	신통방통 곱셈구구	서지원	좋은책어린이
JK5	떡장수 할머니와 호랑이는 구구단을 몰라	이향안	동아사이언스

 ## 2. 4. 덧셈과 뺄셈 (1) (2)

단계	책제목	저자	출판사
JK4	수학 천재는 바로 너	안나 체라솔리	봄나무
JK4	신통방통 받아올림	서지원	좋은책어린이
JK5	양치기 소년은 수를 못 센대	박영란	동아사이언스
JK5	찾아라! 수리별 암호	임채영	가교

 ## 3. 길이 재기

단계	책제목	저자	출판사
JK3	놀이수학	안노 미쓰마사	한림출판사
JK4	수학의 저주	존 셰스카	시공주니어
JK4	쉿! 신데렐라는 시계를 못 본대	고자현	동아사이언스
JK4	신통방통 길이재기	서지원	좋은책어린이
JK5	알쏭달쏭 알라딘은 단위가 헷갈려	황근기	동아사이언스

5. 분수

단계	책제목	저자	출판사
JK4	사과는 분수를 좋아해	제리 팔로타	초록개구리
JK5	소원이 이루어지는 분수	도나 조 나폴리	주니어김영사
JK5	모아모아, 똑같이 나누어요!	전지은	주니어RHK

6. 표와 그래프

단계	책제목	저자	출판사
JK2	궁금한 게 많은 악어 임금님 : 통계	이지연	아이세움
JK3	쉿! 우리끼리 그래프 놀이	서보현	아이세움
JK4	그래프 놀이	로렌 리디	미래아이
JK4	2학년 수학동화	우리기획	예림당

7. 문제 푸는 방법 찾기

단계	책제목	저자	출판사
JK4	2학년 100점 수학 꾸러기	박신식	처음주니어
JK4	수학마녀의 백점 수학	서지원	처음주니어
JK4	빨간 모자	노자키 아키히로	비룡소
JK4	신통방통 문제 푸는 방법	서지원	좋은책어린이
JK5	100점의 비밀 열쇠 수학 백과	정재은	아이앤북
JK5	수리수리마수리 암호 나라로!	고희정	토토북
JK5	내가 만난 이상한 고양이	에드워드 아인혼	아이세움

초등 수학교과 연계 도서 — 3학년 1학기

 ## 1. 10000까지의 수

단계	책제목	저자	출판사
JK5	수학대왕이 되는 놀라운 숫자 이야기	데니스 슈만트 베세라트	미래아이
JK5	영부터 열까지 숫자 이야기	로스 콜린스	승산
JK6	소녀 그리고 셈할 줄 아는 이들을 위한 수학	밸러리 와이어트	또문소녀
JK7	위조 지폐단을 잡아라	발레리 비도	주니어김영사

 ## 2. 덧셈과 뺄셈

단계	책제목	저자	출판사
JK5	100점의 비밀 열쇠 수학 백과	정재은	아이앤북
JK5	덧셈 뺄셈, 꼼짝 마라!	조성실	북멘토
JK5	왕코딱지의 만점 수학	서지원	처음주니어
JK5	수리수리마수리 암호 나라로!	고희정	토토북
JK6	영재들의 1등급 수학교실 : 신기한 암산의 세계	신항균	물음표

 ## 3. 평면도형

단계	책제목	저자	출판사
JK5	신통방통 도형 마무리	서지원	좋은책어린이
JK5	그리스 신도 수학 공부를 했을까?	최향숙	영교
JK5	3학년 수학이랑 악수해요	최창남	웅진주니어

 ## 4. 나눗셈

단계	책제목	저자	출판사
JK4	나머지 하나 꽁당이	엘리너 핀체스	아이세움
JK5	모아모아, 똑같이 나누어요!	전지은	주니어RHK

단계	책제목	저자	출판사
JK5	고양이 탐의 맛있는 나눗셈	조앤 라클린	청어람미디어
JK5	왕코딱지의 만점 수학	서지원	처음주니어
JK5	수학빵	김용세	와이즈만북스

 5. 평면도형의 이동

단계	책제목	저자	출판사
JK5	집요한 과학씨 : 무한 변신 수학에 풍덩 빠지다	세야마 시로	웅진주니어
JK5	수학이 진짜 웃긴다고요?	김수경	한솔수북
JK5	사각형의 세계	플로라 브레시아니 니카씨오	서광사

 6. 곱셈

단계	책제목	저자	출판사
JK5	7 x 9 = 나의 햄스터	클로디아 밀스	비룡소
JK5	항아리 속 이야기	안노 마사이치로	비룡소
JK5	수학아 수학아 나 좀 도와줘 2	조성실	삼성당

 7. 분수

단계	책제목	저자	출판사
JK5	내가 만난 이상한 고양이	에드워드 아인혼	아이세움
JK5	신통방통 분수	서지원	좋은책어린이
JK5	견우와 직녀가 분수 때문에 싸웠대	이안	동아사이언스
JK5	이상한 수학나라의 뚱땡이	방승희	동녘
JK7	사라진 명화를 찾아라	카린 테르시에	주니어김영사

8. 길이와 시간

단계	책제목	저자	출판사
JK5	고양이가 맨 처음 cm를 배우던 날	김성화, 권수진	아이세움
JK5	수학이 정말 재밌어지는 책	미레이아 트리위스	그린북
JK6	수학으로 바뀌는 세계	조니 볼	비룡소
JK6	왜 0등은 없을까?	이영민	아르볼
JK8	선생님도 놀란 초등 수학 뒤집기 : 시간과 시각	정미자	성우주니어

초등 수학교과 연계 도서 — 3학년 2학기

1. 덧셈과 뺄셈

단계	책제목	저자	출판사
JK5	왕코딱지의 만점 수학	서지원	처음주니어
JK5	100점의 비밀 열쇠 수학 백과	정재은	아이앤북
JK5	지상 최대의 생일잔치	신디 누시윈더	승산

2. 곱셈

단계	책제목	저자	출판사
JK4	곱셈놀이	로렌 리디	미래아이
JK5	왕코딱지의 만점 수학	서지원	처음주니어
JK6	영재들의 1등급 수학교실 : 신기한 암산의 세계	신항균	물음표

3. 원

단계	책제목	저자	출판사
JK5	원탁의 기사들	신디 누시윈더	승산
JK5	3학년 수학이랑 악수해요	최창남	웅진주니어
JK6	원	캐서린 셀드릭 로스	비룡소

4. 나눗셈

단계	책제목	저자	출판사
JK5	3학년 수학이랑 악수해요	최창남	웅진주니어
JK5	신통방통 나눗셈	서지원	좋은책어린이
JK7	수학에 번쩍 눈뜨게 한 비밀 친구들 2	황문숙	가나출판사

5. 들이와 무게

단계	책제목	저자	출판사
JK5	우리 수학놀이하자! : 길이와 무게	크리스틴 달	주니어김영사
JK5	수학빵	김용세	와이즈만북스
JK5	100점의 비밀 열쇠 수학 백과	정재은	아이앤북
JK7	수학탐정 매키와 누팡의 대결 : 문자와 식	정완상	두리미디어

6. 소수

단계	책제목	저자	출판사
JK4	분수놀이	로렌 리디	미래아이
JK5	이상한 수학나라의 똥땅이	방승희	동녘
JK5	어린이 수학자 : 수리수리, 숫자로 말해요!	전지은	주니어RHK
JK7	소수의 계산	세키자와 마사미	다섯수레
JK7	프랑스 원리 수학 1 : 수와 친해지기	안 시에티	청년사

7. 자료 정리하기

단계	책제목	저자	출판사
JK4	그래프 놀이	로렌 리디	미래아이
JK5	알쏭달쏭, 왜 다르게 보일까?	전지은	주니어RHK

8. 규칙 찾기와 문제 해결

단계	책제목	저자	출판사
JK4	수학 나라의 앨리스	알렉산드라 라이트	주니어김영사
JK5	토끼 숫자 세기 대소동	앤 매캘럼	주니어김영사
JK5	수학빵	김용세	와이즈만북스
JK5	옛날 옛적에 수학이 말이야	파드마 벤카트라만	주니어김영사
JK5	가지가지, 수학 규칙을 찾아라!	전지은	주니어RHK
JK6	수학 귀신의 집	김선희	살림어린이
JK7	알기 쉬운 문장제	세키자와 마사미	다섯수레
JK8	아하 수학공부 이렇게 하는 거군요	김경호	예문당

초등 수학교과 연계 도서 — 4학년 1학기

1. 큰 수

단계	책제목	저자	출판사
JK3	백만은 얼마나 클까요?	데이비드 슈워츠	토토북
JK5	고양이가 맨 처음 cm를 배우던 날	김성화, 권수진	아이세움
JK5	왕코딱지의 만점 수학	서지원	처음주니어
JK5	마법의 숫자들	조니 볼	비룡소
JK6	세상 모든 숫자들의 이야기	정우진	채우리
JK7	수학이 자꾸 수군수군 : 셈	샤르탄 포스키트	주니어김영사

2. 곱셈과 나눗셈

단계	책제목	저자	출판사
JK5	항아리 속 이야기	안노 마사이치로	비룡소
JK6	수학마법사	이유찬	웅진씽크하우스
JK6	4학년 수학이랑 악수해요	최창남	웅진주니어
JK6	깔깔마녀는 수학마법사	서지원	부표
JK6	3. 4학년 눈높이 수학 학습동화	김용란	대교출판
JK7	선물의 수수께끼를 풀어라	나탈리 지메르망	주니어김영사
JK7	수학이 수군수군	샤르탄 포스키트	주니어김영사

3. 각도

단계	책제목	저자	출판사
JK5	각도나라의 기사	신디 누시원더	승산
JK5	사방팔방, 각도를 찾아라!	전지은	주니어RHK
JK6	영재들의 1등급 수학교실 : 신기한 측정의 세계	신항균	물음표
JK8	천재들이 만든 수학퍼즐 : 바빌로니아인들이 만든 각	유양국	자음과모음

4. 삼각형

단계	책제목	저자	출판사
JK6	삼각형	캐서린 셸드릭 로스	비룡소
JK7	도형이 도리도리	샤르탄 포스키트	주니어김영사
JK8	플라톤 삼각형의 비밀	김성수	주니어김영사
JK8	선생님도 놀란 초등 수학 뒤집기 : 평면도형	안수진	성우주니어
JK9	유클리드가 들려주는 삼각형 이야기	안수진	자음과모음

5. 혼합 계산

단계	책제목	저자	출판사
JK5	부자가 된 나눗셈 소년	네이션 지머먼	주니어김영사
JK6	수학왕 막스와 숫자 도둑	옌스 라인랜더	담푸스
JK7	수학이 자꾸 수군수군 : 셈	샤르탄 포스키트	주니어김영사

6. 분수 7. 소수

단계	책제목	저자	출판사
JK6	수학이 순식간에	리즈 앳킨슨	주니어김영사
JK6	이야기 수학	한경희	다림
JK7	수학이 자꾸 수군수군 : 분수	샤르탄 포스키트	주니어김영사
JK8	어린이를 위한 수학의 역사 2 : 유클리드에서 분수의 탄생까지	후지와라 야스지로, 이광연	살림어린이
JK8	분수와 소수	고와다 마사시 외	일출봉

8. 규칙 찾기

단계	책제목	저자	출판사
JK6	돼지 삼총사 아슬아슬 수학 소풍	로베르트 그리스벡	다림
JK6	야호, 수학이 좋아졌다!	함기석	토토북
JK6	집요한 과학씨 : 수학자 오일러를 찾아가다	나카다 노리오	웅진주니어
JK7	위조 지폐단을 잡아라	발레리 비도	주니어김영사
JK7	사라진 명화를 찾아라	카린 테르시에	주니어김영사
JK7	생각이 통하는 수학	김민정	웅진씽크하우스

초등 수학교과 연계 도서 — 4학년 2학기

1. 분수의 덧셈과 뺄셈

단계	책제목	저자	출판사
JK5	소원이 이루어지는 분수	도나 조 나폴리	주니어김영사
JK6	4학년 수학이랑 악수해요	최창남	웅진주니어
JK7	수학이 수군수군	샤르탄 포스키트	주니어김영사
JK8	밥상에 오른 수학	이광연	두산동아

2. 소수의 덧셈과 뺄셈

단계	책제목	저자	출판사
JK6	이야기 수학	한경희	다림
JK7	행복한 수학 초등학교 : 수의 세계	강미선	휴먼어린이
JK7	소수의 계산	세키자와 마사미	다섯수레

3. 수직과 평행

단계	책제목	저자	출판사
JK6	수학 첫발	이영민	문공사
JK8	첫 번째 도형 이야기	고와다 마사시, 다지마 노부오	일출봉

4. 사각형과 도형

단계	책제목	저자	출판사
JK6	우리 수학놀이하자! : 도형과 퍼즐	크리스틴 달	주니어김영사
JK6	사각형	캐서린 셸드릭 로스	비룡소
JK6	영재들의 1등급 수학교실 : 신기한 도형의 세계	신항균	물음표
JK7	탈레스 박사와 수학 영재들의 미로게임	김성수	주니어김영사

단계	책제목	저자	출판사
JK7	채석장의 비밀을 밝혀라	소피 미샤르	주니어김영사
JK7	도형이 도리도리	샤르탄 포스키트	주니어김영사
JK8	선생님도 놀란 초등 수학 뒤집기 : 다각형	안수진	성우주니어

5. 평면도형의 둘레와 넓이

단계	책제목	저자	출판사
JK5	세상에서 가장 재미있는 스파게티 수학	마릴린 번즈	청어람미디어
JK7	리틀 수학천재가 꼭 알아야 할 수학 이야기	신경애	교학사
JK7	5학년 수학이랑 악수해요	김동균	웅진주니어
JK8	천재들이 만든 수학퍼즐 : 유클리드가 만든 평면도형의 측정	홍선호	자음과모음

6. 수의 범위와 어림

단계	책제목	저자	출판사
JK6	수학의 파이터	김승태	주니어김영사
JK7	수학에 번쩍 눈뜨게 한 비밀 친구들 1	황문숙	가나출판사
JK7	수학이 자꾸 수군수군 : 셈	샤르탄 포스키트	주니어김영사
JK8	선생님도 놀란 초등 수학 뒤집기 : 어림하기	김리나	성우주니어

7. 꺾은선 그래프

단계	책제목	저자	출판사
JK5	각양각색, 수를 그려 보아요!	전지은	주니어RHK
JK6	생활 속 수학 공부	과수원길	현북스

8. 규칙 찾기와 문제 해결

단계	책제목	저자	출판사
JK6	어린이를 위한 우리 겨레 수학 이야기	안소정	산하
JK6	수학마법사	이유찬	웅진씽크하우스
JK6	수학의 비밀	코지마 히로유키	청솔출판사
JK6	수학 귀신의 집	김선희	살림어린이
JK6	대한민국 초등학생, 논리로 수학 뚝딱!	정승진	경문사
JK6	야호, 수학이 좋아졌다!	함기석	토토북
JK7	알기 쉬운 문장제	세키자와 마사미	다섯수레

초등 수학교과 연계 도서 — 5학년 1학기

 ## 1. 배수와 약수

단계	책제목	저자	출판사
JK4	꼬마 모차르트의 동물 음악대	이범규	비룡소
JK6	수학마법사	이유찬	웅진씽크하우스
JK7	교과서 밖 기묘한 수학 이야기	에릭 뉴트	주니어김영사
JK7	로지아 논리 공주를 구출하라	정완상	쿠폰북
JK7	수학탐정 매키와 누팡의 대결 : 수와 연산	정완상	두리미디어
JK7	페르마가 만든 약수와 배수	장명숙	자음과모음
JK7	우리 수학놀이하자! : 수와 식	크리스틴 달	주니어김영사
JK8	써프라이즈 오딧셈의 수학 대모험 1	강상균	스콜라
JK8	수학자 납치 사건	정완상	쿠폰북
JK8	선생님도 놀란 초등 수학 뒤집기 : 약수와 배수의 이해	김리나	성우주니어
JK8	수학에 푹 빠지다 : 약수와 배수	김정순	경문사

 ## 2. 약분과 통분 3. 분수의 덧셈과 뺄셈 4. 분수의 곱셈

단계	책제목	저자	출판사
JK6	깔깔마녀는 수학마법사	서지원	부퐁
JK7	분수, 넌 내 밥이야!	강미선	북멘토
JK7	5학년 수학이랑 약수해요	김동균	웅진주니어
JK7	수학이 자꾸 수군수군 : 분수	샤르탄 포스키트	주니어김영사
JK8	선생님도 놀란 초등 수학 뒤집기 : 분수와 소수	오혜정	성우주니어
JK8	생각하는 초등수학 : 분수와 소수	고와다 마사시, 야마자키 나오미	일출봉

5. 도형의 합동

단계	책제목	저자	출판사
JK5	줄일까 늘릴까 이발사의 결투	스콧 선드비	주니어김영사
JK7	가르쳐주세요! 합동과 닮음에 대해서	채병하	일출봉
JK7	수학에 번쩍 눈뜨게 한 비밀 친구들 1	황문숙	가나출판사
JK7	원리를 잡아라! 수학왕이 보인다!	서지원	뜨인돌어린이
JK7	사라진 수학거울을 찾아라	정완상	쿠폰북
JK8	첫 번째 도형 이야기	고와다 마사시, 다지마 노부오	일출봉
JK8	선생님도 놀란 초등 수학 뒤집기 : 합동과 닮음	정미자	성우주니어

 ## 6. 직육면체

단계	책제목	저자	출판사
JK5	그리스 신도 수학 공부를 했을까?	최향숙	영교
JK6	양말을 꿀꺽 삼켜버린 수학 2 : 도형과 퍼즐	김선희	웅진씽크하우스
JK8	바빌로고스와 이각형의 비밀	정완상	쿠폰북
JK8	선생님도 놀란 초등 수학 뒤집기 : 입체도형	남호영	성우주니어
JK8	꼬물꼬물 수학 이야기	안소정	뜨인돌

 ## 7. 평면도형의 넓이

단계	책제목	저자	출판사
JK7	넓이와 부피	세키자와 마사미	다섯수레
JK8	피타고라스 구출작전	김성수	주니어김영사

 ## 8. 여러 가지 단위

단계	책제목	저자	출판사
JK6	비교 : 단위편	이다미	부즈펌
JK6	수학으로 바뀌는 세계	조니 볼	비룡소
JK7	수학이 자꾸 수군수군 : 4. 측정	샤르탄 포스키트	주니어김영사
JK8	어라! 수학이 이렇게 재미있었나?	우에노 후미오	홍
JK8	단위와 비	세리자와 쇼조	일출봉
JK8	선생님도 놀란 초등 수학 뒤집기 : 도량형	정미자	성우주니어

초등 수학교과 연계 도서 — 5학년 2학기

1. 분수와 소수

단계	책제목	저자	출판사
JK8	머리가 뻥 뚫리는 수학	나까다 노리오	웅진주니어
JK8	원리로 양념하고 재미로 요리하는 수학파티 2	조윤동	휘슬러
JK8	재미있는 수학 여행 : 수의 세계	김용운, 김용국	김영사

2. 분수의 나눗셈

단계	책제목	저자	출판사
JK7	분수의 계산	세키자와 마사미	다섯수레
JK7	천재들이 만든 수학 퍼즐 : 이집트인들이 만든 분수	홍선호	자음과모음
JK7	분수, 넌 내 밥이야!	강미선	북멘토
JK8	생각하는 초등수학 : 분수와 소수	고와다 마사시 외	일출봉

3. 도형의 대칭

단계	책제목	저자	출판사
JK7	수학에 번쩍 눈뜨게 한 비밀친구들 4	황문숙	가나출판사
JK7	프랑스 원리 수학 2 : 도형과 친해지기	안 시에티	청년사
JK8	천재고양이 펜로즈의 수학원리 대탐험	테오니 파파스	살림Math
JK8	상위 5%로 가는 수학교실 1	구자옥	스콜라
JK8	두 번째 도형 이야기	고와다 마사시	일출봉
JK9	수학과 친구 되자	수학사랑 편집부	수학사랑

4. 소수의 곱셈

단계	책제목	저자	출판사
JK7	원리를 찾아가는 이야기 수학 : 소수의 계산	세키자와 마사미	다섯수레
JK8	수학에 푹 빠지다 : 분수와 소수	김정순	경문사

5. 소수의 나눗셈

단계	책제목	저자	출판사
JK7	사라진 명화를 찾아라	카린 테르시에	주니어김영사
JK8	수학에 푹 빠지다 : 분수와 소수	김정순	경문사
JK8	선생님도 놀란 초등 수학 뒤집기 : 분수와 소수	오혜정	성우주니어

6. 자료의 표현과 해석

단계	책제목	저자	출판사
JK8	선생님도 놀란 초등 수학 뒤집기 : 통계와 그래프	정미자	성우주니어
JK8	천재들이 만든 수학퍼즐 : 오일러가 만든 그래프	김은영	자음과모음

7. 비와 비율

단계	책제목	저자	출판사
JK6	피타고라스와 멋진 비율	줄리 엘리스	승산
JK7	프랑스 원리 수학 : 수와 친해지기	안 시에티	청년사
JK8	써프라이즈 오딧셈의 수학 대모험 3	강상균	스콜라
JK8	단위와 비	세리자와 쇼조	일출봉
JK8	비 · 비율 거기 섯!	홍선호	북맨토
JK8	y쌤의 신기한 스펀지 수학교실 1	야마우치 다다시	사랑과나무

8. 문제 해결 방법 찾기

단계	책제목	저자	출판사
JK7	수학 시험을 막아라!	로베르트 그리스벡	베틀북
JK7	피타고라스와 수학 천재들	조승연	주니어중앙
JK7	수학 여왕 제이든 구출 작전	블라디미르 투마노프	일출봉
JK7	수학 나라에서 만난 수학 괴짜들	다니엘 고스탱	주니어RHK
JK7	생각이 통하는 수학	김민정	웅진씽크하우스
JK7	알쏭달쏭 이퀘이션 수학 대회	정완상	쿠폰북
JK8	수학 귀신	한스 엔첸스베르거	비룡소
JK8	수학 1kg만 주세요	카를로스 안드라다스 에란츠	을파소

초등 수학교과 연계 도서 — 6학년 1학기

1. 분수의 나눗셈

단계	책제목	저자	출판사
JK6	양말을 꿀꺽 삼켜버린 수학 1 : 수와 연산	김선희	웅진씽크하우스
JK7	천재들이 만든 수학퍼즐 : 이집트인들이 만든 분수	홍선호	자음과모음
JK8	원리로 양념하고 재미로 요리하는 수학파티 2	조윤동	휘슬러

2. 소수의 나눗셈

단계	책제목	저자	출판사
JK6	수학이 순식간에	리즈 앳킨슨	주니어김영사
JK7	수학이 없는 나라는 없을까?	존 아가드	주니어김영사
JK8	꼬물꼬물 수학 이야기	안소정	뜨인돌

3. 각기둥과 각뿔

단계	책제목	저자	출판사
JK8	도형, 놀이터로 나와!	조성실	북멘토
JK8	원리로 양념하고 재미로 요리하는 수학파티 1	조윤동	휘슬러
JK8	꼬물꼬물 수학 이야기	안소정	뜨인돌
JK8	상위 5%로 가는 수학교실 2	구자옥	스콜라

4. 쌓기 나무

단계	책제목	저자	출판사
JK5	알쏭달쏭, 왜 다르게 보일까?	전지은	주니어RHK
JK7	수학탐정 매키와 누팡의 대결 : 도형과 측정	정완상	두리미디어
JK8	쌓기나무, 널 쓰러뜨리마!	강미선	북멘토
JK8	천재들이 만든 수학퍼즐 : 피에트 하인이 만든 쌓기나무	김태완	자음과모음

5. 원주율과 원의 넓이

단계	책제목	저자	출판사
JK5	파이의 비밀	신디 누시원더	승산
JK5	둘둘 섬의 비밀	신디 누시원더	승산
JK7	수학이 또 수군수군	샤르탄 포스키트	주니어김영사
JK7	수학에 번쩍 눈뜨게 한 비밀 친구들 2	황문숙	가나출판사
JK8	세상 밖으로 날아간 수학	이시하라 키요타카	파란자전거
JK8	탈출! 수학 나라	안소정	창비
JK8	선생님도 놀란 초등 수학 뒤집기 : 원	정미자	성우주니어
JK8	두 번째 도형 이야기	고와다 마사시	일출봉
JK8	천재들이 만든 수학퍼즐 : 아르키메데스가 만든 원과 직선	김종영	자음과모음

6. 비율 그래프

단계	책제목	저자	출판사
JK8	원리로 양념하고 재미로 요리하는 수학파티 1	조윤동	휘슬러
JK8	천재들이 만든 수학퍼즐 : 오일러가 만든 그래프	김은영	자음과모음

7. 비례식

단계	책제목	저자	출판사
JK7	수학 여왕 제이든 구출 작전	블라디미르 투마노프	일출봉
JK7	행복한 수학 초등학교 : 연산의 세계	강미선	휴먼어린이
JK7	수학에 번쩍 눈뜨게 한 비밀 친구들 3	황문숙	가나출판사
JK8	수학이 숨어 있는 명화	이명옥	시공주니어
JK8	세상 밖으로 날아간 수학	이시하라 키요타카	파란자전거
JK8	과학 공화국 수학 법정 2	정완상	자음과모음

8. 연비와 비례배분

단계	책제목	저자	출판사
JK7	행복한 수학 초등학교 : 문제 해결력	강미선	휴먼어린이
JK7	매쓰톤의 위치 좌표를 찾아라	정완상	쿠폰북
JK8	선생님도 놀란 초등 수학 뒤집기 : 비와 비율	오혜정	성우주니어
JK8	과학 공화국 수학 법정 1	정완상	자음과모음
JK9	에우독소스가 들려주는 비 이야기	김승태	자음과모음

초등 수학교과 연계 도서 — 6학년 2학기

1. 분수와 소수의 혼합계산

단계	책제목	저자	출판사
JK8	피리파라퐁퐁 수학 나라 대탐험	리위페이	파란자전거
JK8	동화로 읽는 마법의 수학 공식	김수경	살림어린이

2. 원기둥과 원뿔 4. 원기둥의 겉넓이와 부피

단계	책제목	저자	출판사
JK5	원뿔 속의 엑스캘리버	신디 누시원더	승산
JK6	원	캐서린 셸드릭 로스	비룡소
JK7	행복한 수학 초등학교 : 측정과 함수	강미선	휴먼어린이
JK7	수학 공식이 꼬물꼬물	샤르탄 포스키트	주니어김영사
JK8	y쌤의 신기한 스펀지 수학교실 3	야마우치 다다시	사랑과나무
JK8	반원의 도형 나라 모험	안소정	창비
JK9	10일간의 보물 찾기	권재원	창비

3 직육면체의 겉넓이와 부피

단계	책제목	저자	출판사
JK7	5, 6학년 눈높이 수학 학습동화	김용란	대교출판
JK7	행복한 수학 초등학교 : 도형의 세계	강미선	휴먼어린이
JK7	수학탐정 매키와 누팡의 대결 : 도형과 측정	정완상	두리미디어
JK7	프랑스 원리 수학 2 : 도형과 친해지기	안 시에티	청년사
JK8	y쌤의 신기한 스펀지 수학교실 4	야마우치 다다시	사랑과나무
JK8	과학 공화국 수학 법정 3	정완상	자음과모음
JK8	선생님도 놀란 초등 수학 뒤집기 : 다면체와 구	남호영	성우주니어

5. 경우의 수와 확률

단계	책제목	저자	출판사
JK7	수학이 자꾸 수군수군 : 확률	샤르탄 포스키트	주니어김영사
JK7	수학에 번쩍 눈뜨게 한 비밀 친구들 5	황문숙	가나출판사
JK7	세상에서 가장 오래된 수학책	정완상	쿠폰북
JK8	써프라이즈 오딧셈의 수학 대모험 4	강상균	스콜라
JK8	과학 공화국 수학 법정 5	정완상	자음과모음
JK8	이상한 게임사이트	정완상	쿠폰북

6. 방정식

단계	책제목	저자	출판사
JK7	알쏭달쏭 이퀘이션 수학대회	정완상	쿠폰북
JK7	대수와 방정맞은 방정식	샤르탄 포스키트	주니어김영사
JK7	수학탐정 매키와 누팡의 대결 : 문자와 식	정완상	두리미디어
JK7	명탐정 X의 명쾌통쾌 수학 수사대	리위페이	파란자전거
JK8	선생님도 놀란 초등 수학 뒤집기 : 문자와 식	안수진	성우주니어

7. 정비례와 반비례

단계	책제목	저자	출판사
JK7	매쓰톤의 위치 좌표를 찾아라	정완상	쿠폰북
JK7	재미있는 수학 이야기	권현직	가나출판사
JK8	수의 모험	안나 체라솔리	북로드
JK8	과학 공화국 수학 법정 4	정완상	자음과모음
JK8	솔티옹 오염 사건	정완상	쿠폰북

8. 문제 푸는 방법 찾기

단계	책제목	저자	출판사
JK7	행복한 수학 초등학교 : 문제 해결력	강미선	휴먼어린이
JK7	명탐정 X의 명쾌통쾌 수학 수사대	리위페이	파란자전거
JK7	수학대소동	길리언 오릴리	다산어린이
JK8	써프라이즈 오딧셈의 수학 대모험 2	강상균	스콜라
JK8	수학의 원리를 사고 파는 수학 상점	신수현	예림당
JK8	수학박물관	알브레히트 보이텔스파허	행성:B아이들

초등 사회교과 연계 도서 — 3학년 1학기

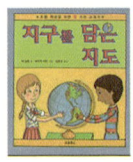     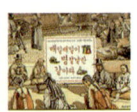

 ## 1. 고장의 모습

단계	책제목	저자	출판사
JK4	세상을 담은 그림 지도	김향금	보림
JK4	초롱이와 함께 지도 만들기	로렌 리디	미래아이
JK4	우리 가족이 살아온 동네 이야기	김향금	열린어린이
JK4	직업의 세계	라루스 출판사	길벗어린이
JK4	마법의 지도야, 세상을 다 보여줘!	태미라	초록아이
JK5	우리 교실에 벼가 자라요	박희란	살림어린이
JK5	직업 옆에 직업 옆에 직업	파트리시아 홀	미세기
JK5	지구를 담은 지도	잭 놀튼	보물창고
JK5	어린이를 위한 우리나라 지도책	이형권	아이세움
JK5	나의 사직동	김서정	보림
JK5	10살에 떠나는 미래 직업 대탐험	한상근	중앙북스
JK5	지도 들고 우리나라 한 바퀴	이임숙	마루벌
JK6	친절한 쌤 사회 첫걸음 : 정치편	소피 드 망통	주니어중앙
JK6	세상에 단 하나뿐인 지도	김재일	북멘토
JK6	손수 지은 집 : 세계 각지의 전통가옥	존 니콜슨	현암사
JK6	한눈에 펼쳐보는 우리나라 지도 그림책	민병준	진선아이

2. 고장의 자랑

단계	책제목	저자	출판사
JK4	지킴이 : 솟대에서 성주까지	청동말굽	문학동네
JK5	어절씨구! 열두 달 일과 놀이	김은하	길벗어린이
JK5	나라의 자랑, 국보 이야기	우리누리	주니어RHK
JK5	고정욱 선생님이 들려 주는 장영실	고정욱	산하
JK5	김수근 : 자연과 사람의 만남을 꿈꾼 건축가	홍당무	파란자전거
JK5	시골 장터 이야기	정영신	진선출판사
JK5	신명나는 우리 축제	우리누리	주니어RHK
JK5	방방곡곡 우리 특산물	우리누리	주니어RHK
JK6	아하! 그땐 이런 문화재가 있었군요	지호진	주니어김영사

3. 고장의 생활과 변화

단계	책제목	저자	출판사
JK4	때때옷 입고 나풀나풀	이미애	중앙출판사
JK4	너도나도 숟갈 들고 어서 오너라	양재홍	대교출판
JK4	볼 것도 많다 살 것도 많다	최향	대교출판
JK5	마루랑 온돌이랑 신기한 한옥 이야기	햇살과나무꾼	해와나무
JK5	가마솥과 뚝배기에 담긴 우리 음식 이야기	햇살과나무꾼	해와나무
JK5	조상들은 어떤 도구를 썼을까	우리누리	주니어RHK
JK5	매일매일이 명절날만 같아라	원동은	재미마주
JK5	어깨동무 즐거운 우리 놀이	우리누리	주니어RHK
JK5	역사가 흐르는 강 한강	강응천	웅진주니어
JK5	우리 문화 첫발	최윤정	문공사
JK6	우리 조상들의 의식주 이야기	표시정	다산교육

초등 사회교과 연계 도서 — 3학년 2학기

 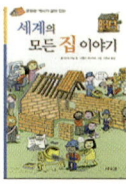    

 ## 1. 고장 생활의 중심지

단계	책제목	저자	출판사
JK4	우리가 사는 도시 탐험	클라우디아 톨	크레용하우스
JK5	신토불이 우리 음식	우리누리	주니어RHK
JK5	세상의 집들	클레르 위박	삼성당
JK6	세계의 모든 집 이야기	올리비에 미뇽	상수리

 ## 2. 이동과 의사소통

단계	책제목	저자	출판사
JK4	레일 위의 역사 기차	리차드 보크월	시공주니어
JK5	옛사람들의 교통과 통신	우리누리	주니어RHK
JK5	달구지랑 횃불이랑 옛날의 교통 통신	햇살과나무꾼	해와나무
JK6	인터넷이 이럴수가	정윤희	주니어김영사
JK6	세상을 잇는 그물 통신	신현수	주니어김영사

3. 다양한 삶의 모습

단계	책제목	저자	출판사
JK4	나의 첫 세계 여행	소피 아망	계림북스
JK4	출동! 초록반이 간다	박현희	웅진주니어
JK4	우리 누나 시집 가던 날	김해원	중앙출판사
JK5	요리조리 맛있는 세계 여행	최향랑	창비
JK5	나이살이	청동말굽	문학동네
JK5	관혼상제, 재미있는 옛날 풍습	우리누리	주니어RHK
JK5	얘들아, 안녕	소피 퓌로	비룡소
JK5	차이 : 너와 나는 정말 다를까?	로라 자페	푸른숲
JK5	친절한 쌤 사회 첫걸음 : 위험편	소피 드 망통	주니어중앙
JK5	처음 맞는 추수 감사절	메리 폽 어즈번	비룡소
JK6	지구마을 어린이 요리책	소냐 플로토-슈탐멘	한겨레아이들
JK6	세계지도로 보는 세계, 세계인	황근기	계림북스
JK6	왕의 어린 왕비	권기경	한솔수북

초등 사회교과 연계 도서 — 4학년 1학기

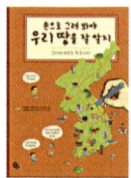     

 1. 우리 지역의 자연환경과 생활 모습

단계	책제목	저자	출판사
JK5	강은 어떻게 흘러가나	김연희	다산기획
JK6	밭에선 배추 뽑고 갯벌에선 조개 캐요	안선모 외	와이즈아이
JK6	손으로 그려봐야 우리 땅을 잘 알지	구혜경, 정은주	토토북
JK6	지리 첫발	최영선	문공사
JK6	똑똑한 우리 지리 이야기	최영선	대교출판
JK6	세상에 단 하나뿐인 지도	김재일	북멘토
JK6	지도로 만나는 우리 땅 친구들	전국지리교사모임	뜨인돌
JK6	우리 역사를 그린 9가지 지도 이야기	정재은	어린이작가정신
JK6	떴다! 지식 탐험대 : 지도 소년 지오, 오라오라 섬을 구하라!	하순영	시공주니어
JK7	손에 잡히는 사회 교과서 : 도시와 촌락	김동찬, 최윤선	길벗스쿨

2. 주민 참여와 우리 시·도의 발전

단계	책제목	저자	출판사
JK5	생각을 뒤집는 논리세상	양승완	한솔수북
JK6	2060년, 우리는 어떻게 살고 있을까?	마르크 제르마냥그 외	초록개구리
JK6	정치가 : 국민을 먼저 생각하는 일꾼	인현진	다산교육
JK6	오봉, 삼권분립 랜드에 가다	설규주	북멘토
JK6	정치야 정치야 나 좀 도와줘	박신식	삼성당
JK6	정치가 궁금할 때 링컨에게 물어봐	정우진	아이세움
JK6	사회는 쉽다 : 왕, 총리, 대통령 중 누가 가장 높을까?	김서윤	비룡소
JK6	떴다! 지식 탐험대 : 도르프와 떠나는 민주주의 역사 여행	류중희	시공주니어
JK6	누가 세상을 움직이는가?	앤드루 마	비룡소
JK6	숨 쉬는 도시 꾸리찌바	안순혜	파란자전거
JK7	방과 후 사회 교과서 : 똑똑한 정치 이야기	양대승	대교출판
JK7	질문을 꿀꺽 삼킨 사회 교과서 : 정치편	조선미	주니어중앙
JK7	우리 민주주의가 신났어!	장수하늘소	아이세움

3. 더불어 살아가는 우리 지역

단계	책제목	저자	출판사
JK5	60억 인구	르네 에스뀌디에	삼성당
JK5	지도로 만나는 세계 친구들	김세원	뜨인돌
JK6	너는 어느 나라에서 왔니?	리비아 파른느	초록개구리
JK6	생명을 살리는 윤리적 소비	정원각	상수리
JK6	한국사 탐험대 3 : 교통 통신	홍영의	웅진주니어

초등 사회교과 연계 도서 — 4학년 2학기

 ### 1. 경제생활과 바람직한 선택

단계	책제목	저자	출판사
JK6	어린이를 참부자로 만드는 돈 이야기	배연국	주니어김영사
JK6	예담이는 열두 살에 1,000만원을 모았어요	김선희	명진출판
JK6	시장에 간 홍길동, 경제의 역사를 배우다	안창숙	파란자전거
JK6	영차영차 생산과 산업, 나누어서 척척 분업	전혜은	북멘토
JK6	아하! 그땐 이런 경제생활을 했군요	지호진	주니어김영사
JK6	나는 둥그배미야	김용택	푸른숲
JK7	초등 경제 콘서트	리비아나 포로팟	상수리

 ### 2. 여러 지역의 생활

단계	책제목	저자	출판사
JK6	산골 마을 아이들	임길택	창비
JK6	세상에서 가장 작은 논	서석영	푸른책들
JK6	강마을에 한번 와 볼래요?	고재은	문학동네
JK7	우리 바다 이야기	홍선욱	아이세움

3. 사회 변화와 우리 생활

단계	책제목	저자	출판사
JK5	우리 아빠는 피에로	발레리 제나티	비룡소
JK5	나는 바람이야	오경임	낮은산
JK5	고슴도치 아이	카타지나 코토프스카	보림
JK5	옛날엔 이런 직업이 있었대요	우리누리	주니어RHK
JK5	내 마음의 선물	오토다케 히로타다	창해
JK6	돈, 너는 누구니?	박구재	현암사
JK6	한국사 탐험대 7 : 가족	이종서	웅진주니어
JK6	아빠는 전업주부	키르스텐 보예	비룡소
JK6	살아난다면 살아난다	최은영	우리교육
JK6	달리는 거야, 힘차게	배선자	대교출판
JK6	여자는 힘이 세다 : 한국편, 세계편	유영소	교학사
JK6	여자들은 모든 것을 생각해낸다	캐서린 티메시	계림북스
JK6	나와 조금 다를 뿐이야	이금이	푸른책들
JK6	사람은 누구나 평등해요	조 호에스틀렌드	삼성당
JK6	우리가 바꿀 수 있어!	인권교육센터 들	책읽는곰
JK7	인권 변호사 조영래	박상률	사계절
JK7	나는 뻐꾸기다	김혜연	비룡소

초등 사회교과 연계 도서 — 5학년 1학기

 ## 1. 하나 된 겨레

단계	책제목	저자	출판사
JK5	고조선 건국신화	조현설	한겨레 아이들
JK5	신라를 왜 황금의 나라라고 했나요?	전호태	다섯수레
JK5	고구려 사람들은 왜 벽화를 그렸나요?	전호태	다섯수레
JK5	백제를 왜 잃어버린 왕국이라고 하나요?	권오영	다섯수레
JK6	행복한 한국사 초등학교 : 삼국에서 남북국으로	전국역사교사모임	휴먼어린이
JK6	고조선을 왜 비파형 동검의 나라라고 하나요?	송호정	다섯수레
JK6	어린이박물관 고구려	전호태	웅진주니어
JK6	어린이박물관 백제	국립부여박물관	웅진주니어
JK6	사랑해요 삼국시대	남경태	주니어김영사
JK7	신라 이야기 1, 2	윤경렬	창비
JK6	고구려	송언	우리교육
JK6	길 비켜라 고구려가 나가신다	김남석	해와나무
JK6	고구려 철갑기병 : 천하무적 완전무장	정종숙	한솔수북
JK6	해동증자 의자왕 : 백제의 마지막 임금	최향미	한솔수북
JK6	사라진 백제 왕성 : 오백 년 숨결 너머	정종숙	한솔수북
JK7	판타지로 만나는 한국사 명장면 : 선사·삼국시대	이광희	웅진씽크하우스
JK7	발해를 꿈꾸며	한예찬	우리책
JK7	아, 발해	송언	우리교육
JK7	백제 이야기	김유진	창비
JK7	신라에서 온 아이	심상우	와이즈아이
JK7	마지막 왕자	강숙인	푸른책들
JK7	한국사 편지 : 원시 사회부터 통일 신라와 발해까지	박은봉	책과함께어린이

2. 다양한 문화를 꽃피운 고려

단계	책제목	저자	출판사
JK6	궁예와 후고구려	최향미	한솔수북
JK6	어린이박물관 고려	오영선	웅진주니어
JK6	나무에 새긴 팔만대장경	윤영수	한솔수북
JK6	왕건과 무적함대	최향미	한솔수북
JK6	행복한 한국사 초등학교 : 민족을 다시 통일한 고려	전국역사교사모임	휴먼어린이
JK6	고려 건국신화	조현설	한겨레아이들
JK6	고려가 고마워요	남경태	주니어김영사
JK6	고려의 시장에서 만난 아라비아 상인	햇살과나무꾼	비룡소
JK7	한국사 편지 : 후삼국시대부터 고려시대까지	박은봉	책과함께어린이
JK7	고려 이야기 1, 2	민영	창비
JK7	판타지로 만나는 한국사 명장면 : 고려시대	이광희	웅진씽크하우스

3. 유교 전통이 자리 잡은 조선

단계	책제목	저자	출판사
JK6	난중일기	박천홍	서울문화사
JK6	조선사 이야기 1~3	박영규	주니어김영사
JK6	세종대왕이 사랑한 조선 최고의 발명가 : 장영실	송윤섭	해와나무
JK6	조선시대 궁궐에 가다	황문숙	가나출판사
JK6	조선시대 왕 이야기 1~4	정종숙 외	한솔수북
JK6	"행복한 한국사 초등학교 시리즈 (새 나라 조선이 들어서다 / 조선 사람들, 외침을 극복하다 / 조선에 이는 변화의 물결)"	전국역사교사모임	휴먼어린이
JK6	마법의 두루마리 시리즈 (거북선이여, 출격하라! / 뒤주에 갇힌 사도세자 / 암행어사 출두야!)	햇살과나무꾼	비룡소
JK7	노빈손 사라진 훈민정음을 찾아라	한지영	뜨인돌
JK7	조선을 지킨 훈민정음	이문영	토토북
JK7	좋아해요 조선시대	남경태	주니어김영사
JK7	한국사 편지 3 : 조선 건국부터 조선 후기까지	박은봉	책과함께어린이
JK7	판타지로 만나는 한국사 명장면 : 조선시대	이광희	웅진씽크하우스
JK7	하늘의 법칙을 찾아낸 조선의 과학자들	고진숙	한겨레아이들
JK7	술술 넘어가는 우리 역사 : 조선 건국부터 을사사화까지	한우리역사독서연구회	해와나무

초등 사회교과 연계 도서 — 5학년 2학기

1. 조선 사회의 새로운 움직임

단계	책제목	저자	출판사
JK7	한국사 편지 : 조선 후기부터 대한제국 성립까지	박은봉	책과함께어린이
JK7	술술 넘어가는 우리 역사 : 임진왜란부터 갑오혁명까지	한우리역사독서연구회	해와나무
JK7	재미있다! 우리 고전 : 홍길동전	정종목	창비
JK8	새로운 세상을 꿈꾼 조선의 실학자들	고진숙	한겨레출판
JK8	판소리 소리판	정혜원	우리교육

2. 새로운 문물의 수용과 자주 독립

단계	책제목	저자	출판사
JK7	술술 넘어가는 우리 역사 : 대한제국부터 민주화와 통일 운동 시대까지	한우리역사독서연구회	해와나무
JK7	백범일지	박천홍	서울문화사
JK7	안중근	조정래	문학동네
JK7	김구 : 아름다운 나라를 꿈꾸다	청년백범	한겨레아이들
JK8	이야기 한국역사 11 : 일제 식민 통치와 항일투쟁	이야기한국역사 편집위원회	풀빛
JK8	이야기 한국역사 12 : 독립운동의 발전과 민족국가 설립 준비	이야기한국역사 편집위원회	풀빛
JK9	아! 그렇구나 우리 역사 : 일제 강점기	염복규	여유당

3. 대한민국의 발전과 오늘의 우리

단계	책제목	저자	출판사
JK7	서울에서 찾아보는 민주화 역사의 현장	이동엽	문학동네어린이
JK7	판타지로 만나는 한국사 명장면 : 현대편	이광희	웅진씽크하우스
JK8	이야기 한국역사 13 : 대한민국 수립과 민주주의의 시련	이야기한국역사 편집위원회	풀빛
JK8	4.19 혁명 가까이	서찬석	어린른이

6학년 1학기

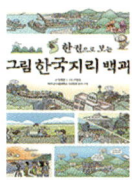     

1. 우리 국토의 모습과 생활

단계	책제목	저자	출판사
JK6	손으로 그려 봐야 우리 땅을 잘 알지	구혜경, 정은주	토토북
JK7	따라 그려 봐 우리나라 지도	김효정	뜨인돌어린이
JK7	한 권으로 보는 그림 한국지리 백과	민병준	진선아이
JK7	손에 잡히는 사회 교과서 시리즈 中 (기후와 생활 / 교통 통신과 정보 / 우리 생활과 환경)	박정애 외	길벗스쿨
JK7	지도로 보는 세계	일레인 잭슨	대교출판
JK8	지도로 보는 우리 바다의 역사	김용만	살림어린이

2. 우리 경제의 성장과 과제

단계	책제목	저자	출판사
JK7	경제 이야기 51	송양민	을파소
JK7	어린이 경제 백과 : 화폐와 무역	나가이 스스무	을파소
JK7	작은 경제학자를 위한 자본주의 교과서	강수돌	웃는돌고래
JK7	어린이 경제원론	강백향, 김시래	명진출판
JK7	어린이 시사마당 3 : 경제와 기업	우리누리	주니어RHK

3. 환경을 생각하는 국토 가꾸기

단계	책제목	저자	출판사
JK7	지구환경 탐구생활	엘린 켈지	다산기획
JK7	최열 아저씨의 지구촌 환경 이야기 1, 2	최열	청년사
JK7	어린이 시사마당 : 지구와 환경	정민	주니어RHK
JK7	출동! 지구 수비대	사샤 노리스	한겨레아이들
JK7	철새지킴이 노빈손, 한강에 가다	박경수	뜨인돌
JK8	우리가 지구를 착한 별로 만들 거야	마라 록클리프	명진출판

초등 사회교과 연계 도서 — 6학년 2학기

 ## 1. 우리나라의 민주 정치

단계	책제목	저자	출판사
JK7	방과 후 사회 교과서 : 똑똑한 정치 이야기	양대승	대교출판
JK7	어린이 시사마당 : 정치	우리누리	주니어RHK
JK7	켈젠이 들려주는 법 이야기	변종필	자음과모음
JK7	둥글둥글 지구촌 인권 이야기	신재일	풀빛
JK7	좌충우돌 선거운동	최형미	한림출판사
JK7	세계역사를 바꾸는 정치 이야기	소피 라무뢰	상수리
JK7	더불어 사는 행복한 정치	서해경, 이소영	청어람주니어
JK7	법은 왜 필요할까요?	정수현	나무생각
JK8	민주시민을 키우는 어린이 정치	김은경	리젬

 ## 2. 세계 여러 지역의 자연과 문화

단계	책제목	저자	출판사
JK7	땅이 가족의 황당 지리여행	박정애	살림출판사
JK7	지도 없이 떠나는 101일간의 음식의 세계사	박영수	영교
JK7	지구촌 문화여행	박영수	거인
JK7	손에 잡히는 사회 교과서 : 세계의 자연환경	김진수	길벗스쿨
JK7	세계의 이민 이야기	소피 라무뢰	상수리
JK7	종이 한 장의 마법 지도	류재명	길벗어린이
JK7	좌충우돌 세계지리 탐사대	황근기	주니어김영사
JK7	질문을 꿀꺽 삼킨 사회 교과서 : 세계지리편	엄정훈	주니어중앙
JK8	다섯 개의 사다리	빅토리아 크라베	한겨레아이들
JK8	세계가 궁금할 때 펼치는 나의 지도책	체즈 픽솔	와이즈아이

3. 정보화, 세계화 그리고 우리

단계	책제목	저자	출판사
JK6	한눈에 펼쳐보는 전통문화 시리즈 (맛도 모양도 일품인 우리 음식 / 사라지거나 달라진 우리 옛 직업 / 돌잔치에서 제사까지 관혼상제 / 시끌벅적 볼거리 넘치는 옛 장터 / 얼씨구 지화자 즐거운 전통놀이)	정민지 외	주니어RHK
JK7	미래 과학의 세계로 떠나보자	이인식	두산동아
JK7	통일 나라 북한 여행	이찬행	아이세움
JK7	손에 잡히는 사회 교과서 : 겨레의 통일과 평화	김병연 외	길벗스쿨
JK7	잘사는 나라 못사는 나라	석혜원	다섯수레
JK7	모두가 행복한 지구촌을 위한 가치 사전	레오 G. 린더	내인생의책
JK7	지구촌 곳곳에 너의 손길이 필요해	예영	뜨인돌어린이
JK7	함께 사는 세상 시리즈 (둥글둥글 지구촌 문화유산 이야기 / 둥글둥글 지구촌 국제구호 이야기 / 둥글둥글 지구촌 돈 이야기 / 둥글둥글 지구촌 인권 이야기 등)	한미경 외	풀빛
JK8	우리 앞의 세계화 이야기	정희용	아이세움
JK8	선생님도 놀란 초등 과학 뒤집기 : 정보와 통신	이윤규	성우주니어

초등 과학교과 연계 도서 — 3학년 1학기

   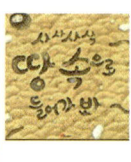  

1. 우리 생활과 물질

단계	책제목	저자	출판사
JK3	고무랑 놀자	허승희	웅진주니어
JK3	유리만 한 것도 없을걸	허승희	웅진주니어
JK3	단단하고 흐르고 날아다니고	성혜숙	웅진주니어
JK3	야, 머리에 껌 붙었잖아 : 온도의 변화	한선금	비룡소
JK4	어떻게 다르지?	최경희	아이세움
JK5	쉿, 실험중이에요	김영환	다섯수레

2. 자석의 성질

단계	책제목	저자	출판사
JK5	밀기와 당기기	잭 챌로너	승산
JK5	자석 수수께끼를 풀어라	레베카 카미	비룡소
JK6	앗, 우리집은 과학탐험대! : 자석은 마술쟁이	테리 디어리	주니어김영사
JK6	자석과 전자석, 춘천 가는 기차를 타다	장병기	북멘토

3. 동물의 한 살이

단계	책제목	저자	출판사
JK4	사사사삭 땅 속으로 들어가봐	김순한	대교출판
JK5	나비가 좋아지는 나비 책	신유항	다른세상
JK5	위풍당당 우리 삽사리	허은순	현암사
JK6	다람쥐 : 우리가 모르는, 진짜 우리 다람쥐	김황	우리교육
JK5	곤충 없이는 못 살아	한영식	토토북
JK6	뼈 없는 동물 이야기	김영주	미래아이
JK5	열려라! 곤충나라	김정환	지성사
JK5	곤충 탐구생활	김재진	한울림어린이
JK6	쉽게 풀어 쓴 우리 잠자리	김정환	사파리
JK6	곤충이 좋아지는 곤충책	김태우	다른세상

4. 날씨와 우리 생활

단계	책제목	저자	출판사
JK3	날씨는 변덕쟁이	린 휴진스 쿠퍼	그린북
JK4	밤하늘 별 이야기	세키구치 슈운	진선출판사
JK4	변화무쌍한 날씨 이야기	앙겔라 바인홀트	크레용하우스
JK4	산불은 왜 일어날까?	테일러 모리스	사계절
JK4	날씨	라루스 출판사	길벗어린이
JK5	우르르쾅 천둥 오락가락 날씨 : 여러가지 기상 현상	닉 아놀드	주니어김영사
JK5	날씨와 태풍	메리 폽 어즈번	비룡소
JK6	지구는 오늘도 바빠요!	신현정	토토북
JK5	날씨 나라 우산 가족의 나들이	장수하늘소	밝은미래
JK5	지구를 울리는 기후 마법사	장수하늘소	밝은미래
JK6	날씨의 비밀 기후	조르주 페테르망	주니어김영사

초등 과학교과 연계 도서 — 3학년 2학기

 ## 1. 액체와 기체의 부피

단계	책제목	저자	출판사
JK5	집에서 해보는 교과서 실험	앙겔라 바인홀트	크레용하우스
JK4	동실동실 공기랑 날아봐	이희주	대교출판
JK6	기체, 태양계로 드라이브 떠나다	전화영	북멘토
JK5	신기한 스쿨 버스 : 지구 온난화를 막아라!	조애너 콜	비룡소

 ## 2. 동물의 세계

단계	책제목	저자	출판사
JK4	우린 동그란 세포였어요	리사 웨스트버그 피터스	서돌
JK4	개구리논으로 오세요	여정은	천둥거인
JK5	그런데요, 생태계가 뭐예요?	김성화	토토북
JK5	동화 속 동물들의 진실 게임	최종욱	아롬주니어
JK5	공벌레 박사의 곤충 관찰기	마츠오카 다츠히데	바다출판사
JK6	생명의 나무	로셀 스트라우스	비룡소
JK6	동물들이 사는 세상	최종욱	아롬주니어
JK5	수많은 생명이 깃들어 사는 강	김순한	우리교육
JK5	지구를 구한 꿈틀이사우루스	캐런 트래포드	현암사
JK5	집요한 과학씨 : 동물 행동을 관찰하다	이케다 히로시	웅진주니어
JK5	고래는 왜 바다로 갔을까	과학아이	창비
JK5	어린이를 위한 진화 이야기 1~5	구로다 히로유키	바다어린이
JK6	동물 탐험	존 커크우드, 존 판던	다섯수레
JK6	세상에서 가장 아름다운 동물병원	다케타쓰 미노루	청어람미디어
JK6	시튼 동물기 1~5	시튼	논장

3. 혼합물의 분리

단계	책제목	저자	출판사
JK5	아찔아찔 화학, 황금 비밀을 찾아라!	김경희	한솔수북
JK5	화끈화끈 화학 번쩍번쩍 반응	닉 아놀드	주니어김영사
JK7	화학이 화끈화끈	닉 아놀드	주니어김영사
JK7	써프라이즈 싸이의 과학 대모험 : 화학·지구과학	함윤미	스콜라
JK8	선생님도 놀란 초등 과학 뒤집기 : 혼합물 분리	김경은	성우주니어

4. 빛과 그림자

단계	책제목	저자	출판사
JK3	햇빛은 무슨 색깔일까?	곽영직	웅진주니어
JK4	빛나는 유령의 정체 : 빛의 원리	조애너 콜	비룡소
JK4	번쩍번쩍 빛 실험실	울리케 베르거	비룡소
JK5	빛과 어둠	잭 챌로너	승산
JK5	투명인간이 되고 말 거야!	맥밀란교육연구소	을파소
JK5	찌릿찌릿 광선 반짝반짝 빛 : 흔들리는 빛	닉 아놀드	주니어김영사
JK6	덩키호테 박사의 종횡무진 과학 모험 3	김수경	웅진씽크하우스
JK6	세상을 꾸민 요술쟁이 빛	오채환	웅진주니어
JK6	투명인간이 알아야 할 빛에 관한 상식	오차환	북멘토

초등 과학교과 연계 도서 — 4학년 1학기

 ## 1. 무게 재기

단계	책제목	저자	출판사
JK4	아슬아슬 힘 실험실	울리케 베르거	비룡소
JK5	으랏차차 중력 불끈불끈 힘 : 여러 가지 힘	닉 아놀드	주니어김영사
JK6	물리탐정 학교 전설의 비밀을 풀어라	김선희	주니어김영사
JK6	초등학교 선생님이 알려주는 교과서 속 물리	초등과학사랑	길벗스쿨
JK7	행복한 과학 초등학교 1 : 물리	권수진	휴먼어린이

 ## 2. 지표의 변화

단계	책제목	저자	출판사
JK4	지구가 살아 있어요	정창훈	웅진주니어
JK5	지구 속은 어떻게 생겼을까?	가코 사토시	청어람미디어
JK5	무서운 지진 해일	메리 폽 어즈번	비룡소
JK6	강과 바다가 만나는 곳 하구 이야기	윤성규	아이세움
JK6	지구야, 물을 지켜 줄게	글렌 머피	다림
JK6	꼬마 과학자를 위한 생물 학교	오상렬	상상스쿨
JK6	꼬물꼬물 과학 이야기	손영운	뜨인돌

3. 식물의 한 살이

단계	책제목	저자	출판사
JK5	풀이 좋아	안경자	보리
JK6	우리 동네 숲에는 무엇이 살까?	손옥희 외	청어람미디어
JK6	세상에서 젤 새콤달콤한 화학책	최미화	웅진씽크하우스
JK6	떴다! 지식 탐험대 : 식물에 숨어 있는 비밀을 찾아라!	정민지	시공주니어
JK6	신기한 식물일기	크리스티나 비외르크	미래사
JK6	나무 의사 큰손 할아버지	우종영	사계절
JK6	이렇게나 똑똑한 식물이라니!	김순한	토토북

4. 모습을 바꾸는 물

단계	책제목	저자	출판사
JK5	집에서 하는 우리 아이 첫 과학실험	기젤라 뤼크	푸른길
JK6	천재적 화학소녀 춘향	정완상	함께읽는책
JK6	돌고 도는 물질의 변화	테리 디어리	주니어김영사
JK8	선생님도 놀란 초등 과학 뒤집기 : 상태의 변화	심민정	성우주니어

초등 과학교과 연계 도서 — 4학년 2학기

    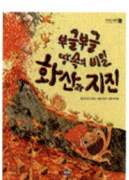 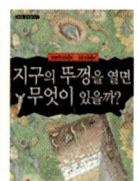

1. 식물의 세계

단계	책제목	저자	출판사
JK5	궁금하거든? 동식물	장수하늘소	고래실
JK5	아낌없이 주는 나무 : 나무가 공책이 되기까지	안 소피 보만	푸른숲
JK6	꼬마 과학자를 위한 생물 학교	오상렬	상상스쿨
JK6	알고 보면 더 재미있는 풀꽃 이야기	현진오	뜨인돌어린이

2. 지층과 화석

단계	책제목	저자	출판사
JK4	지구는 대단해	고하라 도모유키	아이세움
JK4	지구의 나이테	김동광	아이세움
JK5	우리의 행성 지구는 안녕한가요?	파스칼 슈벨	다섯수레
JK5	거대한 불꽃 화산	사이먼 애덤스	시공주니어
JK5	집요한 과학씨 : 빙글빙글 화석 속으로 들어가다	미와 가즈오	웅진주니어
JK5	집요한 과학씨 : 돌멩이를 찾아 떠나다	스티븐 길	웅진주니어
JK6	떴다! 지식 탐험대 : 지구가 요동친다, 과학탐정 출동!	노지영	시공주니어
JK6	떴다! 지식 탐험대 : 지층이와 단층이, 지질 시대로 출동!	도엽	시공주니어

3. 열 전달과 우리 생활

단계	책제목	저자	출판사
JK4	꽁꽁 얼어버린 아이들 : 단열의 원리	조애너 콜	비룡소
JK5	후끈후끈 연료 지글지글 열 : 편리한 에너지	닉 아놀드	주니어김영사
JK6	석유가 뚝!	신정민	파란자전거
JK6	명절 속에 숨은 우리 과학	오주영	시공주니어
JK8	선생님도 놀란 초등 과학 뒤집기 : 열	홍옥수	성우주니어

4. 화산과 지진

단계	책제목	저자	출판사
JK5	지구가 흔들흔들! 해운대에 지진이 일어난다면?	최영준	살림어린이
JK5	화산이 들썩들썩! 백두산이 폭발한다면?	최영준	살림어린이
JK5	지진 해일이 왜 일어날까요?	로지 그린우드	다섯수레
JK5	지진 해일	테일러 모리슨	사계절
JK5	부글부글 땅속의 비밀 화산과 지진	함석진, 신현정	웅진주니어
JK5	화산은 왜 폭발할까?	모리스 크라프트	비룡소
JK5	거대한 불꽃 화산	사이먼 애덤스	시공주니어
JK5	화산은 어떻게 폭발할까?	자크-마리 바르댕제프	다산기획
JK5	지구의 뚜껑을 열면 무엇이 있을까?	줄리아 브루스	대교출판
JK7	별똥별 아줌마가 들려주는 화산 이야기	이지유	미래아이

초등 과학교과 연계 도서 — 5학년 1학기

1. 지구와 달

단계	책제목	저자	출판사
JK5	신 나는 우주 탐험 우주선	이언 그레이엄	시공주니어
JK5	밤 하늘의 신비 달	이안 그레이엄	시공주니어
JK5	그림으로 보는 지구의 모든 것	제인 엘리어트	주니어김영사
JK5	어수룩 호킹과 좌충우돌 우주 탐사대	양대승	한솔수북
JK5	달에 맨 처음 오줌 눈 사나이	엔드레 룬드 에릭센	담푸스
JK5	끝없는 우주	메리 폽 어즈번	비룡소
JK5	집요한 과학씨 : 우주 탄생의 비밀을 풀다	이케자와 나쓰키	웅진주니어
JK5	초등학생이 맨 처음 읽는 과학 이야기 시리즈 (마귀할멈 감자행성에 가다 / 마귀할멈 지구 속으로 사라지다 / 쭈꾸미가 달에 올라가다)	과학아이	채우리
JK6	별가족 블랙홀에 빠지다	김지현	토토북
JK6	호기심, 달나라에 착륙하다	고래발자국	북멘토
JK6	우주는 어떻게 생겼을까?	가코 사토시	청어람미디어
JK6	우주가 궁금할 때 호킹에게 물어봐	최은영	아이세움
JK7	지구 탐험	마틴 레드펀	다섯수레
JK7	노빈손 미스터리 별 화성 구출 대작전 1, 2	박경수	뜨인돌
JK7	별똥별 아줌마가 들려주는 우주 이야기	이지유	창비
JK7	우주 수업 : 갤럭시 선생님의 과학 교실	필 록스비 콕스	푸른숲
JK7	별을 쏘는 사람들	이지유	풀빛
JK8	별자리 대백과	캐롤 스토트, 자일스 스패로	주니어RHK
JK8	호킹이 들려주는 빅뱅 우주 이야기	정완상	자음과모음
JK8	선생님도 놀란 초등 과학 뒤집기 : 지구와 달	김은량	성우주니어

2. 전기 회로

단계	책제목	저자	출판사
JK3	전기가 나갔어요	믹 매닝	그린북
JK4	캘빈, 전기는 어디에서 생기니?	C. 밴스 캐스트	바다어린이

단계	책제목	저자	출판사
JK5	전깃줄 속으로 들어가다	조애너 콜	비룡소
JK5	파지지직 전기 짜릿짜릿 자기 : 전기와 자기의 세계	닉 아놀드	주니어김영사
JK6	천하무적 물리 쾌도 홍길동	정완상	함께읽는책
JK6	전기 없이는 못 살아	테리 디어리	주니어김영사
JK6	슝 달리는 전자 흐르는 전기	곽영직	웅진주니어
JK6	패러데이 박사님, 전기가 뭐죠?	손정우	북멘토
JK7	전기가 찌릿찌릿	닉 아놀드	주니어김영사
JK7	물리가 뭐야?	케이트 데이비스	푸른숲주니어

 3. 식물의 구조와 기능

단계	책제목	저자	출판사
JK6	꼬마 정원	크리스티나 비외르크	미래사
JK6	파브르 식물 이야기 1, 2	장 앙리 파브르	사계절
JK6	식물 학교에 오세요!	김성화, 권수진	북멘토
JK7	재미있는 식물 이야기	최주영	가나출판사
JK7	생물이 뭐야?	헤이절 매스켈	푸른숲주니어
JK7	페트병 속의 생물학	엘림 잉그램	지성사
JK8	선생님도 놀란 초등 과학 뒤집기 : 식물	차민경	성우주니어
JK8	손에 잡히는 과학 교과서 : 식물	권오길	길벗스쿨
JK8	식물의 힘	까트린느 바동	푸른나무

4. 작은 생물의 세계

단계	책제목	저자	출판사
JK5	큰턱 사슴벌레 vs 큰뿔 장수풍뎅이	장영철	스콜라
JK5	악어야, 내가 이빨 청소해줄까?	햇살과나무꾼	시공주니어
JK6	매미, 여름 내내 무슨 일이 있었을까?	박성호	사계절
JK6	두꺼비 논 이야기	임종길	봄나무
JK6	백두산으로 날아간 된장잠자리	김정환	사파리
JK6	꼬물꼬물 세균대왕 미생물이 지구를 지켜요	김성화	풀빛
JK6	생물탐정 고래섬의 숨겨진 비밀을 찾아라	김선희	주니어김영사
JK6	미생물 실험실이 수상해!	정미금	한솔수북
JK6	알고 보면 더 재미있는 곤충 이야기	김태우	뜨인돌어린이
JK8	손에 잡히는 과학 교과서 : 곤충	심재헌	길벗스쿨

초등 과학교과 연계 도서 — 5학년 2학기

     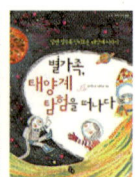

1. 우리 몸

단계	책제목	저자	출판사
JK5	우리 몸속 이야기	애너 샌더먼	승산
JK6	우리 몸 탐험	리처드 워커	다섯수레
JK6	아주 특별한 몸속 여행	정민석	토토북
JK6	어린 과학자를 위한 몸 이야기	권오길	봄나무
JK6	인체가 궁금할 때 히포크라테스에게 물어봐	양대승	아이세움
JK6	인체야, 말해줘!	앤 마셜	한겨레아이들
JK6	인체와 건강	에마누엘 르프티	큰북작은북
JK7	어린이 인체박사의 신 나는 몸속 여행	구드룬 슈리	명진출판
JK7	교양 있는 어린이를 위한 놀라운 미생물의 역사	유다정	다산어린이
JK7	앗, 이렇게 재미있는 과학! 시리즈 中 (구석구석 인체 탐험 / 질병이 지끈지끈 / 꼬르륵 뱃속여행 / 의학이 으악으악 / 튼튼탄탄 내 몸 관리 / 두뇌가 뒤죽박죽)	닉 아놀드	주니어김영사
JK8	손에 잡히는 과학 교과서 시리즈 中 (인체 / 소화기관)	권오길 외	길벗스쿨
JK8	선생님도 놀란 초등 과학 뒤집기 시리즈 中 (소화 / 인체와 질병 / 뇌)	김한나 외	성우주니어

2. 용해와 용액

단계	책제목	저자	출판사
JK6	떴다! 지식 탐험대 : 유령을 만드는 화학 실험실	서지원	시공주니어
JK7	초등학교 선생님이 알려주는 교과서 속 화학	박종규	길벗스쿨
JK7	행복한 과학 초등학교 : 화학	권수진	휴먼어린이
JK7	마법의 화학	빈첸조 과르니에리	아이세움

3. 물체의 속력

단계	책제목	저자	출판사
JK3	왜 땅으로 떨어질까?	곽영직	웅진주니어
JK3	움직이는 건 뭐지?	김동광	아이세움
JK3	중력은 모든 것을 끌어당겨요	김동광	아이세움
JK4	데굴데굴 공을 밀어봐	곽영직	웅진주니어
JK4	혼자서 읽는 힘과 운동 이야기	샐리 휴이트	주니어김영사
JK4	홈런왕 랠프 : 힘의 원리	조애너 콜	비룡소
JK5	빠른 것과 느린 것	잭 챌로너	승산
JK6	덩키호테 박사의 종횡무진 과학 모험 1	김수경	웅진씽크하우스
JK6	공이 굴러가지? 그게 물리야!	김영대	토토북
JK6	세상에서 젤 말랑말랑한 물리책	최원석	웅진씽크하우스
JK6	으랏차차 세상을 움직이는 힘	정창훈	웅진주니어
JK7	노빈손 에버랜드에 가다!	박경수	뜨인돌
JK7	물리가 물렁물렁	닉 아놀드	주니어김영사
JK7	힘과 속력이 뭐야?	송은영	여우오줌
JK8	선생님도 놀란 초등 과학 뒤집기 : 힘과 운동	전다혜	성우주니어

4. 태양계와 별

단계	책제목	저자	출판사
JK5	태양계를 향해	자크 린데커	삼성당
JK5	우리의 커다란 집, 태양계	김동광	아이세움
JK6	별가족, 태양계 탐험을 떠나다	김지현	토토북
JK6	떴다! 지식 탐험대 : 나대용, 태양계 탐사선에 납치되다!	이희주	시공주니어
JK8	선생님도 놀란 초등 과학 뒤집기 : 태양계	김은랑	성우주니어
JK8	칼 세이건이 들려주는 태양계 이야기	정완상	자음과모음

초등 과학교과 연계 도서 — 6학년 1학기

1. 빛

단계	책제목	저자	출판사
JK6	앗, 이렇게 신 나는 실험이! : 번쩍번쩍 빛 실험실	김경대	주니어김영사
JK7	술술~ 읽는 물리 소설책 : 파동과 전자기	고호관	부즈펌
JK7	번들번들 빛나리	닉 아놀드	주니어김영사
JK7	과학의 원리를 사고 파는 과학 상점 : 물리 · 지구과학 편	전민희	예림당
JK8	손에 잡히는 과학 교과서 : 거울과 렌즈	심재규	길벗스쿨
JK8	레일리가 들려주는 빛의 물리 이야기	정완상	자음과모음
JK8	선생님도 놀란 초등 과학 뒤집기 : 빛	정민경	성우주니어

2. 산과 염기

단계	책제목	저자	출판사
JK5	구리구리 똥은 염기성이야?	성혜숙	웅진주니어
JK6	나한테 화학이 쏟아져!	김희정	토토북
JK7	과학의 원리를 사고 파는 과학 상점 : 화학 · 생물 편	전민희	예림당
JK8	선생님도 놀란 초등 과학 뒤집기 : 산과 염기	지재화	성우주니어
JK8	루이스가 들려주는 산, 염기 이야기	전화영	자음과모음

3. 계절의 변화

단계	책제목	저자	출판사
JK8	빈이 들려주는 기후 이야기	송은영	자음과모음
JK8	상위 5%로 가는 사회탐구 교실 : 지형과 기후	이진청	스콜라

4. 생태계와 환경

단계	책제목	저자	출판사
JK6	쉽게 풀어 쓴 우리 나비	김정환	사파리
JK6	사라진 미생물, 메두사를 찾아라!	이금희	시공주니어
JK6	떴다! 지식 탐험대 : 하늘을 나는 다윈 동물원	서지원	시공주니어
JK7	노빈손 곤충 세계의 마법을 풀어라	강산들	뜨인돌
JK8	종의 기원 : 파란클래식 시리즈	한진영	파란자전거

 5. 자기장

단계	책제목	저자	출판사
JK6	덩키호테 박사의 종횡무진 과학 모험 2	김수경	웅진씽크하우스
JK7	써프라이즈 싸이의 과학 대모험 : 물리	함윤미	스콜라
JK8	손에 잡히는 과학 교과서 : 힘	심재규	길벗스쿨
JK8	길버트가 들려주는 자석 이야기	정완상	자음과모음
JK8	길버트가 들려주는 지구자기 이야기	이병주	자음과모음
JK8	맥스웰이 들려주는 전기자기 이야기	정완상	자음과모음
JK8	손에 잡히는 과학 교과서 : 전기와 자기	송은영	길벗스쿨
JK8	선생님도 놀란 초등 과학 뒤집기 : 전기와 자기	배대성	성우주니어
JK8	패러데이가 들려주는 전자석과 전동기 이야기	정완상	자음과모음

초등 과학교과 연계 도서 — 6학년 2학기

 ## 1. 날씨의 변화

단계	책제목	저자	출판사
JK5	비교 : 기후편	신방실	부즈펌
JK6	날씨를 바꾸는 요술쟁이 바람	허창회	풀빛
JK6	타타르 선장의 날씨 탐험	전민희	한솔수북
JK6	떴다! 지식 탐험대 : 날씨 특공대, 이상 기후를 해결하라	장보람	시공주니어
JK7	세상에서 젤 변화무쌍한 날씨 책	최선희	웅진씽크하우스
JK8	선생님도 놀란 초등 과학 뒤집기 : 날씨	정재은	성우주니어

 ## 2. 여러 가지 기체

단계	책제목	저자	출판사
JK8	손에 잡히는 과학 교과서 : 기체와 액체	김경은	길벗스쿨
JK8	과학 공화국 화학 법정 1	정완상	자음과모음
JK8	프리스틀리가 들려주는 산소와 이산화탄소 이야기	양일호	자음과모음
JK8	보일이 들려주는 기체 이야기	정완상	자음과모음

3. 에너지와 도구

단계	책제목	저자	출판사
JK4	모두 에너지야!	곽영직	웅진주니어
JK4	변신 대왕 에너지	로렌 리디	미래아이
JK4	불이 나갔어요	김동광	아이세움
JK4	심플 사이언스 시리즈 (지레 / 빗면 / 바퀴 / 도르래)	캐롤라인 러시	길벗어린이
JK5	다양한 에너지	장 피에르 베르데	비룡소
JK6	에너지의 달인 임꺽정	정완상	함께읽는책
JK6	에너지 도둑 다뿔라	전민희	한솔수북
JK6	세상을 움직이는 힘 에너지	신현정	토토북
JK6	바람과 물과 태양이 주는 에너지	기스베르트 슈트로스레스	창비
JK7	술술~ 읽는 물리 소설책 : 힘과 에너지	고호관	부즈펌
JK7	에너지가 불끈불끈	닉 아놀드	주니어김영사
JK7	일과 에너지가 뭐야?	송은영	여우오줌
JK8	선생님도 놀란 초등 과학 뒤집기 : 에너지	조헌국	성우주니어
JK8	줄이 들려주는 일과 에너지 이야기	정완상	자음과모음

 4. 연소와 소화

단계	책제목	저자	출판사
JK7	행복한 과학 초등학교 : 화학	권수진	휴먼어린이
JK7	화학이 뭐야?	알렉스 프리스	푸른숲주니어
JK8	손에 잡히는 과학 교과서 : 여러 가지 물질	강현옥	길벗스쿨

국내 창작

 JK1

단계	책제목	저자	출판사
JK1	괜찮아	최숙희	웅진주니어
JK1	열두 띠 동물 까꿍놀이	최숙희	보림
JK1	응가 하자, 끙끙	최민오	보림
JK1	무엇이 무엇이 똑같을까?	이미애	보림
JK1	잘잘잘 123	이억배	사계절
JK1	맛있는 그림책	주경호	보림
JK1	무늬가 살아나요	유문조	길벗어린이
JK1	나도 나도	최숙희	웅진주니어
JK1	엄마랑 뽀뽀	김동수	보림
JK1	이렇게 자 볼까? 저렇게 자 볼까?	심미아	보림
JK1	수박을 쪼개면	유문조	비룡소
JK1	하늘이랑 바다랑 도리도리 짝짜꿍	유애로	보림
JK1	기린아, 너랑 똑같지?	박혜선	큰북작은북
JK1	둘이서 둘이서	김복태	보림
JK1	모래놀이 가자	김성은	웅진주니어
JK1	뭐 하니?	유문조	길벗어린이
JK1	아빠를 어떻게 깨우지?	이종희	책그릇
JK1	옷을 입자 짠짠	정은정	비룡소
JK1	쪽!	정호선	창비
JK1	타세요 타세요	홍진숙	여우고개
JK1	쿨쿨쿨 잠자요	보린	창비
JK1	어디 갔다 왔니?	홍인순	보림
JK1	아가야 울지마	오호선	길벗어린이
JK1	내가 정말?	최숙희	웅진주니어
JK1	옹기종기 냠냠	심조원	호박꽃
JK1	꼬리가 있으면 좋겠어!	정재원	보림
JK1	내가 정말 사자일까?	이상희	베틀북

JK1	구슬비	권오순	문학동네
JK1	가족 123	정상경	초방책방
JK1	빨간 단추(Red Button)	박은영	비룡소
JK1	꼬마 마법사 수리수리	채인선	시공주니어
JK1	꼭 잡아!	이혜경	여우고개
JK1	내 거야!	정순희	창비
JK1	냠냠냠 쪽쪽쪽	문승연	길벗어린이
JK1	누구야?	정순희	창비
JK1	도토리 삼형제의 안녕하세요	이현주	길벗어린이
JK1	한 살배기 아기 그림책	보물섬	천둥거인
JK1	엄마는 항상 네 곁에 있어	박은영	비룡소
JK1	모두 모여 냠냠냠	이미애	보림
JK1	엉뚱한 그림책	주경호	보림
JK1	고맙습니다	박정선	한울림어린이
JK1	김밥 놀이 좋아	최순영	시공주니어
JK1	두 살배기 아기 그림책	보물섬	천둥거인
JK1	사과를 자르면	유문조	비룡소
JK1	아빠하고 나하고	유문조	길벗어린이
JK1	찾았다!	문승연	길벗어린이
JK1	가나다	엄혜숙	다섯수레
JK1	세 살배기 아기 그림책	보물섬	천둥거인
JK1	곰돌이 아기 그림책 1~3(9권)	이창호	웅진주니어
JK1	세밀화로 그린 보리 아기그림책 1~10(30권)	이태수 외	보리

국내 창작

 JK2

단계	책제목	저자	출판사
JK2	구름빵	백희나	한솔수북
JK2	망태 할아버지가 온다	박연철	시공주니어
JK2	도대체 그동안 무슨 일이 일어났을까?	이호백	재미마주
JK2	노래하는 볼돼지	김영진	길벗어린이
JK2	고양이는 나만 따라해	권윤덕	창비
JK2	엄마 마중	이태준	소년한길
JK2	고양순	심미아	보림
JK2	난 밥 먹기 싫어	이민혜	시공주니어
JK2	울지 말고 말하렴	이찬규	두산동아
JK2	밥 한 그릇 뚝딱!	이진경	상상북스
JK2	누구 그림자일까?	최숙희	보림
JK2	우리 집에는 괴물이 우글우글	홍인순	보림
JK2	우리는 벌거숭이 화가	문승연	천둥거인
JK2	손가락 아저씨	조은수	한솔교육
JK2	둥글 댕글 아빠표 주먹밥	이상교	시공주니어
JK2	곱슬곱슬 머리띠	이현영	사계절
JK2	비가 오는 날에...	이혜리	보림
JK2	나는 둘째입니다	정윤정	시공주니어
JK2	로봇 친구	한태희	웅진주니어
JK2	건물들이 휴가를 갔어요	이금희	느림보
JK2	아빠는 어디쯤 왔을까?	고우리	문학동네어린이
JK2	토끼가 커졌어	정성훈	한솔수북
JK2	지하철은 달려온다	신동준	초방책방
JK2	엄마를 꺼내주세요	유혜전	한림출판사
JK2	딸기나라 딸기우유	이필원	시공주니어
JK2	엄마, 생일 축하해요	이상희	아이세움
JK2	북극곰에게 냉장고를 보내야겠어	김현태	휴먼어린이
JK2	내 동생은 고릴라입니다	방정화	미세기

JK2	거짓말은 무거워!	유계영	휴이넘
JK2	얄미운 내 동생	이주혜	노란돼지
JK2	냐옹이	노석미	시공주니어
JK2	잠들지 못하는 밤	강경수	처음주니어
JK2	동물원	이수지	비룡소
JK2	우리 집 고양이 봄이	이호백	논장
JK2	책이 꼼지락 꼼지락	김성범	미래아이
JK2	앗! 따끔!	국지승	시공주니어
JK2	엄마 옷이 더 예뻐	황유리	길벗어린이
JK2	빨간 끈으로 머리를 묶은 사자	남주현	길벗어린이
JK2	아기 구름 울보	김세실	사계절
JK2	멜론 먹고 싶어!	전해숙	책과콩나무
JK2	책 청소부 소소	노인경	문학동네어린이
JK2	내 동생 김점박	김정선	예림당
JK2	손바닥 동물원	한태희	예림당
JK2	내 사과, 누가 먹었지?	이재민	노란돼지
JK2	쾅쾅 따따 우탕이네	정지영	웅진주니어
JK2	아빠 놀이터	김태호	한솔수북
JK2	엄마가 사라졌어요	이정희	문학동네
JK2	엄마는 내 마음도 몰라 솔이는 엄마 마음도 몰라	이상희	상상스쿨
JK2	비야, 안녕!	한자영	비룡소
JK2	오늘은 무슨 날?	정은정	비룡소
JK2	엄마를 찾아주세요/ 한별이를 찾아주세요	호박별	시공주니어
JK2	대단한 방귀	윤지	아지북스
JK2	파도야 놀자	이수지	비룡소
JK2	꼬부랑 할머니	권정생	한울림
JK2	무시무시한 공룡이빨 나게 해줄까?	김주이	노란돼지
JK2	태극 1장	윤봉선	여우고개
JK2	꼴찌로 태어난 토마토	양혜원	문학동네
JK2	하늘로 날아간 물고기	허은순	은나팔
JK2	꼬꼬댁 꼬꼬는 무서워!	한병호	도깨비
JK2	고양이를 부탁해	윤희정	아르볼
JK2	뿌붕뿡 방귀	노경실	을파소
JK2	돼라 돼라 뿅뿅	유애로	국민서관
JK2	안녕, 바나나 달	이연실	한솔수북
JK2	야, 비 온다	이상교	보림
JK2	퐁퐁이와 툴툴이	조성자	시공주니어
JK2	너는 기적이야	최숙희	책읽는곰

국내 창작

JK2	배꼽시계가 꼬르륵!	이소을	상상박스
JK2	쉿쉿!	김춘효	비룡소
JK2	마법의 유치원 버스	고정욱	여름숲
JK2	뱀이 좋아	황숙경	보림
JK2	바람 부는 날	정순희	비룡소
JK2	맛있는 케이크	엄혜숙	웅진주니어
JK2	헤어드레서 민지	정은희	상출판사
JK2	난 늑대 싫어!	임선아	길벗어린이
JK2	찬다 삼촌	윤재인	느림보
JK2	책 읽어주는 고릴라	김주현	보림
JK2	가을을 만났어요	이미애	보림
JK2	오리가 한 마리 있었어요	정유정	보림
JK2	과자	현덕	소년한길
JK2	또야와 세발자전거	권정생	효리원
JK2	어젯밤에 뭐했니?	염혜원	비룡소
JK2	콩닥콩닥 콩닥병	서민정	사계절
JK2	심부름 말	김수정	상출판사
JK2	있는 그대로가 좋아	국지승	시공주니어
JK2	세상에서 가장 예쁜 우리 엄마	노경실	주니어북스
JK2	내가 아빠고 아빠가 나라면	이병승	대교북스주니어
JK2	지하철 바다	황은아	마루벌
JK2	봄이 오면	박경진	길벗어린이
JK2	춤추고 싶어요!	김대규	비룡소
JK2	내 껍질 돌려줘!	최승호	비룡소
JK2	노란 똥 책벌레	이상교	작은책방
JK2	마니마니마니	조은희	보림
JK2	우리 아빠가 좋은 10가지 이유	최재숙	아이세움
JK2	꽃이 핀다	백지혜	보림
JK2	나 진짜 화났어!	조형윤	아름다운사람들
JK2	다다의 의자	송혜원	한솔교육
JK2	사막의 꼬마 농부	양혜원	한우리북스
JK2	공룡이 유치원에?	우은경	여름숲
JK2	문을 쾅 닫으면	이수안	애플비
JK2	이사 가는 날	김세온	비룡소
JK2	하나가 길을 잃었어요	이형진	시공주니어
JK2	일이 너무 커졌어요	이재민	노란돼지

JK3

  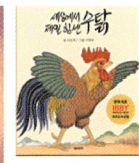   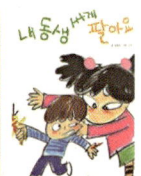

단계	책제목	저자	출판사
JK3	손 큰 할머니의 만두 만들기	채인선	재미마주
JK3	똥벼락	김희경	사계절
JK3	세상에서 제일 힘센 수탉	이호백	재미마주
JK3	만희네 집	권윤덕	길벗어린이
JK3	개구리네 한솥밥	백석	보림
JK3	내 동생 싸게 팔아요	임정자	아이세움
JK3	아빠와 아들	고대영	길벗어린이
JK3	눈물 바다	서현	사계절
JK3	달 샤베트	백희나	스토리보울
JK3	으악, 도깨비다!	손정원	느림보
JK3	울보 떼쟁이 못난이	김향이	비룡소
JK3	엄마가 화났다	최숙희	책읽는곰
JK3	마법에 걸린 병	고경숙	재미마주
JK3	세 엄마 이야기	신혜원	사계절
JK3	아빠는 1등만 했대요	노경실	시공주니어
JK3	어처구니 이야기	박연철	비룡소
JK3	감기 걸린 날	김동수	보림
JK3	송이는 일 학년	강영숙	천둥거인
JK3	우리 가족입니다	이혜란	보림
JK3	거짓말 같은 이야기	강경수	시공주니어
JK3	엄마 까투리	권정생	낮은산
JK3	토끼와 늑대와 호랑이와 담이와	채인선	시공주니어
JK3	왕치와 소새와 개미	채만식	다림
JK3	치카치카 군단과 충치 왕국	이진경	상상박스
JK3	초코파이 자전거	신현림	비룡소
JK3	토끼 탈출	이호백	재미마주
JK3	과자 마녀를 조심해!	정희재	책읽는곰
JK3	까치와 소담이의 수수께끼 놀이	김성은	사계절

국내 창작

JK3	쌀밥 보리밥	강무지	아이세움
JK3	동강의 아이들	김재홍	길벗어린이
JK3	도서관 아이	채인선	한울림어린이
JK3	딸은 좋다	채인선	한울림어린이
JK3	장화 쓴 공주님	심미아	느림보
JK3	세상에서 가장 맛있는 자장면	이철환	주니어RHK
JK3	도둑을 잡아라!	박정섭	시공주니어
JK3	지옥탕	손지희	책읽는곰
JK3	빨간 줄무늬 바지	채인선	보림
JK3	백만 년 동안 절대 말 안 해	허은미	웅진주니어
JK3	행복한 우리 가족	한성옥	문학동네어린이
JK3	검은색만 칠하는 아이	김현태	맹앤앵
JK3	치과에 사는 괴물	김성은	보림
JK3	야구공	김정선	비룡소
JK3	옛날에는 돼지들이 아주 똑똑했어요	이민희	느림보
JK3	색깔을 훔치는 마녀	이문영	비룡소
JK3	케이크 파티	이진경	상상박스
JK3	내가 엄마고 엄마가 나라면	이민경	대교출판
JK3	학교 가는 날	송언	보림
JK3	김밥은 왜 김밥이 되었을까?	채인선	한림출판사
JK3	우리 엄마가 좋은 10가지 이유	최재숙	아이세움
JK3	진정한 일곱 살	허은미	양철북
JK3	어제 저녁	백희나	스토리보울
JK3	삐약이 엄마	백희나	스토리보울
JK3	마법에 빠진 말썽꾸러기	이재원	길벗어린이
JK3	송이의 노란우산	이철환	대교출판
JK3	할아버지의 안경	김성은	마루벌
JK3	소리괴물	위정현	계수나무
JK3	아빠랑 캠핑 가자!	한태희	웅진주니어
JK3	원숭이 오누이	채인선	한림출판사
JK3	가을 운동회	임광희	사계절
JK3	내가 기르던 떡볶이	소윤경	시공주니어
JK3	아빠는 나쁜 녀석이야!	백승권	맹앤앵
JK3	으악! 늦었다!	고여주	휴이넘
JK3	방귀 똥꼬 박사 아니야!	박정애	국민서관
JK3	안녕, 병아리	한해숙	한림출판사
JK3	애국가를 부르는 진돗개	박상률	보림
JK3	글자 없는 그림책 1~3	이은홍	사계절

JK3	마법사 유치원 선생님	고정욱	여름숲
JK3	장수탕 선녀님	백희나	책읽는곰
JK3	오른쪽이와 동네 한 바퀴	백미숙	느림보
JK3	청소부 토끼	한호진	한솔수북
JK3	노래하지 않는 피아노	정명화	비룡소
JK3	동갑내기 울 엄마	임사라	나무생각
JK3	쳇! 어떻게 알았지?	심미아	느림보
JK3	얼레꼴레 결혼한대요	안도현	태동어린이
JK3	아빠가 달라졌어요	김미나	책과콩나무
JK3	내 꼬리	조수경	한솔수북
JK3	뿡가맨 : 마음을 지켜라!	윤지회	보림
JK3	기찬 딸	김진완	시공주니어
JK3	난 외계인이야!	김진완	미래아이
JK3	와, 개똥참외다!	김시영	문학동네
JK3	빈 집에 온 손님	황선미	아이세움
JK3	지원이와 병관이 시리즈 (용돈 주세요 / 손톱 깨물기 / 지하철을 타고서 / 거짓말 / 두발자전거 배우기 / 집 안 치우기 / 먹는 이야기 / 칭찬 먹으러 가요)	고대영	길벗어린이
JK3	상상의 동물 시리즈 (해치와 괴물 사형제 / 쇠를 먹는 불가사리 / 청룡과 흑룡 / 태양을 살린 피닉스 / 영원한 황금 지킴이 그리핀 / 유니콘과 소녀)	정하섭 외	길벗어린이
JK3	도토리 계절 그림책 시리즈 (우리 순이 어디 가니 / 심심해서 그랬어 / 바빠요 바빠 / 우리끼리 가자)	윤구병	보리
JK3	민들레 그림책 시리즈 (강아지똥 / 황소 아저씨 / 오소리네 집 꽃밭 / 모기와 황소 / 고양이 / 바위나리와 아기별 / 개구리네 한솥밥 / 아기너구리네 봄맞이 / 강아지)	권정생 외	길벗어린이
JK3	우리 작가 그림책 시리즈 (황소와 도깨비 / 왕치와 소새와 개미 / 은자로 마을 토토)	이상 외	다림
JK3	가치만세 시리즈 (으악! 늦었다! / 꼴찌라도 괜찮아! / 왜 나만 따라해! / 칭찬 받고 싶어! / 절대 말하면 안 돼! / 저리 가, 귀찮아! / 크리스마스 전에 꼭 말해야 해)	고여주 외	휴이넘
JK3	우리 시 그림책 시리즈 (넉 점 반 / 선생님 과자 / 준치가시 / 영이의 비닐우산 / 석수장이 아들 / 내 동생 / 새는 새는 나무 자고)	윤석중 외	창비

국내 창작

 JK4

단계	책제목	저자	출판사
JK4	짜장 짬뽕 탕수육	김영주	재미마주
JK4	책으로 집을 지은 악어	양태석	주니어김영사
JK4	꺼벙이 억수	윤수천	좋은책어린이
JK4	내 짝꿍 최영대	채인선	재미마주
JK4	선생님은 모르는 게 너무 많아	강무홍	사계절
JK4	책 만드는 마법사 고양이	송윤섭	주니어김영사
JK4	책 속으로 들어간 공룡	송윤섭	주니어김영사
JK4	으앙, 오줌 쌌다!	김선희	비룡소
JK4	심술쟁이 버럭영감	강정연	비룡소
JK4	마당을 나온 암탉	황선미	사계절
JK4	똥줌오줌	김영주	재미마주
JK4	콩쥐 짝꿍, 팥쥐 짝꿍	오채	비룡소
JK4	말썽쟁이 티노를 공개 수배합니다	이영서	비룡소
JK4	책 읽어 주는 로봇	정회성	주니어김영사
JK4	또야 너구리가 기운 바지를 입었어요	권정생	우리교육
JK4	늦둥이 이른둥이	원유순	좋은책어린이
JK4	나도 이제 1학년	강무홍	시공주니어
JK4	이르기 대장 1학년 나최고	조성자	아이앤북
JK4	신발 속에 사는 악어	위기철	사계절
JK4	초콜릿색 눈사람	박민호	좋은책어린이
JK4	개구쟁이 노마와 현덕 동화나라	현덕	웅진주니어
JK4	부끄럼쟁이 꼬마뱀	정은정	비룡소
JK4	딱 걸렸다 임진수	송언	문학동네어린이
JK4	김칫국 마신 외계인	김진완	좋은책어린이
JK4	나도 편식할 거야	유은실	사계절
JK4	병아리반 아이들	홍기	좋은책어린이
JK4	삼촌과 함께 자전거 여행	채인선	재미마주
JK4	짝꿍 바꿔주세요!	노경실	주니어RHK

JK4	엄마 없는 날	이원수	웅진주니어
JK4	뒷집 준범이	이혜란	보림
JK4	귀머거리 너구리와 백석 동화나라	백석	웅진주니어
JK4	젓가락 행진곡	전방하	재미마주
JK4	힘내라! 힘찬 왕자	송언	아이앤북
JK4	사막 소년 첸	고정욱	좋은책어린이
JK4	내 이름이 담긴 병	최양숙	마루벌
JK4	아버지의 자전거	이철환	아이세움
JK4	울보 선생님	소중애	효리원
JK4	미루기 아들 미루기 엄마	박현숙	아이앤북
JK4	아기소나무와 권정생 동화나라	권정생	웅진주니어
JK4	강아지똥 할아버지	장주식	사계절
JK4	싫어요 몰라요 그냥요	이금이	보물창고
JK4	들통난 거짓말	유효진	아이앤북
JK4	호기심 대장 1학년 무름이	원유순	아이앤북
JK4	나머지 학교	이가을	재미마주
JK4	엄마 껌딱지	강효미	파란정원
JK4	선생님은 나만 미워해	이금이	보물창고
JK4	혼자서도 할 수 있어요	노성두	사계절
JK4	보물 상자	김옥	사계절
JK4	호랑이가 예끼놈	이은홍	사계절
JK4	아기 늑대 세 남매	권정생	산하
JK4	흥부네 밥	전방하	재미마주
JK4	놀기 대장 1학년 한동주	윤수천	아이앤북
JK4	왜 띄어 써야 돼?	박규빈	책과콩나무
JK4	다짐 대장	서지원	좋은책어린이
JK4	우리 집엔 형만 있고 나는 없다	김향이	푸른숲주니어
JK4	나야, 뭉치 도깨비야	서화숙	웅진주니어
JK4	송아지 내기	이금이	보물창고
JK4	우리 선생님도 똥 쌌대	이지현	아이앤북
JK4	똥귀신	이상권	현암사
JK4	엄마표 아들	이상교	아이앤북
JK4	달을 마셨어요	김옥	사계절
JK4	내 친구 조이	표지율	대교출판
JK4	용구 삼촌	권정생	산하
JK4	할머니 집에서	이영득	보림
JK4	천원은 너무해!	전은지	책읽는곰

국내 창작

JK4	개구리 폭탄 대결투	심윤경	사계절
JK4	아빠의 일기장	유지은	좋은책어린이
JK4	선생님 미워!	최형미	크레용하우스
JK4	굴참나무와 오색딱따구리	백영현	사계절
JK4	거꾸로 나라 임금님	이준연	삼성당
JK4	학교 가는 길을 개척할 거야	박효미	사계절
JK4	펭귄이랑 받아쓰기	박효미	사계절
JK4	내 꿈은 100개야!	원유순	살림어린이
JK4	하늘땅만큼 좋은 이원수 동화나라	이원수	웅진주니어
JK4	너 때문에 못살아!	홍종의	살림어린이
JK4	선생님이랑 결혼할래	이금이	보물창고
JK4	우체통과 이주홍 동화나라	이주홍	웅진주니어
JK4	시금새금 마을의 로링야	박미라	시공주니어
JK4	용감한 꼬마 생쥐	김서정	보림
JK4	비가 오면	신혜은	사계절
JK4	콩숙이와 팥숙이	이영경	비룡소
JK4	아빠의 우산	이철환	대교출판
JK4	울보 바보 이야기	윤구병	휴먼어린이
JK4	딱지 딱지 내 딱지	허은순	현암사
JK4	유리 구두를 벗어 버린 신데렐라	노경실	뜨인돌어린이
JK4	세상에서 가장 무서운 건 누구?	육길나 외	한울림어린이
JK4	봄을 찾은 할아버지	한태희	한림출판사
JK4	뻥이오, 뻥	김리리	문학동네어린이
JK4	꽃장수와 이태준 동화나라	이태준	웅진주니어
JK4	순둥이	김일광	봄봄
JK4	아파트 꽃밭	이상권	보림
JK4	호랑이를 탄 할머니	이금이	보물창고
JK4	강아지 배씨의 일기	임정진	대교출판
JK4	모두 함께 지은 우리집	김진수	문학동네
JK4	알 낳는 거짓말	강민경	좋은책어린이
JK4	힘센 동생이 필요해!	조성자	현암사
JK4	재판정에 선 비둘기와 풀빵 할머니	강무지	비룡소
JK4	도톨 꾀기 작전	김기정	해와나무
JK4	천방지축 개구리의 세상 구경	임정진	달리
JK4	새봄이 이야기	최재숙	보림
JK4	할머니, 어디 가요? 시리즈	조혜란	보리
JK4	빛나는 어린이 문학 시리즈	현덕 외	웅진주니어

JK5

단계	책제목	저자	출판사
JK5	나쁜 어린이 표	황선미	웅진주니어
JK5	까막눈 삼디기	원유순	웅진주니어
JK5	초대받은 아이들	황선미	웅진주니어
JK5	일기 감추는 날	황선미	웅진주니어
JK5	가방 들어주는 아이	고정욱	사계절
JK5	엄마가 사랑하는 책벌레	김현태	아이앤북
JK5	나는 싸기 대장의 형님	조성자	시공주니어
JK5	마법사 똥맨	송언	창비
JK5	들키고 싶은 비밀	황선미	창비
JK5	종이밥	김중미	낮은산
JK5	내 이름은 나답게	김향이	사계절
JK5	내 고추는 천연 기념물	박상률	시공주니어
JK5	바나나가 뭐예유?	김기정	시공주니어
JK5	아드님, 진지 드세요	강민경	좋은책어린이
JK5	바보 1단	김영주	웅진주니어
JK5	우리 아빠는 내 친구	노경실	시공주니어
JK5	책을 사랑한 꼬마 해적	양태석	주니어김영사
JK5	엄마, 내 생각도 물어줘!	박경태	시공주니어
JK5	잘한다 오광명	송언	문학동네어린이
JK5	일기 도서관	박효미	사계절
JK5	따뜻한 팬티	이미옥	시공주니어
JK5	그림 도둑 준모	오승희	낮은산
JK5	엄마~ 5분만~	노경실	좋은책어린이
JK5	산타 할아버지가 우리 집에 못 오신 일곱 가지 이유	채인선	시공주니어
JK5	나답게와 나고은	김향이	사계절
JK5	벌렁코 하영이	조성자	사계절
JK5	도대체 넌 뭐가 될 거니?	황선미	비룡소
JK5	용이 되기 싫은 이무기 꽝철이	임정진	주니어RHK

국내 창작

JK5	말 잘 듣는 약	유지은	좋은책어린이
JK5	나쁜 엄마	윤수천	좋은책어린이
JK5	학교에 간 개돌이	김옥	창비
JK5	멋지다 썩은 떡	송언	문학동네어린이
JK5	춤추는 책가방	송언	좋은책어린이
JK5	오줌 멀리싸기 시합	장수경	사계절
JK5	애벌레가 애벌레를 먹어요	이상권	웅진주니어
JK5	난 키다리 현주가 좋아	김혜리	시공주니어
JK5	소원을 들어주는 선물	김선희	웅진주니어
JK5	고얀 놈 혼내주기	김기정	시공주니어
JK5	처음 가진 열쇠	황선미	웅진주니어
JK5	엄마, 세뱃돈 뺏지 마세요!	최은순	시공주니어
JK5	회장이면 다야?	함영연	시공주니어
JK5	친구가 필요해	박정애	웅진주니어
JK5	우당탕 꾸러기 삼 남매	강무홍	시공주니어
JK5	용돈 지갑에 구멍났나?	고수산나	좋은책어린이
JK5	꺼벙이 억수랑 아나바다	윤수천	좋은책어린이
JK5	호철이 안경은 이상해!	조성자	시공주니어
JK5	피양랭면집 명옥이	원유순	웅진주니어
JK5	동화책을 먹은 바둑이	노경실	사계절
JK5	인사 잘하고 웃기 잘하는 집	윤수천	시공주니어
JK5	엄마에게는 괴물 나에게는 선물	길지연	국민서관
JK5	마녀 옷을 입은 우리 엄마	황규섭	문공사
JK5	꺼벙이 억수와 꿈을 실은 비행기	윤수천	좋은책어린이
JK5	잔소리 없는 엄마를 찾아주세요	최형미	좋은책어린이
JK5	나보다 작은 형	임정진	푸른숲
JK5	랑랑별 때때롱	권정생	보리
JK5	우리 오빠 좀 때려주세요	노경실	시공주니어
JK5	똥이 어디로 갔을까	유진희	창비
JK5	우리 집에 온 마고할미	유은실	바람의아이들
JK5	왕창 세일! 엄마 아빠 팔아요	이용포	창비
JK5	엄마 친구 딸은 괴물	김혜리	좋은책어린이
JK5	오 시큰둥이의 학교생활	송언	웅진주니어
JK5	민우야, 넌 할 수 있어!	고정욱	아이앤북
JK5	신기하고 새롭고 멋지고 기막힌	김기정	창비
JK5	팽이나무에 팽이 열렸네	홍기	시공주니어
JK5	좁쌀영감 오병수	이상교	좋은책어린이
JK5	타임머신을 타고 온 선생님	원유순	좋은책어린이

JK5	게임 없이 못 살아!	안미연	좋은책어린이
JK5	책 읽는 도깨비	이상배	처음주니어
JK5	쿨쿨 할아버지 잠깬 날	위기철	사계절
JK5	내 짝꿍 김은실	이규희	좋은책어린이
JK5	나팔 귀와 땅콩 귀	이춘희	좋은책어린이
JK5	처음 받은 상장	이상교	국민서관
JK5	캡슐 마녀의 수리수리 약국	김소민	비룡소
JK5	욕 시험	박선미	보리
JK5	검정 연필 선생님	김리리	창비
JK5	메아리	이주홍	길벗어린이
JK5	똥 봉투 들고 학교 가는 날	박성철	아이앤북
JK5	콩닥콩닥 짝 바꾸는 날	강정연	시공주니어
JK5	어두운 계단에서 도깨비가	임정자	창비
JK5	축구 생각	김옥	창비
JK5	지우개 따먹기 법칙	유순희	푸른책들
JK5	위대한 마법사 호조의 수상한 선물 가게	류가미	국민서관
JK5	비나리 달이네 집	권정생	낮은산
JK5	만복이네 떡집	김리리	비룡소
JK5	이상한 열쇠고리	오주영	창비
JK5	엄마 사용법	김성진	창비
JK5	뻐꾸기 시계의 비밀	고수산나	좋은책어린이
JK5	화장실에서 3년	조성자	아이세움
JK5	영원한 주번	김영주	재미마주
JK5	빠샤 천사	김혜리	시공주니어
JK5	푸른 난쟁이와 수박머리 아저씨	이상권	시공주니어
JK5	뻔뻔한 칭찬 통장	김성범	미래아이
JK5	도깨비가 보낸 초대장	유지은	좋은책어린이
JK5	꼼지락 공주와 빗자루 선생님	송언	국민서관
JK5	엄마 친구 아들	노경실	어린이작가정신
JK5	분황사 우물에는 용이 산다	배유안	파란자전거
JK5	방귀 스티커	최은옥	푸른책들
JK5	책 읽어주는 바둑이	이상배	처음주니어
JK5	우리는 한 편이야	정영애	푸른책들
JK5	작은북이 동동동	송재찬	좋은책어린이
JK5	나야, 뭉치 도깨비야	서화숙	웅진주니어
JK5	불량 아빠 만세	김경옥	시공주니어
JK5	도와줘요, 닥터 꽁치!	박설연	웅진주니어

국내 창작

JK5	오십 번은 너무해	박채란	사계절
JK5	세 발 강아지 종이배	장경선	문공사
JK5	길 위의 수호천사	고정욱	좋은책어린이
JK5	똥 싸는 도서관	김하늬	미래아이
JK5	은서야, 겁내지 마!	황선미	시공주니어
JK5	15분짜리 형	김남길	문공사
JK5	꼬리 잘린 생쥐	권영품	창비
JK5	까만 고양이가 우리 집에 왔어요	허은순	시공주니어
JK5	당글공주	임정자	우리교육
JK5	미리 쓰는 방학 일기	박상률	사계절
JK5	공주도 똥을 눈다	윤정	해와나무
JK5	꺼벙이 억수와 방울 소리	윤수천	좋은책어린이
JK5	슬픈 종소리	송언	사계절
JK5	멀쩡한 이유정	유은실	푸른숲
JK5	내 동생 아영이	김중미	창비
JK5	우리 아빠	고정욱	시공주니어
JK5	쥐똥 선물	김리리	비룡소
JK5	나도 아홉 살, 삼촌도 아홉 살	김혜리	시공주니어
JK5	별라와 하양투성이 공주	공지희	비룡소
JK5	오천 원은 없다	박현숙	문공사
JK5	몰라쟁이 엄마	이태준	우리교육
JK5	괜찮아	고정욱	낮은산
JK5	우리는 닭살 커플	김리리	비룡소
JK5	몰래 시리즈 (엄마 몰래 / 친구 몰래 / 선생님 몰래 / 아빠 몰래 / 언니 몰래)	조성자	좋은책어린이
JK5	밤티 마을 아이들 이야기 시리즈 (밤티 마을 큰돌이네 집 / 밤티 마을 봄이네 집 / 밤티 마을 영미네 집)	이금이	푸른책들
JK5	이슬비 이야기 시리즈 (나는 꿈이 너무 많아 / 엄마는 거짓말쟁이 / 제발 나랑 짝이 되어줘 / 진짜진짜 비밀이야 / 멋진 누나가 될 거야)	김리리	다림

JK6

단계	책제목	저자	출판사
JK6	양파의 왕따 일기 1, 2	문선이	파랑새어린이
JK6	초정리 편지	배유안	창비
JK6	잘못 뽑은 반장	이은재	주니어김영사
JK6	산왕부루 1, 2	박윤규	푸른책들
JK6	길모퉁이 행운돼지	김종렬	다림
JK6	김 구천구백이	송언	파랑새어린이
JK6	좋은 엄마 학원	김녹두	문학동네어린이
JK6	빨강 연필	신수현	비룡소
JK6	아주 특별한 우리 형	고정욱	대교출판
JK6	안내견 탄실이	고정욱	대교출판
JK6	축 졸업 송언초등학교	송언	웅진주니어
JK6	나와 조금 다를 뿐이야	이금이	푸른책들
JK6	밥데기 죽데기	권정생	바오로딸
JK6	돌아온 진돗개 백구	송재찬	대교출판
JK6	엄마는 파업 중	김희숙	푸른책들
JK6	올백	이은재	주니어김영사
JK6	엄마를 도둑 맞았어요	최은영	문공사
JK6	받은 편지함	남찬숙	우리교육
JK6	돈 잔치 소동	송언	문학동네어린이
JK6	자린고비 일기	정해왕	시공주니어
JK6	과수원을 점령하라	황선미	사계절
JK6	영모가 사라졌다	공지희	비룡소
JK6	심청이 무슨 효녀야?	이경혜	바람의아이들
JK6	수일이와 수일이	김우경	우리교육
JK6	겁쟁이	이상권	시공주니어
JK6	생명이 들려준 이야기	위기철	사계절
JK6	이 세상에 태어나길 참 잘했다	박완서	어린이작가정신
JK6	아빠 고르기	채인선	논장

국내 창작

JK6	깡딱지	강무홍	사계절
JK6	짜장면 불어요!	이현	창비
JK6	건방진 도도 군	강정연	비룡소
JK6	담배 피우는 엄마	류호선	시공주니어
JK6	팥쥐 일기	이향안	현암사
JK6	꿈의 다이어리	이미옥	시공주니어
JK6	칠칠단의 비밀	방정환	사계절
JK6	어린이를 위한 흑설공주 이야기	노경실	뜨인돌
JK6	내 친구는 천사병동에 있다	이옥수	시공주니어
JK6	학교 가기 싫은 아이들이 다니는 학교	송미경	웅진주니어
JK6	엄마 따로 아빠 따로	임정진	시공주니어
JK6	실험용 너구리 깨끔이	김소민	교학사
JK6	마주 보고 크는 나무	조성자	시공주니어
JK6	슬플 땐 매운 떡볶이	강정연	비룡소
JK6	소나기밥 공주	이은정	창비
JK6	콩, 너는 죽었다	김용택	실천문학사
JK6	병태와 콩 이야기	송언	사계절
JK6	무서운 학교 무서운 아이들	송재찬	푸른책들
JK6	경찰 오토바이가 오지 않던 날	고정욱	사계절
JK6	위풍당당 심예분 여사	강정연	시공주니어
JK6	오세암	정채봉	창비
JK6	전교 모범생	장수경	사계절
JK6	나의 린드그렌 선생님	유은실	창비
JK6	할머니의 레시피	이미애	아이세움
JK6	꽃신	김소연	파랑새어린이
JK6	베컴머리 힙합 선생님	노혜영	교학사
JK6	교환 일기	오미경	푸른책들
JK6	무인도에서 살아 온 책귀신 솔봉이	이상배	처음주니어
JK6	파란 눈의 내 동생	이지현	문공사
JK6	우리 집에 온 길고양이 카니	문영미	한겨레아이들
JK6	오늘 재수 똥 튀겼네	송언	사계절
JK6	고민 들어주는 선물 가게	임태희	주니어김영사
JK6	여우비	김선희	웅진주니어
JK6	우리 이모는 4학년	정란희	산하
JK6	내 친구는 연예인	최은영	주니어김영사
JK6	사투리의 맛	류호선	사계절
JK6	초딩, 자전거 길을 만들다	박남정	소나무
JK6	까만 달걀	벼릿줄	샘터사

JK6	난 이제부터 남자다	이규희	세상모든책
JK6	아기도깨비와 오토 제국	이현주	웅진주니어
JK6	천하무적 박치기왕	김선희	웅진주니어
JK6	판타지 소설 쓰는 아이	고정욱	꿈소담이
JK6	친구 도서관	김하늬	한겨레아이들
JK6	오총사 협회	조향미	교학사
JK6	쿠키 전쟁	정란희 외	크레용하우스
JK6	오메 돈 벌자고?	박효미	창비
JK6	귀신새 우는 밤	오시은	문학동네어린이
JK6	비밀 족보	송재찬	푸른책들
JK6	비밀 시험지	안점옥	사계절
JK6	속 좁은 아빠	김남중	푸른숲주니어
JK6	나는야, 늦은 5학년	조경숙	비룡소
JK6	머피와 두칠이	김우경	지식산업사
JK6	바다로 가는 은빛 그물	황선미	시공주니어
JK6	밴드마녀와 빵공주	김녹두	한겨레아이들
JK6	바빠 가족	강정연	바람의아이들
JK6	내 생각은 누가 해줘?	임사라	비룡소
JK6	기타등등 삼총사	박미라	시공주니어
JK6	웰컴 투 코리아, 알렉스	류호선	시공주니어
JK6	그 녀석 왕집게	이상권	웅진주니어
JK6	보보의 모험	김혜리	시공주니어
JK6	금이 간 거울	방미진	창비
JK6	고양이 학교 (수정동굴의 비밀 / 마법의 선물 / 시작된 예언 / 나는 그대 눈동자 속에 있으리 / 영혼의 산)	김진경	문학동네
JK6	슬구 먹구 시리즈 (어른들만 사는 나라 / 구멍 속 나라 / 벌거숭이 나라)	박상률	시공주니어

국내 창작

 JK7

단계	책제목	저자	출판사
JK7	마당을 나온 암탉	황선미	사계절
JK7	무기 팔지 마세요!	위기철	청년사
JK7	몽실 언니	권정생	창비
JK7	너도 하늘말나리야	이금이	푸른책들
JK7	궁녀 학이	문영숙	문학동네어린이
JK7	지엠오 아이	문선이	창비
JK7	욕 전쟁	서석영	시공주니어
JK7	목걸이 열쇠	황선미	시공주니어
JK7	봉주르, 뚜르	한윤섭	문학동네어린이
JK7	용 튀김 1~3	이기규	여우고개
JK7	플루토 비밀결사대 1~4	한정기	비룡소
JK7	풀빵엄마	노경희	동아일보사
JK7	똥 싼 할머니	이옥수	시공주니어
JK7	문제아	박기범	창비
JK7	잃어버린 일기장	전성현	창비
JK7	그 사람을 본 적이 있나요?	김려령	문학동네어린이
JK7	불량한 자전거 여행	김남중	창비
JK7	내 가슴에 해마가 산다	김려령	문학동네어린이
JK7	귀신 잡는 방구탐정	고재현	창비
JK7	무덤 속의 그림	문영숙	문학동네어린이
JK7	6학년 1반 구덕천	허은순	현암사
JK7	나는 뻐꾸기다	김혜연	비룡소
JK7	천 년의 사랑 직지	조경희	대교출판
JK7	씨앗을 지키는 사람들	안미란	창비
JK7	할아버지의 뒤주	이준호	사계절
JK7	숨쉬는 책, 무익조	김성범	문학동네
JK7	블루시아의 가위바위보	김중미 외	창비
JK7	열두 살 내 인생의 헛발질	노혜영	주니어김영사

JK7	로봇의 별 1~3	이현	푸른숲주니어
JK7	열세 번째 아이	이은용	문학동네어린이
JK7	경복궁 마루 밑	심상우	대교출판
JK7	바람의 아이	한석청	푸른책들
JK7	해리엇	한윤섭	문학동네어린이
JK7	아버지와 아들	노경실	시공주니어
JK7	색깔을 먹는 나무	원유순	시공주니어
JK7	쌀뱅이를 아시나요	김향이	파랑새어린이
JK7	열두 살, 이루다	김율희	해와나무
JK7	이모의 꿈꾸는 집	정옥	문학과지성사
JK7	마음이 자라는 소리	조성자	시공주니어
JK7	나의 비밀 일기장	문선이	푸른숲주니어
JK7	야생동물 구조대	조호상	사계절
JK7	내 친구를 찾아서	조성자	시공주니어
JK7	오늘의 날씨는	이현	창비
JK7	코끼리 아줌마의 햇살 도서관	김혜연	비룡소
JK7	여우왕	우봉규	해와나무
JK7	싸움소	이상권	시공주니어
JK7	백산의 책	하은경	낮은산
JK7	소원을 들어주는 카드	빌 브리튼	주니어김영사
JK7	백두산 정계비의 비밀	김병렬	사계절
JK7	엄마의 마흔 번째 생일	최나미	청년사
JK7	아버지의 국밥	김진완	문학동네어린이
JK7	하이퐁 세탁소	원유순	아이앤북
JK7	빛 보다 빠른 꼬부기	이병승	살림어린이
JK7	까치학교	박상률	시공주니어
JK7	아로와 완전한 세계	김혜진	바람의아이들
JK7	금이와 메눈취 할머니	우봉규	시공주니어
JK7	장수 만세!	이현	우리교육
JK7	아무도 모르는 색깔	김혜진	바람의아이들
JK7	지팡이 경주	김혜진	바람의아이들
JK7	한 줄의 반성문	유타루	시공주니어
JK7	이정형외과 출입금지 구역	신지영	사계절
JK7	나의 달타냥	김리리	창비
JK7	말박사 고장수	곽옥미	시공주니어

국내 창작

 JK8

단계	책제목	저자	출판사
JK8	우리들의 일그러진 영웅	이문열	다림
JK8	자전거 도둑	박완서	다림
JK8	마사코의 질문	손연자	푸른책들
JK8	거짓말 학교	전성희	문학동네어린이
JK8	명혜	김소연	창비
JK8	괭이부리말 아이들 1, 2	김중미	창비
JK8	소나기	황순원	다림
JK8	압록강은 흐른다 (상, 하)	이미륵	다림
JK8	선생님의 밥그릇	이청준	다림
JK8	귓속말 금지 구역	김선희	살림어린이
JK8	농구화	김동리	다림
JK8	책만 보는 바보	안소영	보림
JK8	기찻길 옆 동네 1, 2	김남중	창비
JK8	하늘길	이문열	다림
JK8	귀서각: 한밤에 깨어나는 도서관	보린	문학동네어린이
JK8	어떤 솔거의 죽음	조정래	다림
JK8	창경궁 동무	배유안	생각과느낌
JK8	너 행복하니	김선희	계림북스
JK8	나는 열세 살이다	노경실	휴먼어린이
JK8	6학년은 왕이다	노경실	주니어북스
JK8	까망머리 주디	손연자	푸른책들
JK8	달려라 펫	조향미	문학동네어린이
JK8	발끝으로 서다	임정진	푸른책들
JK8	옥이야 진메야	김용택	살림어린이
JK8	동백꽃 누님	이청준	다림
JK8	꼰끌라베	오진원	문학과지성사
JK8	점득이네	권정생	창비
JK8	반걸음 내딛다	은이정	문학동네어린이

JK8	선들내는 아직도 흐르네	김우경	문학과지성사
JK8	몬스터 바이러스 도시	최양선	문학동네어린이
JK8	청소년 백과사전	김옥	낮은산
JK8	봄봄	김유정	다림
JK8	아우를 위하여	황석영	다림
JK8	첫사랑	이금이	푸른책들
JK8	흰종이수염	하근찬	다림
JK8	돌다리	이태준	다림
JK8	메밀꽃 필 무렵	이효석	다림
JK8	강릉 가는 옛길	이순원	다림
JK8	땅에 그리는 무지개	손춘익	창비
JK8	김용택 선생님이 챙겨주신 6학년 책가방 동화	김용택	파랑새어린이
JK8	들소	이문열	효리원
JK8	노래하며 우는 새	송재찬	우리교육
JK8	수자의 비밀 숫자	하신하	시공주니어
JK8	아홉살 인생	위기철	청년사
JK8	사슴과 사냥개	마해송	창비
JK8	뢰제의 나라	강숙인	푸른책들
JK8	잃어버린 이름 (상, 하)	김은국	다림

국내 창작

 JK9

단계	책제목	저자	출판사
JK9	어느 날 내가 죽었습니다	이경혜	바람의아이들
JK9	위저드 베이커리	구병모	창비
JK9	불량 가족 레시피	손현주	문학동네
JK9	소희의 방	이금이	푸른책들
JK9	합체	박지리	사계절
JK9	우리들의 스캔들	이현	창비
JK9	그 많던 싱아는 누가 다 먹었을까	박완서	웅진주니어
JK9	철수는 철수다	노경실	크레용하우스
JK9	엄마의 팬클럽	정란희	크레용하우스
JK9	가족입니까	김해원	바람의아이들
JK9	우아한 거짓말	김려령	창비
JK9	봄바람	박상률	사계절
JK9	국경 없는 마을	박채란	서해문집
JK9	로그인 하시겠습니까?	이상대	아침이슬
JK9	나는 죽지 않겠다	공선옥	창비
JK9	단어장	최나미	사계절
JK9	지독한 장난	이경화	대교출판
JK9	사라진 조각	황선미	창비
JK9	똥깅이	현기영	실천문학사
JK9	요람기	오영수	다림
JK9	싱커	배미주	창비
JK9	푸른 사다리	이옥수	사계절
JK9	우리 반 인터넷 소설가	이금이	푸른책들
JK9	나는 브라질로 간다	한정기	비룡소
JK9	수난 이대	전국초등국어교과모임	나라말
JK9	소나기	전국초등국어교과모임	나라말
JK9	중학생 톡톡톡	유현승	뜨인돌
JK9	밥이 끓는 시간	박상률	사계절

JK9	구라짱	이명랑	시공사
JK9	고구려 소녀 (상, 하)	강영숙	명진출판
JK9	운수 좋은 날	전국초등국어교과모임	나라말
JK9	토요일의 심리 클럽	김서윤	창비
JK9	고양이 소녀	부희령	생각과느낌
JK9	나비를 잡는 아버지	현덕	창비
JK9	보손 게임단	김남중	사계절
JK9	우리들의 짭조름한 여름날	오채	비룡소
JK9	슬픈 나막신	권정생	우리교육
JK9	목요일, 사이프러스에서	박채란	사계절
JK9	열네 살, 비밀과 거짓말	김진영	푸른책들
JK9	번데기 프로젝트	이제미	비룡소
JK9	몽구스 크루	신여랑	사계절
JK9	지붕 낮은 집	임정진	푸른숲주니어
JK9	살리에르, 웃다	문부일	푸른책들
JK9	꽃섬 고개 친구들	김중미	검둥소
JK9	망고 공주와 기사 올리버	김수경	사계절
JK9	어떤 고백	김리리	문학동네
JK9	옥탑방 슈퍼스타	최상희	한겨레틴틴
JK9	외톨이	김인해	푸른책들
JK9	바람이 불어, 내가 원치 않아도	이상운	바람의아이들
JK9	개 같은 날은 없다	이옥수	비룡소
JK9	자전거 말고 바이크	신여랑	낮은산
JK9	까칠한 재석이 시리즈 (까칠한 재석이가 사라졌다 / 까칠한 재석이가 돌아왔다)	고정욱	애플북스

외국 창작

 JK1

단계	책제목	저자	출판사
JK1	사과가 쿵!	다다 히로시	보림
JK1	안 돼, 데이빗!	데이빗 섀논	지경사
JK1	악어도 깜짝, 치과 의사도 깜짝!	고미 타로	비룡소
JK1	달님 안녕	하야시 아키코	한림출판사
JK1	알록달록 동물원	로이스 엘러트	시공주니어
JK1	두드려 보아요!	안나 클라라 티돌름	사계절
JK1	코를 킁킁	루스 크라우스	비룡소
JK1	사랑해 사랑해 사랑해	버나뎃 로제티 슈스탁	보물창고
JK1	안아줘!	제즈 앨버로우	웅진주니어
JK1	잘 자요, 달님	마거릿 와이즈 브라운	시공주니어
JK1	아기 오리는 어디로 갔을까요?	낸시 태퍼리	비룡소
JK1	싹싹싹	하야시 아키코	한림출판사
JK1	나의 크레용	죠 신타	보림
JK1	빨간 풍선의 모험	옐라 마리	시공주니어
JK1	유모차 나들이	미셸 게	비룡소
JK1	손이 나왔네	하야시 아키코	한림출판사
JK1	야옹이가 제일 좋아하는 색깔은?	제인 커브레라	보림
JK1	구두구두 걸어라	하야시 아키코	한림출판사
JK1	우리 엄마 어디 있어요?	기도 반 게네흐텐	한울림
JK1	기계들은 무슨 일을 하지?	바이런 바튼	비룡소
JK1	또또와 사과나무	나까에 요시오	세상모든책
JK1	내가 좋아하는 것	앤서니 브라운	책그릇
JK1	알록달록 물고기	로이스 엘러트	시공주니어
JK1	노란 풍선	사카이 고마코	웅진주니어
JK1	엄마를 잠깐 잃어버렸어요	크리스 호튼	보림
JK1	재미있는 내 얼굴	니콜라 스미	와이즈아이
JK1	똥이 풍덩! : 여자	알로나 프랑켈	비룡소

JK1	색깔 나라 여행	제홈 뤼이이에	크레용하우스
JK1	딸기는 빨개요	뻬뜨르 호라체크	시공주니어
JK1	깜짝깜짝! 색깔들	척 머피	비룡소
JK1	좋아!	제즈 앨버로우	웅진주니어
JK1	싫어 싫어	세나 게이코	비룡소
JK1	사과야, 빨리 익어라	초 신타	사계절
JK1	방실방실 아기책(5권)	후쿠다 이와오	책읽는곰
JK1	난 자동차가 참 좋아	마거릿 와이즈 브라운	비룡소
JK1	괴물이다, 괴물!	멜라니 월시	문학동네
JK1	사랑해 모두모두 사랑해	메리언 데인 바우어	보물창고
JK1	난 네가 좋아	이모토 요코	문학동네
JK1	엄마가 좋아	마지마 세스코	한림출판사
JK1	업어줘 업어줘	조 신타	보림
JK1	너는 누구니?	안체 담	보림
JK1	데이빗은 궁금해	데이빗 섀논	지경사
JK1	모두 잠이 들어요	마거릿 와이즈 브라운	비룡소
JK1	친구를 보내	로드 캠벨	문학동네
JK1	아주 커다란 알	몰리 칵스	보물창고
JK1	방귀를 뽀옹!	노에 까를랭	현북스
JK1	트럭	도널드 크루즈	시공주니어
JK1	강아지야! 넌 어떤 소리를 내니?	모 윌렘스	살림어린이
JK1	누구 똥?	미야니시 타츠야	시공주니어
JK1	끙끙 응가놀이	기무라 유이치	웅진주니어
JK1	영차영차 집짓기 놀이를 해요	다케시타 후미코	홍진P&M
JK1	하양이 생일에 누가누가 올까요?	기도 반 게네흐텐	한울림
JK1	엄마 찌찌가 싫어	이소 미유키	아이세움
JK1	앗! 오줌 쌌어	기요노 사치코	비룡소
JK1	똥이 풍덩! : 남자	알로나 프랑켈	비룡소
JK1	자꾸자꾸 모양이 달라지네	팻 허친스	보물창고

외국 창작

 JK2

단계	책제목	저자	출판사
JK2	도깨비를 빨아버린 우리 엄마	사토 와키코	한림출판사
JK2	누가 내 머리에 똥 쌌어?	베르너 홀츠바르트	사계절
JK2	곰 사냥을 떠나자	헬린 옥슨버리	시공주니어
JK2	우리 엄마	앤서니 브라운	웅진주니어
JK2	이슬이의 첫 심부름	쓰쓰이 요리코	한림출판사
JK2	깊은 밤 부엌에서	모리스 샌닥	시공주니어
JK2	우리 아빠가 최고야	앤서니 브라운	킨더랜드
JK2	콧구멍을 후비면	사이토 타카코	애플비
JK2	바바빠빠	아네트 티종	시공주니어
JK2	순이와 어린 동생	쓰쓰이 요리코	한림출판사
JK2	세 강도	토미 웅게러	시공주니어
JK2	우리는 친구	앤서니 브라운	웅진주니어
JK2	아빠랑 함께 피자 놀이를	윌리엄 스타이그	보림
JK2	고함쟁이 엄마	유타 바우어	비룡소
JK2	은지와 푹신이	하야시 아키코	한림출판사
JK2	난 드레스 입을 거야	크리스틴 나우만 빌맹	비룡소
JK2	그건 내 조끼야	우에노 노리코	비룡소
JK2	오늘은 무슨 날?	하야시 아키코	한림출판사
JK2	핑크 공주	빅토리아 칸	달리
JK2	정말 정말 한심한 괴물, 레오나르도	모 윌렘스	웅진주니어
JK2	병원에 입원한 내 동생	하야시 아키코	한림출판사
JK2	괴물 그루팔로	줄리아 도널드슨	킨더랜드
JK2	목욕은 즐거워	하야시 아키코	한림출판사
JK2	유치원에 간 데이빗	데이빗 섀논	지경사
JK2	악어오리 구지구지	천즈위엔	예림당
JK2	내 귀는 짝짝이	히도 판 헤네흐텐	웅진주니어
JK2	쉿! 엄마 깨우지 마!	에일린 크리스텔로우	사계절
JK2	짖어봐 조지야	줄스 파이퍼	보림

JK2	고양이 이발사	타다 토모코	킨더랜드
JK2	부릉부릉 자동차가 좋아	리처드 스캐리	보물창고
JK2	프란시스는 잼만 좋아해	러셀 호번	비룡소
JK2	간식을 먹으러 온 호랑이	주디스 커	보림
JK2	아빠 어렸을 적엔 공룡이 살았단다	뱅상 말론느	어린이작가정신
JK2	낮잠 자는 집	오드리 우드	보림
JK2	난 병이 난 게 아니야	카도노 에이코	한림출판사
JK2	우리 형이니까	후쿠다 이와오	아이세움
JK2	모자 사세요!	에스퍼 슬로보드키나	시공주니어
JK2	메리 크리스마스, 늑대 아저씨!	미야니시 타츠야	시공주니어
JK2	파리의 휴가	구스티	바람의아이들
JK2	눈사람 아저씨	레이먼드 브릭스	마루벌
JK2	더 커지고 싶어	조지프 테오발드	킨더랜드
JK2	고릴라 아저씨네 빵집	시라이 미카코	한림출판사
JK2	저런, 벌거숭이네!	고미 타로	비룡소
JK2	개구리의 낮잠	미야니시 타츠야	시공주니어
JK2	우와! 신기한 사탕이다	미야니시 타츠야	계수나무
JK2	돼지가 주렁주렁	아놀드 로벨	시공주니어
JK2	쥐돌이와 팬케이크	나카에 요시오	비룡소
JK2	냄새차가 나가신다!	케니트 맥밀란	아이세움
JK2	못말리는 태키와 펭귄 사냥꾼	헬렌 레스터	북뱅크
JK2	아기 힘이 세졌어요	존 버닝햄	한솔수북
JK2	할머니 집 가는 길	하야시 아키코	비비아이들
JK2	앨피가 일등이에요	셜리 휴즈	보림
JK2	아빠는 미아	고미 타로	비룡소
JK2	이만큼 컸어요!	헬린 옥슨버리	웅진주니어
JK2	숟가락	에이미 크루즈 로젠탈	지경사
JK2	코딱지	제랄딘느 콜레	미래아이
JK2	난 잠자기 싫어	토니 로스	삐아제
JK2	누에콩 시리즈 (누에콩과 콩알 친구들 / 누에콩의 기분 좋은 날)	나카야 미와	웅진주니어
JK2	내 토끼 시리즈 (내 토끼 어딨어? / 내 토끼가 또 사라졌어!)	모 윌렘스	살림어린이
JK2	구리와 구라 시리즈 (구리와 구라의 빵 만들기 / 구리와 구라의 소풍 / 구리와 구라의 헤엄치기 / 구리와 구라의 대청소 / 구리와 구라의 손님 / 구리랑 구라랑 꽃님이 / 구리랑 구라랑 놀자 / 구리와 구라랑 구루리구라)	나카가와 리에코	한림출판사

외국 창작

JK2	11마리 고양이 시리즈 (11마리 고양이 / 11마리 고양이와 바닷새 / 11마리 고양이와 돼지 / 11마리 고양이와 주머니 / 11마리 고양이와 별난 고양이 / 11마리 고양이와 아기 공룡 / 11마리 고양이 마라톤 대회)	바바 노보루	꿈소담이
JK2	까만 크레파스 시리즈 (까만 크레파스 / 까만 크레파스와 요술 기차 / 까만 크레파스와 괴물 소동)	나카야 미와	웅진주니어
JK2	거인 아저씨 시리즈 (예방 주사 무섭지 않아! / 거인 아저씨 배꼽은 귤 배꼽이래요)	후카미 하루오	한림출판사
JK2	개구쟁이 해리 시리즈 (목욕은 정말 싫어요 / 꽃무늬 옷은 싫어요 / 바다 괴물이 되었어요)	G. 자이언	사파리
JK2	공룡유치원 시리즈 (처음 유치원에 가는 날 / 엄마가 보고 싶어! / 난 슈퍼 공룡이 될 거야! / 현장 학습 가는 날 / 바다에 가는 날 / 내가 대장이야! / 소풍 가는 날 / 소방 훈련 하는 날 / 생각하는 의자 / 왜 나만 미워해! / 이젠 내 친구 아니야! / 내 생각을 말할 거야!)	스티브 메쩌	크레용하우스
JK2	암소 무와 깜돌이 시리즈 (그네 타는 암소 무 / 청소하는 암소 무 / 썰매 타는 암소 무 / 집 짓는 암소 무)	토마스 비스란데르	사계절
JK2	호호할머니의 기발한 이야기 시리즈 (화가 난 수박씨앗 / 씽씽 달려라! 침대썰매 / 알이 사라졌어요 / 어디로 소풍 갈까?)	사토 와키코	한림출판사
JK2	개구쟁이 특공대 시리즈 (개구쟁이 특공대의 걸리버랜드 / 개구쟁이 특공대의 보물섬 / 개구쟁이 특공대의 로봇나라 / 개구쟁이 특공대의 공룡 탐험 / 개구쟁이 특공대의 들판 정글 / 개구쟁이 특공대의 숨바꼭질 등)	유키노 유미코 외	아람
JK 2~3	무지개 물고기 시리즈 (무지개 물고기 / 무지개 물고기와 흰수염고래 / 날 좀 도와줘, 무지개 물고기! / 용기를 내, 무지개 물고기! / 길 잃은 무지개 물고기 / 무지개 물고기와 신기한 친구들 / 무지개 물고기야, 엄마가 지켜줄게)	마르쿠스 피스터	시공주니어

JK3

단계	책제목	저자	출판사
JK3	돼지책	앤서니 브라운	웅진주니어
JK3	지각대장 존	존 버닝햄	비룡소
JK3	고릴라	앤서니 브라운	비룡소
JK3	괴물들이 사는 나라	모리스 샌닥	시공주니어
JK3	종이 봉지 공주	로버트 먼치	비룡소
JK3	샌지와 빵집 주인	밸러리 토머스	비룡소
JK3	터널	앤서니 브라운	논장
JK3	틀려도 괜찮아	마키타 신지	토토북
JK3	우당탕탕, 할머니 귀가 커졌어요	카롤리네 케르	비룡소
JK3	도서관에 간 사자	케빈 호크스	웅진주니어
JK3	줄무늬가 생겼어요	데이빗 섀논	비룡소
JK3	치과의사 드소토 선생님	윌리엄 스타이그	비룡소
JK3	늑대가 들려주는 아기돼지 삼형제 이야기	존 셰스카	보림
JK3	프레드릭	레오 리오니	시공주니어
JK3	우리 선생님이 최고야!	케빈 헹크스	비룡소
JK3	멍멍 의사 선생님	배빗 콜	보림
JK3	와작와작 꿀꺽 책 먹는 아이	올리버 제퍼스	주니어김영사
JK3	엄마가 알을 낳았대!	배빗 콜	보림
JK3	앤서니 브라운의 행복한 미술관	앤서니 브라운	웅진주니어
JK3	도서관	사라 스튜어트	시공주니어
JK3	엄마를 화나게 하는 10가지 방법	실비 드 마튀이시욐스	어린이작가정신
JK3	엄마의 의자	베라 B. 윌리엄스	시공주니어
JK3	방귀 만세	후쿠다 이와오	아이세움
JK3	마법 침대	존 버닝햄	시공주니어
JK3	겁쟁이 빌리	앤서니 브라운	비룡소
JK3	일곱 마리 눈먼 생쥐	에드 영	시공주니어
JK3	난 형이니까	후쿠다 이와오	아이세움
JK3	100만 번 산 고양이	사노 요코	비룡소

외국 창작

JK3	짧은 귀 토끼	다원시	고래이야기
JK3	제가 잡아먹어도 될까요?	조프루아 드 페나르	베틀북
JK3	탁탁 톡톡 음매~ 젖소가 편지를 쓴대요	도린 크로닌	주니어RHK
JK3	짝꿍 바꿔주세요!	다케다 미호	웅진주니어
JK3	피아노 치기는 지겨워	다비드 칼리	비룡소
JK3	동물원	앤서니 브라운	논장
JK3	거인 사냥꾼을 조심하세요!	콜린 맥노튼	시공주니어
JK3	하늘에서 음식이 내린다면	쥬디 바레트	토토북
JK3	제랄다와 거인	토미 웅거러	비룡소
JK3	멋진 뼈다귀	윌리엄 스타이그	비룡소
JK3	빗방울 공주	벵자맹 쇼	비룡소
JK3	꼬마 돼지	아놀드 로벨	비룡소
JK3	원숭이의 하루	이토우 히로시	비룡소
JK3	두고 보자! 커다란 나무	사노 요코	시공주니어
JK3	산타 할아버지의 휴가	레이먼드 브릭스	비룡소
JK3	이런 동생은 싫어!	로리 뮈라이유	비룡소
JK3	으뜸 헤엄이	레오 리오니	마루벌
JK3	내 사랑 생쥐	베아트리스 루에	비룡소
JK3	슈렉!	윌리엄 스타이그	비룡소
JK3	부루퉁한 스핑키	윌리엄 스타이그	비룡소
JK3	코뿔소 한 마리 싸게 사세요!	쉘 실버스타인	시공주니어
JK3	꼬리를 돌려주세요	노니 호그로지안	시공주니어
JK3	날마다 꿈꾸는 천재 고양이 부츠	기타무라 사토시	베틀북
JK3	연필 하나	알랭 알버그	주니어김영사
JK3	오리 탈출 소동	마이클 베다드	시공주니어
JK3	도서관이 키운 아이	칼라 모리스	그린북
JK3	마빡이면 어때	쓰치다 노부코	청어람미디어
JK3	옛날에 오리 한 마리가 살았는데	마틴 워델	시공주니어
JK3	우체부 아저씨와 비밀 편지	앨런 앨버그	미래아이
JK3	이상한 화요일	데이비드 위즈너	비룡소
JK3	치킨 마스크	우쓰기 미호	책읽는곰
JK3	나야? 고양이야?	기타무라 사토시	베틀북
JK3	아름다운 책	클로드 부종	비룡소
JK3	수호의 하얀 말	오츠카 유우조	한림출판사
JK3	용감한 소 클랜시	라치 흄	은나팔
JK3	무엇이든 삼켜버리는 마법상자	코키루니카	고래이야기
JK3	엉덩이가 집을 나갔어요	호세 루이스 코르테스	소년한길

JK3	따로 따로 행복하게	배빗 콜	보림
JK3	알몸으로 학교 간 날	벵자맹 쇼	아름다운사람들
JK3	혼나지 않게 해주세요	구스노키 시게노리	베틀북
JK3	점	피터 레이놀즈	문학동네
JK3	나도 캠핑 갈 수 있어	하야시 아키코	한림출판사
JK3	찬성!	미야니시 타츠야	시공주니어
JK3	메리와 생쥐	바바라 매클린톡	베틀북
JK3	웬델과 주말을 보낸다고요?	케빈 헹크스	비룡소
JK3	그런데 임금님이 꿈쩍도 안 해요!	오드리 우드	보림
JK3	띳띳띳 꼴찌 오리 핑 이야기	마저리 플랙	소년한길
JK3	이 책을 절대로 열지 마시오!	마카엘라 먼틴	토토북
JK3	아빠를 화나게 하는 10가지 방법	실비 드 마튀이시욕스	어린이작가정신
JK3	내 머리가 길게 자란다면	타카도노 호오코	한림출판사
JK3	쉿! 책 속 늑대를 조심해!	로렌 차일드	국민서관
JK3	까마귀네 빵집	가코 사토시	고슴도치
JK3	케이티와 폭설	버지니아 리 버튼	시공주니어
JK3	머리에 뿔이 났어요	데이비드 스몰	소년한길
JK3	왜요?	토니 로스	베틀북
JK3	공룡이 공짜!	엘리스 브로우치	주니어김영사
JK3	찰리와 롤라 시리즈 (난 토마토 절대 안 먹어 / 난 학교 가기 싫어 / 난 하나도 안 졸려, 잠자기 싫어! / 흔들흔들 내 앞니 절대 안 빼 / 진짜야, 내가 안 그랬어 / 있잖아, 그건 내 책이야 / 내가 이겼어, 아냐 내가 이겼어! / 하나, 둘, 셋, 치-즈! 등)	로렌 차일드	국민서관
JK3	마녀 위니 그림책 시리즈 (마녀 위니 / 마녀 위니의 겨울 / 마녀 위니, 다시 날다 / 마녀 위니와 슈퍼 호박 / 마녀 위니의 새 컴퓨터 / 마녀 위니의 요술 지팡이 / 마녀 위니의 생일 파티 / 마녀 위니와 아기 용 / 바다에 간 마녀 위니 / 마녀 위니의 양탄자 / 마녀 위니와 우주 토끼 / 마녀 위니의 엉망진창 휴가 / 마녀 위니의 공룡 소동)	코키 폴	비룡소
JK3	마들린느 시리즈 (씩씩한 마들린느 / 마들린느와 쥬네비브 / 마들린느의 크리스마스 / 마들린느와 개구쟁이)	루드비히 베멀먼즈	시공주니어
JK3	윌리 시리즈 (미술관에 간 윌리 / 윌리와 악당 벌렁코 / 축구 선수 윌리 / 꿈꾸는 윌리 / 윌리와 휴)	앤서니 브라운	웅진주니어
JK3	올리비아 그림책 시리즈 (그래도 엄마는 너를 사랑한단다 / 서커스 곡예사 올리비아 / 올리비아…잃어버린 인형 / 올리비아 신 나는 크리스마스 / 올리비아 환상의 악단)	이언 포크너	중앙출판사

외국 창작

JK3	바무와 게로 시리즈 (바무와 게로 오늘은 시장 보러 가는 날 / 바무와 게로의 일요일 / 바무와 게로의 하늘 여행)	시마다 유카	중앙출판사
JK3	고 녀석 맛있겠다 시리즈 (고 녀석 맛있겠다 / 나는 티라노사우르스다 / 넌 정말 멋져 / 영원히 널 사랑할 거란다 / 나에게도 사랑을 주세요)	미야니시 타츠야	달리
JK3	도서관 생쥐 시리즈 (도서관 생쥐 / 도서관 생쥐 2 : 글짓기 친구 / 도서관 생쥐 3 : 책 속의 세계 탐험)	다니엘 커크	푸른날개
JK3	아기 여우 시리즈 (노란 양동이 / 그 아이를 만났어 / 보물이 날아갔어 / 흔들다리 흔들흔들)	모리야마 미야코	현암사
JK3	엠마 시리즈 (엠마의 비밀 일기 / 엠마는 할머니가 좋아요! / 엠마가 학교에 갔어요! / 엠마의 아주 특별한 저녁 / 엠마의 바나나 목욕 / 엠마가 미용실에 갔어요 / 엠마의 발레수업 / 엠마가 아기를 기다려요 / 엠마는 잠이 안 와요 / 엠마는 최고의 멋쟁이 / 엠마가 회사에 갔어요)	수지 모건스턴	비룡소
JK3	개구쟁이 꼬마 원숭이 조지 시리즈 (병원 소동 / 아프리카여 안녕! / 신 나는 페인트 칠 / 따르릉 따르릉 비켜 나세요!)	한스 아우구스토 레이	시공주니어
JK3	꼬마 곰 시리즈 (꼬마 곰 / 꼬마 곰에게 뽀뽀를 / 꼬마 곰의 방문 / 아빠곰이 집으로 와요 / 꼬마 곰의 친구)	E. H. 미나릭	비룡소
JK3	코끼리왕 바바 그림책 시리즈 (코끼리 왕 바바 / 바바의 끝없는 모험)	장 드 브루노프	시공주니어
JK3	무민 그림동화 시리즈 (무민의 특별한 보물 / 무민과 마법의 색깔 / 무민의 단짝 친구 / 무민과 위대한 수영 / 무민과 잃어버린 목걸이)	토베 얀손	어린이작가정신
JK3	핀두스의 특별한 이야기 시리즈 (여우를 위한 불꽃놀이 / 신 나는 텐트 치기 / 아주 특별한 생일 케이크 / 가장 멋진 크리스마스 / 할아버지 힘내세요 / 핀두스, 너 어디 있니?)	스벤 누르드크비스트	풀빛

JK4

단계	책제목	저자	출판사
JK4	책 먹는 여우	프란치스카 비어만	주니어김영사
JK4	괴물 예절 배우기	조안나 코울	시공주니어
JK4	이 고쳐 선생과 이빨투성이 괴물	롭 루이스	시공주니어
JK4	리디아의 정원	사라 스튜어트	시공주니어
JK4	생쥐 수프	아놀드 로벨	비룡소
JK4	여우의 전화박스	도다 가즈요	크레용하우스
JK4	공룡 도시락	재클린 윌슨	시공주니어
JK4	칠판 앞에 나가기 싫어!	다니엘 포세트	비룡소
JK4	수영장 사건	베아트리스 루에	비룡소
JK4	옆집 할머니는 마귀 할멈	제임스 하우	시공주니어
JK4	꼬마 괴물과 나탈리	재클린 윌슨	시공주니어
JK4	사라, 버스를 타다	윌리엄 밀러	사계절
JK4	오른발, 왼발	토미 드 파올라	비룡소
JK4	어린이를 위한 누가 내 치즈를 옮겼을까?	스펜서 존슨	주니어김영사
JK4	석기 시대 천재 소년 우가	레이먼드 브릭스	문학동네
JK4	고맙습니다, 선생님	패트리샤 폴라코	아이세움
JK4	침만 꼴깍꼴깍 삼키다 소시지가 되어버린 악어 이야기	로알드 달	주니어김영사
JK4	아빠 팔이 부러졌어요!	구스타프 세더룬드	한길사
JK4	고양이 택시	난부 가즈야	시공주니어
JK4	꽁지머리 소동	로버트 먼치	풀빛
JK4	우리의 영웅 머시	케이트 디카밀로	비룡소
JK4	쌍둥이 빌딩 사이를 걸어간 남자	모디캐이 저스타인	보물창고
JK4	당나귀 실베스터와 요술 조약돌	윌리엄 스타이그	다산기획
JK4	주사기가 온다	알랭 M. 베르즈롱	시공주니어
JK4	지렁이 책	앨런 앨버그	문학과지성사
JK4	느긋한 돼지와 잔소리꾼 토끼	오자와 다다시	시공주니어
JK4	바늘 부부, 모험을 떠나다	도바시 에츠코	시공주니어

외국 창작

JK4	아빠 사자와 행복한 아이들	야노쉬	시공주니어
JK4	생쥐 이야기	아놀드 로벨	비룡소
JK4	안경 끼고 랄랄라	조이 카울리	시공주니어
JK4	노랑이와 분홍이	윌리엄 스타이그	비룡소
JK4	치마를 입어야지, 아멜리아 블루머!	섀너 코리	아이세움
JK4	기차 할머니	파울 마르	중앙출판사
JK4	개구리 왕자 그 뒷이야기	존 셰스카	보림
JK4	로봇 엄마	에밀리 스미스	시공주니어
JK4	머시의 신 나는 토요일	케이트 디카밀로	비룡소
JK4	신데룰라	엘렌 잭슨	보물창고
JK4	이름 짓기 좋아하는 할머니	신시아 라일런트	보물창고
JK4	웨슬리나라	폴 플레이쉬만	비룡소
JK4	뭐 이런 손님이 다 있어!	마티아스 조트케	비룡소
JK4	일년 내내 벌 받는 1학년	에블린 르베르그	주니어김영사
JK4	세상에 둘도 없는 바보와 하늘을 나는 배	유리 슐레비츠	시공주니어
JK4	빵점 맞은 날	스가와라 카에데	그린북
JK4	심술쟁이 내 동생 싸게 팔아요!	다니엘 시마르	어린이작가정신
JK4	착한 엄마 구함!	클레르 클레망	주니어김영사
JK4	자석 강아지 봅	프란치스카 비어만	주니어김영사
JK4	루비의 소원	S. Y. 브리지스	비룡소
JK4	슬픔을 치료해주는 비밀 책	카린 케이츠	봄봄
JK4	할아버지 나무	다니엘 포세트	비룡소
JK4	할아버지는 요리사	롭 루이스	보림
JK4	천둥 케이크	패트리샤 폴라코	시공주니어
JK4	잠귀 밝은 공주님	지오르다	주니어김영사
JK4	우리 집 하수도에 악어가 산다	크리스티앙 레만	시공주니어
JK4	번개처럼 학교로	에블린 르베르그	주니어김영사
JK4	책 읽는 유령	장 피에르 쿠리보	주니어김영사
JK4	즐거운 로저와 대머리 해적 압둘	콜린 맥노튼	시공주니어
JK4	세상에서 가장 맛있는 무화과	크리스 반 알스버그	미래아이
JK4	초강력 아빠 팬티	타이 마르크 르탄	아름다운사람들
JK4	멍청한 마녀들	샹탈 드 마롤르	주니어김영사
JK4	빨간 금붕어	스테파니 블레이크	비룡소
JK4	왕 짜증 나는 날	아미 크루즈 로젠달	주니어김영사
JK4	엉망진창 10가지 소원	크리스틴 팔뤼	주니어김영사
JK4	쉬는 시간의 여왕	파니 졸리	주니어김영사
JK4	질문 없는 거인 학교	마리 엘렌느 델발	주니어김영사

JK4	엘리베이터 여행	파울 마르	풀빛
JK4	내가 선생님이라면?	클레르 클레망	주니어김영사
JK4	선생님, 우리 선생님	패트리샤 폴라코	시공주니어
JK4	산타 백과사전	앨런 스노	청어람미디어
JK4	괴물딱지 곰팡씨	레이먼드 브릭스	비룡소
JK4	오백 원짜리 왕관	뱅상 말론느	파란하늘
JK4	명랑 공주와 상냥한 도둑	아르노 알메라	주니어김영사
JK4	까마귀의 소원	하이디 홀더	마루벌
JK4	말해 버릴까?	히비 시케키	보림
JK4	외동딸이 뭐가 나빠?	케리 베스트	비룡소
JK4	스키복의 비밀	스테판 마르샹	주니어김영사
JK4	맥도널드 아저씨의 아파트 농장	쥬디 바레트	미래아이
JK4	엉터리로 책 읽기	프랑수아즈 클레레	주니어김영사
JK4	오싹! 핼러윈 데이	알랭 M. 베르즈롱	시공주니어
JK4	돌멩이국	존 J. 무스	달리
JK4	오빠와 나는 영원한 맞수	패트리샤 폴라코	시공주니어
JK4	집에 있는 부엉이	아놀드 로벨	비룡소
JK4	참 잘했어, 어버비!	베아트리스 폰타넬	시공주니어
JK4	엄마 아빠를 바꿔주는 가게	프란체스카 사이먼	예림당
JK4	세상에서 가장 멋진 장례식	울프 닐손	시공주니어
JK4	용돈 좀 올려주세요	아마노 유우끼찌	창비
JK4	엘로이즈, 파리에 가다	케이 톰슨	예꿈
JK4	룸펠슈틸츠헨	폴 오 젤린스키	베틀북
JK4	난 황금 알을 낳을 거야!	한나 요한젠	문학동네
JK4	어느 날 빔보가	마르틴 아우어	국민서관
JK4	위대한 탐정 네이트 시리즈	마저리 와이먼 샤매트	시공주니어
JK4	토드 선장 시리즈	제인 욜런	시공주니어
JK4	개구리와 두꺼비 시리즈	아놀드 로벨	비룡소
JK4	가부와 메이 이야기 시리즈	키무라 유이치	아이세움
JK4	마녀 위니 동화 시리즈	코키 폴	비룡소
JK4	찔레꽃 울타리 시리즈	질 바클렘	마루벌
JK4~5	스탠리 시리즈	제프 브라운	시공주니어

외국 창작

 JK5

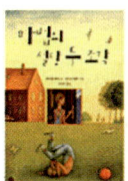     

단계	책제목	저자	출판사
JK5	마법의 설탕 두 조각	미하엘 엔데	소년한길
JK5	멋진 여우 씨	로알드 달	논장
JK5	화요일의 두꺼비	러셀 에릭슨	사계절
JK5	잔소리 없는 날	안네마리 노르덴	보물창고
JK5	지퍼가 고장 났다!	알랭 M. 베르즈롱	시공주니어
JK5	조커	수지 모건스턴	문학과지성사
JK5	이 고쳐 선생과 해골투성이 동굴	롭 루이스	시공주니어
JK5	게으른 고양이의 결심	프란치스카 비어만	주니어김영사
JK5	아낌없이 주는 나무	쉘 실버스타인	시공주니어
JK5	주근깨 주스	주디 블룸	시공주니어
JK5	빈둥빈둥 투닉스 왕	미라 로베	시공주니어
JK5	엉뚱이 소피의 못 말리는 패션	수지 모건스턴	비룡소
JK5	엄마 돌보기	재클린 윌슨	시공주니어
JK5	요술 손가락	로알드 달	열린어린이
JK5	냄비와 국자 전쟁	미하엘 엔데	소년한길
JK5	쌈짱과 얌전이의 결투	질 티보	어린이작가정신
JK5	개구리 선생님의 비밀	파울 판 론	푸른나무
JK5	학교에 간 사자	필리파 피어스	논장
JK5	버둥버둥 스키 수업	알랭 M. 베르즈롱	시공주니어
JK5	종이 공포증	수산나 타마로	비룡소
JK5	아빠가 빈털터리가 됐어요!	구스타프 세더룬드	소년한길
JK5	선생님을 화나게 하는 10가지 방법	실비 드 마튀이시왹스	어린이작가정신
JK5	사자왕 부루부루	후나자키 요시히코	시공주니어
JK5	도서관에 가지마, 절대로	이오인 콜퍼	국민서관
JK5	공주는 등이 가려워	수지 모건스턴	비룡소
JK5	겁이 날 때 불러 봐 뿡뿡유령	크리스티네 뇌스틀링거	웅진주니어
JK5	어디로 갔을까, 나의 한쪽은	쉘 실버스타인	시공주니어
JK5	말더듬이 내 친구, 어버버	베아트리스 폰타넬	시공주니어

JK5	공주도 학교에 가야 한다	수지 모건스턴	비룡소
JK5	에밀은 사고뭉치	아스트리드 린드그렌	논장
JK5	형광 고양이	아더우	푸른날개
JK5	도둑 맞은 다이아몬드	데이비드 애들러	논장
JK5	떨어진 한쪽, 큰 동그라미를 만나	쉘 실버스타인	시공주니어
JK5	꿈꾸는 레모네이드 클럽	패트리샤 폴라코	베틀북
JK5	내겐 드레스 백 벌이 있어	엘리노어 에스테스	비룡소
JK5	크림, 너라면 할 수 있어!	미야니시 타츠야	시공주니어
JK5	거저먹기 외국어	마리 오드 뮈라이유	비룡소
JK5	냄새 고약한 치즈맨과 멍청한 이야기들	존 셰스카	담푸스
JK5	고양이 네 마리 입양시키기	마릴린 색스	시공주니어
JK5	썩은 모자와 까만 원숭이	카린 코흐	미래아이
JK5	끙, 동생은 귀찮아!	알랭 M. 베르즈롱	시공주니어
JK5	한밤중의 고양이 손님	다카도노 호우코	시공주니어
JK5	할머니가 필요해!	미셸 에드워즈	시공주니어
JK5	우리 모두 꼴찌 기러기에게 박수를	하나 요한슨	시공주니어
JK5	킬러 고양이의 일기	앤 파인	비룡소
JK5	수학 천재	베시 더피	크레용하우스
JK5	여우씨 이야기	요제프 라다	비룡소
JK5	내 생애 최고의 캠핑	수지 모건스턴	크레용하우스
JK5	영리한 폴리와 멍청한 늑대	캐더린 스터	비룡소
JK5	신데렐라를 요리하지 마세요	프란체스카 사이먼	비룡소
JK5	로알드 달의 무섭고 징그럽고 끔찍한 동물들	로알드 달	주니어김영사
JK5	동생을 화나게 하는 10가지 방법	실비 드 마튀이시윅스	어린이작가정신
JK5	영리한 공주	다이애나 콜스	비룡소
JK5	난 파티가 싫어!	에밀리 스미스	시공주니어
JK5	거짓말을 먹고 사는 아이	크리스 도네르	비룡소
JK5	멜롭스 가족의 보물찾기 소동	토미 웅거러	비룡소
JK5	우리 선생님 폐하	수지 모건스턴	비룡소
JK5	바비 클럽	티에리 르냉	비룡소
JK5	골치야, 학교 가자	주디 블룸	시공주니어
JK5	모범생은 이제 싫어	플로랑스 세이보스	시공주니어
JK5	3학년 2반 전원 합격!	사와다 노리코	국민서관
JK5	우리 가족 최고의 식사!	신디위 마고나	샘터사
JK5	최강 게으름 뱅이	리웨이밍	푸른날개
JK5	책 읽기 대장 니콜라	질 티보	어린이작가정신
JK5	고양이 도우미	다케시타 후미코	주니어RHK
JK5	호호 아줌마가 작아지는 비밀	알프 프로이센	비룡소

외국 창작

JK5	레이디 롤리팝, 말괄량이 길들이기	딕 킹 스미스	보림
JK5	내 마음의 선물	오토다케 히로타다	창해
JK5	우리 선생님이 마녀?	자비네 란	푸른나무
JK5	날아라, 고물 비행기	패트리샤 폴라코	베틀북
JK5	줄어드는 아이 트리혼	플로렌스 패리 하이드	논장
JK5	적	다비드 칼리	문학동네
JK5	아주르와 아스마르 (초등 그림책)	미셸 오슬로	웅진주니어
JK5	캄펑의 개구쟁이 1, 2	라트	꿈틀
JK5	거인 산적 그랍쉬와 땅딸보 부인 1, 2	구드룬 파우제방	시공주니어
JK5	찰리와 유령 텐트	힐러리 매케이	시공주니어
JK5	나는 너무 착해서 탈이야	마저리 화이트 펠레그리노	어린이작가정신
JK5	말썽쟁이 토마스에게 생긴 일	질 티보	어린이작가정신
JK5	박물관은 지겨워	수지 모건스턴	비룡소
JK5	올가는 학교가 싫다	준비에브 브리작	비룡소
JK5	나는 너랑 함께 있어서 좋을 때가 더 많아	구두룬 멥스	시공주니어
JK5	할머니가 파리보이를 삼켰어!	테드 아널드	주니어김영사
JK5	오톨린과 고양이 부인	크리스 리들	예림당
JK5	예뻐지고 싶은 거미 소녀	파스칼 샤다나	책속물고기
JK5	레나는 축구광	키르스텐 보예	계림북스
JK5	아주 소중한 2등	엘렌 비날	국민서관
JK5	토통 여우	이마에 요시토모	사계절
JK5	호첸플로츠 시리즈 (왕도둑 호첸플로츠 / 호첸플로츠 다시 나타나다 / 호첸플로츠 또 다시 나타나다)	오트프리트 프로이슬러	비룡소
JK5	빵빠라빔! 빤스맨 시리즈 (최면 반지의 비밀 / 뚱땡이 외계인 아줌마 부대의 음모 / 오줌싸개 교수님의 지구 정복 / 변기군단의 지구 침공 / 코딱지 로봇 소년 1, 2 / 팬티 당겨 여사의 분노)	대브 필키	주니어김영사
JK5	모모네집 이야기 시리즈 (꼬마 모모 / 모모와 고양이 푸 / 모모와 꼬마 아카네 / 안녕 모모, 안녕 아카네 / 아카네와 아빠 늑대 / 모모와 엄마의 비밀)	마쓰타니 미요코	양철북

JK6

단계	책제목	저자	출판사
JK6	프린들 주세요	앤드루 클레먼츠	사계절
JK6	로테와 루이제	에리히 캐스트너	시공주니어
JK6	조금만, 조금만 더	존 레이놀즈 가디너	시공주니어
JK6	진짜 도둑	윌리엄 스타이그	베틀북
JK6	통조림에서 나온 소인들	정 위엔지에	웅진주니어
JK6	말 안 하기 게임	앤드루 클레먼츠	비룡소
JK6	빨간 소파의 비밀	정 위엔지에	웅진주니어
JK6	어린이를 위한 우동 한 그릇	구리 료헤이	청조사
JK6	백만장자가 된 백설 공주	로알드 달	베틀북
JK6	신기한 시간표	오카다 준	보림
JK6	내 친구 윈딕시	케이트 디카밀로	시공주니어
JK6	내 이름은 삐삐 롱스타킹	아스트리드 린드그렌, 로렌 차일드	시공주니어
JK6	우리는 무적 남매 골치와 대장	주디 블룸	시공주니어
JK6	우리 누나	오카 슈조	웅진주니어
JK6	총을 거꾸로 쏜 사자 라프카디오	쉘 실버스타인	시공주니어
JK6	파퍼 씨의 12마리 펭귄	리처드 앳워터	문학동네어린이
JK6	내 친구가 마녀래요	E. L. 코닉스버그	문학과지성사
JK6	최악의 짝꿍	하나가타 미쓰루	주니어김영사
JK6	별 볼 일 없는 4학년	주디 블룸	창비
JK6	눈밭에서 찾은 선물	애비 워티스	푸른나무
JK6	잘난 척쟁이 경시 대회	앤드루 클레먼츠	국민서관
JK6	아빠가 내게 남긴 것	캐럴 캐릭	베틀북
JK6	꼬마 사업가 그레그	앤드루 클레먼츠	비룡소
JK6	생쥐 기사 데스페로	케이트 디카밀로	비룡소
JK6	콩나물 병정의 모험	정 위엔지에	웅진주니어
JK6	밥상의 기사들	존 셰스카	시공주니어
JK6	못 말리는 아빠와 까칠한 아들	뱅상 퀴벨리에	거인

외국 창작

JK6	에밀리가 조금 특별한 이유	던컨 볼	문학동네어린이
JK6	깡통 소년	크리스티네 뇌스틀링거	아이세움
JK6	초콜릿 천재	데보라 셔먼	좋은책어린이
JK6	마루 밑 바로우어즈	메리 노튼	시공주니어
JK6	최고의 이야기꾼 구니버드	로이스 로리	보물창고
JK6	꽃들에게 희망을	트리나 파울루스	시공주니어
JK6	나는 백치다	왕수펀	웅진주니어
JK6	엄마는 해고야	레이첼 플린	책과콩나무
JK6	대장은 나야	카트 브랑켄	시공주니어
JK6	내 방 찾기 전쟁	로버트 킴멜 스미스	푸른숲주니어
JK6	목요일의 사총사	나시야 아리에	시공주니어
JK6	우리집은 마녀 집안	마리 데스플르생	달리
JK6	황금 열쇠의 비밀	앤드루 클레먼츠	비룡소
JK6	오툴린과 유령 대소동	크리스 리들	예림당
JK6	꼬마 마녀	오트프리트 프로이슬러	길벗어린이
JK6	금요일에 만난 개, 프라이데이	힐러리 매케이	시공주니어
JK6	통조림 속의 인어아가씨	구드룬 파우제방	비룡소
JK6	걸어다니는 초콜릿	로버트 킴멜 스미스	아이세움
JK6	초콜릿 전쟁	오이시 마코토	중앙출판사
JK6	달려라 루디	우베 팀	창비
JK6	요술 연필 페니 시리즈	에일린 오헬리	좋은책어린이
JK6	웨이싸이드 학교 시리즈	루이스 새커	창비
JK6	작가 '로알드 달' 베스트 (찰리와 초콜릿 공장 / 마틸다 / 멍청씨 부부 이야기 / 찰리와 거대한 유리 엘리베이터 / 아북거, 아북거 / 창문닦이 삼총사 / 마녀를 잡아라 / 제임스와 슈퍼 복숭아)	로알드 달	시공주니어
JK6	작가 '재클린 윌슨' 베스트 (잠옷 파티 / 미라가 된 고양이 / 고민의 방 / 천사가 된 비키 / 일주일은 엄마네 일주일은 아빠네 / 난 작가가 될 거야!)	재클린 윌슨	시공주니어
JK6	윔피키드 시리즈 (학교 생활의 법칙 / 로드릭 형의 법칙 / 여름 방학의 법칙 / 사춘기의 법칙 / 그레그의 생존 법칙 / 머피의 법칙 / 윔피키드 Movie Diary / 내가 만드는 윔피키드)	제프 키니	푸른날개
JK6	삐삐 시리즈 (내 이름은 삐삐 롱스타킹 / 꼬마 백만 장자 삐삐 / 삐삐는 어른이 되기 싫으)	아스트리드 린드그렌	시공주니어
JK6	랄프 시리즈 (랄프와 오토바이 / 랄프는 똑똑해 / 집 나온 생쥐 랄프)	비벌리 클리어리	시공주니어

JK7

     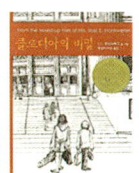

단계	책제목	저자	출판사
JK7	샬롯의 거미줄	엘윈 브룩스 화이트	시공주니어
JK7	사금파리 한 조각 1, 2	린다 수 박	서울문화사
JK7	쌍둥이 루비와 가닛	재클린 윌슨	시공주니어
JK7	나니아 나라 이야기 1~7	C. S. 루이스	시공주니어
JK7	내 친구 꼬마 거인	로알드 달	시공주니어
JK7	클로디아의 비밀	E. L. 코닉스버그	비룡소
JK7	해리포터 1~7	조앤. K. 롤링	문학수첩
JK7	괴짜탐정의 사건 노트 1~14	하야미네 카오루	비룡소
JK7	우리의 챔피언 대니	로알드 달	시공주니어
JK7	창가의 토토	구로야나기 테츠코	프로메테우스
JK7	핵 폭발 뒤 최후의 아이들	구드룬 파우제방	보물창고
JK7	성적표	앤드루 클레먼츠	웅진주니어
JK7	뉴욕에 간 귀뚜라미 체스터	조지 셀던 톰프슨	시공주니어
JK7	너는 나의 달콤한 ㅁㅁ	이민혜	문학동네어린이
JK7	베네딕트 비밀클럽	트렌톤 리 스튜어트	비룡소
JK7	산적의 딸 로냐	아스트리드 린드그렌	시공주니어
JK7	프린세스 아카데미	섀넌 헤일	책그릇
JK7	에밀과 탐정들	에리히 캐스트너	시공주니어
JK7	내 이름은 에이프릴	재클린 윌슨	시공주니어
JK7	로티, 나의 비밀 친구	재클린 윌슨	시공주니어
JK7	위고 카브레 1, 2	브라이언 셀즈닉	꿈소담이
JK7	헨쇼 선생님께	비벌리 클리어리	보림
JK7	모든 집에는 비밀이 있어	앤 M. 마틴	개암나무
JK7	오체 불만족	오토다케 히로타다	창해
JK7	트리갭의 샘물	나탈리 배비트	대교출판
JK7	퍼지는 돈이 좋아!	주디 블룸	시공주니어
JK7	쌍둥이 바꿔치기 대작전	앤드루 클레먼츠	비룡소
JK7	마지막 거인	프랑소아 플라스	디자인하우스

외국 창작

JK7	한밤중 톰의 정원에서	필리파 피어스	시공주니어
JK7	라스무스와 방랑자	아스트리드 린드그렌	시공주니어
JK7	출동! 반바지 부대	빅토어 캐스팩	시공주니어
JK7	라몬의 바다	스콧 오델	우리교육
JK7	처음 자전거를 훔친 날	사토 마키코	웅진주니어
JK7	로알드 달의 발칙하고 유쾌한 학교	로알드 달	살림Friends
JK7	밉스 가족의 특별한 비밀	인그리드 로	주니어RHK
JK7	날고양이들	어슐러 K. 르귄	봄나무
JK7	베네딕트 비밀클럽 1, 2	트렌톤 리 스튜어트	비룡소
JK7	수요일의 전쟁	게리 D. 슈미트	주니어RHK
JK7	무자비한 윌러비 가족	로이스 로리	주니어RHK
JK7	그 여자가 날 데려갔어	구드룬 멥스	시공주니어
JK7	하늘을 나는 교실	에리히 캐스트너	시공주니어
JK7	끝없는 이야기	미하엘 엔데	비룡소
JK7	어두운 숲 속에서	애비	푸른나무
JK7	비밀의 숲 테라비시아	캐더린 패터슨	대교출판
JK7	최후의 늑대	멜빈 버지스	푸른나무
JK7	시간의 주름	매들랜 렝글	문학과지성사
JK7	쉿! 인형들이 가출했어	앤 M. 마틴	개암나무
JK7	내가 나인 것	야마나카 히사시	사계절
JK7	마음 읽는 소녀 린 (상, 하)	섀넌 헤일	책그릇
JK7	사자왕 형제의 모험	아스트리드 린드그렌	창비
JK7	화성에 간 내 동생	사노 요코	웅진주니어
JK7	위풍당당 질리 홉킨스	캐서린 패터슨	비룡소
JK7	엄마가 결혼했어요	바바라 파크	웅진주니어
JK7	랄슨 선생님 구하기	앤드루 클레멘츠	내인생의책
JK7	프린세스 엠마 1~4	E. D. 베이커	개암나무
JK7	내일은 도시를 하나 세울까 해	O. T. 넬슨	뜨인돌
JK7	내 친구에게 생긴 일	미라 로베	크레용하우스
JK7	완벽한 가족	로드리고 무뇨스 아비아	다림
JK7	마법에 걸린 학교	린다 드윌미스터	키즈조선
JK7	미오, 나의 미오	아스트리드 린드그렌	우리교육
JK7	세상에서 제일 못된 인형	앤 M. 마틴	개암나무
JK7	우리들만의 규칙	신시아 로드	주니어RHK
JK7	사라진 명작	엘리스 브로치	사파리
JK7	위험한 비밀편지	앤드루 클레먼츠	비룡소

JK7	뽕나무 프로젝트	린다 수 박	서울문화사
JK7	겁 없는 생쥐	애비	푸른나무
JK7	엄지 소년	에리히 캐스트너	시공주니어
JK7	소원을 들어주는 카드	빌 브리튼	주니어김영사
JK7	도시의 정글	애비	푸른나무
JK7	무너진 교실	사이토 에미	아이세움
JK7	까보 까보슈	다니엘 페나크	문학과지성사
JK7	켄즈케 왕국	마이클 모퍼고	풀빛
JK7	갈매기에게 나는 법을 가르쳐준 고양이	루이스 세뿔베다	바다출판사
JK7	아주 작은 개 치키티토	필리파 피어스	시공주니어
JK7	음유시인 비들 이야기	조앤. K. 롤링	문학수첩 리틀북스
JK7	아빠를 위해 죽은 생쥐	마욜라인 호프	시공주니어
JK7	이집트 게임	질파 K. 스타이더	문학동네
JK7	라스무스와 폰투스	아스트리드 린드그렌	시공주니어
JK7	크리스핀의 모험 1, 2	애비	서울문화사
JK7	섀넌 헤일의 프린세스 시리즈 (프린세스 아카데미 / 거위 치는 프린세스 / 새총잡이 첩보원과 물의 비밀 / 프린세스의 시녀와 불의 비밀 / 프린세스의 천일책)	섀넌 헤일	책그릇
JK7	꼬마 니콜라 시리즈 (꼬마 니콜라 / 꼬마 니콜라의 여름방학 / 꼬마 니콜라의 골칫거리 / 꼬마 니콜라의 쉬는 시간 / 꼬마 니콜라와 친구들)	르네 고시니	문학동네

외국 창작

 JK8

단계	책제목	저자	출판사
JK8	바보 빅터	호아킴 데 포사다 외	한국경제신문
JK8	열혈 수탉 분투기	창신강	푸른숲주니어
JK8	돼지가 한 마리도 죽지 않던 날	로버트 뉴턴 펙	사계절
JK8	나는 선생님이 좋아요	하이타니 겐지로	양철북
JK8	하늘을 달리는 아이	제리 스피넬리	다른
JK8	후트	칼 히어슨	그린북
JK8	그리운 메이 아줌마	신시아 라일런트	사계절
JK8	별을 헤아리며	로이스 로리	양철북
JK8	우동 한 그릇	구리 료헤이	청조사
JK8	왓슨 가족, 버밍햄에 가다	크리스토퍼 폴 커티스	시공사
JK8	어느 날 미란다에게 생긴 일	레베카 스테드	찰리북
JK8	천둥아, 내 외침을 들어라!	밀드레드 테일러	내인생의책
JK8	양쯔강 소년	엘리자베스 포어먼 루이스	개암나무
JK8	산과 달이 만나는 곳	그레이스 린	봄나무
JK8	엘린 가족의 특별한 시작	구드룬 파우제방	시공주니어
JK8	엄마가 사라진 어느 날	루스 화이트	푸른숲주니어
JK8	나쁜 초콜릿	샐리 그린들리	봄나무
JK8	치약으로 백만장자되기	진 메릴	시공주니어
JK8	책벌레들의 책 없는 방학	힐러리 매케이	시공주니어
JK8	당나귀는 당나귀답게	아지즈 네신	푸른숲주니어
JK8	책벌레들의 비밀 후원 작전	힐러리 매케이	시공주니어
JK8	도둑	메건 웨일런 터너	봄나무
JK8	홈으로 슬라이딩	도리 힐레스타드 버틀러	미래인
JK8	까마귀 모티머 길들이기	조안 에이킨	시공주니어
JK8	크라바트	오트프리트 프로이슬러	비룡소
JK8	마법의 도서관	요슈타인 가아더	현암사
JK8	시티 오브 엠버	잔 뒤프라우	두레
JK8	도서관에서 생긴 일	귀뒬	문학동네

JK8	작은 거인 조지 워싱턴 비숍	리사 그래프	개암나무
JK8	마녀 사냥	라이프 에스퍼 애너슨	보림
JK8	아버지의 남포등	윌리엄 암스트롱	소년한길
JK8	먼 산에서	진 크레이그헤드 조지	비룡소
JK8	할아버지, 이젠 사랑한다고 말할 수 있어요	바바라 파크	내인생의책
JK8	사랑해, 오브리	수잰 러플러	주니어RHK
JK8	클릭, 에린의 비밀 블로그	데니스 베가	찰리북
JK8	두 개의 달 위를 걷다	샤론 크리치	비룡소
JK8	개가 남긴 한 마디	아지즈 네신	푸른숲주니어
JK8	줄리와 늑대	진 크레이그헤드 조지	대교출판
JK8	쫓기는 아이	알렉스 시어러	봄나무
JK8	쑤우프, 엄마의 이름	사라 윅스	낮은산
JK8	봄 여름 가을 겨울	버지니아 소렌슨	내인생의책
JK8	태양의 전사	로즈마리 서트클리프	비룡소
JK8	우리들의 마지막 여름	유타 리히터	해와나무
JK8	그림자 아이들 1~6	마가렛 피터슨 해딕스	봄나무
JK8	홀리스 우즈의 스케치북	퍼트리샤 라일리 기프	동산사
JK8	블루 재스민	카시미라 셰트	을파소
JK8	병 속의 바다	케빈 헹크스	보물창고
JK8	비버족의 표식	엘리자베스 조지 스피어	아침이슬
JK8	나, 후안 데 파레하	엘리자베스 보튼 데 트레비뇨	다른
JK8	바르샤바로 간 슐레밀	아이작 바셰비스 싱어	내인생의책
JK8	두 번째 탄생	장 프랑수아 샤바스	바람의아이들
JK8	파란 수염 생쥐 미라이	창신강	보림
JK8	용의 날개	로렌스 옙	소년한길

외국 창작

 JK9

단계	책제목	저자	출판사
JK9	모모	미하엘 엔데	비룡소
JK9	구덩이	루이스 새커	창비
JK9	손도끼	게리 폴슨	사계절
JK9	트루먼 스쿨 악플 사건	도리 힐레스타드 버틀러	미래인
JK9	기억 전달자	로이스 로리	비룡소
JK9	오이대왕	크리스티네 뇌스틀링거	사계절
JK9	얼굴 빨개지는 아이	장 자끄 상뻬	열린책들
JK9	개를 훔치는 완벽한 방법	바바라 오코너	다산책방
JK9	흑설공주 이야기 1, 2	바바라 G. 워커	뜨인돌
JK9	리버보이	팀 보울러	다산책방
JK9	큰발 중국 아가씨	렌세이 나미오카	달리
JK9	해바라기 카짱	니시카와 츠카사	뜨인돌
JK9	바르톨로메는 개가 아니다	라헐 판 코에이	사계절
JK9	줄무늬 파자마를 입은 소년	존 보인	비룡소
JK9	전갈의 아이	낸시 파머	비룡소
JK9	헝거게임	수잔 콜린스	북폴리오
JK9	초콜릿 레볼루션	알렉스 쉬어러	미래인
JK9	나의 산에서	진 C. 조지	비룡소
JK9	언니가 가출했다	크리스티네 뇌스틀링거	우리교육
JK9	뚱보, 내 인생	미카엘 올리비에	바람의아이들
JK9	내 영혼이 따뜻했던 날들	포리스터 카터	아름드리
JK9	박사가 사랑한 수식	오가와 요코	이레
JK9	어쩌다 중학생 같은 걸 하고 있을까	쿠로노 신이치	뜨인돌
JK9	구멍에 빠진 아이	조르디 시에라 이 화브라	다림
JK9	인도의 딸	글로리아 웰런	내인생의책
JK9	열네 살의 인턴십	마리 오드 뮈라이유	바람의아이들
JK9	불량엄마 납치 사건	비키 그랜트	미래인
JK9	친구가 되기 5분 전	시게마츠 기요시	푸른숲주니어

JK9	중학교 1학년	수지 모건스턴	바람의아이들
JK9	스켈리그	데이비드 알몬드	비룡소
JK9	작은 발걸음	루이스 새커	창비
JK9	그레이브야드 북	닐 게이먼	노블마인
JK9	체르노빌의 아이들	히로세 다카시	프로메테우스
JK9	에메랄드 아틀라스	존 스티븐스	비룡소
JK9	거짓말쟁이와 모나리자	E. L. 코닉스버그	사계절
JK9	연을 쫓는 아이	할레드 호세이니	열림원
JK9	서쪽 마녀가 죽었다	나시키 가호	비룡소
JK9	난 두렵지 않아요	프란체스코 다다모	알에이치코리아
JK9	해피 버스데이	아오키 가즈오	문학세계사
JK9	스피릿 베어	벤 마이켈슨	양철북
JK9	니임의 비밀	로버트 오브라이언	보물창고
JK9	파랑 채집가	로이스 로리	비룡소
JK9	레닌그라드의 기적	잽 테르 하르	다림
JK9	내 인생 최악의 학교	제임스 패터슨	미래인
JK9	난 버디가 아니라 버드야!	크리스토퍼 폴 커티스	시공사
JK9	이 멋진 세상에 태어나	후쿠다 다카히로	다림
JK9	내 남자친구 이야기	크리스티앙 그르니에	사계절
JK9	시간을 달리는 소녀	츠츠이 야스타카	북스토리
JK9	열네 살의 여름	베치 바이어스	소년한길
JK9	희망의 섬 78번지	우리 오를레브	비룡소
JK9	드레스 입은 스트라이커	데이비드 월리암스	을파소
JK9	드럼, 소녀 & 위험한 파이	조단 소넨블릭	시공사
JK9	여름방학 불청객	크리스티네 뇌스틀링거	양철북
JK9	나의 리틀 리그	제임스 프렐러	살림Friends
JK9	손도끼의 겨울 이야기	게리 폴슨	우리같이
JK9	미안해, 스이카	하야시 미키	다산책방
JK9	에스페란자	야콥 베겔리우스	다림
JK9	바람의 딸 샤바누	수잔느 피셔 스테이플스	사계절
JK9	차이니즈 신데렐라	애덜라인 옌 마	비룡소
JK9	개는 농담을 하지 않는다	루이스 새커	돌베개
JK9	나는 개입니까	창신강	사계절
JK9	두근두근 백화점	알렉스 쉬어러	미래인
JK9	단추전쟁	루이 페르고	낮은산
JK9	윈터 걸스	로리 할스 앤더슨	개암나무
JK9	이사벨 아옌데의 청소년 소설 3부작 (야수의 도시 / 황금용 왕국 / 소인족의 숲)	이사벨 아옌데	비룡소

국내 옛이야기 · 명작

단계	책제목	저자	출판사
JK2	팥죽 할멈과 호랑이	박윤규	시공주니어
JK2	청개구리	이금옥	보리
JK2	우리 할아버지가 꼭 나만 했을 때	전래동화	보림
JK2	호랑이와 곶감	위기철	국민서관
JK2	꼬부랑 할머니가	신경림	계수나무
JK2	떡 하나 주면 안 잡아먹지	윤재웅	맹앤앵
JK2	해님 달님	송재찬	국민서관
JK3	길 아저씨 손 아저씨	권정생	국민서관
JK3	까막나라에서 온 삽사리	정승각	초방책방
JK3	똥자루 굴러간다	김윤정	국민서관
JK3	양초귀신	강우현	다림
JK3	설문대할망	송재찬	봄봄
JK3	살려줄까 말까?	조은수	비룡소
JK3	무서운 도깨비 찾아가요	임정자	우리교육
JK3	며느리와 벼 이삭	강무지	한솔수북
JK3	서천꽃밭 한락궁이	김춘옥	봄봄
JK3	내 복에 살지요	엄혜숙	애플트리태일즈
JK3	옛이야기 그림책 까치 호랑이 시리즈 (팥죽 할머니와 호랑이 / 반쪽이 / 재주 많은 다섯 친구 / 사윗감 찾아 나선 두더지 / 호랑이 잡은 피리 / 땅속 나라 도둑 괴물)	조대인 외	보림
JK3	옛날옛적에 시리즈 (훨훨 간다 / 도깨비와 범벅 장수 / 거울 속에 누구요? / 의 좋은 형제 / 개미 허리 / 며느리 방귀 복 방귀 / 신선바위 똥바위)	권정생 외	국민서관
JK3	옛이야기 그림책 시리즈 (줄줄이 꿴 호랑이 / 호랑이 뱃속 잔치 / 방귀쟁이 며느리 / 좁쌀 반 됫박 / 가시내 / 여우누이 / 해와 달이 된 오누이)	권문희 외	사계절
JK3	안 알려진 호랑이 이야기 시리즈 (하얀 눈썹 호랑이 / 떡보먹보 호랑이 / 암행어사 호랑이 / 꽃가마 탄 호랑이 / 꽹과리 꽹 호랑이)	이진숙 외	한솔수북
JK3	길벗어린이 옛날이야기 시리즈 (밥 안 먹는 색시 / 팥이 영감과 우르르 산토끼 / 갑돌이와 용감한 여섯 친구 / 우렁각시 / 옛날에 여우가 메추리를 잡았는데)	김효숙 외	길벗어린이

JK3	두껍아 두껍아 옛날옛적에 시리즈 (꿀꿀 돼지 / 까치와 호랑이와 토끼 / 주먹이 / 불가사리 / 쥐와 게 / 오수의 개)	김중철 외	웅진주니어
JK3	비룡소 전래동화 시리즈 (신기한 그림족자 / 흰 쥐 이야기 / 호랑이 잡는 법 / 심청전 / 반쪽이 / 빨간 부채 파란 부채)	이영경 외	비룡소
JK3	네버랜드 우리 옛이야기 시리즈 (재주꾼 오형제 / 거짓말 세 마디 / 먹보장군 / 나무 도령 밤손이 / 빨간 부채 파란 부채 / 콩중이 팥중이 / 재주 있는 처녀 / 쥐 둔갑 타령)	이미애 외	시공주니어
JK3	방방곡곡 구석구석 옛이야기 시리즈 (난쟁이 범 사냥 / 밥 안 먹는 색시 / 개가 된 범 / 연이와 칠성이 / 코 길어진 욕심쟁이 / 장수 되는 물)	박영만	사파리
JK3	온 겨레 어린이가 함께 보는 옛이야기 시리즈 (정신없는 도깨비 / 불씨 지킨 새색시 / 생쥐 신랑 / 딸랑새 / 호랑 감투 / 호랑이 뱃속 잔치 / 신기한 독 / 옹고집 / 잉어각시)	서정오 외	보리
JK3	꼬불꼬불 옛이야기 시리즈 (팥죽 할멈과 호랑이 / 임금님 귀는 당나귀 귀 / 아기장수 우투리)	서정오	보리
JK3	옛이야기는 내 친구 시리즈 (저승에 있는 곳간 / 도깨비 대장이 된 훈장님 / 종이에 싼 당나귀 / 호랑이가 준 보자기)	서정오 외	한림출판사
JK3~4	한림신화그림책 시리즈 (대별왕 소별왕 / 마마신 손님네 / 저승사자가 된 강림도령 / 성주신 황우양 / 바리데기)	한태희 외	한림출판사
JK4	아씨방 일곱 동무	이영경	비룡소
JK4	홍길동	홍영우	보리
JK4	삼신할미	서정오	봄봄
JK4	점 잘 치는 훈장	박영만	사파리
JK4	단물 고개	소중애	비룡소
JK4	자린고비	정하섭	웅진주니어
JK4	오늘이	서정오	봄봄
JK4	바리공주	김승희	비룡소
JK4	옴두꺼비 장가 간 이야기	박영만	사파리
JK4	구렁덩덩 신선비	김중철	웅진주니어
JK4	똑똑한 양반	권정생	한겨레출판
JK4	굴비 한 번 쳐다보고	박완서	가교
JK4	귀신 도깨비 내 친구	이상희	웅진주니어
JK4	똥 싼 도깨비	김원석	자람
JK4	부자가 되려면	김원석	자람
JK4	저승사자가 된 강림도령	송언	한림출판사
JK4	호랑이 처녀의 사랑	강숙인	사계절
JK4	부자가 된 삼형제	이현주	비룡소
JK4	박타령	김장성	여우고개
JK4	날마다 하나씩 우스개 옛이야기	김태정	웅진주니어

국내 옛이야기 · 명작

JK4	의 좋은 형제	김용택	비룡소
JK4	나무꾼과 선녀	오정희	비룡소
JK4	전우치전	송언	황제펭귄
JK4	질질질 옛이야기 마당 시리즈 (배꼽 빠지게 웃기고 재미난 똥 이야기 / 무서운 호랑이들의 가슴 찡한 이야기 / 오싹오싹 서늘한 여우 이야기)	박혜숙 외	미래아이
JK5	호랑이 뱃속에서 고래 잡기	김용택	푸른숲
JK5	방귀 뀌고 도둑 잡고	서정오	주니어RHK
JK5	닷 발 늘어져라	권정생	한겨레아이들
JK5	호랑이굴로 장가 들러 간 노총각	서정오	토토북
JK5	별별 물건들의 놀랍고 신기한 이야기	백미숙	미래아이
JK5	눈물이 방울방울 아름다운 꽃 이야기	이연정	미래아이
JK5	구비구비 사투리 옛이야기	노제운	해와나무
JK5	도깨비가 밤마다 끙끙끙	김용택	푸른숲
JK5	새로 찾은 우리 신화	김종상	예림당
JK5	팔만대장경 속 열두 동물 이야기	이금이	보물창고
JK5	챙이 영감 며느리	김회경	문학동네어린이
JK5	토끼 볼알을 만진 노루	이주홍	우리교육
JK5	꿀강아지 똥강아지	신현배	우리교육
JK5	깨비 깨비 참 도깨비	김종대	산하
JK5	처용아 처용아, 귀신을 쫓아라	장주식	푸른나무
JK5	저승사자가 된 강림도령	김원석	대교출판
JK5	양초로 국을 끓여	김원석	자람
JK5	국 아홉 동이 밥 아홉 동이	윤영선	미래아이
JK5	구비구비 옛이야기	윤동재	주니어김영사
JK5	삼신할미가 된 당곰애기	김원석	대교출판
JK5	바리공주	신현득	현암사
JK5	입말로 들려주는 우리 겨레 옛이야기 1~4	이향숙	영림카디널
JK5	마르지 않는 옛이야기 샘 시리즈 (가슴 뭉클한 옛날 이야기 / 재치가 배꼽 잡는 이야기 / 어찌하여 그리 된 이야기 / 별난 재주꾼 이야기 / 세상이 생겨난 이야기)	김장성 외	사계절
JK5	한겨레 옛이야기 시리즈 (조선의 여걸 박씨부인 / 울지마, 울산바위야 / 조선의 영웅 김덕령 / 암행어사 박문수 / 다자구야 들자구야 할머니 / 아기장수 우뚜리)	송언 외	한겨레아이들
JK5	옛 이야기 보따리 시리즈 (호랑이 뱃속 구경 / 꽁지 닷 발 주둥이 닷 발 / 나귀 방귀 / 떼굴떼굴 떡 먹기 / 메주 도사 / 두꺼비 신랑 / 박박 바가지 / 신통방통 도깨비)	서정오	보리

JK5	철따라 들려주는 옛이야기 시리즈 (도토리 신랑 / 범 아이 / 염소 사또 / 입춘대길 코춘대길)	서정오	보리
JK5	이 세상 첫 이야기 시리즈 (염라대왕을 잡아라 / 삼신 할머니와 아이들 / 아버지를 찾아서 / 모여라 꾸러기 신들)	정하섭	창비
JK5	어린이 고전 마당 시리즈 (천 냥짜리 거짓말 / 참말로 참말, 참말로 거짓말 / 오시오 자시오 가시오)	서정오 외	알에이치코리아
JK5	굽이구비 옛이야기 시리즈 (사람 둔갑 손톱 쥐 / 엉터리 명궁 사위 / 짐승의 말을 알아듣는 각시)	백승남 외	해와나무
JK6	우리 옛이야기 백가지 1, 2	서정오	현암사
JK6	똥 뒤집어 쓴 도깨비	서정오	토토북
JK6	금수회의록	안국선	산하
JK6	연오랑 세오녀	조호상	산하
JK6	삼신할머니 저승할머니	초록인	교학사
JK6	부채귀신 잡은 이야기	권정생	사계절
JK6	재미가 솔솔 나는 우리 옛이야기	돋움자리	시공주니어
JK6	호랑이도 살고 빚쟁이도 살고	손춘익	창비
JK6	다시 읽는 임석재 옛이야기 1~7	임석재	한림출판사
JK6	한국 전래 동화집 1~15	최내옥 외	창비
JK7	비형랑	최정금 외	해와나무
JK7	입에서 입으로 전하는 구비문학	김문태	산하
JK7	찔레 먹고 똥이 뿌지직!	김단비	웃는돌고래
JK7	수궁가	이청준	파랑새어린이
JK7	재미있다! 우리 고전 시리즈 (홍길동전 / 박씨 부인전 / 옹고집전 / 장화 홍련전 / 심청전 / 북경거지 / 도깨비 손님 / 흥보전 / 계축일기 / 금방울전 / 최척전)	정종목 외	창비
JK7	우리겨레 좋은 고전 시리즈 (봉이 김선달 / 인현왕후전 / 허생전 / 배비장전 / 사씨남정기 / 박씨전·장화홍련전)	강용숙 외	꿈소담이
JK7	역사로 통하는 고전문학 시리즈 (토끼전 / 흥부전 / 심청전 / 홍길동전)	김종년 외	휴이넘
JK8	춘향전 : 신분 사회를 비틀다	김경란	휴이넘
JK8	이청준 판소리 동화 시리즈(흥부가 / 심청가 / 춘향가)	이청준	파랑새어린이
JK8	샘 깊은 오늘고전 시리즈	조호상 외	알마
JK9	우리가 정말 알아야 할 우리 신화	서정오	현암사
JK9	국어 시간에 고전 읽기 시리즈	류수열 외	나라말
JK9	한국 고전문학 읽기 시리즈	전윤호 외	주니어김영사

외국 옛이야기 · 명작

단계	책제목	저자	출판사
JK2	곰 세 마리	폴 갤돈	보림
JK2	금발 머리와 곰 세 마리	바바라 매클린톡	베틀북
JK2	장갑	에우게니 M. 라초프	한림출판사
JK2	바람과 해님	브라이언 와일드 스미스	보림
JK2	토끼와 거북이	브라이언 와일드 스미스	보림
JK2	사자와 생쥐	제리 핑크니	별천지
JK2	흰 토끼와 검은 토끼	가스 윌리엄즈	다산기획
JK2	완두콩 위에서 잔 공주님	니시마키 카야코	한림출판사
JK2	아기 돼지 삼형제	폴 갈돈	시공주니어
JK2	곰 세 마리	바이런 바튼	비룡소
JK2	토끼코는 왜 움쭐거릴까요?	모니카 도페프트	한림출판사
JK2	내가 처음으로 읽는 세계명작 시리즈 (재주 많은 다섯 형제 / 금발머리와 곰 세 마리 / 홀레 할머니 / 빨간 모자 / 헨젤과 그레텔 / 브레멘의 동물 음악대 / 미운 오리 새끼)	그림형제 외	웅진주니어
JK3	작은 집 이야기	버지니아 리 버튼	시공주니어
JK3	아기 늑대 세 마리와 못된 돼지	헬린 옥슨버리	시공주니어
JK3	빈 화분	데미	사계절
JK3	호랑이 왕자	첸 지앙 홍	웅진주니어
JK3	보물	유리 슐레비츠	웅진주니어
JK3	변신	로렌스 데이비드	보림
JK3	옛날에 생쥐 한 마리가 있었는데…	마샤 브라운	열린어린이
JK3	거미 아난시	제럴드 맥더멋	열린어린이
JK3	모기는 왜 귓가에서 앵앵 거릴까?	버나 알디마	보림
JK3	황금 거위	유리 슐레비츠	시공주니어
JK3	나무꾼과 늑대	호리우치 세이치	한림출판사
JK3	임금님과 아홉 형제	아카바 수에키치	북뱅크
JK3	배장수와 신선	위기철	국민서관
JK3	인어공주	율리아 야쿠시나	웅진주니어
JK3	벌거벗은 임금님	안데르센	웅진주니어

JK3	못생긴 아기 오리	안데르센	웅진주니어
JK3	멋쟁이 원숭이의 목걸이	이경애	국민서관
JK3	미운 오리 새끼	제리 핑크니	별천지
JK3	빨간 모자	제리 핑크니	별천지
JK3	네버랜드 세계 옛이야기 시리즈 (돌멩이 수프 / 생강빵 아이 / 열두 공주의 비밀 / 우락부락 염소 삼형제 / 빨간 암탉 / 라푼첼 / 톰팃톳 / 신데렐라)	마샤 브라운 외	시공주니어
JK3	안데르센 그림책 시리즈 (부싯돌 상자 / 하늘을 나는 트렁크 / 꽃들의 무도회 / 장난감 병사 / 못생긴 아기오리)	H. C. 안데르센 외	한림출판사
JK3	똑똑한 세계명작 시리즈 (내 친구 파트라슈 / 닐스가 작아졌어요)	셀마 라게를뢰프 외	아름다운사람들
JK3	열린어린이 옛이야기 그림책 시리즈 (빛을 가져온 갈까마귀 / 흉내쟁이 코요테 / 꾀주머니 토끼 조모 / 사고뭉치 돼지소년 / 꾀쟁이 원숭이)	제럴드 맥더멋	열린어린이
JK3	곧은나무 그림책: 세계옛이야기 시리즈 (신기한 요술 붓 / 맛있는 아기 배꼽 / 오동통 귀여운 동글이 빵 / 마법 소년 마우이와 커다란 물고기 / 아기 돼지 삼 형제)	주디 시에라 외	곧은나무
JK 3~4	세계의 옛이야기 시리즈 (두루미 아내 / 혀 잘린 참새 / 우리 집은 너무 좁아 / 찔레꽃 공주 / 일곱 마리 까마귀 / 배고픈 외투 / 헨젤과 그레텔 / 용감무쌍 염소 삼형제 / 신기한 부적 세 장 / 행복한 한스 / 코끼리 목욕통 / 백설 공주와 일곱 난쟁이 / 주먹밥이 데굴데굴)	그림형제 외	비룡소
JK3~4	거꾸로 쓰는 세계명작 시리즈 (장화 벗은 고양이 / 신데렐라 새엄마 / 바보 인어공주 / 도둑이 된 잭과 콩나무 / 백설공주와 똑똑한 거울 / 알라딘과 보통 램프)	글공작소	아름다운사람들
JK4	이솝 이야기	이솝	어린이작가정신
JK4	하멜른의 피리 부는 사나이	로버트 브라우닝	시공주니어
JK4	눈의 여왕	안데르센	웅진주니어
JK4	나이팅게일	안데르센	웅진주니어
JK4	신기한 비단	정해왕	시공주니어
JK4	불새와 붉은 말과 바실리사 공주	이경혜	시공주니어
JK4	욕심쟁이 거인	오스카 와일드	길벗어린이
JK4	라퐁텐 우화집	라 퐁텐	크레용하우스
JK4	헤라클레스의 열두 가지 모험	니콜라 코쉬	아이세움
JK4	폭풍마왕과 이반왕자	러시아 옛이야기	웅진주니어
JK4	그림형제가 들려주는 독일 옛 이야기	그림형제	웅진주니어
JK4	와글와글 신화 속 용과 몬스터	브누아 들라랑드르	초록아이
JK4	얘들아, 모여 봐!	로트라우트 수잔네 베르너	비룡소

외국 옛이야기 · 명작

JK4	옛날 옛날에	휴 럽톤	시공주니어
JK4	알라딘과 요술 램프	필립 풀먼	주니어김영사
JK4	황금 물고기	알렉산드르 푸쉬킨	가교
JK4	에스파냐 공주의 생일	오스카 와일드	주니어파랑새
JK4	신발나무의 전설	존 패트릭 루이스	마루벌
JK4	바퀴 달린 라 퐁텐 우화집	마리 앙주 기옹	비룡소
JK4	샤를 페로의 꼬마 엄지	샤를 페로	마루벌
JK4	명작 그 뒷이야기 시리즈 (신데렐라와 심술궂은 왕비 / 요정, 휴가를 떠나다 / 라푼첼, 머리를 자르다 / 보디가드가 된 늑대 / 빨간 모자의 고민 / 연못이 그리운 개구리왕자 / 골디락과 딱 좋은 친구들 / 잭과 콩 과자)	토니 브래드먼	중앙출판사
JK4	길가메시 신화 시리즈 (위대한 왕 길가메시 / 이슈타르의 복수 / 길가메시의 마지막 모험)	루드밀라 제만	비룡소
JK5	난쟁이 코	빌헬름 하우프	마루벌
JK5	날아가는 화살을 잡은 원숭이	정해왕	비룡소
JK5	거미 아난시	정하섭	우리교육
JK5	피노키오의 모험	카를로 콜로디	미래아이
JK5	달을 만지고 싶은 임금님	마가렛 마요	국민서관
JK5	일곱 명의 지혜로운 공주 이야기	와파 타카르노우스카	두산동아
JK5	닐스의 신기한 모험	셀마 라게를뢰프	마루벌
JK5	오래된 마법 동화	그림형제	마루벌
JK5	차가운 심장	빌헬름 하우프	푸른나무
JK5	그림 메르헨	니콜라우스 하이델바흐	문학과지성사
JK5	그림 없는 그림책	한스 크리스티안 안데르센	보물창고
JK5	모글리의 형제들	루디야드 키플링	마루벌
JK5	투란도트	마리아나 매이어	미래아이
JK5	크리스마스 선물	오 헨리	아이세움
JK5	장난꾸러기 코피트코	어린이도서연구회	우리교육
JK5	어린이를 위한 로미오와 줄리엣	로이스 버뎃	찰리북
JK5	햄릿	마틴 워델	다산기획
JK5	리처드 3세	마틴 워델	다산기획
JK5	동화로 읽는 그리스 신화 시리즈	메네라오스 스테파니데스	파랑새어린이
JK5	삼국지 구비동화 시리즈	이상배	파랑새어린이
JK5	그림책으로 만나는 셰익스피어 시리즈 (한여름밤의 꿈 / 로미오와 줄리엣 / 십이야 / 폭풍우 / 맥베스 / 햄릿)	브루스 코빌 외	미래아이

JK5	어린이 작가정신 클래식 시리즈 (오즈의 마법사 / 눈의 여왕 / 크리스마스 캐럴 / 행복한 왕자 / 로빈후드의 모험)	프랭크 바움 외	어린이작가정신
JK6	돈 키호테	미겔 데 세르반테스	아이세움
JK6	플랜더스의 개	위다	비룡소
JK6	어린 왕자	생텍쥐페리	비룡소
JK6	바보 이반의 이야기	레오 톨스토이	창비
JK6	비밀의 화원	프랜시스 호지슨 버넷	비룡소
JK6	그리스 신화	에드거 파린 돌레르	시공주니어
JK6	이상한 나라의 앨리스	루이스 캐럴	비룡소
JK6	크리스마스 캐럴	찰스 디킨스	비룡소
JK6	이상한 나라의 앨리스	루이스 캐럴	웅진주니어
JK6	소공녀	프랜시스 호즈슨 버넷	비룡소
JK6	꿀벌 마야의 모험	발데마르 본젤스	비룡소
JK6	인형의 집	루머 고든	비룡소
JK6	은혜를 갚은 인어	김정희	산하
JK6	어린이를 위한 폭풍우	로이스 버뎃	찰리북
JK6	폭풍우	마틴 워델	다산기획
JK6	그림형제 동화집 1~3	그림형제	비룡소
JK6	그리스 로마 신화 1, 2	권태선 편역	창비
JK6	내가 처음 만난 톨스토이 1, 2	레프 톨스토이	다산기획
JK6	처음으로 만나는 삼국지 1~5	김민수	베틀북
JK6	앗, 이렇게 산뜻한 고전이! 시리즈	테리 디어리 외	주니어김영사
JK6	짐 크노프 이야기 시리즈	미하엘 엔데	길벗어린이
JK7	초원의 집 1~9	로라 잉걸스 와일더	비룡소
JK7	오즈의 마법사 1~14	프랭크 바움	문학세계사
JK7	안네의 일기	안네 프랑크	지경사
JK7	북유럽 신화	에드거 파린 돌레르	시공주니어
JK7	80일간의 세계일주 1, 2	쥘 베른	창비
JK7	별 : 프로방스 지방 어느 목동의 이야기	알퐁스 도데	길벗어린이
JK7	아라비안 나이트	호스트 퀸네만	주니어김영사
JK7	크리스마스 캐럴	찰스 디킨스	보물창고

외국 옛이야기 · 명작

JK7	빨간 머리 앤 시리즈 (빨간 머리 앤 / 에이번리의 앤 / 레드먼드의 앤)	루시 모드 몽고메리	시공주니어
JK7	네버랜드 클래식 시리즈 (세라 이야기 / 우산 타고 날아온 메리 포핀스 / 비밀의 화원 / 톰 소여의 모험 / 이상한 나라의 앨리스 / 오즈의 마법사 / 작은 아씨들 / 로빈슨 크루소 / 거울 나라의 앨리스 / 왕자와 거지 / 하이디 / 피터 팬 / 세드릭 이야기 / 80일간의 세계 일주 / 버드나무에 부는 바람 / 보물섬)	프랜시스 호즈슨 버넷 외	시공주니어
JK7	비룡소 클래식 시리즈 (15소년 표류기 / 아서 왕과 원탁의 기사들 / 트로이 전쟁 / 로빈 후드의 모험 / 해저 2만 리 1, 2 / 키다리 아저씨 / 보물섬 / 하이디 / 카라반 이야기 / 라마야나)	쥘 베른 외	비룡소
JK7	눈높이 클래식 시리즈 (왕자와 거지 / 15소년 표류기 / 80일간의 세계 일주 / 오즈의 마법사 / 돈키호테 / 걸리버 여행기 / 작은 아씨들 / 로빈슨 크루소 / 안네의 일기 / 이상한 나라의 앨리스 / 피노키오 / 톰 소여의 모험)	마크 트웨인 외	대교출판
JK7	아름다운 고전 시리즈 (어린왕자 / 오즈의 마법사 / 이상한 나라의 앨리스 / 키다리 아저씨 / 빨간 머리 앤 / 작은 아씨들 / 눈의 여왕 / 피노키오 / 백설공주 / 아라비안 나이트 / 하이디)	생텍쥐페리 외	인디고
JK7	거인 클래식 시리즈 (오 헨리 단편선 / 동물 농장 / 오스카 와일드 단편선 / 장발장 / 톨스토이 단편선)	오 헨리 외	거인
JK7	마루벌 클래식 시리즈 (비밀의 정원 / 로빈 후드의 모험 / 톰 소여의 모험 / 보물섬)	프랜시스 엘리자 버넷 외	마루벌
JK8	어린 왕자	생텍쥐페리	비룡소
JK8	바보 이반	레프 니콜라예비치 톨스토이	대교출판
JK8	솔로몬 왕의 동굴	헨리 해거드	대교출판
JK8	목민심서	이성률	파란자전거
JK8	모비 딕	허먼 멜빌	대교출판
JK8	해저 2만리	쥘 베른	대교출판
JK8	삼총사	알렉상드르 뒤마	대교출판
JK8	사람은 무엇으로 사는가	레오 톨스토이	창비
JK8	검은 말 뷰티	애너 슈얼	웅진주니어
JK8	레 미제라블	빅토르 위고	대교출판
JK8	동물 농장	조지 오웰	보물창고
JK8	로미오와 줄리엣	윌리엄 셰익스피어	대교출판
JK8	일리아스 오디세이아	호메로스	파란자전거

JK8	비밀의 화원	프랜시스 호즈슨 버넷	보물창고
JK8	사마천의 사기 이야기 시리즈	유중하	웅진주니어
JK9	나의 라임 오렌지나무	J. M. 바스콘셀로스	동녘
JK9	나무를 심은 사람	장 지오노	두레
JK9	대지	펄 벅	문예출판사
JK9	걸리버 여행기	조나단 스위프트	문학수첩
JK9	오 헨리 단편선	오 헨리	문예출판사
JK9	사람은 무엇으로 사는가	톨스토이	꿈꾸는 아이들
JK9	펄벅의 대지 3부작 (대지 / 아들들 / 분열된 일가)	펄 벅	소담출판사
JK9	국어 선생님과 함께 읽는 세계 명작 1, 2	강혜원	푸른숲
JK9	청소년 징검다리 클래식 시리즈 (올리버 트위스트 / 지킬 박사와 하이드 / 우주 전쟁 / 위대한 유산 / 동물농장 / 오페라의 유령 / 허클베리 핀의 모험 / 모비 딕 / 제인 에어)	찰스 디킨스 외	푸른숲주니어
JK9	펭귄클래식 시리즈 (마지막 잎새 / 지킬 박사와 하이드 / 소공녀 / 오페라의 유령 / 유토피아 / 동물 농장 / 톰 소여의 모험 / 좁은 문 / 크리스마스 캐럴)	오 헨리 외	펭귄클래식 코리아
JK9	세계의 클래식 시리즈 (사람은 무엇으로 사는가 / 동물농장 / 검은 고양이 / 마지막 잎새)	조지 오웰 외	가지않은길
JK10	민음사 세계문학전집 (왕자와 거지 / 카라마조프 가의 형제들 1~3 / 오만과 편견 / 톰 소여의 모험 / 제인 에어 1, 2 / 파리대왕)	도스토예프스키 외	민음사

한국 역사

 한국 역사 전반

단계	구분	책제목	저자	출판사
JK6	역사일반	다시 쓰는 이야기 한국사 1, 2	호원희	꿈소담이
JK6	역사일반	역사스페셜 작가들이 쓴 이야기 한국사 1~50	권기경 외	한솔수북
JK6	역사일반	마법의 두루마리 1~11	햇살과나무꾼	비룡소
JK6	역사일반	재미있는 이야기 살아 있는 역사 1~15	배수원 외	어린이작가정신
JK6	역사일반	아하! 그땐 시리즈	지호진 외	주니어김영사
JK6	역사일반	어린이박물관 1~5	국립중앙박물관 외	웅진주니어
JK6	역사일반	역사 일기 1~8	조호상 외	사계절
JK6	역사일반	역사야, 나오너라!	이은홍	푸른숲
JK6	역사일반	열려라 박물관 1~7	금동이책	주니어RHK
JK6	역사일반	한국사 탐험대 1~10	송호정 외	웅진주니어
JK6	역사일반	행복한 한국사 초등학교 1~10	전국역사교사모임	휴먼어린이
JK7	역사일반	교실 밖의 한국사 1~4	이근호	청솔출판사
JK7	역사일반	술술 넘어가는 우리 역사 1~5	한우리역사독서연구회	해와나무
JK7	역사일반	숨은 역사 찾기 1~6	고진숙 외	한겨레아이들
JK7	역사일반	신 나는 노빈손 한국사 1~7	남동욱 외	뜨인돌
JK7	동화소설	얘들아, 역사로 가자	조호상	풀빛
JK7	역사일반	역사 속으로 숑숑 1~10	이문영	토토북
JK7	역사일반	우리 역사 깊이읽기 시리즈	박영규	주니어김영사
JK7	역사일반	한국사를 뒤흔든 20가지 전쟁 1~2	이광희	웅진씽크하우스
JK7	역사일반	한국사 편지 1~5	박은봉	책과함께어린이
JK7	역사일반	용선생의 시끌벅적 한국사 1~8	금현진 외	사회평론
JK7	역사일반	한국생활사박물관 1~12	한국생활사박물관 편찬위원회	사계절
JK8	역사일반	상위 5%로 가는 역사탐구 교실 1~10	한형주 외	스콜라
JK8	역사일반	이야기 역사 시리즈	청솔역사연구회 외	청솔출판사
JK8	역사일반	이야기 한국 역사 1~13	이야기한국역사 편집위원회	풀빛

단계	분류	책제목	저자	출판사
JK8	역사일반	이이화 선생님이 들려주는 이야기 한국사 1~2	이이화	파란하늘
JK8	역사일반	키워드 한국사 1~4	김성환	사계절
JK9	역사일반	살아 있는 한국사 교과서 1, 2	전국역사교사모임	휴머니스트
JK9	역사일반	역사 공화국 한국사 법정 시리즈	송호정 외	자음과모음

🌱 우리 문화

단계	책제목	저자	출판사
JK3	솔이의 추석 이야기	이억배	길벗어린이
JK3	윷놀이 이야기	이은하	한림출판사
JK3	철부지 형제의 제사상 차리기	선자은	푸른숲주니어
JK3	임금님 집에 예쁜 옷을 입혀요	무돌	노란돼지
JK3	우리나라가 보여요	햇살과 나무꾼	아이세움
JK3	자신만만 열두 달 우리 명절	한미경	아이즐
JK3	봉산탈사자춤	유승정	초방책방
JK3	새색시	박현정	초방책방
JK3	국시꼬랭이 동네 시리즈 (똥떡 / 싸개싸개 오줌싸개 / 쌈닭 / 밤똥 참기 / 숯 달고 고추 달고 / 아카시아 파마 등)	이춘희	사파리
JK3~4	우리문화그림책 온고지신 시리즈 (할머니의 할머니의 할머니의 옷 / 연이네 설맞이 / 천하무적 조선 소방관 / 내 더위 사려! / 가을이네 장 담그기 / 시골 집이 살아났어요 / 장승 벌타령 / 한글 우리말을 담는 그릇 / 더도 말고 덜도 말고 한가위만 같아라)	홍선주 외	책읽는곰
JK3~4	솔거나라 : 전통문화그림책 시리즈 (숨 쉬는 항아리 / 열두 띠 이야기 / 오늘은 우리 집 김장하는 날 / 아무도 모를 거야 내가 누군지 등)	정병락 외	보림
JK3~4	우리 유물 나들이 시리즈 (나는 주워온 아이인가봐 / 오늘은 촌놈 생일이에요 / 메주 꽃이 활짝 피었네 등)	정유나 외	중앙출판사
JK3~4	삶을 가꾸는 사람들 꾼·장이 시리즈 (꽃신 / 안성맞춤 / 심봤다 / 세상을 구한 활 등)	윤아해 외	사파리

한국 역사

JK3~4	내가 처음 가본 그림 박물관 시리즈 (아재랑 공재랑 동네 한 바퀴 / 옛날 옛적, 호랑이 담배 피던 시절에… / 봄날, 호랑나비를 보았니? 등)	조은수 외	길벗어린이
JK4	우리 공주 박물관	서안정	초록아이
JK4	사시사철 우리 놀이 우리 문화	이선영	한솔수북
JK4	국경일은 어떤 날일까요?	송윤섭	주니어김영사
JK4	역사 속 우리 이야기 달마루 시리즈 (책 빌리러 왔어요 / 새우젓 사려 / 어이쿠나 호랑이다 / 배다리는 효자 다리 등)	오진원 외	웅진주니어
JK4	빛나는 유네스코 우리 유산 시리즈 (고인돌 / 석굴암 / 경주 / 불국사 / 창덕궁 / 남사당 놀이 / 종묘)	이미애 외	웅진주니어
JK4	아름다운 우리 땅 우리 문화 시리즈 (강화도 / 경주 / 인사동 가는 길 / 제주도 / 창덕궁 나들이)	라현선 외	파란자전거
JK4	알콩달콩 우리 명절 시리즈 (귀신 단단이의 동지 팥죽 / 누렁이의 정월대보름 / 분홍 토끼의 추석 / 신발 귀신 앙괭이의 설날 등)	김미혜	비룡소
JK4	고구려 이야기 그림책 시리즈 (달기의 흥겨운 하루 / 매호의 옷감 / 태양의 새 삼족오)	윤아해 외	창비
JK4~5	우리 나라 바로 알기 시리즈 (너도 나도 숟갈 들고 어서 오너라 / 고구려의 아이 / 저절로 흥이 난다 / 절렁구 짝짝 절렁구 짝짝 / 백제의 꿈 등)	양재홍 외	대교출판
JK4~5	자랑스러운 우리 문화 시리즈 (역사가 살아 있는 남산 이야기 / 세계가 감탄하는 우리 온돌 / 자유로운 끼가 넘치는 우리 예술 등)	최준식 외	마루벌
JK5	어흥, 호랑이가 달린다	김향금	웅진주니어
JK5	역사가 흐르는 강 한강	강응천	웅진주니어
JK5	시골 장터 이야기	정영신	진선출판사
JK5	어절씨구! 열두 달 일과 놀이	김은하	길벗어린이
JK5	우리 음식 맛 이야기	신현배	현문미디어
JK5	절에서 만나는 우리 문화	박상용	낮은산
JK5	숭례문	서찬석	미래아이
JK5	우리 문화 첫발	최윤정	문공사
JK5	왕자가 태어나던 날 궁궐 사람들은 무얼 했을까	최영준	살림어린이
JK5	전통문화 즐기기 시리즈 (경복궁에서의 왕의 하루 / 바다 전쟁 이야기 / 나이살이 / 조선 화원의 하루 / 우리 옛 장날 / 대동놀이 등)	청동말굽 외	문학동네
JK5	소중한 우리 것 재미난 우리 얘기 시리즈 (신 나는 열두 달 명절 이야기 / 관혼상제, 재미있는 옛날 풍습 / 신토불이 우리 음식 / 나라의 자랑, 국보 이야기 등)	우리누리	주니어RHK
JK5	우리 문화 속 수수께끼 시리즈 (숫자 3의 비밀 / 귀신 씻나락 까먹는 이야기 / 와글와글 용의 나라 / 터줏대감)	김종대 외	사파리

JK5	옛 물건으로 만나는 우리 문화 시리즈 (마루랑 온돌이랑 신기한 한옥 이야기 / 가마솥과 뚝배기에 담긴 우리 음식 이야기 / 달구지랑 횃불이랑 옛날의 교통 통신 등)	햇살과 나무꾼	해와나무
JK5	홍성찬 할아버지와 함께 떠나는 민속·풍물화 기행 시리즈 (오줌싸개가 정승 판서가 되었다네 / 매일매일이 명절날만 같아라 / 얼씨구 절씨구 풍년이 왔네 등)	원동은	재미마주
JK5~6	손에 잡히는 옛 사람들의 지혜 시리즈 (옛날 사람들은 어떻게 공부했을까? / 우리 민속놀이에는 어떤 이야기가 담겨 있을까? / 조상들의 지혜가 하나씩 15가지 생활 과학 이야기 등)	햇살과 나무꾼 외	채우리
JK5~6	한눈에 펼쳐 보는 전통문화 시리즈 (입춘에서 대한까지 24절기 / 먹을거리 놀잇거리 가득한 명절 / 모양도 쓸모도 제각각 조상들의 도구 / 얼씨구 지화자 즐거운 전통놀이 등)	주영하 외	주니어RHK
JK6	수원 화성 : 정조의 꿈을 품은 성곽	김진섭	웅진주니어
JK6	수라간에 간 홍길동, 음식의 역사를 배우다	김선희	파란자전거
JK6	조잘조잘 박물관에서 피어난 우리 옷 이야기	김영숙	아이세움
JK6	우리 조상들의 의식주 이야기	표시정	다산교육
JK6	내가 원래 뭐였는지 알아? : 이야기로 배우는 옛날 살림살이	정유소영	창비
JK6	세시 풍속 열두 마당 : 더도 말고 덜도 말고	김은하	웅진주니어
JK6	한강 : 지도 따라 굽이굽이 역사 여행 500km	김하늘	아이세움
JK6	이리 오너라! 옛날 옛적 관혼상제	김경희	조선북스
JK6	절마다 이야기 구구절절	이슬기	해와나무
JK6	우리 조상들은 얼마나 멋있게 살았을까?	강난숙	청년사
JK6	우리는 무얼 먹고 살았을까?	김왕기	청솔출판사
JK6	내가 옛날에 태어났다면 어떻게 살았을까	정문기	두산동아
JK6	이이화 역사 할아버지가 들려주는 뒷간 이야기	김진섭	파랑새
JK6	역사가 보이는 우리 문화 이야기 시리즈 (조선시대 서당에 가다 / 조선시대 포도청에 가다 / 조선시대 혼인식에 가다 / 조선시대 궁궐에 가다 / 조선시대 장터에 가다)	황문숙	가나출판사
JK6	아하! 그땐 시리즈 (아하! 그땐 이렇게 살았군요 / 아하! 그땐 이렇게 싸웠군요 / 아하! 그땐 이런 문화재가 있었군요 등)	이혁 외	주니어김영사
JK6	아이세움 열린꿈터 시리즈 (게 물렀거라! 가마꾼 납신다 / 옛 그림 속으로 풍덩 / 조잘조잘 박물관에서 피어난 우리 옷 이야기)	장세현 외	아이세움
JK6	열려라 박물관 시리즈 (도자기 / 불교문화 / 그림 / 옷과 장신구 등)	금동이책	주니어RHK
JK6	재미있는 이야기 살아 있는 역사 시리즈 (우리 역사를 바꾼 12가지 씨앗 이야기 / 문화재에 얽힌 8가지 재미있는 이야기 / 우리 역사가 담긴 10가지 명절 이야기 등)	배수원 외	어린이작가 정신

한국 역사

JK6	구석구석 우리 문화 시리즈 (잃어버린 우리 문화재 / 옹기종기 우리 옹기 / 낯설고도 친근한 우리 솟대 / 들썩들썩 우리 놀이 한마당)	한미경 외	현암사
JK6~7	유래를 통해 배우는 초등 사회 시리즈 (그래서 이런 풍속이 생겼대요 / 그래서 이런 문화유산이 생겼대요 / 그래서 이런 날이 생겼대요)	우리누리	길벗스쿨
JK7	밥 힘으로 살아온 우리 민족	김아리	아이세움
JK7	조선시대 암행어사	김은하	웅진주니어
JK7	친절한 생활 문화재 학교	이재정	길벗어린이
JK7	미리 가본 국립중앙박물관	오명숙	한림출판사
JK7	별난 기자 본본, 우리 건축에 푹 빠지다	구본준	한겨레아이들
JK7	하루에 돌아보는 우리 궁궐	손용해	주니어김영사
JK7	재미있는 문화 이야기 1, 2	자운영	가나출판사
JK7	쏭내관의 재미있는 궁궐 기행 1, 2	송용진	지식프레임
JK7	우리 역사 속의 숨은 일꾼 이야기 시리즈 (내가 찾은 암행어사 / 내가 찾은 도공 / 내가 찾은 상인 / 내가 찾은 사신)	정명림 외	풀빛
JK7	손에 잡히는 사회 교과서 시리즈 (열두 달 세시 풍속 / 의식주 / 관혼상제 / 우리 문화재)	김소정 외	길벗스쿨
JK7	피어라 우리 문화 시리즈 (한지, 천년의 비밀을 밝혀라! / 한식, 우주를 담은 밥상 / 한글 피어나다)	김해원 외	해와나무
JK8	유네스코가 선정한 한국의 세계 유산	이경덕	아이세움
JK8	살아 있는 역사 문화재 1, 2	이광표	사파리
JK8	우리나라 오천 년 이야기 생활사 1, 2	원영주	계림북스
JK9	쏭내관의 재미있는 박물관 기행	송용진	지식프레임
JK9	장콩선생의 박물관 속에 숨어 있는 우리 문화 이야기 시리즈 (옛 도자기·금속공예편 / 옛 그림편)	장콩선생	살림출판사

선사시대

단계	구분	책제목	저자	출판사
JK4	역사일반	고인돌 : 아버지가 남긴 돌	이미애	웅진주니어
JK5	역사일반	구석기 시대 흥수 아이 : 한반도의 첫 사람	권기경	한솔수북
JK5	역사일반	청동기 고인돌 마을 : 전쟁의 시대	최향미	한솔수북
JK5	역사일반	신석기 마을의 고래 사냥 : 새로운 문명의 시대	정종숙	한솔수북
JK6	동화소설	석기 시대로 떨어진 아이들	햇살과나무꾼	비룡소
JK6	역사일반	곰 씨족 소년 사슴뿔이, 사냥꾼이 되다	조호상	사계절
JK6	동화소설	석기 시대 아이들	전다연	대교출판
JK6	역사일반	고인돌 : 한반도 고대국가 형성의 비밀이 담긴	이종호	열린박물관
JK7	역사일반	선사 생활관	한국생활사박물관 편찬위원회	사계절

한국 역사

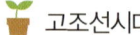 고조선시대

 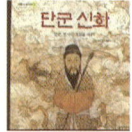    

단계	구분	책제목	저자	출판사
JK3	동화소설	단군 할아버지	송언	봄봄
JK3	역사일반	단군 신화	이형구	보림
JK3	동화소설	단군 이야기	정하섭	웅진주니어
JK4	역사일반	단군 신화 : 단군, 첫 나라 조선을 세우다	정해왕	현암사
JK5	동화소설	고조선 건국 신화	조현설	한겨레아이들
JK6	동화소설	꼬마 단군 시리즈	정우상	산하
JK6	역사일반	고조선 소년 우지기, 철기 공방을 지켜라	김남중	사계절
JK6	역사일반	고조선을 왜 비파형 동검의 나라라고 하나요?	송호정	다섯수레
JK6	역사일반	치우대왕과 단군의 나라	박영규	주니어김영사
JK6	동화소설	단군의 조선	송언	우리교육
JK7	역사일반	고조선 생활관	한국생활사박물관 편찬위원회	사계절
JK7	동화소설	역사 속으로 슝슝 : 고조선으로 빨려들다	이문영	토토북
JK7	역사일반	한민족 최초의 나라 고조선 이야기	문재갑	청년사
JK9	역사일반	역사 공화국 한국사 법정 시리즈 (왜 위만왕은 고조선을 계승했다고 할까? / 왜 부여 대소왕은 억울하다고 할까?)	송호정 외	자음과모음

삼국시대

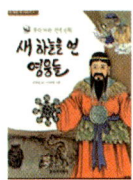     

단계	구분	책제목	저자	출판사
JK5	동화소설	새 하늘을 연 영웅들	정하섭	창비
JK5	동화소설	하늘이 내린 시조 임금님	우리누리	주니어RHK
JK6	역사일반	사랑해요 삼국시대	남경태	주니어김영사
JK6	역사일반	어린이 삼국유사 시리즈	서정오	현암사
JK6	동화소설	동화로 읽는 삼국유사 시리즈	손춘익	우리교육
JK6	동화소설	연오랑 세오녀	조호상	산하
JK6	동화소설	삼국유사	박천홍	서울문화사
JK6	인물위인	연개소문 계백 김유신	한정영	웅진씽크하우스
JK7	역사일반	사진과 그림으로 보는 삼국사기	김부식	바른사
JK7	동화소설	역사 속으로 송송 : 삼국 통일 비결서를 찾아라	이문영	토토북
JK8	역사일반	가려 뽑은 삼국유사	최선경	현암사
JK8	역사일반	이야기 삼국시대사	최범서	청솔출판사

한국 역사

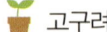 고구려

   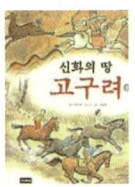  

단계	구분	책제목	저자	출판사
JK3	역사일반	고구려 나들이	전호태	보림
JK4	동화소설	고구려를 세운 영웅, 주몽	김향금	웅진주니어
JK4	동화소설	주몽 : 주몽, 고구려를 세우다	정해왕	현암사
JK4	역사일반	고구려의 아이	신현득	대교출판
JK4	인물위인	대륙에 떨친 고구려의 기상 : 광개토대왕 이야기	김용만	마루벌
JK4	인물위인	강한 나라 고구려의 시작 : 추모왕 이야기	김용만	마루벌
JK4	인물위인	광개토대왕	김아리	국민서관
JK5	인물위인	광개토대왕 : 대륙을 호령하라!	정종목	주니어RHK
JK5	동화소설	고구려 건국신화	조현설	한겨레아이들
JK5	동화소설	온달과 평강 : 신분을 넘어 맺은 사랑	윤영수	한솔수북
JK5	역사일반	고구려 사람들은 왜 벽화를 그렸나요?	전호태	다섯수레
JK5	인물위인	을지문덕 : 이원수 선생님이 들려주는	이원수	산하
JK5	인물위인	광개토대왕 : 고정욱 선생님이 들려주는	고정욱	산하
JK6	역사일반	궁예와 후고구려 : 못다 이룬 새 세상의 꿈	최향미	한솔수북
JK6	인물위인	대막리지 연개소문 : 당나라 대군을 물리친	권기경	한솔수북
JK6	동화소설	고구려	송언	우리교육
JK6	동화소설	주몽의 알을 찾아라	백은영	푸른책들
JK6	동화소설	대륙의 꿈 주몽	김종렬	베틀북
JK6	동화소설	바보 온달	이현주	우리교육
JK6	동화소설	신화의 땅 고구려	윤명철	고래실
JK6	동화소설	산성의 나라 고구려	윤명철	고래실
JK6	동화소설	고구려 국경 수비대의 첩자를 찾아라!	햇살과나무꾼	비룡소
JK6	역사일반	어린이박물관 고구려	전호태	웅진주니어
JK6	역사일반	고구려 평양성의 막강 삼총사	송언	사계절
JK6	역사일반	벽화로 보는 고구려 이야기	이소정	리젬
JK6	인물위인	길 비켜라 고구려가 나가신다 : 광개토대왕	김남석	해와나무
JK6	인물위인	역사야, 친구하자 1 : 고구려를 대제국으로 만든 광개토대왕	전윤호	주니어김영사

JK7	동화소설	무덤 속의 그림	문영숙	문학동네
JK7	동화소설	내 친구 주몽	린다 수 박	서울문화사
JK7	동화소설	아, 호동왕자	강숙인	푸른책들
JK7	동화소설	고구려 이야기	민영	창비
JK7	동화소설	고구려의 혼 고선지	김영현	웅진주니어
JK7	동화소설	바람의 아이	한석청	푸른책들
JK7	동화소설	역사 속으로 슝슝 : 광개토대왕을 구하라	이문영	토토북
JK7	역사일반	찾아라, 고구려 고분 벽화	이경순	창해
JK7	역사일반	고구려 소년 담덕, 유목민 소년 테무친을 만나다	김용만	스콜라
JK7	역사일반	고구려사 이야기 1, 2	박영규	주니어김영사
JK7	역사일반	고구려 생활관	한국생활사박물관 편찬위원회	사계절
JK7	역사일반	고구려 벽화가 들려주는 이야기	장세현	채우리
JK7	역사일반	중국을 물리친 고구려 성	현무와주작	주니어RHK
JK8	동화소설	주몽의 나라	조호상	알마
JK8	역사일반	이야기 고구려 왕조사	김용옥	청솔출판사
JK8	역사일반	고구려 : 찬란했던 700년 역사	이이화	사파리
JK9	역사일반	역사 공화국 한국사 법정 시리즈 (왜 연개소문은 영류왕을 배반했을까? / 왜 을지문덕은 살수에서 물길을 막았을까?)	함규진 외	자음과모음

한국 역사

 백제

 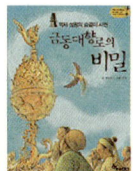    

단계	구분	책제목	저자	출판사
JK5	역사일반	백제를 왜 잃어버린 왕국이라고 하나요?	권오영	다섯수레
JK5	역사일반	금동대향로의 비밀 : 백제 성향의 숨결이 서린	정종숙	한솔수북
JK6	동화소설	쉿, 우리 집 밑에 백제가 살아요	김영숙	파란자전거
JK6	역사일반	어린이박물관 백제	국립부여박물관	웅진주니어
JK6	동화소설	새벽을 여는 온조	김종렬	베틀북
JK6	역사일반	꼬마 와박사 소마, 미륵사에 가다	박효미	사계절
JK6	동화소설	백제의 마을에서 도둑으로 몰리다	햇살과나무꾼	비룡소
JK6	인물위인	계백 : 황산벌의 꽃	박연아	동네스케치
JK6	인물위인	역사스페셜 작가들이 쓴 이야기 한국사 시리즈 (사라진 백제 왕성 / 어진 임금 무령왕 / 해동증자 의자왕 / 여걸 소서노)	최향미 외	한솔수북
JK7	역사일반	우리 아이 첫 백제 여행	박광일	삼성당
JK7	인물위인	계백	신충행	파랑새어린이
JK7	동화소설	백제 소년 서동, 왜국 소년 쇼토쿠를 만나다	김용만	스콜라
JK7	동화소설	백제 이야기	김유진	창비
JK7	역사일반	백제사 이야기 : 온조왕부터 의자왕까지	박영규	주니어김영사
JK7	역사일반	한류의 원조 백제 문화	현무와 주작	주니어RHK
JK7	역사일반	백제 생활관	한국생활사박물관 편찬위원회	사계절
JK7	역사일반	찬란한 문화와 예술의 나라 백제 이야기	문재갑	청년사
JK7	동화소설	역사 속으로 슝슝 : 죽은 자의 세계에 갇히다	이문영	토토북
JK8	역사일반	이야기 백제 왕조사	김종일	청솔출판사
JK7	역사일반	고대 왕국 백제를 찾아서	백제문화기획	아카넷주니어
JK9	동화소설	쯔모 : 백제의 후예	손혜주	산지니
JK9	역사일반	역사 공화국 한국사 법정 시리즈 (왜 의자왕은 백제를 망하게 했을까? / 왜 온조는 백제를 세웠을까?)	양종국 외	자음과모음

신라

  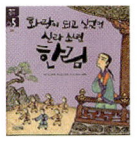   

단계	구분	책제목	저자	출판사
JK4	인물위인	박혁거세 : 박혁거세, 신라를 세우다	정해왕	현암사
JK4	역사일반	나도 화랑이 되고 싶다	이혜영	대교출판
JK4	인물위인	장보고	조한순	국민서관
JK5	역사일반	신라를 왜 황금의 나라라고 했나요?	전호태	다섯수레
JK5	인물위인	선덕여왕	남찬숙	비룡소
JK 5~6	동화소설	역사스페셜 작가들이 쓴 이야기 한국사 시리즈 (선덕여왕과 지귀 / 거서간 박혁거세 / 문무왕과 대왕암 / 김유신과 천관녀)	윤영수 외	한솔수북
JK6	동화소설	신라 소녀 선화, 아라비아 소년 신밧드를 만나다	김용만	스콜라
JK6	동화소설	신라 건국신화	조현설	한겨레아이들
JK6	인물위인	선덕여왕과 신라 영웅들	박영희	웅진씽크하우스
JK6	동화소설	화랑이 되고 싶었던 신라 소년 한림	강무홍, 나희라	사계절
JK6	동화소설	만파식적	우일문	문학동네
JK6	인물위인	지혜와 덕으로 삼국 통일을 이끈 여왕 : 선덕여왕	강숙인	해와나무
JK6	동화소설	석가탑의 석공을 찾아서	햇살과나무꾼	비룡소
JK6	인물위인	역사야, 친구하자 : 삼국 통일을 이끈 선덕여왕	전윤호	주니어김영사
JK7	동화소설	신라 이야기 1, 2	윤경렬	창비
JK7	역사일반	신라사 이야기 1, 2, 3	박영규	주니어김영사
JK7	역사일반	신라에서 온 아이	심상우	와이즈아이
JK7	동화소설	역사 속으로 숑숑 : 잠든 신라를 깨워라	이문영	토토북
JK7	동화소설	화랑의 전설	김진섭	도깨비
JK7	동화소설	화랑 바도루	강숙인	푸른책들
JK7	동화소설	마지막 왕자	강숙인	푸른책들
JK7	역사일반	신라 생활관	한국생활사박물관 편찬위원회	사계절
JK7	역사일반	한반도를 통일한 천 년 왕국 신라 이야기	문재갑	청년사
JK7	역사일반	세계화를 이끈 신라 사람	현무와 주작	주니어RHK
JK8	역사일반	이야기 신라 왕조사	여성구	청솔출판사

한국 역사

단계	구분	책제목	저자	출판사
JK8	인물위인	선덕여왕	셰리 홀먼	문학사상사
JK9	동화소설	지귀, 선덕여왕을 꿈꾸다	강숙인	푸른책들
JK9	역사일반	역사 공화국 한국사 법정 시리즈 (왜 장보고를 바다의 왕자라고 부를까? / 왜 신라에만 여왕이 있었을까? / 왜 김춘추는 당나라와 손을 잡았을까?)	윤명철 외	자음과모음

 가야

     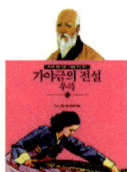

단계	구분	책제목	저자	출판사
JK5	역사일반	가야를 왜 철의 왕국이라고 하나요?	권오영	다섯수레
JK6	역사일반	가야의 여전사 : 철의 나라 철의 여인들	정종숙	한솔수북
JK6	동화소설	가야 건국신화	조현설	한겨레아이들
JK6	동화소설	쉿, 우리 동네에 가야 무사가 살아요	김영숙	파란자전거
JK7	역사일반	가야사 이야기	이소정	리젬
JK7	역사일반	발해 · 가야 생활관	한국생활사박물관 편찬위원회	사계절
JK7	역사일반	김수로왕과 비밀의 나라 가야	박영규	주니어김영사
JK8	인물위인	가야금의 전설 우륵	역사 · 인물 편찬 위원회	역사디딤돌
JK9	역사일반	왜 가야는 하나로 통일되지 못했을까?	조원영	자음과모음

발해

단계	구분	책제목	저자	출판사
JK5	역사일반	발해를 왜 해동성국이라고 했나요?	송기호	다섯수레
JK6	역사일반	발해의 사신들 : 세계를 누비고 다닌	권기경	한솔수북
JK6	인물위인	대조영 : 고구려를 잇는 발해를 세우다	한예찬	주니어RHK
JK7	역사일반	대륙을 호령한 발해	현무와주작	주니어RHK
JK7	동화소설	발해를 꿈꾸며	한예찬	우리책
JK7	동화소설	아, 발해	송언	우리교육
JK7	동화소설	봉황에 숨겨진 발해의 비밀	김기우	천년의시작
JK7	동화소설	바람의 아이	한석청	푸른책들
JK7	역사일반	대조영과 발해	이광웅	예림당
JK8	역사일반	해동성국 발해	이이화	사파리
JK8	역사일반	이야기 발해사	전향이	청솔출판사
JK9	역사일반	왜 발해 무왕은 당나라를 공격했을까?	김용만	자음과모음

한국 역사

🌱 고려

  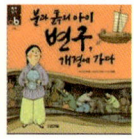   

단계	구분	책제목	저자	출판사
JK5	인물위인	강감찬 : 고려를 지킨 별	우봉규	주니어RHK
JK6	동화소설	고려의 시장에서 만난 아라비아 상인	햇살과나무꾼	비룡소
JK6	동화소설	고려 건국신화	조현설	한겨레아이들
JK6	인물위인	고려 역사 속 숨은 영웅들	김은빈	뜨인돌어린이
JK6	역사일반	고려가 고마워요	남경태	주니어김영사
JK6	역사일반	행복한 한국사 초등학교 : 민족을 다시 통일한 고려	전국역사교사모임	휴먼어린이
JK6	동화소설	쉿, 바다 밑에 고려가 살아요	김영숙	파란자전거
JK6	역사일반	불과 흙의 아이 변구, 개경에 가다	김남중, 서성호	사계절
JK6	인물위인	삼국 통일과 고려 태조 왕건	한예찬	영림카디널
JK6	역사일반	어린이 고려사 1~5	어린이고려사 편찬위원회	주니어김영사
JK6	역사일반	어린이박물관 고려	오영선	웅진주니어
JK6	동화소설	하늘에 새긴 이름 하나	이현미	문학과지성사
JK6	인물위인	공민왕과 노국공주 : 칠백 년을 함께한 사랑	권기경	한솔수북
JK6	인물위인	왕건과 무적함대 : 해상왕국 고려를 세운	최향미	한솔수북
JK6	인물위인	최무선과 진포대첩 : 고려의 무기 과학자	정종숙	한솔수북
JK6	역사일반	벽란도와 아라비아 상인 : 고려의 국제 무역항	정종숙	한솔수북
JK6	역사일반	나무에 새긴 팔만대장경 : 오천 만 자의 기적	윤영수	한솔수북
JK7	역사일반	옛 시로 읽는 고려 역사	진천용	키즈조선
JK7	인물위인	노빈손과 왕건과 빨간바지 도적단	남동욱	뜨인돌
JK7	동화소설	고려 이야기 1, 2	민영	창비
JK7	역사일반	고려 생활관 1, 2	한국생활사박물관 편찬위원회	사계절
JK7	역사일반	판타지로 만나는 한국사 명장면 : 고려시대	이광희	웅진씽크하우스
JK7	역사일반	고려사 이야기 1~3	박영규	주니어김영사
JK7	역사일반	한민족의 진정한 통일국가 고려 이야기	문재갑	청년사
JK7	동화소설	역사 속으로 쑹쑹 : 왕건과 궁예의 한판 승부	이문영	토토북

JK7	동화소설	역사 속으로 슝슝 : 팔만대장경을 지켜라	이문영	토토북
JK8	동화소설	향가와 고려가요	권영상	살림어린이
JK8	역사일반	이야기 고려왕조 오백년사	이혜경	청솔출판사
JK9	역사일반	고려시대 사람들은 어떻게 살았을까 1, 2	한국역사연구회	청년사
JK9	역사일반	역사 공화국 한국사 법정 시리즈 (왜 묘청은 서경 천도를 주장했을까 / 왜 고려는 팔만대장경을 만들었을까? / 왜 왕건의 부인은 29명일까? / 왜 무신 정변이 일어났을까? / 왜 서희는 외교담판을 했을까?)	이윤섭 외	자음과모음

한국 역사

🌱 조선

단계	구분	책제목	저자	출판사
JK4	역사일반	창덕궁 : 임금님의 집	최재숙	웅진주니어
JK4	인물위인	이순신	이경애	국민서관
JK4	역사일반	창덕궁 나들이	김이경	파란자전거
JK5	역사동화	남산골 한옥마을 : 조선시대 양반집을 구경해요	이흥원	스쿨김영사
JK5	인물위인	세종대왕 : 고정욱 선생님이 들려주는	고정욱	산하
JK5	인물위인	신재효	송혜진	웅진씽크하우스
JK5	인물위인	이순신 : 이원수 선생님이 들려주는	이원수	산하
JK5	동화소설	조선의 여걸 박씨 부인	정출헌	한겨레아이들
JK5	인물위인	허준 : 조선의 의학을 우뚝 세운	박상률	주니어RHK
JK6	인물위인	전쟁을 막고 조선을 지킨 광해군과 강홍립	윤영수	한솔수북
JK6	역사일반	가자!! 조선 건국 : 경복궁	정명숙	핵교
JK6	역사일반	김홍도 할아버지랑 떠나는 조선시대 그림 여행	우문정	대교출판
JK6	인물위인	난중일기	박천홍	서울문화사
JK6	동화소설	어린 임금의 눈물	이규희	물구나무
JK6	역사일반	어린이 조선왕조실록 1~5	어린이조선왕조실록 편찬위원회	주니어김영사
JK6	역사일반	우리 역사의 비밀을 간직한 11가지 조선 왕릉 이야기	박호진	어린이작가정신
JK6	인물위인	세종대왕이 사랑한 조선 최고의 발명가 : 장영실	송윤섭	해와나무
JK6	동화소설	정조대왕 이산	박신식	대교출판
JK6	동화소설	조선 역사 속 숨은 영웅들	김은빈	뜨인돌어린이
JK6	역사일반	조선사 이야기 1~3	박영규	주니어김영사
JK6	인물위인	치마 폭에 꿈을 그린 신사임당	김별아	창비
JK6	역사일반	행복한 한국사 초등학교 시리즈 (새 나라 조선이 들어서다 / 조선 사람들, 외침을 극복하다 / 조선에 이는 변화의 물결)	전국역사교사모임	휴먼어린이
JK6	역사동화	마법의 두루마리 시리즈 (거북선이여, 출격하라! / 뒤주에 갇힌 사도세자 / 암행어사 출두야!)	햇살과나무꾼	비룡소

JK6	인물위인	한국사 인물 동화 시리즈 (덕혜옹주 / 소현세자 / 수양대군 / 허난설헌)	박연아 외	동네스케치
JK7	역사동화	계축일기	이혜숙	창비
JK7	역사일반	노빈손 조선 최고의 무역왕이 되다	김경주	뜨인돌
JK7	역사동화	난중일기	이순신	청솔출판사
JK7	역사동화	박씨 부인전	김종광	창비
JK7	동화소설	백두산 정계비의 비밀	김병렬	사계절
JK7	동화소설	사씨남정기	하성란	창비
JK7	역사일반	술술 넘어가는 우리 역사 : 조선 건국부터 을사사화까지	한우리역사 독서연구회	해와나무
JK7	동화소설	역사 속으로 슝슝 : 조선을 지킨 훈민정음	이문영	토토북
JK7	동화소설	열하일기	박지원, 이명애	파란자전거
JK7	역사일반	이순신의 나라 사랑하는 마음 난중일기 이야기	서석화	청년사
JK7	동화소설	인현왕후전	조임생	꿈소담이
JK7	동화소설	임꺽정과 일곱 형제들 1~3	김우일	산하
JK7	인물위인	정약용 : 개혁을 꿈꾼 학자	햇살과나무꾼	주니어RHK
JK7	인물위인	제주의 빛 김만덕	김인숙	푸른숲
JK7	역사일반	조선시대 왕실 사람들은 어떻게 살았을까?	박영규	주니어김영사
JK7	역사일반	조선 왕실의 보물 의궤	유지현	토토북
JK7	역사일반	조선이 낳은 그림 천재들	조정육	길벗어린이
JK7	역사일반	좋아해요 조선시대	남경태	주니어김영사
JK7	역사일반	판타지로 만나는 한국사 명장면 : 조선시대	이광희	웅진씽크하우스
JK7	인물위인	하늘의 법칙을 찾아낸 조선의 과학자들	고진숙	한겨레아이들
JK7	동화소설	홍길동전	정종목	창비
JK8	역사일반	새로운 세상을 꿈꾼 조선의 실학자들	고진숙	한겨레출판
JK8	역사일반	이야기 조선왕조 오백년사	이혜경	청솔출판사
JK8	인물위인	조선의 글씨를 천하에 세운 김정희	조정육	아이세움
JK9	역사일반	조선시대 사람들은 어떻게 살았을까 1, 2	이야기한국역사 편집위원회	청년사
JK9	인물위인	조선의 국모 명성황후	이은유	이룸
JK9	역사일반	역사 공화국 한국사 법정 시리즈 (왜 이성계는 위화도에서 군대를 돌렸을까? / 왜 조광조는 훈구 세력을 몰아내려 했을까? / 왜 양녕대군은 세자의 자리에서 쫓겨났을까? / 왜 조선왕조실록은 왕이 볼 수 없었을까? / 왜 흥선대원군은 쇄국 정책을 펼쳤을까? / 왜 정도전은 새로운 사회를 꿈꾸었을까?)	김갑동 외	자음과모음

한국 역사

 근대

단계	구분	책제목	저자	출판사
JK5	역사일반	꽃할머니	권윤덕	사계절
JK5	동화소설	폭죽소리	리혜선	길벗어린이
JK5	동화소설	슬픈 미루나무	심상우	봄봄
JK6	동화소설	이상한 선생님	이오덕	사계절
JK6	역사일반	가자! 일제강점기 : 서대문형무소 역사관	이영민	핵교
JK6	인물위인	어린이에게 꿈과 희망을 준 이야기꾼 : 방정환	정임조	해와나무
JK6	인물위인	유관순 이야기	장종현	웅진주니어
JK6	역사일반	조선이 품은 근대 국가의 꿈	전국역사교사모임	휴먼어린이
JK6	인물위인	양반도 깨어라! 상놈도 깨어라! : 백범 김구	강무지	우리교육
JK6	인물위인	윤동주 : 바람과 별을 노래한 민족 시인	이상배	주니어RHK
JK7	역사일반	판타지로 만나는 한국사 명장면 : 근대편	이광희	웅진씽크하우스
JK7	동화소설	명혜	김소연	창비
JK7	동화소설	아름다운 고향	이주홍	창비
JK7	동화소설	손바닥에 쓴 글씨	김옥	창비
JK7	동화소설	제암리를 아십니까	장경선	푸른책들
JK7	인물위인	이봉창	최향숙	산하
JK7	인물위인	백범 김구	신경림	창비
JK7	인물위인	신채호	김서정	산하
JK7	동화소설	5월의 노래	이원수	창비
JK7	인물위인	세계 평화를 꿈꾼 민족의 영웅 : 안중근	김진	해와나무
JK8	동화소설	마사코의 질문	손연자	푸른책들
JK8	동화소설	이야기 동학농민전쟁	송기숙	창비
JK9	동화소설	네가 하늘이다	이윤희	현암사
JK9	역사일반	미래를 여는 역사	한중일3국공동 역사편찬위원회	한겨레출판
JK9	역사일반	역사 공화국 한국사 법정 시리즈 (왜 안중근은 이토 히로부미를 죽였을까? / 왜 3.1 운동이 일어났을까?)	이정범	자음과모음

현대

단계	구분	책제목	저자	출판사
JK5	동화소설	떡배 단배	마해송	너른들
JK5	동화소설	아빠의 봄날	박상률	휴먼어린이
JK5	동화소설	조지 할아버지의 6·25	이규희	바우솔
JK6	동화소설	곰이와 오푼돌이 아저씨	권정생	보리
JK6	동화소설	꼬마 독재자	어린이도서연구회	오늘
JK6	역사일반	독도박물관 이야기	한봉지	리젬
JK6	동화소설	똘배가 보고 온 달나라	권정생	창비
JK6	동화소설	바닷가 아이들	권정생	창비
JK6	동화소설	밥데기 죽데기	권정생	바오로딸
JK6	동화소설	원숭이 꽃신	어린이도서연구회	오늘
JK7	인물위인	인권 변호사 조영래	박상률	사계절
JK7	동화소설	그리운 매화 향기	장주식	한겨레아이들
JK7	동화소설	내 어머니 사는 나라	이금이	푸른책들
JK7	동화소설	몽실 언니	권정생	창비
JK7	동화소설	배탈고개	김지용	푸른나무
JK7	동화소설	붉은 유채꽃	정도상	푸른나무
JK7	동화소설	손바닥에 쓴 글씨	김옥	창비
JK7	동화소설	야시골 미륵이	김정희	사계절
JK7	동화소설	전쟁과 소년	윤정모	푸른나무
JK7	인물위인	전태일 : 불꽃이 된 노동자	오도엽	한겨레아이들
JK7	역사일반	판타지로 만나는 한국사 명장면 : 현대편	이광희	웅진씽크하우스
JK7	동화소설	아버지의 눈물	박신식	푸른나무
JK7	동화소설	민들레의 노래 1, 2	이원수	사계절
JK8	동화소설	기찻길 옆 동네 1, 2	김남중	창비
JK8	동화소설	노근리, 그 해 여름	김정희	사계절
JK8	동화소설	점득이네	권정생	창비
JK8	역사일반	4·19 혁명 가까이	서찬석	어린른이
JK9	역사일반	왜 6·25 전쟁이 일어났을까?	박지현	자음과모음

세계 역사

🌱 세계 역사

단계	책제목	저자	출판사
JK3	석기시대에는 어떻게 살았을까	믹 매닝	그린북
JK3	구석구석 재미있는 세상 : 옛날 사람들의 생활	사라 해리슨	책그릇
JK3	선사시대 사람들	도미니크 졸리	아이세움
JK3	나일 강을 따라 떠나는 이집트 여행	로리 크렙스	해와나무
JK4	레일 위의 역사 기차	리차드 보크월	시공주니어
JK4	고대 이집트의 비밀 미라	필립 스틸	시공주니어
JK4	알고 싶어요 인디언	테아 로스	산하
JK4	실크로드 여행	로리 크렙스	해와나무
JK4	프리즐 선생님의 신기한 역사 여행 시리즈	조애너 콜	비룡소
JK4	재미있는 세계 역사 체험 시리즈	데이비드 앤트럼 외	인디북
JK5	미로 속 100만 년의 역사	웬디 메드웍	거인
JK5	소금, 세계사를 바꾸다	마크 쿨란스키	웅진주니어
JK5	중세의 영웅과 왕 이야기	질르 마사르디에	삼성당
JK5	로마 사람들은 어떻게 살았을까?	오딜 봉바르드	비룡소
JK5	인류의 역사	라루스 출판사	길벗어린이
JK5	찬란한 제국 고대 로마	데보라 머렐	시공주니어
JK5	어린이 고고학의 첫걸음	라파엘 드 필리포	상수리
JK5	나는 빈 라덴이 아니에요!	베르나르 샹바즈	초록개구리
JK5	안녕, 난 박물관이야	잔 마크	비룡소
JK5	픽처스터디 시리즈 (선사시대 / 이집트 / 잉카)	파스칼 에스테용 외	계림북스
JK5	마법의 시간 여행 지식 탐험 시리즈 (이집트의 피라미드 / 중세의 기사 / 미국을 세운 사람들 / 미국의 독립전쟁 / 로마 제국과 폼페이)	메리 폽 어즈번	비룡소
JK5	어드벤처북 시리즈 (고대 이집트 대모험 / 중세시대 대모험 / 바이킹 대모험 / 고대 그리스 대모험 / 고대 중국 대모험 / 빙하시대 대모험)	린다 베일리	작은책방
JK5	믹 매닝의 세계 문화 시리즈	믹 매닝	소년한길

JK 5~6	인문 그림책 시리즈 (아이들이 들려주는 서양 역사 천 년 이야기 / 대구 이야기 : 세계 역사를 바꾼 물고기 / 이집트 미라 이야기)	엘렌 잭슨 외	미래아이
JK6	세계의 모든 집 이야기	올리비에 미뇽	상수리
JK6	세계 역사 첫발 1, 2	정명숙	문공사
JK6	GO GO 지식 박물관 시리즈 (세계 문명, 살아 있는 신화 대영박물관 / 아슬아슬 세계 역사 여행 / 4대 문명 속에 갇힌 인절미 왕자를 찾아라)	윤혜진 외	한솔수북
JK6	아찔한 세계사 박물관 시리즈 (달콤하고 살벌한 음식의 역사 / 엉뚱하고 아름다운 패션의 역사 / 짜릿하고 신 나는 놀이의 역사 / 황당하고 위대한 의학의 역사)	리처드 플랫	푸른숲
JK6	이야기로 읽는 고대 어린이들의 생활과 역사 시리즈	롤프 크렌저	어린이작가정신
JK7	쾅쾅탕탕 제2차 세계대전	테리 디어리	주니어김영사
JK7	엄마의 역사 편지	박은봉	책과함께어린이
JK7	재미있는 돈의 역사	벳시 마에스트로	두레아이들
JK7	히로시마 : 되풀이해선 안 될 비극	나스 마사모토	사계절
JK7	공부가 되는 유럽 이야기	글공작소	아름다운사람들
JK7	서양 산업의 역사를 바꾼 고래 이야기	마크 포스터	미래아이
JK7	국기로 보는 세계사	김은식	산책
JK7	재미있는 역사 이야기	양대승	가나출판사
JK7	다시 쓰는 이야기 세계사 1, 2	호원희	꿈소담이
JK 7~8	세계 역사 바로 알기 시리즈 (세계사에 없는 세계사 / 패션을 보면 세계사가 보인다)	스티븐 크롤 외	내인생의책
JK8	처음 만나는 아프리카	신현수	열다
JK8	전설의 땅 고대 그리스	쥘리엣 베크	소년한길
JK8	유물과 유적으로 보는 세계사 이야기 1, 2	지호진	웅진씽크하우스
JK8	미리 가본 고대이집트 박물관	캐서린 챔버	한림출판사
JK8	교양 있는 우리 아이를 위한 세계 역사 이야기 시리즈	수잔 와이즈 바우어	꼬마이실
JK8	지식의 사슬 시리즈 (국사 시간에 세계사 공부하기 / 미술 시간에 세계사 공부하기)	김정 외	웅진주니어
JK8	마주 보는 세계사 교실 1~8	강선주 외	웅진주니어
JK9	살아 있는 세계사 교과서 1, 2	전국역사교사모임	휴머니스트
JK9	식탁 위의 세계사	이영숙	창비
JK9	말랑하고 쫀득한 미국사 이야기	케네스 C. 데이비스	푸른숲
JK9	곰브리치 세계사	에른스트 H. 곰브리치	비룡소
JK9	인류 이야기 1, 2, 3	헨드릭 빌렘 반 룬	아이필드
JK9	말랑하고 쫀득한 세계사 이야기 1, 2, 3	W. 버나드 칼슨	푸른숲

세계 역사

세계 문화

단계	책제목	저자	출판사
JK3	엄마의 여행 가방	선현경	비룡소
JK3	할머니의 선물	조 엘렌 보가르트	사계절
JK3	토끼와 거북이의 세계 일주	셜리 글레이저	비룡소
JK3	박물관으로 떠나는 시간 여행	로드 클레멘트	풀빛
JK3	벤의 꿈	크리스 반 알스버그	문학동네
JK3	별이 되고 싶어	이민희	창비
JK3	세상을 잇는 다리	필레몬 스터지스	문학동네
JK3	세계의 친구들	아델 시블	아이세움
JK3	세계의 인사법	초 신타	진선출판사
JK3	가자, 가자, 멕시코로!	로리 크렙스	해와나무
JK3	울타리 너머 아프리카	바르트 무이아르트	비룡소
JK3	와! 신 나는 세계 여행	마를렌 라이델	책내음
JK3	샌지와 빵집 주인	로빈 자네스	비룡소
JK3	아델과 사이먼, 미국에 가다!	바바라 매클린톡	베틀북
JK3	호기심 나비의 중국 여행	데보라 내시	곧은나무
JK3	동그란 지구의 하루	안노 미쓰마사 외	아이세움
JK3	코끼리왕 바바 그림책 시리즈 (바바의 세계 여행 / 바바의 신 나는 미국 여행)	로랑 드 브루노프	국민서관
JK3	똑똑 사회그림책 시리즈 (온 세상 국기가 펄럭펄럭 / 우리는 아시아에 살아요 / 침 뱉으며 인사하는 나라는?)	서정훈 외	웅진주니어
JK4	낙타가 도서관을 지고 다니는 나라는?	마르티나 바트슈투버	시공주니어
JK4	똥 싸는 집 : 세계의 화장실 이야기	안나 마리아 뫼링	해솔
JK4	사라진 마을	카디르 넬슨	미래아이
JK4	아프리카 소년 샤카	마리 셀리에	웅진주니어
JK4	나라마다 왜 국기가 있을까요?	필립 스틸	다섯수레
JK4	피라미드는 누가 만들었을까?	메리디스 후퍼	아이세움
JK4	호야와 곰곰이의 세계지도 여행	야노쉬	계림북스
JK4	세계의 어린이 우리는 친구	유네스코 아시아 문화센터	한림출판사

JK4	처음 만나는 세계지도 그림책	무라타 히로코	북뱅크
JK4	두근두근 세계 여행	베아트리스 베이용	베틀북
JK4	나의 첫 세계 여행	소피 아망	계림북스
JK4	모던보이 알렘	이방 포모	주니어파랑새
JK4	펠릭스의 세계 요리 여행	아네테 랑엔	사랑이
JK4	나의 첫 유럽 여행	파스칼 에델랑	계림북스
JK4	폭풍신의 선물	폴 고블	아이세움
JK4	이가 빠지면 지붕 위로 던져요	셀비 빌러	북뱅크
JK4	지식 다다익선 시리즈 (에스키모 아푸치아크의 일생 / 엄마 등에 업혀서 / 온 세상 사람들 / 우웩, 이것도 먹는 거야?)	폴 에밀 빅토르 외	비룡소
JK4	This is 시리즈 (여기는 뉴욕입니다 / 여기는 런던입니다 / 여기는 파리입니다)	M. 사세크	열린생각
JK5	세상의 집들	클레르 위박	삼성당
JK5	요리조리 맛있는 세계 여행	최향랑	창비
JK5	지도로 만나는 세계 친구들	김세원	뜨인돌
JK5	지구촌 사람들의 별난 음식 이야기	신현수	채우리
JK5	한자의 나라 중국	조엘 뷔쉬틸	비룡소
JK5	똥을 왜 버려요?	상수리	김경우
JK5	런던정글북	바주 샴	리젬
JK5	얘들아, 안녕	소피 퓌로	비룡소
JK5	다르니까 재미있어!	엘레나 앙굴로 안투네스	찰리북
JK5	그림지도로 보는 세계의 여러 나라	앤 맥레이 외	다섯수레
JK5	티베트	피터 시스	마루벌
JK5	종교의 시작은?	실비 지라르데	초록개구리
JK5	이븐 바투타의 여행	제임스 럼포드	풀빛
JK5	슈퍼 스코프 시리즈 (크로마뇽인들은 어떻게 살았을까? / 인디언의 모든 것)	제라르 몽콩블 외	삼성당
JK5	왜 그런지 정말 궁금해요 시리즈 (피라미드는 왜 뾰족할까요? / 그리스 사람들은 왜 올림픽 경기를 열었나요? / 콜럼버스는 왜 대서양을 건넜나요?)	플로나 맥도날드 외	다섯수레
JK5	열린 마음 다문화 시리즈 (니 하오 중국 쿵후 소년 장비 / 곤니치와 일본 낫토와 비빔밥 / 신 짜오 베트남 태권팥쥐와 베트콩쥐 / 히말라야 환상 여행 등 10권)	손요 외	한솔수북
JK6	지구마을 어린이 리포트	김현숙	한겨레아이들
JK6	루브르 박물관	조성자	시공주니어
JK6	어리바리 천사의 지구촌 여행기	류호선	시공주니어
JK6	지구마을 어린이 요리책	소냐 플로토-슈탐멘	한겨레아이들
JK6	악기 박물관으로의 여행	세계민속악기박물관	현암사

세계 역사

JK6	지구촌 사람들의 별난 건축 이야기	신현수	채우리
JK6	꼬들꼬들 마법의 세계 음식책	이향안	조선북스
JK6	반쪽이와 하예린, 런던에 가다	최정현, 최하예린	한겨레아이들
JK6	레오나르도 다빈치와 르네상스	메리 폽 어즈번	비룡소
JK6	세계지도로 보는 세계, 세계인	황근기	계림북스
JK6	위대한 건축물들	질리언 클레먼츠	미래아이
JK6	안녕, 살라망카	김혜리	스콜라
JK6	나는 달랄이야! 너는?	오소희	토토북
JK6	온쪽이 하예린의 내가 만난 파리	최하예린	디자인하우스
JK6	샌드위치 백작과 악어 스테이크	이향숙	아이세움
JK6	안녕 유럽	이보나 흐미엘레프스카	보림
JK6	세계 여러 나라의 문자	랜쪼 로시	꿈터
JK6	아빠와 함께한 베니스 여행	크리스티나 비외르크	미래사
JK6	아주르와 아스마르의 이슬람 박물관	미셸 오슬로	웅진주니어
JK6	너는 어느 나라에서 왔니?	리비아 파른느	초록개구리
JK6	화폐로 배우는 세계의 문화 1, 2	배원준	가교
JK6	세계 도시 파노라마 시리즈 (폼페이의 발견 / 베이징 / 뉴욕 / 올림픽 / 런던)	리처드 플랫	국민서관
JK 6~7	지도 없이 떠나는 101일간의 세계 문화 역사 시리즈 (지도 없이 떠나는 101일간의 세계 일주 / 색다른 역사 / 꼭 가야 할 세계 여행 / 세계 문화유산)	호기심박스 외	영교
JK7	어린이 외교관 시리즈 (어린이 외교관 미국에 가다 / 어린이 외교관 중국에 가다 / 어린이 외교관 일본에 가다)	손세호 외	뜨인돌어린이
JK7	둥글둥글 지구촌 문화 이야기	크리스티네 슐츠-라이스	풀빛
JK7	어린이 이슬람 바로 알기	이희수	청솔출판사
JK7	아프리카 국경버스	김란주	한겨레아이들
JK7	의식주로 본 지구촌 풍속 기행	김현숙	산하
JK7	잔혹한 세계사	테리 디어리	문학동네
JK7	세계 종교 이야기	김나미	토토북
JK7	EGYPTOLOGY : 이집트학	에밀리 샌즈	서돌
JK7	빨리빨리군 만만디씨 스미마셍양의 별난 문화 이야기	황근기	계림북스
JK7	마법의 세계 여행	가야노 다카유키 외	살림어린이
JK7	옛 이야기로 읽는 세계 시리즈 (아이 러브 아시아 / 아이 러브 아프리카 / 아이러브 아메리카 / 아이 러브 유럽 1, 2)	황금물고기	교학사
JK7	동화 작가 조성자와 떠나는 시리즈 (대영 박물관 / 나일강의 선물 이집트 / 신들의 나라, 그리스)	조성자	시공주니어

JK7	앗, 이렇게 생생한 역사가! 시리즈 (이왕이면 이집트 / 그럴싸한 그리스 / 모든 길은 로마로 / 혁명이 후끈후끈 / 아슬아슬 아스텍 / 바이바이 바이킹 / 켈트족이 꿈틀꿈틀 / 들썩들썩 석기시대 / 잉카가 이크이크)	테리 디어리	주니어김영사
JK7	추리와 탐험이 만나는 세계 여행 시리즈 (도쿄타워를 향해 달려라 / 아마존에서 사라진 아빠 / 뉴델리의 얼굴 없는 도둑 / 시드니의 코알라 실종 사건 / 베네치아 빨간 가면의 비밀)	레네 홀러 외	주니어김영사
JK7	노빈손 세계 역사 탐험 시리즈 (노빈손, 피라미드의 비밀을 풀어라 / 노빈손의 으랏차차 중국 대장정 / 노빈손의 좌충우돌 로마 오디세이 등 총 12권/계속 출간중)	이우일 외	뜨인돌
JK7	시공주니어 어린이 교양서 (파라오가 될래, 미라를 만들래? / 기사가 될래, 연금술사가 될래? / 접골사가 될래, 벌레를 키울래?)	크리스틴 부처 외	시공주니어
JK 7~8	아이세움 배움터 시리즈 (세계를 사로잡은 지혜의 나라 티베트 이야기 / 천 가지 표정이 있는 나라 인도 이야기 / 아픔을 딛고 미래로 향하는 나라 베트남 이야기 / 로마와 르네상스의 나라 이탈리아 이야기 / 두 얼굴의 나라 미국 이야기 / 천하의 중심을 꿈꾼 나라 중국 이야기 등)	정희재 외	아이세움
JK8	음식을 바꾼 문화 세계를 바꾼 음식	김아리	아이세움
JK8	잘 먹고 잘 사는 식량 이야기	장수하늘소	아이세움
JK8	고고학자가 간다 : 파라오의 세계로!	엘리자베스 페인	꼬마이실
JK8	어린이 세계 종교	트레버 반즈	다섯수레
JK8	사진과 지도로 만나는 세계 최고 문화유산 1~4	허용선	채우리
JK8	지식 교양 모든 시리즈 (처음 만나는 아프리카 / 바이킹의 땅, 북유럽 / 체 게바라와 랄랄라 라틴아메리카)	박원배 외	열다
JK8	인류의 작은 역사 시리즈 (전쟁과 평화 두 얼굴의 역사 / 가장 오래된 약속 종교 / 생각을 담는 그릇 문자 / 보이지 않는 질서 시간 / 내일을 여는 창 언어)	실비 보시에	푸른숲
JK8	세계 유명 박물관 여행 시리즈 (미리 가본 대영 박물관 / 미리 가본 고대 이집트 박물관)	캐서린 챔버 외	한림출판사
JK8	유네스코 세계 문화유산 시리즈 (아시아 / 아프리카 아메리카 / 유럽 1, 2)	이형준	시공주니어
JK9	다영이의 이슬람 여행	정다영	창비
JK9	트로이와 크레타	한스 바우만	비룡소
JK9	이희수 선생님이 들려주는 처음 만나는 세계 문명	이희수	주니어김영사
JK9	문화로 읽는 세계사	주경철	사계절

세계 역사

 세계 인물·위인

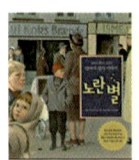   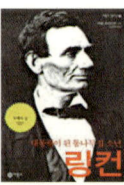  

단계	책제목	저자	출판사
JK4	아르키메데스 : 천재 되는 법	수지 모건스턴	주니어파랑새 (물구나무)
JK4	노란 별	카르멘 애그라 디디	비룡소
JK4	검은 땅에 핀 초록빛 꿈	클레어 A. 니볼라	베틀북
JK4	위대한 비행 : 루이 블레리오의 영국 해협 횡단 비행	앨리스 프로벤슨	다산기획
JK4	책을 구한 사서	지네트 윈터	미세기
JK4	히파티아 : 고대의 가장 지혜로운 여성	D. 앤 러브	비룡소
JK4	상형문자의 비밀을 찾아서	제임스 럼포드	비룡소
JK4	이집트의 왕비 네페르타리	로버르타 안젤레티	애플트리태일즈
JK4	꿈을 찾아 떠나는 여행 : 신대륙을 발견한 콜럼버스 이야기	피터 시스	주니어김영사
JK4	어린 식물 박사	진 마졸로	봄나무
JK4	마틴 루터 킹	도린 라파포트	아이세움
JK4	모세 : 세상을 바꾼 용감한 여성 해리엇 터브먼	캐럴 보스턴 위더포드	달리
JK4	존에게 나무숲을 주세요 : 존 뮤어 이야기	원재길	해그림
JK4	곤충 화가 마리아 메리안	마르가리타 엥글	담푸스
JK4	왕가리 마타이 : 아프리카에 3천만 그루의 나무를 심은 노벨 평화상 수상자	프랑크 프레보	문학동네어린이
JK4	열린어린이 인물그림책 시리즈 (아인슈타인 / 토머스 에디슨)	돈 브라운	열린어린이
JK4	탐구 시리즈 : 세계의 위인 시리즈 (슈바이처 / 린드버그 / 석가모니 / 아문센 / 페스탈로치 등)	이경애 외	국민서관
JK5	엘리너 루스벨트	바버러 쿠니	아이세움
JK5	지구 둘레를 잰 도서관 사서 : 에라토스테네스 이야기	캐스린 래스키	미래아이
JK5	에이브러햄 링컨	에드거 파린 돌레르	미래사
JK5	넬슨 만델라	알랭 세르	문학동네어린이
JK5	안네 프랑크	조세핀 풀	아이세움
JK5	아이들을 사랑한 유대인의 영웅 : 유대인 대학살과 야누시 코르착 이야기	데이빗 A. 아들러	미래아이

JK5	사랑으로 기적을 일으킨 마더 테레사	데미	동쪽나라
JK5	천재 예술가 레오나르도 다 빈치	르네 구이슈	삼성당
JK5	소년왕 시리즈 (파라오 투탕카멘 / 왕 알렉산드로스 / 마지막 황제 퓨이)	재키 개프 외	꼬마이실
JK5	새싹 인물전 시리즈 (마하트마 간디 / 윈스턴 처칠 / 카이사르 / 마리 퀴리 / 로버트 스콧 등)	캐런 윌리스 외	비룡소
JK5	북스쿨 인물전 : 이야기 앨범 시리즈 (간디 / 넬슨 만델라 / 찰리 채플린 / 파블로 피카소)	간디 외	계림북스쿨
JK5	초등학생을 위한 환경 인물 이야기 시리즈 (레이첼 카슨 / 존 뮤어 / 헨리 데이비드 소로)	토마스 로커 외	초록개구리
JK5	양철북 인물 이야기 시리즈 (세상을 바꾼 학교 / 자유의 노래 / 천사들의 행진)	강무홍	양철북
JK5	별별 인물 이야기 시리즈 (마르크스가 꿈꾼 더 나은 세상 이야기 / 모차르트와의 마법 같은 하루 / 상대적으로 특별한 아인슈타인 / 햇빛에 담긴 세상을 그린 화가 막스리버만)	자비네 카르본	웅진주니어
JK6	지혜로운 소크라테스	M. D. 어셔	비룡소
JK6	투탕카멘	데이비드 머독	문학동네
JK6	여자는 힘이 세다! (세계편)	유영소	교학사
JK6	앗, 이렇게 훌륭한 인물이! 시리즈 (불끈불끈 나폴레옹 / 카랑카랑 카이사르)	믹 고윈	주니어김영사
JK6	역사를 만든 사람들 시리즈 (마틴 루서 킹 / 코코 샤넬 / 빈센트 반 고흐 / 마리 퀴리 등)	브리지뜨 라베	다섯수레
JK6	뒹굴며 읽는 책 시리즈 (헬렌 켈러 / 아멜리아 에어하트 / 루이 브라이)	마가렛 데이비슨 외	다산기획
JK6	과학자 인터뷰 시리즈 (아인슈타인, 호기심은 나의 힘 / 갈릴레오, 망원경으로 우주의 문을 열다 / 다윈, 우리는 어디에서 왔을까? 등)	루카 노벨리	주니어김영사
JK6	세상을 이끈 여성 파워 시리즈 (교육가 마리아 몬테소리 / 디자이너 코코 샤넬 / 음악가 클라라 슈만 / 작가 펄 벅 / 정치가 마거릿 대처 등)	꼬나 외	북스
JK6	위대한 도전 시리즈 (고릴라의 수호천사, 다이안 포시 / 뗏목 탐험대, 콘티키 / 남극의 마지막 영웅, 섀클턴 등)	김정흠 외	뜨인돌어린이
JK7	대통령이 된 통나무집 소년 링컨	러셀 프리드먼	비룡소
JK7	위대한 영혼, 간디	이옥순	창비
JK7	마틴 루터 킹	권태선	창비
JK7	마르코 폴로의 모험	러셀 프리드먼	두레아이들

세계 역사

JK7	앗, 이렇게 생생한 역사 · 고전이! 시리즈 (대담무쌍 윈스턴 처칠 / 만능 천재 레오나르도 다 빈치 / 비밀의 왕 투탕카멘 / 야심만만 알렉산더 등)	앨런 맥도널드 외	주니어김영사
JK7	아이세움 역사인물 시리즈 (루터 / 링컨 / 스탈린 / 엘리자베스 1세 / 처칠 / 프랭클린 / 히틀러 등)	바버러 A. 서머빌 외	아이세움
JK7	꿈을 주는 현대인물선 시리즈 (희망을 나누어주는 은행가, 유누스 / 해리포터의 작가 조앤 롤링 / 토크쇼의 여왕 오프라 윈프리 등)	박선민 외	리젬
JK7	한겨레 인물 탐구 시리즈 (다윈 : 세상을 뒤흔든 놀라운 발견 / 간디 : 폭력을 감싸 안은 비폭력 / 마틴 루터 킹 : 검은 예수의 꿈 등)	카트린 하네만	한겨레아이들
JK7	위대한 탐험가 시리즈 (제임스 쿡 / 콜럼버스 / 아문센과 스콧)	피에르 마르크	비룡소
JK8	파인만, 과학을 웃겨주세요	김성화, 권수진	탐
JK8	아이들을 위한 레오나르도 다 빈치	재니스 허버트	승산
JK8	아이들을 위한 마르코 폴로	재니스 허버트	승산
JK8	루이 14세 : 태양왕의 시대	샤를 들라빌	소년한길
JK8	궁중 일기 시리즈(엘리자베스 1세 여왕 / 이사벨 여왕 / 마리 앙투아네트 왕비 / 빅토리아 여왕)	캐스린 래스키 외	문학사상사
JK8	못 말리는 여자들 시리즈 (고대의 못 말리는 여자들 / 중세의 못 말리는 여자들 / 르네상스의 못 말리는 여자들)	비키 레온	꼬마이실
JK9	마리 퀴리와 이렌 퀴리	시모나 체라토	비룡소
JK9	슐리만의 트로이 발굴기	마저리 브라이머	보물창고
JK9	w 세상을 빛낸 위대한 여성 시리즈 (레이첼 카슨 / 오프라 윈프리 / 제인 구달)	엘린 레빈 외	나무처럼
JK9	청소년평전 시리즈 (인권 운동의 희망 마틴 루터 킹 / 아파치 최후의 추장 제로니모 / 스크린의 독재자 찰리 채플린 등)	정지아 외	자음과모음 (이룸)

법·정치

단계	책제목	저자	출판사
JK4	괴물 학교 회장 선거	이기규	웅진주니어
JK5	법으로 희망을 심는 변호사	노지영	주니어RHK
JK6	그래서 이런 법이 생겼대요	우리누리	길벗스쿨
JK6	원더랜드 전쟁과 법의 심판	서지원	한솔수북
JK6	정치야 정치야 나 좀 도와줘	박신식	삼성당
JK6	세상에 이런 법이!	차병직	주니어김영사
JK6	위기에 빠진 발랄라 공화국 민주주의를 부탁해	강여울	한솔수북
JK6	떴다! 지식 탐험대 : 일개미 막둥이, 민주 시민이 되다!	문명식	시공주니어
JK6	오봉, 삼권분립 랜드에 가다	설규주	북멘토
JK6	리틀 변호사가 꼭 알아야 할 법 이야기	노지영	교학사
JK6	떴다! 지식 탐험대 : 도르프와 떠나는 민주주의 역사 여행	류증희	시공주니어
JK6	정치가 궁금할 때 링컨에게 물어봐	정우진	아이세움
JK6	그런 법이 어딨어?!	강효미	상상의집
JK6	전쟁은 왜 일어날까?	질 페로	다섯수레
JK6	내가 처음 만난 대한민국 헌법	이향숙	을파소
JK6	친절한 쌤 사회 첫걸음 : 정치편	소피 드 망통	주니어중앙
JK6	이재만 변호사의 리틀 로스쿨	이재만	동아일보사
JK7	아빠, 법이 뭐예요?	우리누리	창비
JK7	재미있는 정치 이야기	조항록	가나출판사
JK7	재미있는 법 이야기	출판사 편집부	가나출판사
JK7	법과 사회	호원희	길벗스쿨
JK7	우리 민주주의가 신났어!	장수하늘소	아이세움
JK7	열두 살에 처음 만난 정치	신재일	주니어김영사
JK7	손에 잡히는 사회 교과서 : 정치	조은주	길벗스쿨
JK7	켈젠이 들려주는 법 이야기	변종필	자음과모음
JK7	질문을 꿀꺽 삼킨 사회 교과서 : 정치편	조선미	주니어중앙
JK7	더불어 사는 행복한 정치	서해경, 이소영	주니어김영사
JK8	반장 선거 해보면 정치·법이 쉽다	김미숙	애플비

경제

단계	책제목	저자	출판사
JK3	마트 구경 간 달코미	임정진	큰나
JK3	딱 하나만 골라봐!	박영석	웅진주니어
JK3	이거 얼마예요?	최혜영	밝은미래
JK3	장터에 간 새코미	임정진	큰나
JK4	100원이 작다고?	강민경	창비
JK4	괴물 나라 경제 이야기	로렌 리디	미래아이
JK4	파란 티셔츠의 여행	비르키트 프라더	담푸스
JK4	알뜰쟁이의 돈 쓰는 법	은예숙	웅진주니어
JK4	돈, 돈, 돈이 궁금해	은예숙	웅진주니어
JK4	엄마 아빠, 왜 일을 해요?	한진수	웅진주니어
JK4	자신만만 경제 박사	유호선	아이즐
JK4	나의 첫 경제책 시리즈 (돈이 뭐예요? / 돈 잘 쓰는 법 / 저금하기 / 내 돈 관리하기)	클레어 레웰린	상상스쿨
JK5	레몬으로 돈 버는 법 1, 2	루이스 암스트롱	비룡소
JK5	10원으로 배우는 경제 이야기	미셸 르두크 외	영교
JK5	쉿! 경제 사냥꾼을 조심해	김경희	한솔수북
JK5	돌고 도는 돈	발레리 기두	시공주니어
JK5	경제야 경제야 나 좀 도와줘	박신식	삼성당
JK5	사고 싶은 게 너무 많아!	실비 지라르데	초록개구리
JK5	왜 아껴 써야 해?	방미진	스콜라
JK5	돈이 머니? 화폐 이야기 : 경제에 눈 뜨는 첫 물음	파스칼 에스텔롱	톡
JK5	이만하면 나도 꼬마 사업가	출판사 편집부	삼성당
JK6	예담이는 열두 살에 1,000만 원을 모았어요	김선희	명진출판
JK6	100원의 여행	양미진	자람
JK6	시장에 간 홍길동, 경제의 역사를 배우다	안창숙	파란자전거
JK6	떴다! 지식 탐험대 : 사치 여왕, 부자 되는 비법을 찾아라	장보람	시공주니어
JK6	아하! 그땐 이런 경제생활을 했군요	지호진	주니어김영사
JK6	부자 나라의 부자 아이, 가난한 나라의 가난한 아이	장수하늘소	아이세움
JK6	유대인들은 왜 부자가 되었나	이혜진	문공사
JK6	어린이를 참부자로 만드는 돈 이야기	배연국	주니어김영사
JK6	장터에서 쉽게 배우는 경영 이야기	성라미	영교

JK6	큰 부자들의 경제 이야기	우리누리	주니어RHK
JK6	리틀 부자가 꼭 알아야 할 경제 이야기	김수경	교학사
JK6	원이, 5박6일 경제 여행을 마치다	은예숙	북멘토
JK6	놀부는 어떻게 부자가 됐나요?	어린이문화진흥회	삼성당
JK6	부자 될래, 가난뱅이 될래?	유영진	영림카디널
JK7	열두 살에 부자가 된 키라	보도 섀퍼	을파소
JK7	주식회사 6학년 2반	석혜원	다섯수레
JK7	경제 속에 숨은 광고 이야기	프랑크 코쉠바	초록개구리
JK7	펠릭스는 돈을 사랑해	니콜라우스 피퍼	비룡소
JK7	피노키오의 몸값은 얼마일까요?	장수하늘소	아이세움
JK7	어린이 경제원론	강백향, 김시래	명진출판
JK7	지구를 구하는 경제책	강수돌	봄나무
JK7	재미있는 경제 이야기	이연주	가나출판사
JK7	경제탐정, 위기에 빠진 경제를 살려라!	김선희	주니어김영사
JK7	손에 잡히는 사회 교과서 : 경제	전혜은	길벗스쿨
JK7	둥글둥글 지구촌 경제 이야기	석혜원	풀빛
JK7	뿡야의 지구별 경제 탐험 1, 2	날개달린연필	파란자전거
JK7	꼬물꼬물 경제 이야기	석혜원	뜨인돌
JK7	착한 소비가 뭐예요?	서지원	상상의집
JK7	초등학생들이 가장 궁금해하는 경제 이야기 51	송양민	을파소
JK8	돈은 이렇게 버는 거야 : 13살의 경제학	게리 폴슨	보물창고
JK8	거꾸로 경제학자들의 바로 경제학	요술피리	올벼
JK8	착한 설탕 사오너라	한미경	학고재
JK8	아빠 주식이 밥이야?	이완배	미래를소유한사람들
JK8	열두 살에 처음 만난 경제사 교과서	공병호	주니어김영사
JK8	공부가 되는 경제 이야기 1, 2	글공작소	아름다운사람들
JK8	세상에 대하여 우리가 더 잘 알아야 할 교양 시리즈 (공정무역, 왜 필요할까? / 중국, 초강대국이 될까?)	아드리안 쿠퍼 외	내인생의책
JK9	청소년을 위한 경제의 역사	니콜라우스 피퍼	비룡소
JK9	회계사 아빠가 딸에게 보내는 32+1통의 편지	야마다 유	비룡소
JK9	사회 선생님이 들려주는 경제 이야기	전국사회교사모임	인물과사상사
JK9	애덤 스미스가 들려주는 시장경제 이야기	박주헌	자음과모음
JK9	경제 교과서, 세상에 딴지 걸다	이완배	푸른숲

지리

단계	책제목	저자	출판사
JK3	내가 사는 곳은 바로 여기!	조지욱	웅진주니어
JK3	나는 독도에서 태어났어요	한정아	마루벌
JK4	세상을 담은 그림지도	김향금	보림
JK4	초롱이와 함께 지도 만들기	로렌 리디	미래아이
JK4	마법의 지도야, 세상을 다 보여줘!	태미라	초록아이
JK4	어린이 아틀라스	브누아 들라랑드르	문학동네 어린이
JK4	나의 첫 유럽 여행	파스칼 에델랑	계림북스
JK4	나의 첫 세계 여행	소피 아망	계림북스
JK4	호야와 곰곰이의 세계지도 여행	야노쉬	계림북스
JK4	지도를 따라가요	조지욱	웅진주니어
JK4	지도는 언제나 말을 해	김희경	논장
JK4	지도는 보는 게 아니야, 읽는 거지!	김향금	토토북
JK5	지도 들고 우리나라 한 바퀴	이임숙	마루벌
JK5	어린이 아틀라스 세계 지도책	셜리 윌리스	아이앤북
JK5	어린이를 위한 우리나라 지도책	이형권	아이세움
JK5	지구를 담은 지도	잭 놀튼	보물창고
JK5	꼴찌들의 징글징글 지리 탈출기	박은정	한솔수북
JK6	지리 첫발	최영선	문공사
JK6	지도로 만나는 우리 땅 친구들	전국지리교사모임	뜨인돌
JK6	한국 지리 세계 지리	출판사 편집부	두산동아
JK6	세상에 단 하나뿐인 지도	김재일	북멘토
JK6	떴다! 지식 탐험대 : 지도 소년 지오, 오라오라 섬을 구하라!	하순영	시공주니어
JK6	지리야 지리야 나 좀 도와줘	정미라	삼성당
JK6	귀신들의 지리공부	서지원	조선북스
JK6	그래서 이런 지명이 생겼대요	우리누리	길벗스쿨
JK6	손으로 그려봐야 우리 땅을 잘 알지	구혜경, 정은주	토토북
JK6	방과 후 사회 교과서 : 똑똑한 우리 지리 이야기	최영선	대교출판
JK6	질문을 꿀꺽 삼킨 사회 교과서 : 한국 지리편	박정애	주니어중앙
JK6	밭에선 배추 뽑고 갯벌에선 조개 캐요	안선모, 박신식	와이즈아이
JK7	따라 그려봐 우리나라 지도	김효정	뜨인돌어린이

JK7	지도로 보는 세계	일레인 잭슨	대교출판
JK7	초등 지리 생생 교과서	지호진	스콜라
JK7	종이 한 장의 마법 지도	류재명	길벗어린이
JK7	손에 잡히는 사회 교과서 : 지도	엄정훈	길벗스쿨
JK7	술술~ 읽는 세계 지리 소설책 1, 2	김진아	부즈펌
JK7	땅이 가족의 황당 지리 여행	박정애	살림출판사
JK7	지구마을 길잡이 지리	제인 글릭스먼	길벗어린이
JK7	좌충우돌 세계지리 탐사대	황근기	주니어김영사
JK7	한입에 꿀꺽! 맛있는 세계 지리	류현아	토토북
JK8	세계가 궁금할 때 펼치는 나의 지도책	체즈 픽솔	와이즈아이
JK8	지도로 보는 우리 바다의 역사	김용만	살림어린이
JK8	세상을 보여주는 똑똑한 세계지도	김재일	북멘토
JK8	지리 시간에 역사 공부하기	배우성	웅진주니어
JK9	세상에서 가장 재미있는 세계지도	재미있는지리학회	북스토리
JK9	세계지도의 비밀	롬 인터내셔널	좋은생각
JK9	말랑하고 쫀득한 세계 지리 이야기	케네스 C. 데이비스	푸른숲
JK9	동에 번쩍 서에 번쩍 우리나라 지리 이야기	조지욱	사계절
JK9	청소년을 위한 세계 지리 교과서	내셔널지오그래픽	내인생의책

환경

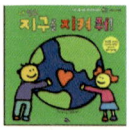     

단계	책제목	저자	출판사
JK2	내 친구 지구를 지켜줘!	토드 파	고래이야기
JK3	숲을 그냥 내버려둬!	다비드 모리송	크레용하우스
JK3	엄마가 미안해	이철환	미래아이
JK3	링링은 황사를 싫어해	고정욱	미래아이
JK3	재활용 아저씨 고마워요	알리 미트구치	풀빛
JK3	우리의 소중한 약속	마가렛 덩클	마루벌
JK3	맑은 하늘, 이제 그만	이욱재	노란돼지
JK3	괴물들이 사라졌다	박우희	책읽는곰
JK4	먼지가 지구 한 바퀴를 돌아요	윤순창	웅진주니어
JK4	나무 심으러 몽골에 간다고요?	김단비	웃는돌고래
JK4	빨간 지구 만들기 초록 지구 만들기	한성민	파란자전거
JK4	초록 지구를 만드는 친환경 우리집	J. 안젤리크 존슨	꿈터
JK4	똥 먹은 사과 : 지구를 살리는 먹을거리	임덕연	휴이넘
JK4	난지도가 살아났어요	이명희	마루벌
JK4	지구야 아프지마!	실비 지라르데	초록개구리
JK4	뒷뚜르 이렁지의 하소연	이완	현암사
JK4	고래가 들려주는 무지개 전사호 이야기	로시오 마르티네스	마루벌
JK4	땅은 소중한 선물	조지욱	웅진주니어
JK4	레옹과 환경 이야기	아니 그루비	진선아이
JK5	하얀 휴지의 공포	여성희	현암사
JK5	금발이 너무해	강순희	현암사
JK5	지구를 아프게 하는 탄소 발자국	우명원	삼성당
JK5	이야기로 보는 환경 지도책	조현진	휴이넘
JK5	마틸드는 쓰레기 박사	소피 세레	크레용하우스
JK6	어린이를 위한 아마존의 눈물	이미애	밝은미래
JK6	햄버거가 뚝!	신정민	파란자전거
JK6	우리의 식탁은 얼마나 풍족할까?	전헌호, 김영호	가교
JK6	지렁이 카로	이마이즈미 미네코	사계절
JK6	초록맨 스퍼드, 지구를 구해줘!	자일스 색스턴	비룡소
JK6	어린이가 꼭 알아야 할 환경 이야기	프랑수와 미셸	영교
JK7	손에 잡히는 사회 교과서 : 우리 생활과 환경	이수종	길벗스쿨

JK7	재미있는 환경 이야기	유재현	가나출판사
JK7	출동! 지구 수비대	사샤 노리스	한겨레아이들
JK7	지구 환경 탐구생활	엘린 켈지	다산기획
JK7	샤워하는 올빼미	진 크레이그헤드 조지	논장
JK7	초록 지구를 만드는 환경지킴이들의 이야기	제니퍼 파워 스콧	명진출판
JK7	최열 아저씨의 지구촌 환경 이야기 1, 2	최열	청년사
JK8	지구를 살리는 환경 지식 사전	니콜라 윌로 재단	초록개구리
JK8	세상에 대하여 우리가 더 잘 알아야 할 교양 : 에너지 위기, 어디까지 왔나?	이완 맥레쉬	내인생의책
JK8	우리가 지구를 착한 별로 만들 거야	마라 록클리프	명진출판
JK9	고릴라는 핸드폰을 미워해	박경화	북센스

물리

단계	책제목	저자	출판사
JK3	갑자기 멈추면 왜 넘어질까	이지현	그레이트북스
JK3	좋은 수가 있어 시리즈 (쉿, 지마 귀신이 온다 / 이것 봐, 내가 또 뚫었어)	한선금	비룡소
JK3	WONDERWISE 시리즈 (빙글빙글 돌아요 / 전기가 나갔어요)	믹 매닝	그린북
JK3	아이과학 : 물리 영역 시리즈 (중력은 모든 것을 끌어당겨요 / 움직이는 건 뭐지?)	김동광	아이세움
JK3	똑똑똑 과학 그림책 (왜 땅으로 떨어질까? / 햇빛은 무슨 색깔일까? / 유리만 한 것도 없을걸 / 고무랑 놀자 / 소리가 움직여요 / 활활 불이 있어요)	곽영직 외	웅진주니어
JK4	기차는 왜 철로 위에서 떨어지지 않을까요?	크리스 메이나드	다섯수레
JK4	변신 대왕 에너지	로렌 리디	미래아이
JK4	꼬마 과학자의 맛있는 실험 : 집짓기	델핀 그랭베르그	아이세움
JK4	혼자서 읽는 힘과 운동 이야기	샐리 휴이트	주니어김영사
JK4	캘빈, 전기는 어디에서 생기니?	C. 밴스 캐스트	바다어린이
JK4	번쩍번쩍 빛 실험실	울리케 베르거	비룡소
JK4	심플 사이언스 시리즈 (도르래 / 지레 / 바퀴 / 빗면)	캐롤라인 러시	길벗어린이
JK4	신기한 스쿨 버스 키즈 시리즈 (꽁꽁 얼어버린 아이들 / 호수 괴물을 찾아라 / 박물관에서 열린 음악회 / 홈런왕 랠프 / 빛나는 유령의 정체)	조애너 콜	비룡소
JK4	과학동화로 크는 아이 시리즈 (빛 · 자석 · 전기 / 색깔 · 뜨거움과 차가움 · 중력 / 성장 · 물 / 운동 · 에너지)	우리누리	소년한길
JK4	똑똑똑 과학 그림책 (금속은 어디에? / 데굴데굴 공을 밀어봐 / 모두 에너지야!)	허승회 외	웅진주니어
JK4	아이과학 : 물리 영역 시리즈 (우리 집은 커다란 조개 껍데기 / 열차는 왜 하늘을 날 수 있을까? / 불이 나갔어요)	김동광	아이세움
JK5	신기한 스쿨 버스 : 전깃줄 속으로 들어가다	조애너 콜	비룡소
JK5	신기한 스쿨 버스 테마 과학동화 : 자석 수수께끼를 풀어라	레베카 카미	비룡소
JK5	우리가 자동차를 만들었어요	조남주	웅진주니어

JK5	우리가 찾아낸 축구공 속의 과학	조남주	웅진주니어
JK5	투명인간이 되고 말 거야!	맥밀란교육연구소	을파소
JK5	집요한 과학씨 : 지구로 해시계를 만들다	안노 미쓰마사	웅진주니어
JK5	다양한 에너지	장 피에르 베르데	비룡소
JK5	나침반 : 북쪽을 가리키는 길잡이 자석	올리비에 소즈로	길벗어린이
JK5	갈릴레오를 가르친 소년	웬디 맥도날드	내인생의책
JK5	영재 과학 물리 시리즈 (빛과 어둠 / 젖은 것과 마른 것 / 뜨거운 것과 차가운 것 / 빠른 것과 느린 것 / 밀기와 당기기 / 큰 것과 작은 것 / 큰 소리와 작은 소리)	잭 챌로너	승산
JK5	앗! 스타트 시리즈 (으랏차차 중력 불끈불끈 힘 / 파지지직 전기 짜릿짜릿 자기 / 시끌벅적 소리 쿵짝쿵짝 음악 / 찌릿찌릿 광선 반짝반짝 빛 / 후끈후끈 연료 지글지글 열)	닉 아놀드	주니어김영사
JK6	물리탐정 학교 전설의 비밀을 풀어라	김선희	주니어김영사
JK6	에너지 도둑 다뽈라	전민희	한솔수북
JK6	떴다! 지식 탐험대 : 아인슈타인의 뇌를 찾아라!	서지원	시공주니어
JK6	세상에서 젤 말랑말랑한 물리책	최원석	웅진씽크하우스
JK6	번쩍번쩍 빛 실험실	김경대	주니어김영사
JK6	영재들의 과학노트	정창훈	봄나무
JK6	아찔아찔 놀이동산에서 배우는 과학 이야기	황병철	이가서
JK6	초등학교 선생님이 알려주는 교과서 속 물리	초등과학사랑	길벗스쿨
JK6	백열전구	제니퍼 팬델	책그릇
JK6	놀라운 자동차	폴 벡	대교출판
JK6	돼지 삼총사 와글와글 물리 캠프	로베르트 그리스벡	다림
JK6	덩키호테 박사의 종횡무진 과학 모험 1~4	김수경	웅진씽크하우스
JK6	빽! To The Classic 시리즈 (천하무적 물리 쾌도 홍길동 / 에너지의 달인 임꺽정)	정완상	함께읽는책
JK6	앗, 이렇게 새로운 과학이! 시리즈 (시간이 시시각각 / 오락가락 카오스 / 쨍하고 핵뜰날)	메리 그리빈 외	주니어김영사
JK6	야무진 과학씨 시리즈 (으랏차차 세상을 움직이는 힘 / 세상을 꾸민 요술쟁이 빛 / 지구를 숨 쉬게 하는 바람 / 공기를 타고 달리는 소리)	정창훈 외	웅진주니어
JK6	신기한 스쿨 버스 테마 과학동화 : 알록달록 색깔 퀴즈 대회	게일 헤르만	비룡소
JK6	토토 과학상자 시리즈 (세상을 움직이는 힘 에너지 / 공이 굴러가지? 그게 물리야!)	김영대 외	토토북
JK6	앗, 우리 집은 과학탐험대! 시리즈 (놀이공원에 숨어 있는 과학 / 전기 없이는 못 살아 / 자석은 마술쟁이)	테리 디어리	주니어김영사

물리

JK6	주제 학습 초등 과학 시리즈 (패러데이 박사님, 전기가 뭐죠? / 투명인간이 알아야 할 빛에 관한 상식 / 자석과 전자석, 춘천 가는 기차를 타다)	손정우 외	북멘토
JK7	노빈손 에버랜드에 가다!	박경수	뜨인돌
JK7	행복한 과학 초등학교 : 물리	권수진	휴먼어린이
JK7	과학의 원리를 사고 파는 과학 상점 : 물리·지구과학 편	전민희	예림당
JK7	써프라이즈 싸이의 과학 대모험 : 물리	함윤미	스콜라
JK7	자전거에 숨은 과학	정창훈	봄나무
JK7	바퀴는 달린다	박진희	길벗어린이
JK7	한자만 좀 알면 과학도 참 쉬워 : 물리	정춘수	길벗어린이
JK7	시간과 공간의 비밀을 풀어라	러셀 스태나드	알에이치코리아
JK7	도구와 기계의 원리	데이비드 맥컬레이	서울문화사
JK7	비밀의 코드 : 탐정소설로 배우는 물리	닐스 레쉬케	문학수첩 리틀북스
JK7	술술~ 읽는 물리 소설책 1, 2	고호관	부즈펌
JK7	앗, 이렇게 재미있는 과학이 시리즈 (물리가 물렁물렁 / 전기가 찌릿찌릿 / 소리가 속삭속삭 / 똑딱똑딱 시간 여행 / 에너지가 불끈불끈 / 번들번들 빛나리 / 원자력이 으샤으샤 / 생각 번뜩 아인슈타인)	닉 아놀드 외	주니어김영사
JK8	재미있는 물리	댄 그린	해나무
JK8	과학 공화국 물리 법정 1~10	정완상	자음과모음
JK8	상위 5%로 가는 물리 교실 1~4	신학수	스콜라
JK8	과학자가 들려주는 과학 이야기 시리즈 (아인슈타인이 들려주는 상대성원리 이야기 / 오펜하이머가 들려주는 원자폭탄 이야기 / 뉴턴이 들려주는 만유인력 이야기 / 퀴리부인이 들려주는 방사능 이야기 / 레일리가 들려주는 빛의 물리 이야기 / 맥스웰이 들려주는 전기자기 이야기 / 줄이 들려주는 일과 에너지 이야기)	송은영 외	자음과모음
JK8	선생님도 놀란 초등 과학 뒤집기 시리즈 (빛 / 힘과 운동 / 전기와 자기 / 열 / 에너지 / 중력 / 파동 / 소리)	정민경 외	성우주니어
JK9	물리학자는 영화에서 과학을 본다	정재승	동아시아
JK9	완벽하게 개념 잡는 소문난 교과서 물리	손영운	글담
JK9	파인만 씨, 농담도 잘하시네 1, 2	리처드 파인만	사이언스북스
JK9	과학자가 들려주는 과학 이야기 시리즈 (에딩턴이 들려주는 중력 이야기 / 막스 플랑크가 들려주는 양자론 이야기)	송은영 외	자음과모음

JK9	Go! Go! 과학 특공대 시리즈 (달려라 달려 속력 / 찌릿찌릿 통하는 전기 / 구석구석 미치는 힘 / 흔들흔들 파동)	정완상	이치
JK9	선생님도 놀란 초등 과학 뒤집기 시리즈 (드디어 빛이 보인다! / 열, 따뜻한 메시지 / 중력, 슈퍼맨의 비밀)	윤혜경 외	성우
JK9	속 보이는 물리 시리즈 (빛과 파동 흔들기 / 힘과 운동 뛰어넘기 / 전기와 자기 밀고 당기기)	한국물리학회	동아사이언스

화학

단계	책제목	저자	출판사
JK3	야, 머리에 껌 붙었잖아 : 온도의 변화	한선금	비룡소
JK3	단단하고 흐르고 날아다니고	성혜숙	웅진주니어
JK4	신기한 스쿨 버스 키즈 : 케이크에 먹히다	조애너 콜	비룡소
JK4	우리 집은 커다란 조개 껍데기	김동광	아이세움
JK4	열차는 왜 하늘을 날 수 없을까?	김동광	아이세움
JK4	어떻게 다르지?	최경희	아이세움
JK4	초등학생을 위한 부엌에서 하는 깜짝 실험 66가지	가켄 편집부	지경사
JK4	꼬마 과학자의 맛있는 실험 : 물놀이	델핀 그랭베르그	아이세움
JK5	아찔아찔 화학, 황금 비밀을 찾아라!	김경희	한솔수북
JK5	화끈화끈 화학 번쩍번쩍 반응 : 생활 속 화학	닉 아놀드	주니어김영사
JK5	소금아 고마워!	나탈리 토르지만	영교
JK5	쉿, 실험 중이에요	김영환	다섯수레
JK5	집에서 하는 우리 아이 첫 과학 실험	기젤라 뤼크	푸른길
JK5	똑똑똑 과학 그림책 시리즈 (플라스틱 공장에 놀러 오세요 / 부글부글 시큼시큼 변했다, 변했어! / 구리구리 똥은 염기성이야?)	김희정 외	웅진주니어
JK6	천재적 화학소녀 춘향	정완상	함께읽는책
JK6	화학탐정 사라진 수재를 찾아라!	김선희	주니어김영사
JK6	앗, 우리집은 과학탐험대! : 돌고 도는 물질의 변화	테리 디어리	주니어김영사
JK6	떴다! 지식 탐험대 : 유령을 만드는 화학 실험실	서지원	시공주니어
JK6	세상에서 젤 새콤달콤한 화학책	최미화	웅진씽크하우스
JK6	기체, 태양계로 드라이브 떠나다	전화영	북멘토
JK6	별의별 원소들	로버트 윈스턴	비룡소
JK6	세상은 ?로 가득 찬 것 같아요	윤구병	다섯수레
JK6	돼지 삼총사 보글보글 화학 레시피	로베르트 그리스벡	다림
JK6	토토 과학상자 시리즈 (나한테 화학이 쏟아져! / 원자, 넌 도대체 뭐니?)	이희주 외	토토북
JK6	야무진 과학씨 시리즈 (커다란 세계를 만드는 조그만 원자 / 화르르 뜨겁게 타오르는 불)	최미화 외	웅진주니어
JK7	앗, 이렇게 재미있는 과학이! : 화학이 화끈화끈	닉 아놀드	주니어김영사
JK7	써프라이즈 싸이의 과학 대모험 : 화학·지구과학	함윤미	스콜라

JK7	과학의 원리를 사고 파는 과학 상점 : 화학 · 생물 편	전민희	예림당
JK7	행복한 과학 초등학교 : 화학	권수진	휴먼어린이
JK7	마법의 화학	빈첸조 과르니에리	아이세움
JK7	초등학교 선생님이 알려주는 교과서 속 화학	박종규	길벗스쿨
JK7	화학이 뭐야?	알렉스 프리스	푸른숲주니어
JK7	분자와 원자 속으로 GO!	러셀 스태나드	알에이치코리아
JK7	한자만 좀 알면 과학도 참 쉬워 : 화학	성혜숙	길벗어린이
JK7	나노 : Nano Science	조셉 벨브루노	휘슬러
JK7	어떻게 원자를 쪼갤까?	헤이즐 리처드슨	사이언스북스
JK8	재미있는 주기율표	에이드리언 딩글	해나무
JK8	손에 잡히는 과학 교과서 : 여러 가지 물질	강현옥	길벗스쿨
JK8	자신만만 과학책 : 화학	김경은	봄나무
JK8	재미있는 화학	댄 그린	해나무
JK8	과학 공화국 화학 법정 1~10	정완상	자음과모음
JK8	상위 5%로 가는 화학 교실 1~4	신학수 외	스콜라
JK8	선생님도 놀란 초등 과학 뒤집기 시리즈 (산과 염기 / 혼합물 분리 / 상태의 변화 / 원소 / 금속과 신소재 / 산화와 환원 / 물질의 반응 / 원자)	지재화 외	성우주니어
JK8	과학자가 들려주는 과학 이야기 시리즈 (파인만이 들려주는 불확정성 원리 이야기 / 루이스가 들려주는 산, 염기 이야기 / 보일이 들려주는 기체 이야기 / 돌턴이 들려주는 원자 이야기)	정완상 외	자음과모음
JK9	세상의 모든 원소 118	시어도어 그레이	영림카디널
JK9	세상의 기본 알갱이 원자	정완상	이치
JK9	역사를 바꾼 17가지 화학 이야기 1, 2	제이 버레슨 외	사이언스북스
JK9	과학자가 들려주는 과학 이야기 시리즈 (보어가 들려주는 원자모형 이야기 / 아레니우스가 들려주는 반응속도 이야기 / 리비히가 들려주는 탄소 화합물 이야기)	곽영직 외	자음과모음
JK9	선생님도 놀란 과학 뒤집기 시리즈 (화학 반응, 매끄러운 충돌 / 원소, 만물의 아이콘)	최숙영 외	성우

생물

단계	책제목	저자	출판사
JK2	나 너 좋아해	신순재	천둥거인
JK3	왜 지렁이는 비가 오면 나타날까?	비비안 프렌치	시공주니어
JK3	알고 싶어요! 동물	클레어 레웰린	웅진주니어
JK3	곤충과 놀자	도다 고시로	사계절
JK3	도대체 뭘까? : 동물들은 세상을 어떻게 보는지 알려주는 책	브뤼노 하이츠	대교출판
JK3	과학 그림동화 시리즈 (맴맴 매미의 한살이 / 강아지가 태어났어요 / 나무하고 친구하기 / 청개구리 여행사 / 사막에 두꺼비가 산다고요?)	조애너 콜 외	비룡소
JK3	WONDERWISE 시리즈 (냠냠-쩝쩝! / 꼭꼭 숨어라! / 동글동글 무당벌레 / 씨앗을 심어요)	믹 매닝 외	그린북
JK3	자연과 만나요 시리즈 (개구리가 알을 낳았어 / 지렁이가 흙똥을 누었어 / 개미가 날아 올랐어)	이성실	다섯수레
JK3	과학은 내 친구 시리즈 (화분과 지렁이 / 겨울철 벌레를 찾아서 / 집 근처의 벌레들 / 겨울눈아 봄꽃들아)	미키 후미에 외	한림출판사
JK3	과학이 잘잘잘 시리즈 (고래똥 향수 / 나무늘보 쿨쿨이와 코코는 어느 날)	방정화 외	한솔수북
JK3	웅진 지식 그림책 시리즈 (생명이 숨쉬는 알 / 내가 만난 나뭇잎 하나 / 생명을 꿈꾸는 씨앗)	다이애나 애스턴 외	웅진주니어
JK3	과학 친구들 시리즈 (장수풍뎅이 / 달팽이 / 풀씨가 날아가요 / 동물이 좋아요)	마쓰히카 타쓰히데 외	베틀북
JK3~4	권혁도 세밀화 그림책 시리즈 (세밀화로 보는 호랑나비 한살이 / 세밀화로 보는 곤충의 생활 / 세밀화로 보는 나비 애벌레 등)	권혁도	길벗어린이
JK4	땅속 생물 이야기	오오노 마사오	진선출판사
JK4	개구리논으로 오세요	여정은	천둥거인
JK4	따르릉! 야생동물 병원입니다	최협	길벗어린이
JK4	우린 동그란 세포였어요	리사 웨스트버그 피터스	서돌
JK4	안녕, 난 개미야	스티브 파커	바다출판사
JK4	누에가 자라고 자라서	정미라	한울림
JK4	찾았다! 갯벌 친구들	안은영	천둥거인

JK4	고래가 포유동물이라고?	캐롤라인 아놀드	시공주니어
JK4	창릉천에서 물총새를 만났어요	이우만	마루벌
JK4	신기한 스쿨 버스 시리즈 (아널드, 버스를 삼키다 / 꿀벌이 되다 / 공룡시대로 가다)	조애너 콜	비룡소
JK4	신기한 스쿨 버스 키즈 시리즈 (거미줄에 걸리다 / 사막 동물을 구하자 / 오이 도둑을 잡아라 / 프리즐 선생님은 흡혈귀? / 개미의 먹이가 되다 등)	조애너 콜	비룡소
JK4	초등 과학이 술술 웅진 과학동화 시리즈 (아기 원숭이가 목욕탕을 열어요 / 철의 대왕을 울린 나무아이 / 뚱보 학교의 뚱뚱보들 / 아기 붕어가 수염이 났어요 등)	장립준 외	웅진주니어
JK4	아이과학 : 생물 영역 시리즈 (알과 씨앗 / 죽은 나무가 다시 살아났어요 / 붕어빵 가족)	김동광	아이세움
JK4	초록콩알 과학 그림책 시리즈 (우글와글 미생물을 찾아봐 / 꾸물꼬물 지렁이를 키워봐 / 푸릇파릇 가로수를 심어봐 등)	최향숙 외	대교출판
JK4	철수와영희 그림책 시리즈 (무당벌레가 들려주는 텃밭 이야기 / 소금쟁이가 들려주는 물속 생물 이야기 / 애벌레가 들려주는 나비 이야기)	노정임	철수와영희
JK 4~5	왜 그런지 정말 궁금해요 시리즈 (도도새는 왜 사라졌을까요? / 공룡은 왜 돌멩이를 먹었을까요? / 뱀은 왜 혀를 날름거릴까요? 등)	앤드루 채먼 외	다섯수레
JK 4~5	WHAT? 시리즈 자연과학편 (쇠똥구리는 왜 똥을 좋아할까? / 개미나라는 왜 여왕개미가 다스릴까? / 고슴도치의 가시는 몇 개일까? 등)	이상배 외	왓스쿨
JK5	노벨상 수상자가 들려주는 미생물 이야기	아서 콘버그	톡
JK5	우리와 함께 살아가는 곤충이야기	한영식	아이세움
JK5	고래는 왜 바다로 갔을까	과학아이	창비
JK5	곤충 탐구생활	김재진	한울림어린이
JK5	동화로 읽는 시튼 동물기 1~6	어니스트 톰슨 시튼	파랑새어린이
JK5	집요한 과학씨 시리즈 (오리너구리의 정체를 밝히다 / 동물 행동을 관찰하다 / 청소부 곰팡이와 여행하다 등)	이케다 히로시 외	웅진주니어
JK5	앗! 스타트 시리즈 (근질근질 미생물 구석구석 현미경 / 뒹굴뒹굴 동물 알록달록 생물 / 꿈틀꿈틀 벌레 징글징글 곤충 등)	닉 아놀드	주니어김영사
JK5	마법의 시간 여행 지식 탐험 시리즈 (돌고래와 상어 / 빙하 시대의 동물들 / 북극의 동물들 등)	메리 폽 어즈번	비룡소

생물

JK5	슈퍼 스코프 시리즈 (꿀벌의 하루 / 나무의 일생 / 고양이과의 동물들은 어떻게 살까요?)	위베르 방 케무욍 외	삼성당
JK5	똑똑하고 친절한 과학동화 시리즈 (개미야, 진딧물은 키워서 뭐 하게? / 붉은 거인이 가져다준 새 친구들 / 개구리랑 뱀이랑 1박 2일 / 나비의 과거는 묻지 말아줘! 등)	장수하늘소	밝은미래
JK5	어린이를 위한 진화 이야기 시리즈 (물고기, 땅으로 올라오다! / 포유류, 몸을 요리조리 바꾸다! / 사람, 두 발로 쿵쿵 걷다! 등)	구로다 히로유키	바다어린이
JK5	어린이 파브르 곤충기 시리즈 (똥을 빚는 쇠똥구리 / 무서운 사냥꾼 사마귀 / 마취과 의사 사냥꾼벌 / 노래 부르는 매미 등)	고바야시 세이노스케	을파소
JK6	꼬물꼬물 세균대왕 미생물이 지구를 지켜요	김성화	풀빛
JK6	광합성 소년	존 레이놀즈 가디너	책과콩나무
JK6	생물탐정 고래섬의 숨겨진 비밀을 찾아라	김선희	주니어김영사
JK6	미생물 실험실이 수상해!	정미금	한솔수북
JK6	신기한 식물일기	크리스티나 비외르크	미래사
JK6	생물이 생긋생긋	밥 포우키	주니어김영사
JK6	매미, 여름 내내 무슨 일이 있었을까?	박성호	사계절
JK6	생명의 마법사 유전자	이한음	웅진주니어
JK6	물고기랑 놀자!	이완옥	봄나무
JK6	곤충이 궁금할 때 파브르에게 물어봐	정재은	아이세움
JK6	식물 학교에 오세요!	김성화, 권수진	북멘토
JK6	꼬마 과학자를 위한 생물 학교	오상렬	상상스쿨
JK6	산대장 솔뫼 아저씨의 생물 학교	솔뫼	삼성출판사
JK6	세상에서 젤 푸릇푸릇한 식물책	황미라	웅진씽크하우스
JK6	시튼 동물기 1~5	시튼	논장
JK6	파브르 식물 이야기 1, 2	장 앙리 파브르	사계절
JK6	떴다! 지식 탐험대 시리즈 (하늘을 나는 다윈 동물원 / 사라진 미생물, 메두사를 찾아라! / 우주 떠돌이들, 곤충으로 변신! / 식물에 숨어 있는 비밀을 찾아라!)	서지원 외	시공주니어
JK6	신기한 스쿨 버스 테마 과학동화 시리즈 (고래를 따라갔어요 / 먹이 사슬의 비밀 / 미생물의 정체를 밝혀라! 등)	에바 무어 외	비룡소
JK6	과학과 친해지는 책 시리즈 (나는야 미생물 요리사 / 대이동, 동물들의 위대한 도전 / 박테리아 할머니 물고기 할아버지 / 세상의 모든 펭귄 이야기)	벼릿줄 외	창비
JK6	토토 과학상자 시리즈 (미생물은 힘이 세다 / 곤충 없이는 못 살아 / 빨강 도깨비야, 세포가 궁금해! 등)	천종식 외	토토북

JK6	교과서가 쉬워지는 교과서 시리즈 (뼈 없는 동물 이야기 / 뼈 있는 동물 이야기)	김영주 외	미래아이
JK7	하리하라의 세포 여행	이은희	봄나무
JK7	노빈손 곤충세계의 마법을 풀어라	강산들	뜨인돌
JK7	과학의 원리를 사고 파는 과학 상점 : 화학·생물 편	전민희	예림당
JK7	써프라이즈 싸이의 과학 대모험 : 생물	함윤미	스콜라
JK7	교양 있는 어린이를 위한 놀라운 미생물의 역사	유다정	다산어린이
JK7	다윈과 함께 떠나는 진화 여행	마라 돔페	산하
JK7	재미있는 식물 이야기	최주영	가나출판사
JK7	신기한 곤충들의 나라	마리 페레누 외	두레아이들
JK7	암탉, 엄마가 되다	김혜형	낮은산
JK7	앗, 이렇게 재미있는 과학이! 시리즈 (동물이 뒹굴뒹굴 / 식물이 시끌시끌 / 벌레가 벌렁벌렁 등)	닉 아놀드	주니어김영사
JK8	종의 기원	한진영	파란자전거
JK8	식물의 힘	까트린느 바동	푸른나무
JK8	고래의 비밀	찰스 시버트	봄나무
JK8	재미있는 생물	댄 그린	해나무
JK8	과학 공화국 생물 법정 1~10	정완상	자음과모음
JK8	상위 5%로 가는 생물 교실 1~4	구자옥 외	스콜라
JK8	손에 잡히는 과학 교과서 시리즈 (동물 / 사계절 동식물 / 식물 / 곤충 / 생물의 진화)	권오길 외	길벗스쿨
JK8	선생님도 놀란 초등 과학 뒤집기 시리즈 (진화 / 동물의 행동 / 혈액 / 식물 / 동물 / 호흡 등)	한규호 외	성우주니어
JK8~9	과학자가 들려주는 과학 이야기 시리즈 (멘델이 들려주는 유전 이야기 / 톰슨이 들려주는 줄기세포 이야기 / 엥겔만이 들려주는 광합성 이야기 등)	황신영 외	자음과모음
JK9	하리하라의 생물학 카페	이은희	궁리
JK9	생명이 있는 것은 다 아름답다	최재천	효형출판
JK9	개구리에게 최면 걸기	에드워드 두엔싱	지호
JK9	숨 쉬고 운동하는 식물의 생활	정완상	이치
JK9	춤추는 물고기	김익수	다른세상
JK9	완벽하게 개념 잡는 소문난 교과서 생물	손영운	글담
JK9	다윈, 당신 실수한 거야!	외르크 치틀라우	뜨인돌
JK9	신갈나무 투쟁기	전승훈, 차윤정	지성사
JK9	교과서보다 쉬운 세포 이야기	쿠로타니 아케미	푸르숲

지학

단계	책제목	저자	출판사
JK3	우리를 둘러싼 공기	엘레오노레 슈미트	비룡소
JK3	지구가 빙글빙글 : 지구의 자전과 공전 이야기	브라이언 카라스	비룡소
JK3	우주 : 달에서 은하까지	조앤 스위니	웅진주니어
JK3	세상에서 가장 깊은 구멍	페니 리틀	대교출판
JK3	해님은 잠꾸러기	질 마사르디에	삼성당
JK3	누가 보름달을 먹었지?	재클린 미튼	학고재
JK3	어린이를 위한 우주 이야기	안드레아 에르네	크레용하우스
JK3	넓고 넓은 우주	니콜라스 해리스	대교출판
JK3	WONDERWISE 시리즈 (머리 위에는 뭐가 있을까? / 침대 밑에는 뭐가 있을까? / 날씨는 변덕쟁이 / 계절이 바뀌어요 등)	믹 매닝 외	그린북
JK3	꼬마박사의 신기한 발견 시리즈 (세상의 낮과 밤 / 지구의 봄 여름 가을 겨울 / 아름다운 우주의 비밀 등)	발레리 기두 외	아이세움
JK3	꼬마과학자 시리즈 (공기 / 물 / 흙 / 불)	앙드리엔 수테르-페로	보림
JK 3~4	똑똑똑 과학 그림책 시리즈 (지구 말고 다른 데 살아볼까? / 비는 어디서 왔을까? / 지구가 뜨거워져요 / 로켓을 타고 우주로 / 꿈틀꿈틀 흙이 있어요 등)	정창훈 외	웅진주니어
JK4	밤하늘 별 이야기	세키구치 슈운	진선출판사
JK4	지구 반대쪽까지 구멍을 뚫고 가보자	페이스 맥널티	서돌
JK4	화산에서 보낸 하루	파비앙 그레구아르	주니어파랑새
JK4	폭풍을 불러온 나비	로저 본 카	다섯수레
JK4	갈릴레오의 우주	존 패트릭 루이스	베틀북
JK4	날씨	라루스 출판사	길벗어린이
JK4	공기의 비밀	델핀 그랭베르그	아이세움
JK4	변화무쌍한 날씨 이야기	앙겔라 바인홀트	크레용하우스
JK4	신기한 스쿨 버스 키즈 시리즈 (별을 파는 이상한 아저씨 / 화산과 함께 폭발하다 / 날씨맨, 폭풍우를 만들다 등)	조애너 콜	비룡소
JK4	로렌의 지식 그림책 시리즈 (지구로 소풍 가는 날! / 명왕성에서 온 편지 / 화성에서 온 편지)	로렌 리디	미래아이
JK4	아이과학 : 지구과학 영역 시리즈 (살아 있는 지구의 얼굴 / 눈 내리는 날 / 우리의 커다란 집, 태양계 / 지구의 나이테)	김동광	아이세움

JK4	슈퍼 스코프 시리즈 (달의 정복 / 땅이 흔들려요 / 우주 여행을 떠나요)	미셸 피끄말 외	삼성당
JK 4~5	왜 그런지 정말 궁금해요 시리즈 (종유석은 왜 거꾸로 매달려 있을까요? / 지구의 나이는 몇 살인가요? / 지진 해일이 왜 일어날까요? / 별은 왜 반짝일까요? / 해는 왜 아침에 떠오를까요?)	캐롤 스톳 외	다섯수레
JK5	달에 맨 처음 오줌 눈 사나이	엔드레 룬드 에릭센	담푸스
JK5	갈릴레오, 목성의 달을 발견하다	진 페테나티	비룡소
JK5	지진 해일	테일러 모리스	사계절
JK5	태양계를 향해	자크 린데커	삼성당
JK5	세계 어린이가 함께 보는 태양이야기	미셸 미라 퐁스	영교
JK5	부글부글 땅 속의 비밀 화산과 지진	함석진 외	웅진주니어
JK5	뉴턴 : 달이 지구로 떨어지고 있다니!	권수진	길벗어린이
JK5	천동설 이야기	안노 미쓰마사	한림출판사
JK5	비교 : 기후편	신방실	부즈펌
JK5	신기한 스쿨 버스 시리즈 (땅 밑 세계로 들어가다 / 지구 온난화를 막아라! / 태양계에서 길을 잃다 / 바닷속으로 들어가다 / 허리케인에 휘말리다)	조애너 콜	비룡소
JK5	GO GO 지식 박물관 시리즈 (엉뚱한 악당들의 놀라운 지구 체험기 / 어수룩 호킹과 좌충우돌 우주 탐사대 / 얼렁뚱땅 외계인 무지막스의 우주인 도전기)	정명숙 외	한솔수북
JK5	집요한 과학씨 시리즈 (빙글빙글 화석 속으로 들어가다 / 별똥별의 모든 것을 보다 / 돌멩이를 찾아 떠나다 / 우주 탄생의 비밀을 풀다)	미와 가즈오 외	웅진주니어
JK5	앗! 스타트 시리즈 (빙글빙글 행성 와글와글 우주 / 우르르쾅 천둥 오락가락 날씨)	닉 아놀드	주니어김영사
JK5	똑똑한 학교 : 과학반 시리즈 (지구가 흔들흔들! 해운대에 지진이 일어난다면? / 화산이 들썩들썩! 백두산이 폭발한다면?)	최영준	살림어린이
JK5	마법의 시간 여행 지식 탐험 시리즈 (끝없는 우주 / 날씨와 태풍 / 무서운 지진 해일)	메리 폽 어즈번	비룡소
JK5	초등학생이 맨 처음 읽는 과학 이야기 시리즈 (마귀할멈 감자행성에 가다 / 마귀할멈 지구 속으로 사라지다 / 쭈꾸미가 달에 올라가다)	과학아이	채우리
JK5	어린이 디스커버리 시리즈 (지구에 새겨진 역사 화석과 암석 / 거대한 불꽃 화산 / 신 나는 우주 탐험 우주선 / 밤 하늘의 신비 달)	크리스 펠런트 외	시공주니어
JK5	호기심 도서관 시리즈 (화산은 왜 폭발할까? / 태양의 신비 / 세상의 온갖 돌들 / 신기한 바람의 힘)	모리스 크라프트 외	비룡소

지학

JK6	지구의 마법사 공기	허창회	풀빛
JK6	블랙홀이 불쑥불쑥	박석재	주니어김영사
JK6	지구가 지글지글	밥 포우키	주니어김영사
JK6	별똥별 아줌마 우주로 날아가다	이지유	웅진주니어
JK6	우당탕탕, 우주 비행사 학교	정홍철	다산어린이
JK6	우르릉쾅 날씨 실험실	김선영	주니어김영사
JK6	지구야 지구야 나 좀 도와줘	고수산나	삼성당
JK6	빙하, 거대한 과학의 나라	홍성민	봄나무
JK6	우주가 궁금할 때 호킹에게 물어봐	최은영	아이세움
JK6	떴다! 지식 탐험대 시리즈 (지구가 요동친다, 과학 탐정 출동! / 슈퍼 뚱뚱이, 우주에서 다이어트에 성공하다! / 날씨 특공대, 이상 기후를 해결하라 / 지층이와 단층이, 지질시대로 출동! 등)	노지영 외	시공주니어
JK6	토토 과학상자 시리즈 (별가족 블랙홀에 빠지다 / 어, 기후가 왜 이래요? / 별가족, 태양계 탐험을 떠나다 / 지구는 오늘도 바빠요!)	김지현 외	토토북
JK6	신기한 스쿨 버스 테마 과학동화 시리즈 (우리는 우주 탐험대 / 토네이도 속으로! / 암석 탐험대, 그랜드 캐니언으로 가다 / 화산에서 탈출하다 / 번개 대작전)	에바 무어 외	비룡소
JK6	주제 학습 초등 과학 시리즈 (호기심, 달나라에 착륙하다 / 돌로 만든 타임머신, 화석 / 대체 열이 뭐야? 모닥불에서 태양열까지)	고래발자국 외	북멘토
JK7	별똥별 아줌마가 들려주는 우주 이야기	이지유	창비
JK7	별똥별 아줌마가 들려주는 화산 이야기	이지유	미래아이
JK7	과학의 원리를 사고 파는 과학 상점 : 물리 · 지구과학 편	전민희	예림당
JK7	최열 아저씨의 지구 온난화 이야기	최열	도요새
JK7	달의 뒤편으로 간 사람	베아 우스마 쉬페르트	비룡소
JK7	행복한 과학 초등학교 : 지구과학	권수진	휴먼어린이
JK7	우주 수업 : 갤럭시 선생님의 과학 교실	필 록스비 콕스	푸른숲
JK7	재미있는 우주 이야기	신광복	가나출판사
JK7	한자만 좀 알면 과학도 참 쉬워 : 지구과학	정춘수	길벗어린이
JK7	WOW! 지구	DK 편집부	드림피그
JK7	노빈손 미스터리 별 화성 구출 대작전 1, 2	박경수	뜨인돌
JK7	별난 선생님이 들려주는 우주견문록 1~3	이태형	사이언스주니어
JK7	앗, 이렇게 재미있는 과학이! 시리즈 (우주가 우왕좌왕 / 화산이 왈칵왈칵 / 지진이 우르쾅쾅 / 사막이 바싹바싹 / 강물이 꾸물꾸물 / 높은 산이 아찔아찔 / 폭풍이 푸하푸하 / 태양계가 티격태격)	애니타 개너리 외	주니어김영사

JK7	조지의 우주 시리즈 (조지의 우주를 여는 비밀 열쇠 / 조지의 우주 보물 찾기 / 조지와 빅뱅)	스티븐 호킹, 루시 호킹	알에이치코리아
JK8	노빈손의 판타스틱 우주 원정대	김경주	뜨인돌
JK8	아빠, 천체 관측 떠나요!	조상호	가람기획
JK8	자신만만 과학책 : 지구과학	임태훈	봄나무
JK8	재미있는 우주	댄 그린	해나무
JK8	과학 공화국 지구 법정 1~10	정완상	자음과모음
JK8	상위 5%로 가는 지구과학 교실 1~4	구자옥 외	스콜라
JK8	선생님도 놀란 초등 과학 뒤집기 시리즈 (날씨 / 지구와 달 / 태양계 / 지층과 화석 / 공기 / 별과 은하 / 북극과 남극 등)	김은량 외	성우주니어
JK8	손에 잡히는 과학 교과서 시리즈 (화산과 지진 / 지구 / 날씨 / 바다)	박정웅 외	길벗스쿨
JK8~9	과학자가 들려주는 과학 이야기 시리즈 (호킹이 들려주는 빅뱅 우주이야기 / 칼 세이건이 들려주는 태양계 이야기 / 토리첼리가 들려주는 대기압 이야기 / 코리올리가 들려주는 대기현상 이야기 등)	정완상 외	자음과모음
JK9	안텍, 우주에 작업 걸다	란카 케저	푸른숲
JK9	호기심 소녀 별이와 괴짜 삼촌의 지구 탐험기	김현빈	살림출판사
JK9	완벽하게 개념 잡는 소문난 교과서 지구과학	손영운	글담
JK9	선생님도 놀란 과학 뒤집기 시리즈 (화석, 생명의 조각퍼즐 / 땅, 가이아의 갑옷 / 바다, 시끄러운 침묵 등)	김현빈 외	성우
JK9	Go! Go! 과학 특공대 시리즈 (몸무게가 줄어드는 달 / 수·금·지·화·목·토·천·해 태양계)	정완상	이치

인체

단계	책제목	저자	출판사
JK2	발바닥 이야기	야규 겐이치로	한림출판사
JK2	엄마, 나 똥 마려워	백승권	맹앤앵
JK2	우리 몸의 구멍	허은미	천둥거인
JK2	우리 몸속에 뭐가 들어 있다고?	김영명	사계절
JK2	네버랜드 과학 그림책 시리즈 (으앙, 이가 아파요 / 피는 부지런해 / 두근두근 예방주사 / 눈물아, 고마워 / 내 배꼽 볼래? / 등을 쭉! / 몸한테 여보세요)	나나오 준 외	시공주니어
JK2	웅진 지식 그림책 시리즈 (고마워, 나의 몸! / 돌돌돌 내 배꼽 / 방귀 방귀 나가신다 / 똥은 참 대단해! / 우리 몸 털털털)	허은미 외	웅진주니어
JK 2~3	과학은 내 친구 시리즈 (뼈 / 발바닥 이야기 / 콧구멍 이야기 / 왜 방귀가 나올까? / 누구나 눈다 / 상처딱지 / 으웩과 뿌지직 / 가려워 가려워 / 피 이야기 / 털)	야규 겐이치로 외	한림출판사
JK3	피라미드 식당	로렌 리디	미래아이
JK3	입을 크게 벌려라 : 즐거운 치과 학교	로리 켈러	미래아이
JK3	나의 과학 : 몸	조앤 스위니	웅진주니어
JK3	우아, 똥이 나왔어요	사토 마모루	아이세움
JK3	우리의 몸	미셸 롱구르	아이세움
JK3	내 몸 속 구경해볼래?	디디에 레비	삼성당
JK3	우린 모두 이렇게 태어났어요!	케스 그레이	베틀북
JK3	뽀드득 뽀드득 튼튼한 이	에드워드 밀러	아이세움
JK3	아이고, 오줌 마려워	앙젤 들로누아	비룡소
JK3	나는 어떻게 태어났나요?	믹 매닝	그린북
JK3	우리 몸에서 무슨 일이 일어나고 있을까?	데이비드 스튜어트	파랑새
JK3	보인다! 우리 몸	클레어 스몰맨	밝은미래
JK3	입이 똥꼬에게	박경효	비룡소
JK3	황금똥을 눌 테야!	박성근	웅진주니어
JK3	현암사 인체 그림책 시리즈 (충치 도깨비 달달이와 콤콤이 / 뱃속 마을 꼭꼭이 / 살갗 나라 두리)	안나 러셀만	현암사

JK3	샘의 신 나는 과학 시리즈 (우와, 이만큼 컸어! / 얍, 감기야 덤벼라! / 히히, 내 이 좀 봐! / 꼬르륵, 먹은 게 다 어디 갔지?)	케이트 로언 외	시공주니어
JK3	WONDERWISE 시리즈 (세상은 아기들로 가득 찼어요! / 너의 몸 나의 몸)	믹 매닝	그린북
JK3	과학 그림동화 시리즈 (응급처치 / 꼬마박사 궁금이의 똑똑한 뇌 이야기 / 꼬마박사 궁금이의 튼튼한 뼈 이야기)	야마다 마코토 외	비룡소
JK3	튼튼해지는 먹을거리 그림책 시리즈 (먹는 건 즐거워! / 힘이 나는 먹을거리 / 맛을 돋우는 먹을거리 등)	요시다 다카코	사파리
JK 3~4	똑똑 과학 그림책 시리즈 (싸우는 몸 / 일하는 몸 / 자라는 몸 / 느끼는 몸 / 움직이는 몸)	서천석 외	웅진주니어
JK4	놀라운 인체의 신비	도리스 뤼벨	크레용하우스
JK4	우리 몸의 물물물	이승연	한솔수북
JK4	배가 고플때 왜 '꼬르륵' 소리가 날까요?	브리짓 애비슨	다섯수레
JK4	바이러스, 안 돼!	실비 지라르데	초록개구리
JK4	냠냠쩝쩝 꾸룩꾸룩 속 보이는 뱃속 탐험	스티브 알톤	아이즐
JK4	머리에서 발끝까지 : 놀라운 우리 몸의 구조와 기능	바바라 슐링	길벗어린이
JK4	아기는 어디에서 올까요?	로비 H. 해리스	시공주니어
JK4	뼈	스티브 젱킨스	논장
JK4	머리에서 발끝까지 시리즈 (아주 바쁜 입 / 재주 많은 손 / 꿈꾸는 뇌 / 살아 있는 뼈 / 영리한 눈 / 기운 센 발 등)	신순재 외	아이세움
JK4	나의 첫 건강 교실 시리즈 (주사는 왜 맞을까 / 왜 깨끗이 씻어야 할까 / 아기는 어떻게 생길까 / 눈은 왜 두 개일까 등)	프랑수아즈 라스투앵 포주롱	교학사
JK4	지식과 정보가 있는 북오디세이 시리즈 (귀로는 피클 맛을 알 수 없어요 / 쌍안경으로는 뼈를 볼 수 없어요)	해리엇 지퍼트	주니어김영사
JK5	눈, 귀, 코, 혀, 피부 속을 탐험하다	조애너 콜	비룡소
JK5	떡볶이 따라 몸 속 구경	몽당연필	대교출판
JK5	끈적끈적 꼬물꼬물 우리 몸의 신비	정명숙	한솔수북
JK5	사라진 뼈를 찾아라	에바 무어	비룡소
JK5	왜 아플까?	권재원	창비
JK5	맛있는 정크푸드, 왜 몸에 나쁠까요?	케이트 나이턴	시공주니어
JK5	우리 몸속 이야기	애너 샌더먼	승산
JK5	놀라운 오감의 비밀	앙겔라 바인홀트	크레용하우스
JK5	주사기와 반창고	메이커 보르더만	산수야

인체

JK5	앗! 스타트 시리즈 (말랑말랑 뇌 초롱초롱 기억 / 욱신욱신 질병 따끔따끔 치료 / 몸 고치는 수술 신통방통 약 / 울렁울렁 위장 꿀꺽꿀꺽 음식 등)	닉 아놀드	주니어김영사
JK5	슈퍼 스코프 시리즈 (나는 어디서 나왔을까? / 맛있게 드세요 / 우리 눈은 소중해요)	귀뇔 외	삼성당
JK6	떴다! 지식 탐험대 : 인체 박사, 범인을 잡아라!	김경선	시공주니어
JK6	움찔움찔 감각 실험실	김병인	주니어김영사
JK6	아주 특별한 몸속 여행	정민석	토토북
JK6	어린 과학자를 위한 몸 이야기	권오길	봄나무
JK6	열려라, 뇌!	임정은	창비
JK6	인체가 궁금할 때 히포크라테스에게 물어봐	양대승	아이세움
JK6	꼬질 꼬질한 우리 몸	실비아 브란제이	미래아이
JK6	인체야, 말해줘!	앤 마셜	한겨레아이들
JK6	입속의 과학 치아	나탈리 토르쟈망	주니어김영사
JK6	인체와 건강	에마누엘 르프티	큰북작은북
JK6	와하하 선생님, 왜 병에 걸릴까요? 1~3	야마다 마코토	비룡소
JK7	별똥별 아줌마가 들려주는 우리 몸 이야기	이지유	미래아이
JK7	쇠막대가 머리를 뚫고 간 사나이	존 플라이슈만	논장
JK7	블러드 선생님의 과학 교실 인체 수업	마이클 콕스	푸른숲
JK7	용감한 세포 비안카	루카 쇼르티노	아이세움
JK7	재미있는 인체 이야기	천명선	가나출판사
JK7	어린이 인체박사의 신 나는 몸속 여행	구드룬 슈리	명진출판
JK7	앗, 이렇게 재미있는 과학이! 시리즈 (구석구석 인체 탐험 / 질병이 지끈지끈 / 꼬르륵 뱃속 여행 / 의학이 으악으악 등)	닉 아놀드	주니어김영사
JK8	손에 잡히는 과학 교과서 시리즈 (인체 / 소화기관)	권오길 외	길벗스쿨
JK8~9	선생님도 놀란 초등 과학 뒤집기 시리즈 (소화 / 인체와 질병 / 뇌 / 소화, 위대한 드라마 / 뇌, 춤추는 미로 / 인체, 부드러운 톱니바퀴)	김한나 외	성우주니어
JK8~9	과학자가 들려주는 과학 이야기 시리즈 (란트슈타이너가 들려주는 혈액형 이야기 / 하비가 들려주는 혈액순환 이야기 / 생어가 들려주는 인슐린 이야기 등)	권석운 외	자음과모음
JK9	청소년을 위한 뇌 과학	니콜라우스 뉘첼	비룡소
JK9	왕호기심 군, 더부룩 아저씨 뱃속으로 들어가다	배미정	살림출판사
JK9	판타스틱 두뇌 탐험	다케우치 카오루	브레인월드

만화

대상	영역	책제목	저자	출판사
초1 이상	창작	세상에서 가장 멋진 내 친구 똥퍼	이은홍	사계절
초1 이상	창작	종이괴물 만화그림책 시리즈 (못 말리는 종이괴물 / 종이괴물의 첫번째 크리스마스 / 종이괴물 공룡 대소동 / 종이괴물 시골농장 대소동)	루이 트롱댕	아이세움
초2 이상	창작	짱뚱이 시리즈 (짱뚱이의 나의 살던 고향은 / 짱뚱이의 우리는 이렇게 놀았어요 / 짱뚱이의 보고 싶은 친구들 / 짱뚱이의 우리 집은 흥부네 집 / 짱뚱이의 내 동생은 거북이 / 짱뚱이의 사랑하는 울 아빠)	오진희	파랑새어린이
초1 이상	옛이야기	호롱불	아트 슈피겔만	소금창고
초3 이상	세계사	땡땡의 모험 1~24	에르제	솔
초4 이상	세계사	아스테릭스 1~33	르네 고시니	문학과지성사
초6 이상	세계사	세상에서 가장 재미있는 세계사 1~5	래리 고닉	궁리
초6 이상	세계사	21세기 먼나라 이웃나라 1~13	이원복	김영사
초6 이상	세계사	가로세로 세계사 1~3	이원복	김영사
초6 이상	세계사	만화 사회 타파 1~3	이영주	아이세움
중등 이상	사회	쥐 1, 2	아트 슈피겔만	아름드리미디어
중등 이상	사회	페르세폴리스 1, 2	마르잔 사트라피	새만화책
중등 이상	세계사	김태권의 십자군 이야기 1~4	김태권	비아북
중등 이상	미술	만화 서양미술사 1~5	다카시나 슈지 외	다빈치
중등 이상	세계사	신의 나라 인간 나라 1~3	이원복	두산동아
중등 이상	수학	세상에서 가장 재미있는 수학 시리즈 (통계학 / 미적분)	래리 고닉	궁리
중등 이상	과학	세상에서 가장 재미있는 과학 시리즈 (유전학 / 물리학 / 화학 / 지구환경)	래리 고닉	궁리

사전 — 국어·한자·사회·과학·수학

🌱 국어사전

대상	사전명	쪽수	출판사
유아, 초등 1년	나의 첫 국어사전	256쪽	초록아이
초1 이상	보리 국어사전	1,496쪽	보리
초1 이상	예쁜 우리말 사전	248쪽	파란자전거
초1~2	푸르넷 초등 국어사전	1,328쪽	금성출판사
초1~2	초등 새 국어사전	1,220쪽	두산동아
초2~3	초등학생 학습 국어사전	1,236쪽	교학사
초2 이상	끼리끼리 재미있는 우리말 사전 시리즈	56쪽	길벗어린이
초3~4	연세 초등 국어사전	1,360쪽	두산동아
초5 이상	엣센스 국어사전	3,080쪽	두산동아
초5 이상	동아 새 국어사전	3,116쪽	두산동아
초5 이상	초등국어 개념사전	287쪽	아울북
초5 이상	공부가 되는 재미있는 어휘사전	184쪽	아름다운사람들
중고등	연세 한국어사전	2,144쪽	두산동아

🌱 국어 & 한자사전

대상	사전명	쪽수	출판사
초2 이상	어린이 속뜻 사전 : 우리말 한자어	1,042쪽	LBH교육출판사
초5 이상	우리말 한자어 속뜻 사전	2,079쪽	LBH교육출판사

한자사전

    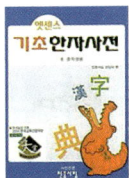 

대상	사전명	쪽수	출판사
초등이상	동아 가나다순 한자사전	1,066쪽	두산동아
초1 이상	동아 연세 초등 한자사전	1,050쪽	두산동아
초1 이상	엣센스 초등 한자사전	424쪽	민중서림
초1 이상	푸르넷 입문 한자사전	760쪽	금성출판사
초1 이상	엣센스 기초 한자사전	608쪽	민중서림
초5 이상	현대활용옥편	952쪽	두산동아
중고등	백년옥편	2,394쪽	두산동아

사회 관련 사전

  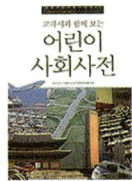   

대상	사전명	쪽수	출판사
초4 이상	개념 잡는 초등사회사전	408쪽	주니어김영사
초4 이상	초등학생을 위한 인물사전	392쪽	시공주니어
초5 이상	어린이 사회사전	432쪽	열린어린이
초5 이상	개념 잡는 초등한국사 사전	424쪽	주니어김영사
초5 이상	100가지 민족문화 상징사전	512쪽	한겨레아이들
초5 이상	초등사회 개념사전	295쪽	아울북
초6 이상	개념 잡는 초등세계사 사전	458쪽	주니어김영사
초6 이상	신화상상동물 백과사전 1, 2	220쪽	생각의나무

사전 — 국어 · 한자 · 사회 · 과학 · 수학

과학 관련 사전

대상	사전명	쪽수	출판사
초3 이상	어린이가 정말 알아야 할 우리 풀 백과사전	244쪽	현암사
초4 이상	개념 잡는 초등과학 사전	400쪽	주니어김영사
초4 이상	미래 과학 사전	215쪽	계림
초5 이상	초등과학 개념사전	296쪽	아울북
초5 이상	어린이 과학사전	472쪽	열린어린이
초5 이상	어린이가 정말 알아야 할 환경백과사전	144쪽	현암사

수학 관련 사전

대상	사전명	쪽수	출판사
초5 이상	개념 잡는 초등수학 사전	260쪽	주니어김영사
초5 이상	초등수학 핵심사전	429쪽	마고북스
초5 이상	초등수학 개념사전	300쪽	아울북
중등 이상	중학수학 개념사전	298쪽	다산에듀
중등 이상	중학수학 개념사전 92	355쪽	행복한나무

독서 · 논술, 과학 · 수학 → 잡지

 독서·논술 잡지

대상	대상	잡지명	출판사
독서·논술	초등	생각쟁이	웅진닷컴
독서·논술	초등	위즈키즈	교원
독서·논술	초등	개똥이네 놀이터	보리
독서·논술	초등	고래가 그랬어	고래가 그랬어
독서·논술	초등	초등 독서평설	지학사
독서·논술	중등	중학 독서평설	지학사
독서·논술	고등	고교 독서평설	지학사

 과학·수학 잡지

     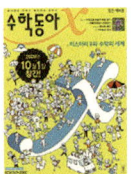

대상	대상	잡지명	출판사
과학	초등	과학소년	교원
과학	초등	과학쟁이	웅진닷컴
과학	초등	어린이 과학동아	동아사이언스
과학	중고등	Newton 뉴턴	뉴턴코리아
과학	중고등	과학동아	동아사이언스
수학	중고등	수학동아	동아사이언스

도감

대상	도감명	쪽수	출판사
유아부터	바닷가 도감	39쪽	진선출판사
초1 이상	보리 어린이 첫 도감 시리즈 (산짐승 / 민물고기 / 개구리와 뱀)	90쪽	보리
초등 이상	세밀화로 그린 보리 어린이 도감 시리즈 (식물 도감 / 동물 도감 / 풀 도감 / 나무 도감 / 곤충 도감 / 새 도감 / 갯벌 도감 / 양서 파충류 도감)	300쪽 내외	보리
초등 이상	어린이가 정말 알아야 할 도감 시리즈 (우리 식물 세밀화 도감 / 우리 민속 도감 / 우리 나무 백과사전 / 우리 풀 백과사전)	250쪽 내외	현암사
초등 이상	내가 좋아하는 - 호박꽃 세밀화 도감 시리즈 (물풀 / 겨울 열매 / 꽃 / 나무 / 곤충 / 야생동물 / 풀꽃 / 바다생물 / 새)	54쪽	호박꽃
초등 이상	보고 느끼는 도감 시리즈 (땅속 생물 이야기 / 바닷속 생물 이야기 / 우리 꽃 이야기 / 나무 이야기 / 꽃 이름 이야기 / 동물의 손과 발 / 나비 / 씨앗 도감 / 맛있는 들풀)	32쪽	진선출판사
초등 이상	도토리 주머니도감 시리즈 (무슨 나무야? / 무슨 풀이야? / 무슨 꽃이야?)	350쪽	보리
초1 이상	우리 곤충 도감	208쪽	예림당
초1 이상	사계절 생태 도감	114쪽	사계절
초1 이상	웅진 세밀화 도감 (식물 도감 / 동물 도감)	200쪽 내외	호박꽃
초2 이상	곤충 관찰 도감	305쪽	진선출판사
초3 이상	식물 관찰 도감	255쪽	진선출판사
초3 이상	우리 식물 도감	292쪽	예림당
초3 이상	자연도감 : 동물과 식물의 모든 것	376쪽	진선출판사
초4 이상	민물고기 쉽게 찾기	400쪽	진선출판사
초4 이상	수생식물 도감	128쪽	보림
초5 이상	나무 해설 도감	352쪽	진선출판사